PENSÉE ET CLINIQUES DE L'IDENTITÉ

DESCARTES, CERVANTÈS, MONTAIGNE

PROBLÈMES ET CONTROVERSES

Directeurs : Sandra LAUGIER et Franck FISCHBACH

PENSÉE ET CLINIQUES DE L'IDENTITÉ

DESCARTES, CERVANTÈS, MONTAIGNE

par

Tristan DAGRON

Ouvrage publié avec le concours du Centre national du livre

PARIS
LIBRAIRIE PHILOSOPHIQUE J. VRIN
6 place de la Sorbonne, V[e]

2019

Imprimé en France

ISSN 0249-7875
ISBN 978-2-7116-2867-4

www.vrin.fr

INTRODUCTION

HISTOIRE, CULTURE ET SOCIALISATION : CLINIQUE DES PROCESSUS DE PENSÉE

> On ne peut parler d'un homme qu'en le considérant avec l'accumulation de ses expériences culturelles. Le tout forme une unité. J'ai employé le terme d'expérience culturelle en y voyant une extension de l'idée de phénomènes transitionnels, mais sans être assuré de pouvoir définir le mot "culture". En fait, je mets l'accent sur l'expérience. En utilisant le mot de "culture", je pense à la tradition dont on hérite. Je pense à quelque chose qui est le lot commun de l'humanité, auquel des individus et des groupes peuvent contribuer et d'où chacun d'entre nous pourra tirer quelque chose, si nous avons un lieu où mettre ce que nous trouvons (D. Winnicott, *Jeu et réalité*, trad. fr., Paris, Gallimard, 1975, p. 137).

Ce livre a pour objet quelques enjeux relatifs à l'activité de pensée. Il aborde la question d'identité, non pour elle-même, mais à partir de situations et d'expériences dans lesquelles elle a le plus de chance d'être posée. Il y est question de Descartes, de Montaigne et un peu de Cervantès ; du malin génie et du morceau de cire. A bien des égards, il s'agit d'un livre de philosophie sur la philosophie, mais aussi d'un livre non sur la folie en général, mais sur la psychose des gens normaux [1].

Je me propose d'abord d'interroger, à partir de quelques textes majeurs de l'époque de la Renaissance et de l'Âge classique, des modalités

1. Qu'il me soit permis ici de remercier ceux qui ont rendu possible ce travail. Parmi eux, Pierre-François Moreau et Antony McKenna, qui ont dirigé l'unité du CNRS à laquelle j'appartiens. Mais également ceux qui m'ont formé à la pratique analytique et à la réflexion clinique : notamment, René Roussillon et Anne Brun du Centre de Recherches en Psychopathologie et Psychologie Clinique (CRPPC) de l'Université de Lyon II, ainsi qu'Alain Gibeault, Pierre Mattar et Vassilis Kapsembelis du Centre de psychanalyse de l'Association de santé mentale du XIIIe arrondissement de Paris (ASM13).

problématiques, distordues voire pathologiques, du rapport à soi et du sentiment d'identité. Ces textes ont en commun de faire état d'expériences de malaise, de déplaisir et de désorganisation. Chacune de ces expériences est accompagnée d'un vécu d'étrangeté qui vient fragiliser l'identité subjective et donner lieu à un sentiment de vulnérabilité et de précarité psychique, aussi bien qu'à l'isolement et à la marginalisation sociale.

Je suis parti du constat que l'activité de pensée en général, celle qui se manifeste dans les productions culturelles généralement valorisées aussi bien que dans ses formes les moins socialisées et les moins reconnues, prend le plus souvent racine dans ce genre d'expériences, et que sa fonction est d'abord d'y faire face. La chose serait également vraie de cette forme de pensée qu'est le rêve, « gardien du sommeil ». La philosophie elle-même, dans sa vocation critique, procède généralement d'une perte analogue de l'évidence naturelle et s'alimente de cette désillusion relative au monde du sens commun, de l'opinion et de la coutume. D'où son aspiration à une forme de vérité nouvelle et différente, d'où aussi parfois son opiniâtre et brutale dénonciation des formes communes d'assentiment. Cette insatisfaction et cette défiance, bien que souvent légitimes, n'en témoignent pas moins de l'échec du sujet à faire siens les préjugés et croyances qui organisent le sens ordinaire de la réalité. Ce manque d'aptitude à se soumettre au groupe est la marque que ces objets sociaux sur lesquels s'appuie le sentiment d'identité, peuvent aussi être détériorés et réduits à l'état de reliques, de fragments ou de débris, à la manière de ces jouets d'enfant et de ces poupées de chiffon dont la magie est si précaire.

Je ne me suis fondé ni sur des traités de la nature humaine ni sur des traités de l'âme. Les textes que j'ai choisi d'interroger ne sont pas non plus, à proprement parler, les témoignages d'expériences singulières au moyen desquels nous pourrions appréhender quelque chose de l'existence individuelle et privée d'un sujet. Même dans le cas de Montaigne, on a affaire à des constructions et reconstructions, qui témoignent non pas tellement d'une expérience brute et immédiate, mais d'un travail d'élaboration nécessaire pour rendre cette expérience communicable et partageable, c'est-à-dire l'inscrire dans le monde de la culture. C'est ce travail d'élaboration et de symbolisation qui m'a intéressé.

Entre la pure singularité de l'expérience vécue et la conceptualité théorique qui saura lui donner la forme d'un savoir, se situe le champ de la pensée *clinique* qui réfléchit la singularité non pas du point de vue de la généralité du concept, mais sous la forme du *cas d'espèce* : au niveau de ce que les Anciens appelaient l'*exemplarité* (*exemplum*). Ce registre d'intelligibilité qui présuppose évidemment un premier moment d'objectivation et d'interprétation, appréhende le vécu, le subjectif, l'immédiat, du point de vue de la problématique des genres ou des formes de vie, c'est-à-dire à partir des virtualités ou des destins possibles d'une nature commune (quelle qu'elle soit). Cette perspective est traditionnellement celle de la pensée éthique, lorsqu'elle pose la question du critère de la vie bonne.

En me situant de ce point de vue clinique, j'ai choisi de quitter provisoirement le terrain traditionnel de l'histoire de la philosophie et des idées, pour autant qu'il privilégie les concepts, les catégories et les systèmes de représentations par lesquels une époque pense et réfléchit ses propres productions, pour aborder les textes et les œuvres du point de vue du genre d'expérience qu'ils mobilisent, à partir des formes de vie dont ils sont l'expression. Je propose ici d'illustrer cette idée d'une *expérience culturelle*, et d'en mettre en avant quelques enjeux subjectifs et identitaires. Pour cela, je m'appuie sur la psychologie clinique et la psychanalyse, et principalement sur mon expérience thérapeutique. De ces rencontres avec les patients, il ne sera pas question ici expressément, même si j'ai tenté d'en rendre compte par d'autres moyens. Mon idée est que les philosophes parlent aussi de ce qu'ils vivent, de ce qu'ils sont ou s'imaginent être.

Cette démarche a d'abord été imposée, comme on le verra, par la nature des textes choisis qui viennent interroger et problématiser les concepts de la tradition philosophique du point de vue éthique des formes de vie. Par la manière souvent paradoxale et déroutante dans laquelle s'exprime la pensée de la Renaissance, qui échappe le plus souvent à la forme systématique habituelle de la philosophie. Mais aussi par la réflexion, propre à l'Humanisme, qui vient interroger le rapport au passé et à l'héritage des Anciens, à la fois proche et lointain, familier et étrange. La difficulté que pose cette pensée de l'époque de la Renaissance ne tient pas tellement à son éloignement historique, à la spécificité de sa vision du monde ou de ses catégories intellectuelles, mais au fait que cette culture apparaît aux individus qui en sont eux-mêmes les porteurs ou les dépositaires, comme marquée du sceau de l'étrangeté. Comme si les diverses pièces qui constituaient cette culture, avaient cessé de composer ensemble un tout cohérent pour n'apparaître plus que comme un assemblage formé d'éléments composites et contradictoires : ils n'apparaissent bien souvent que sous forme de débris. C'est la raison pour laquelle l'historien de la littérature, des arts ou de la pensée se trouve contraint d'accompagner cette interrogation et de se confronter aux paradoxes d'une conscience qui aurait perdu ce rapport de naïve évidence avec son propre monde.

Cette problématique qui met à l'épreuve le sentiment d'identité, invite à appréhender les œuvres de l'époque du point de vue de cette expérience particulière d'un sujet qui ne se reconnaîtrait plus dans les formes de sa propre culture. Pour cela, il était nécessaire de prendre appui, non sur l'harmonie ou la conformité, mais sur la *tension* qui existe entre les cadres intellectuels d'une culture, et l'expérience à laquelle les sujets sont effectivement confrontés.

La question soulevée est plus large, et méthodologiquement sans doute plus difficile à affronter, puisqu'elle conduit à interroger le *rapport* de l'individu à sa culture [1]. Pour cela, il a été nécessaire de mobiliser, dans le champ de l'histoire des idées et de la pensée philosophique, des problématiques issues du domaine de la psychologie clinique et de la psychanalyse : ce sont moins des doctrines ou des savoirs qui ont retenu ici mon attention, que les *usages* qui en sont fait, et la manière dont les formes de la culture se trouvent mises au service d'un travail d'élaboration. Il ne s'agit donc pas d'accéder à une expérience privée, indépendante de ces formes, mais à une expérience construite et organisée. Or le propre de la psychanalyse est précisément d'appréhender l'activité psychique à partir d'un tel travail d'élaboration, d'organisation ou de symbolisation permettant au sujet de faire face à l'impact potentiellement traumatique des quantités d'excitation auxquelles il est nécessairement exposé.

En parlant ici de *tension*, je me garde d'opposer artificiellement les cadres des savoirs et des pratiques sociales, historiquement déterminés, à une expérience pure ou sauvage, réputée authentique et singulière, qui se déroberait aux formes culturelles imposées par l'environnement social. J'entends seulement interroger la démarche objectivante qui tente de reconstruire soit une vision du monde, soit une architecture de l'esprit, soit un système structuré de savoirs et de pratiques, autrement dit qui appréhende la culture d'une époque comme une forme organisée à partir de laquelle seulement les discours et les comportements des

1. Par *culture*, j'entends d'abord quelque chose de très général, qui a trait aux pratiques et aux habitudes, aux manières de faire et d'être, aussi bien que de dire et donc de penser, qui organisent le rapport du sujet à son environnement aussi bien qu'à son corps propre et à lui-même, à son présent comme à son passé et à son avenir. Je ne perds pas non plus de vue qu'une culture n'est pas une totalité fermée sur elle-même, mais qu'elle est toujours traversée de conflits. La culture se matérialise dans des objets ou des œuvres dont l'usage nécessite généralement un apprentissage technique et socialisateur. Je prends également en considération le fait que ces objets se prêtent aussi bien à toutes sortes de mésusages (quelquefois inventifs et même très créatifs).

individus pourraient être compris. L'historicité des conduites et des modes de pensée ne fait pas de doute, et il est nécessaire d'éviter de projeter sur l'homme d'autrefois des façons de sentir et des formes de pensée propres à l'homme contemporain, et de reconnaître le caractère médiat et indirect de la méthode historique, autrement dit la nécessité d'accéder à l'expérience humaine par l'intermédiaire de textes écrits, de pièces d'archive, de représentations figurées et de divers ordres de *realia*. Le détour par la réalité objective doit prémunir contre le mirage d'une connaissance compréhensive immédiate qui conduit souvent à l'erreur d'anachronisme, équivalente, dans les disciplines historiques, de l'ethnocentrisme : elle consiste en la méconnaissance de l'altérité et de la distance qui sépare l'observateur de l'époque ou de la culture dans laquelle s'inscrit son objet d'étude. Le relativisme a ici la valeur d'un principe de prudence.

L'objectivation nécessaire à la pratique de l'histoire et le relativisme méthodologique qui l'accompagne, commencent à poser problème lorsqu'ils viennent servir de prétexte au *refus de comprendre* qui caractérise, ici comme ailleurs, les formalismes qui prétendent expliquer l'œuvre par elle-même ou la réduire à ce qui en elle « ferait époque ». En regardant les formes de la culture comme les cadres à partir desquels seulement il serait légitime d'interpréter les productions d'une époque (en invoquant, par exemple, l'idée que les Grecs devraient être compris en termes *exclusivement* grecs), on suppose qu'une culture doit être appréhendée comme un ensemble de régularités indépendantes des individus (règles ou normes de comportement, système de valeurs, de croyances et de représentations, d'idées et de théories). On passe alors sous silence la manière dont les individus se rapportent eux-mêmes à ces formes, aussi bien que l'*usage* qu'ils en font. Cet usage n'est pas absolument libre, mais réglementé par des prescriptions définies socialement et culturellement. Pourtant, la manière dont l'individu participe à l'activité sociale et se rapporte à ces règles culturelles, n'en reste pas moins indéterminée et (généralement) ouverte : le jeu réglementé n'est pas incompatible avec l'activité libre et créative. Le présent travail est largement consacré à la tension et aux conflits qui peuvent naître de la confrontation de ces deux aspects : la structure et l'usage.

Expérience et objectivation

La mise entre parenthèses des modalités de cette expérience, autrement dit la neutralisation de cette dimension subjective, loin d'être garante d'une objectivité sans reste, procède finalement d'une illusion qui n'efface pas la dimension de l'expérience, mais la dénature, ou du moins la transforme. De ce point de vue, les difficultés rencontrées par l'historien sont analogues aux paradoxes auxquels se confrontent l'anthropologue, le sociologue, aussi bien que le linguiste.

Ce refus de comprendre peut être interprété comme l'effet d'un *intellectualisme* consistant, comme le souligne Pierre Bourdieu, à « introduire dans l'objet le rapport intellectuel à l'objet » et donc à « substituer au rapport pratique à la pratique le rapport à l'objet qui est celui de l'observateur », c'est-à-dire celui « de l'étranger qui doit se donner le substitut de la maîtrise pratique sous la forme d'un modèle objectivé » [1]. Ce rapport altéré à la réalité de la pratique sociale peut être illustré par la manière dont l'ethnologue qui, parce qu'il « n'a rien à faire de la parenté et des parents des autres qu'il prend pour objet », « peut traiter la terminologie indigène de la parenté comme un système fermé et cohérent de relations logiquement nécessaires, une fois pour toutes définies comme par construction et par l'axiomatique implicite d'une tradition littéraire » [2], au risque de réduire le conflit pratique à l'expression contingente d'un système normatif. Dans le même ordre d'idée, P. Bourdieu rappelle ainsi le reproche que M. Bakhtine adressait à la théorie linguistique de Saussure : « Instrument d'intellection et objet d'analyse, la langue saussurienne est bien la langue morte, écrite et étrangère dont parle Bakhtine, le système autosuffisant qui, arraché à l'usage réel et totalement dépouillé de ses fonctions, appelle une compréhension purement passive » [3].

Dans son livre sur la théorie du langage, M. Bakhtine montre en effet que « la linguistique est partout l'enfant de la philologie » : « soumise aux impératifs de la philologie, elle s'est toujours appuyée sur des énonciations constituant des monologues fermés, par exemple des inscriptions sur des monuments anciens, comme s'il s'agissait de la réalité la plus immédiate. C'est en travaillant sur des monologues morts, ou plutôt sur des corpus

1. P. Bourdieu, *Le sens pratique*, Paris, Minuit, 1980, p. 58.
2. *Ibid.*, p. 59. P. Bourdieu a ici en vue l'approche structuraliste de C. Levi-Strauss.
3. *Ibid.*, p. 54.

d'énonciation de ce type, ayant pour unique point commun l'usage de la langue, que la linguistique a élaboré ses méthodes et ses catégories »[1]. Un peu plus loin, M. Bakhtine oppose l'usage ou la pratique de la langue, par nature dialogique, c'est-à-dire en tant qu'elle entre concrètement dans les échanges et les relations sociales, à l'approche objectiviste et intellectualiste du langage : « En donnant corps au système de la langue et en traitant les langues vivantes comme si elles étaient mortes et étrangères, l'objectivisme abstrait coupe la langue du courant de la communication verbale »[2]. Par opposition à cette langue objectivée, la langue vivante est une langue d'usage, parlée, dialogique et accentuée. Elle n'inclut pas seulement les énoncés verbaux, mais plus largement l'ensemble des signes qui entrent dans la communication (intonations, gestes, cris, etc.). Bakhtine ne nie pas la fécondité théorique de l'approche saussurienne ni sa pertinence en tant qu'instrument d'intellection et d'objectivation; il relève seulement que la méthode induit une représentation qui n'épuise pas la réalité de la langue et de la communication verbale.

Sans entrer dans le détail de l'analyse théorique de P. Bourdieu, on relèvera seulement que la critique revient à soutenir que les règles sociales et culturelles supposent, du côté de l'agent ou de l'individu, l'acquisition de dispositions grâce auxquelles elles peuvent être intériorisées. Et ces dispositions qui résultent de l'apprentissage et de l'expérience de socialisation, sont nécessairement multiples, hétérogènes, souvent contradictoires et conflictuelles : la réalité sociale et culturelle dans laquelle vit effectivement un individu n'est pas une, mais plurielle et segmentée, et impose à l'individu non pas une adaptation rigide et définitive au *tout* de la culture, mais une série de réadaptations et d'aménagements pratiques qui lui permettront de se comporter diversement selon les contextes et les situations auxquelles il aura à faire face. On peut ainsi considérer que le travail de socialisation ne vise pas à imposer des règles rigides de comportement, mais à fournir plutôt une pluralité de réponses possibles à ces situations. Il est subordonné à un processus d'intériorisation, généralement précoce, qui permet l'acquisition de ces dispositions sociales. La confrontation avec la réalité sociale, vue sous cet angle, impose à l'individu cette série d'aménagements qui relèvent d'un art du

1. M. Bakhtine, *Marxisme et théorie du langage. Essai d'application de la méthode sociologique en linguistique* (1929), trad. fr., Paris, Minuit, 1977, p. 105.
2. *Ibid.*, p. 117.

compromis et d'une créativité que l'on peut regarder comme la condition de l'accès et de la participation à la réalité sociale [1].

D'un point de vue différent, G. Devereux explique encore comment l'objectivation intellectualiste et le relativisme qui lui est associé, altèrent l'observation, par abstraction (ou dénégation) de la réalité pratique et humaine : « Le relativisme culturel cherche ainsi à réduire l'angoisse en considérant les données culturelles dans un vide humain. Bien que scientifiquement stérile, ce subterfuge est efficace puisqu'on réagit avec moins d'angoisse au spectacle de la mante religieuse femelle dévorant son mâle pendant le coït (avec lequel on ne peut s'identifier) qu'on ne le ferait devant une coutume humaine analogue » [2]. La dimension humaine, celle de l'expérience pratique indigène, se trouve exclue de la description de l'anthropologue au nom d'une approche objectivante de la culture. Une démarche qui scotomise une partie non négligeable du matériel observé, à savoir l'expérience que les sujets ont de leur culture, mais aussi, du même coup, les réactions émotionnelles de l'observateur confronté à ce même matériel, écartées de l'analyse comme si les données qu'elles font surgir ne faisaient pas elles-mêmes partie intégrante de la situation d'observation [3].

Cette extériorité propre aux méthodes structurales appliquées aux sciences humaines revient à adopter, relativement à la réalité des rapports sociaux, la position d'un étranger incapable de comprendre ce qui se joue vraiment dans l'interaction sociale. En poussant les choses à l'extrême, on dira que l'observateur tend à adopter un rapport pathologique à un monde préalablement déshumanisé. J'ai tenté de montrer, en suivant M. Bakhtine, comment ces paradoxes se trouvent au cœur du roman picaresque, avec les figures du marginal ou du fripon qui cherche à tirer son épingle d'un jeu auquel il n'adhère pas, mais aussi chez le sot et le bouffon cynique et

1. L'humour témoigne généralement de la souplesse mentale nécessaire à la socialisation. Lorsque la voie du compromis devient impraticable, la tension entre la règle et l'usage impose le recours à des défenses paradoxales qui conduisent notamment à l'isolement psychique et à la marginalisation sociale. J'y reviendrai au chapitre sur la médisance des bouffons.

2. G. Devereux, *De l'angoisse à la méthode dans les sciences du comportement* (1967), trad. fr., Paris, Champs-Flammarion, 2012, p. 135. Dans un autre texte, G. Devereux définit la culture comme « un champ fortement structuré et organisé, à l'intérieur duquel l'individu jouit d'une certaine mobilité » (« Les fondements logiques des études de Culture-et-Personnalité » (1945), dans *Ethnopsychanalyse complémentariste*, Paris, Flammarion, 1972, chap. 4, p. 86).

3. G. Devereux prend appui ici sur le fait que la prise en compte par la psychanalyse du transfert et du contre-transfert, à l'origine considérés comme des obstacles (ou des résistances) à l'objectivité et à la neutralité de la relation thérapeutique, a permis au contraire d'inscrire ces réactions émotionnelles au cœur du processus analytique.

médisant. M. Bakhtine admet que ces personnages de sot et de bouffon servent incontestablement de véhicule à la critique sociale, mais il souligne surtout qu'ils constituent des formes singulières d'existence, à l'origine, selon lui, de la définition moderne de la « subjectivité libre et indépendante », c'est-à-dire d'un individu marginalisé, hors-jeu, placé en position de spectateur extérieur désintéressé [1]. Il suggère ainsi que l'idéal utilitariste de rationalité propre à l'époque moderne est d'abord ancré, sans pour autant s'y réduire, sur des situations d'anomie [2].

Ce refus de comprendre est poussé à l'extrême et même érigé en principe de méthode par M. Foucault dans *Folie et déraison. Histoire de la folie à l'âge classique* [3]. Dans la préface de l'édition originale (ensuite supprimée), Foucault part du principe selon lequel la folie ne saurait être l'objet d'aucun savoir, ni même d'aucune expérience culturellement partageable : la folie, d'abord hypostasiée comme une entité abstraite et énigmatique, se trouve préalablement définie par son altérité absolue par rapport à tout discours et à toute raison. Foucault ne se limite pas à prendre acte de la contrariété convenue entre raison et déraison : il la rapporte à une opposition radicale, pour finalement invoquer la folie comme « expérience originelle », sauvage, indicible et incommunicable, qu'il propose de penser comme négativité absolue, comme un Autre se dérobant nécessairement à tout discours et à tout effort de pensée qui tenterait de la rapporter à la figure du Même. Cette expérience paradoxale d'une folie « à l'état sauvage » échappe alors à toute *perception* ; on n'en saurait parler qu'obliquement, en prenant pour objet le conflit qui l'oppose à la raison, à ses instruments de connaissance et aux dispositifs ou aux institutions dont ils sont solidaires : à travers, autrement dit, « l'affrontement originaire qui donne sens à l'unité aussi bien qu'à l'opposition du sens et de l'insensé » [4]. Le discours et la pensée,

1. M. Bakhtine, *Esthétique et théorie du roman*, Paris, Gallimard, 1978, p. 305-312. Ce désintéressement est bien entendu tout relatif.

2. On pourrait en dire autant de la fiction du « langage ordinaire » sur laquelle s'appuie l'analyse philosophique de la signification : la clarification (nécessaire) à laquelle elle aspire, laisse le plus souvent dans l'ombre le contexte communicationnel (psychologique et social) dans lequel les énoncés prennent sens : le fait que le langage ait des propriétés irréductibles à sa forme linguistique. Objets d'un ressassement solipsiste, coupés de cette dimension rhétorique, des énoncés tels que « mon balai est dans le coin » finissent par ne plus apparaître que comme des fragments ou des débris arrachés au monde de l'expérience ordinaire (partageable). L'analyse ainsi conçue a finalement le mérite de faire d'une pierre deux coups : elle nous renseigne *aussi bien* sur certains aspects fondamentaux du langage que sur le verbiage schizophrénique.

3. M. Foucault, *Folie et déraison. Histoire de la folie à l'âge classique*, Paris, Plon, 1961.

4. M. Foucault, *Folie et déraison*, *op. cit.*, p. VII.

disqualifiés quant à leur prétention, se trouvent ainsi réduits à leur pure dimension d'emprise : la raison, dans sa tentative pour constituer la folie en objet de connaissance, devient l'instrument d'un pouvoir qui tente d'en annuler la négativité et l'altérité, de la réduire et de la soumettre à son regard normatif. L'« histoire de la folie », pour autant qu'elle soit possible, doit donc suivre un mouvement inverse, centrifuge, et se placer du point de vue d'une expérience qui échappe à toute mesure : « C'est dire qu'il ne s'agit point d'une histoire de la connaissance, mais des mouvements rudimentaires d'une expérience. Histoire, non de la psychiatrie, mais de la folie elle-même, dans sa vivacité, avant toute capture par le savoir ». L'historien, identifie ainsi, au-delà de tout discours sur la folie, une sorte de gigantomachie qui met aux prises le Même et l'Autre dans une lutte sans fin. De cette « histoire », la folie n'est pas absente : invoquée comme une puissance échappant à toute perception, elle devient au contraire une actrice omniprésente et omnipotente, une force centrifuge qui finit par frapper du sceau de l'insensé tout discours qui tente de l'approcher.

Le parti-pris méthodologique permet à Foucault de définir un objet spécifique : le dispositif du savoir, tel qu'il peut être appréhendé à partir des discours. La fécondité des recherches de Foucault n'est pas en question. Elle ne dispense pourtant pas de relever le caractère paradoxal de l'objectivation qui la fonde et détermine l'enquête historique. La construction abstraite de l'*Histoire de la folie*, invoque un savoir sans objet et prend appui sur une définition de la folie qui *de facto* exclut les fous et les repousse aux marges, plus efficacement que n'importe quel dispositif psychiatrique. Et il en irait pareillement de l'homme dans les *Mots et les choses* : l'effacement final de la figure de l'*homme* au terme d'une histoire du « savoir des choses », témoigne d'abord d'une méthode qui a d'emblée exclu le rapport vivant de la connaissance à son objet, c'est-à-dire l'expérience.

Au mythe d'une expérience nue, purement intérieure, abstraite et séparée des formes culturelles et sociales, sur lequel repose largement l'argumentation paradoxale de l'*Histoire de la folie*, on opposera d'abord que le sujet de l'expérience n'est pas un être isolé ou séparé des autres, mais un individu humain socialisé, immergé dans une époque et un milieu culturel et social. Il serait donc vain de séparer l'expérience subjective des formes culturelles au moyen desquelles elle s'exprime et tente de se construire. Toute la question est de savoir quelle valeur accorder à cette expression et au travail de mise en forme qu'elle effectue.

ÉLABORATION ET TRAVAIL PSYCHIQUE

En rappelant plus haut la nécessité d'une élaboration qui permette à l'expérience immédiate et muette de soi et du monde de devenir « communicable et partageable », j'ai d'abord voulu prévenir l'objection selon laquelle les textes et les témoignages du passé ne donneraient pas un accès direct à la réalité intérieure vécue, sinon par l'intermédiaire d'une mise en forme, qui transforme et objective pour autrui un contenu en soi incommunicable et irréductiblement autre. Je défends l'idée contraire : l'élaboration et la transformation de ce « vécu » est précisément ce qui définit l'expérience.

On ne compte pas les passages des *Essais* dans lesquels Montaigne paraît faire état des limites de la langue, et de son inaptitude à traduire le mouvement intime de la pensée :

> J'ai toujours une idée en l'âme, et certaine image trouble qui me présente comme en songe une meilleure forme que celle que j'ai mise en besogne, mais je ne la puis saisir et exploiter (« De la présomption », II, 17, 637).

> Je peins principalement mes cogitations, sujet informe, et qui ne peut tomber en production ouvragère. A toute peine le puis-je coucher en ce corps aéré de la voix (« De l'exercitation », II, 6, 379).

On comprend parfois ces remarques en les rapportant à l'idée selon laquelle l'état intérieur serait en soi indicible et incommunicable, et ne saurait se plier au médium de la langue sans trahison. La traduction dans une forme étrangère viendrait nécessairement dénaturer l'expérience vécue et intime. On met alors en avant la sensibilité phénoménologique de Montaigne en lui attribuant une conception finalement un peu sommaire du langage qui fait du signe l'expression de la vie intérieure, une traduction ou une objectivation seulement approximative d'un vécu plus authentique et plus riche : ce serait alors la vie intérieure qui viendrait conférer au signe une signification dont elle serait l'ultime dépositaire. On peut cependant tout aussi bien soutenir le contraire : loin de souscrire au mythe d'une intériorité première et originelle, Montaigne défendrait la thèse opposée, que *l'expression organise l'activité mentale et détermine son orientation.*

Comme je tenterai de le montrer en revenant sur le thème des « vaines cogitations » dans les *Essais*, les passages cités plus haut peuvent être entendus, non comme une critique du langage au nom de l'expérience muette, plus riche d'authenticité, mais bien comme la douloureuse prise de conscience d'une incapacité à « être à soi », à se rapporter à soi-même, ou encore à penser ses propres pensées. Montaigne en témoigne lui-même : ce trouble est à l'origine de l'entreprise d'écriture des *Essais*, explicitement présentée comme un dispositif destiné d'abord à tenir le registre des pensées (les « mettre en rôle »), pour en stabiliser le flux et les porter enfin au regard réflexif (« pour en contempler à mon aise l'ineptie et l'étrangeté »). Dans ces passages qui pouvaient passer pour une critique du langage, Montaigne interrogerait plutôt le travail de mise en forme et d'élaboration, nécessaire non seulement pour se connaître, mais d'abord pour être en état de vivre une expérience personnelle. Les « vaines cogitations » ne menacent sans doute pas encore l'intégrité du sujet, comme dans le cas de l'hallucination, mais elles affectent le sentiment de continuité. C'est ainsi que l'on peut entendre la référence aux rêves (« songes »), d'abord informes et fugaces, mais qui, mis en forme, pourront être remémorés (pour soi) et communiqués (à autrui). L'expression dans le langage n'est pas à considérer seulement comme le transfert au dehors de quelque chose (humeur, émotion, pensée) qui aurait son existence véritable et authentique au dedans, mais comme un moment de la série des transformations ou des élaborations grâce auxquelles la matière psychique peut être transformée et organisée, et l'expérience « secondarisée ».

L'idée simple, à la base de ce travail, est qu'il n'y a pas de solution de continuité entre l'expérience privée et sa mise en forme culturelle. Donner une forme ou une expression « communicable et partageable » à un contenu mental, est une activité psychique qui permet au sujet de s'approprier et de vivre une expérience. La dimension intersubjective n'est pas ici rencontrée de surcroît par le sujet; elle est incluse et présupposée dans le rapport à soi. Dans le cas du rêve, par exemple, ce travail d'élaboration vient organiser les images mentales pour en faire un récit, et le plus souvent un récit interprétable, c'est-à-dire conforme aux critères ou à la définition culturellement déterminée d'un « songe vrai » (ou, plus généralement, *doté de sens*). On peut dire ainsi que l'expérience onirique est le résultat d'une élaboration qui, à l'insu du rêveur, rend possible la remémoration et la narration des rêves (et des hallucinations culturellement valorisées, dans le cas des visions sacrées) : cette structuration conventionnelle qui donne forme au matériau mental (potentiellement traumatique et désorganisateur) est partie intégrante de l'expérience qui mobilise ainsi les ressources (ou les défenses) culturelles à disposition.

Ces considérations relatives à l'expérience des formes culturelles, telle qu'on la trouve exprimée dans les textes que je propose d'aborder, m'ont conduit à proposer de mobiliser certains aspects de la pensée psychanalytique. Plutôt que de comprendre la pensée de Freud comme une simple herméneutique, je propose ici d'insister sur les notions fondamentales de travail psychique, d'élaboration ou de perlaboration (*Bearbeitung*, *Durcharbeitung*).

Ce qui définit sans doute le mieux la psychanalyse, et sa spécificité par rapport aux autres théories psychologiques, c'est sa méthode d'investigation et d'observation fondée sur la notion de *travail psychique*. Elle ne tente pas de déterminer les formes ou l'architecture intérieure de l'esprit, mais prend comme objet le travail d'organisation ou d'élaboration qui constitue la réalité interne, autrement dit les processus au moyen desquels le sujet donne forme à son expérience, en faisant face aux exigences de son environnement, mais aussi de sa constitution biologique. L'*appareil psychique* se définit par cette activité de mise en forme qui vise à transformer la quantité (excitation) en qualité (pensées, représentations, affects). C'est cette dimension *économique* qui caractérise d'abord la méthode psychanalytique.

Loin d'opposer le vécu subjectif à la réalité sociale, la psychanalyse appréhende les formes culturelles non du point de vue de leur contenu, comme si elles venaient déterminer du dehors des sujets en soi indépendants et organisés, mais du point de vue de l'usage ou de l'expérience qui en est fait. A la différence d'une herméneutique qui se donnerait pour seule tâche d'en interpréter le contenu ou la signification latente, la psychanalyse appréhende ces formes culturelles comme des instruments (ou des défenses) au service du travail psychique d'élaboration ou de symbolisation.

L'analyse des rêves illustre bien la manière dont la pratique psychanalytique se propose d'interpréter le processus plutôt que le contenu. Elle se démarque ainsi des anciennes « clés des songes » qui reposent sur l'existence d'un rapport symbolique stéréotypé et souvent univoque pour appréhender la signification des rêves, le « contenu latent » des « pensées du rêve ». On trouverait sans doute de nombreux passages dans l'œuvre de Freud qui pourraient donner l'impression d'une interprétation fondée sur une dualité du rapport de signification, sur la relation d'expression qui existerait entre un signifiant et un signifié, la pensée et son image. Dans une note ajoutée, en 1925, à son *Interprétation du rêve*, Freud dénonce pourtant comme une confusion cette assimilation de l'interprétation à un décryptage, confusion qui a, selon lui, sa source dans l'obstination de ceux qui « ne veulent pas voir la différence entre les pensées latentes du rêve et le travail du rêve (*Traumarbeit*) » : « le rêve n'est au fond rien d'autre qu'une forme particulière de notre penser, forme qui est rendue possible par les conditions de l'état de sommeil. C'est le travail du rêve qui produit cette forme et il est, lui seul, ce qu'il y a d'essentiel dans le rêve, ce qui explique sa particularité »[1]. Le travail du rêve ne se limite donc pas à substituer une signification à une autre ; il constitue une tentative d'organisation, de liaison et de maîtrise des quantités d'affects (les « valeurs psychiques ») : un mécanisme de défense destiné d'abord à faire face à leur impact traumatique.

La thèse illustre l'idée fondamentale selon laquelle « notre mécanisme psychique est apparu par superposition de strates, le matériel présent sous forme de traces mnésiques connaissant de temps en temps un réordonnancement (*Umordnung*) selon de nouvelles relations, une retranscription (*Umschrift*) »[2]. L'idée d'un remaniement après coup des traces de l'expérience passée est au cœur de la conception psychanalytique. Si l'on peut comparer l'expression onirique à une traduction, c'est à condition de rappeler que les enregistrements successifs ou les retranscriptions viennent transformer le texte initial, le réordonner et le reconfigurer.

Freud introduit ainsi un élément important, appelé à devenir central dans la pratique psychanalytique : il met en évidence l'importance de l'instance interprétative elle-même dans cette série de remaniements. Le propre de l'activité onirique est de transformer les pensées en expérience vécue hallucinatoire : « Mais ce qui est particulier au rêve seul [...], c'est [...] que le contenu de représentation n'est pas pensé, mais transformé en images sensorielles auxquelles on accorde foi et que l'on croit vivre »[3]. Or il appartient également à cette expérience d'être interprétée, c'est-à-dire retransformée en pensée : par la mise en forme ou l'organisation du contenu sensoriel halluciné, par l'élaboration secondaire qui permet au rêveur de faire le récit de l'expérience vécue, mais également au moyen de la *négation*, marque de fabrique des processus secondaires et de la pensée (« ce n'est qu'un rêve »). A la différence des traditionnelles

1. S. Freud, *L'interprétation du rêve*, dans *Œuvres complètes. Psychanalyse*, J. Laplanche (dir.), 20 vol., Paris, P.U.F., 1991-2015, (désormais cité OC), IV, p. 558 ; *Gesammelte Werke*, 19 vol., Frankfurt am Main, Fischer, 1940-1987 (désormais cité GW), p. 511.

2. Lettres à W. Fliess, trad. fr. F. Kahn et F. Robert, Paris, P.U.F., 2006, lettre du 6 décembre 1896, p. 264.

3. S. Freud, *L'interprétation du rêve*, OC, p. 588 ; GW, p. 540.

clés des songes et de leur herméneutique stéréotypée, la psychanalyse réintroduit au cœur de sa théorie du processus onirique la place de la fonction interprétante qui se ressaisit du contenu de l'expérience.

La fonction de l'élaboration secondaire est de transformer le matériel onirique et de lui donner la forme, comme l'écrit Freud, d'une « expérience vécu compréhensible ». Cette transformation est inséparable de la socialisation de l'activité onirique, pour autant qu'elle incite le rêveur à prêter attention et à s'intéresser à ces fantômes de la nuit. La chose est confirmée par les pratiques rituelles destinées à favoriser les rêves interprétables. L'élaboration qui permet au rêve d'être raconté et partagé, constitue une première forme de socialisation de l'activité onirique. L'interprétation prolonge et consacre cette réhabilitation des fantaisies nocturnes, jusqu'à lui accorder (dans certaines cultures) la dignité d'une prophétie, c'est-à-dire d'un message adressé à la communauté tout entière. Comme le rapporte Strabon à propos des Juifs (dont il interprète les pratiques avec ses yeux de Grec), c'est le privilège des *justes* de *dormir* non seulement *pour eux-mêmes*, mais aussi *pour les autres* (*Géographie*, XVI, 2, 35).

Selon ce modèle, l'interprétation n'a pas lieu une fois, mais plusieurs fois, à chaque retranscription, non seulement avec la mise en forme narrative et la mobilisation des processus secondaires, mais également avec la mise en forme hallucinatoire, au moyen de l'activité de figuration, dès la première traduction psychique de l'excitation cérébrale sous forme d'affect. A chacune de ces retranscriptions, l'expression organise l'activité mentale et donne aux « pensées » la forme d'une « expérience émotionnelle » susceptible d'être vécue [1]. La réalité psychique n'est donc ni donnée, ni première ou originaire ; elle est le produit d'un travail de symbolisation.

C'est au moyen de cette hypothèse d'un travail psychique que j'ai proposé d'aborder les considérations de Montaigne sur les « vaines cogitations » et sur le sens qu'il donne à leur « mise en rôle », c'est-à-dire à l'activité d'écriture qui vise d'abord à les consigner ou les enregistrer : « Et [mon esprit] m'enfante tant de chimères et monstres fantasques les uns sur les autres, sans ordre et sans propos, que pour en contempler à mon aise l'ineptie et l'étrangeté, j'ai commencé de les mettre en rôle,

1. L'étrangeté de la psychanalyse tient en partie au fait qu'elle interroge d'abord les conditions qui rendent possible de *vivre une expérience*. Autrement dit, elle ne considère pas le *vécu* (et, par voie de conséquence, le « sujet ») comme une donnée première et originaire.

espérant avec le temps lui en faire honte à lui-même »[1]. L'écriture n'a pas ici directement pour finalité la connaissance de soi, le dévoilement de l'intime; elle vise d'abord la mise en lumière du processus de pensée et du fonctionnement mental. L'originalité de Montaigne réside donc surtout dans le fait qu'il regarde ses « vaines cogitations » comme, malgré tout, dignes d'intérêt, et non pas comme des scories dont il faudrait se débarrasser pour commencer à penser. Cet examen de conscience ne repose pas sur un simple dédoublement réflexif du moi, mais plutôt sur un dispositif qui permet l'objectivation du fonctionnement psychique : l'écriture externalise ainsi, pour la figurer au dehors, une fonction d'organisation et d'élaboration traditionnellement rapportée à la *mémoire*.

Avec le commentaire des rêves consignés par Descartes dans les *Olympica* (si l'on en croit son biographe, A. Baillet), je propose de mettre en avant cette logique processuelle et le travail psychique de réinscription ou de reconstruction, au moyen duquel le rêveur lui-même met en forme l'expérience onirique et l'interprète dans son sommeil. Plutôt que de m'appuyer sur le symbolisme d'ailleurs assez transparent des rêves, je tente de prendre la mesure du travail psychique d'élaboration par lequel Descartes fait face à une expérience de désorganisation (hallucinatoire). Je propose encore de montrer comment le *Discours de la méthode*, puis les *Méditations métaphysiques* portent la trace de cette expérience, qui a été pour ainsi dire remaniée plusieurs fois et retranscrite de façon à lui donner la forme que l'on sait. On aurait d'ailleurs pu montrer, sans passer par le témoignage des *Olympica*, comment la Première Méditation, dans son mouvement même, mettait en scène des processus qui accompagnent typiquement l'éclosion des psychoses délirantes, où le délire d'influence est généralement précédé d'un moment de dépersonnalisation et d'un épisode hallucinatoire. De ce point de vue, les chapitres sur Descartes visent à mettre en avant la vraisemblance et la cohérence clinique d'une lecture fondée non sur « l'ordre des raisons », mais sur « l'ordre du délire ».

Dans les cas de Montaigne et de Descartes, il fallait être attentif au travail de secondarisation par lequel l'expérience traumatique d'effraction qui a fragilisé le sentiment d'identité et occasionné ces angoisses hypocondriaques, a pu être surmontée et élaborée, rendue communicable et partageable, pour donner lieu à une œuvre de culture.

L'intérêt de la démarche psychanalytique tient au fait qu'en portant son attention sur les processus d'élaboration et de subjectivation, elle dépasse l'opposition convenue entre l'intériorité de l'expérience

1. Montaigne, *Essais*, « De l'oisiveté », I, 8, p. 33.

vécue et privée, et son expression communicable et partageable. La représentation stratifiée de l'appareil de mémoire met en avant une série de retranscriptions et de transformations qui correspondent aux élaborations successives d'une même expérience, chaque fois susceptible d'être vécue, figurée et représentée de manière différente. En d'autres termes, la fonction d'interprétation n'est pas extérieure, mais partie intégrante de ce processus d'élaboration. Ce point de vue ouvre la possibilité d'une approche clinique des formes culturelles, du point de vue de l'usage qui en est fait. En particulier d'une clinique de l'activité de symbolisation et du travail d'objectivation, dans son rapport avec la réalité sociale et culturelle, que cette activité prenne la forme de fictions romanesques, d'essais, de traités philosophiques ou même de rêves.

L'ESPACE TRANSITIONNEL ET L'EXPÉRIENCE CULTURELLE

Cette capacité d'élaboration est acquise et fait l'objet d'un apprentissage qui débute avec les soins apportés au nourrisson. La socialisation précoce de l'être humain permet l'émergence de la réalité psychique. La situation de détresse ou d'extrême vulnérabilité du nourrisson, telle que Freud la caractérise, impose en effet que les fonctions d'élaboration psychique soient déléguées au dehors, à l'environnement et à la mère (ou à la personne qui tient ce rôle), avant de pouvoir être assumées en propre. L'intérieur, ou le dedans, résulte de l'actualisation et de l'appropriation de potentialités innées liées à l'organisation somatique, mais aussi des formes culturelles déterminées qui en façonnent les modalités opératoires. Autrement dit, la réalité psychique résulte de la rencontre de l'organisme et du milieu extérieur.

Dans son livre sur la théorie du langage, M. Bakhtine écrit : « Par nature, le psychisme subjectif est localisé à cheval entre l'organisme et le monde extérieur, pour ainsi dire *à la frontière* de ces deux sphères de réalité. C'est là qu'a lieu la rencontre entre l'organisme et le monde extérieur, mais cette rencontre n'est pas physique : *l'organisme et le monde se rencontrent dans le signe.* L'activité psychique constitue l'expression sémiotique du contact de l'organisme et du milieu extérieur ; c'est pourquoi *le psychisme intérieur ne doit pas être analysé comme une chose, il ne peut être compris et analysé que comme signe* » [1]. Bien que M. Bakhtine ait ailleurs dénoncé le « subjectivisme » de la psychanalyse (en particulier son prétendu solipsisme), il énonce là une thèse au cœur de l'entreprise de Freud. Il rappelle qu'il serait illusoire de chercher à

1. M. Bakhtine, *Marxisme et théorie du langage*, *op. cit.*, p. 47.

distinguer par abstraction ou à séparer la réalité psychique de la réalité sociale comme de la réalité somatique sur lesquelles elle s'appuie ou (plutôt) en relation avec lesquelles elle se constitue et s'organise. Mais il insiste également sur la nécessité de ne pas manquer ce rapport *sémiotique*, fondé sur le travail de symbolisation, en le noyant dans une conception *symbiotique* et réductionniste, conception peut-être théoriquement forte, mais qui ne saurait se référer, dans la pratique, qu'à une modalité distordue du rapport au monde et à soi-même.

A l'objection souvent avancée selon laquelle l'expérience réputée authentique échapperait à l'historien qui ne saurait l'appréhender qu'à travers les formes culturelles dans lesquelles elle s'énonce, s'exprime et s'interprète, on peut répondre que l'expérience est bien vécue dans ces formes et n'en est pas indépendante, sans pour autant s'y réduire ni se confondre avec elles. Ce qui caractérise l'expérience dans sa dimension culturelle, c'est l'entrelacement du dedans et du dehors.

D. Winnicott a proposé de penser cet entrelacement et de montrer la complexité de la « relation de cette réalité [psychique], personnelle et intérieure, avec la réalité extérieure et partagée », à partir de la notion d'« aire transitionnelle » ou « aire de repos ». Cette aire, qu'il détermine à partir des stades précoces du développement de l'enfant, Winnicott la définit plus généralement comme le « lieu de l'expérience culturelle ».

Il part de l'idée communément admise qui attribue unité, limites et intériorité à l'individualité psychique : « de tout l'individu, ayant atteint le stade où il constitue une unité, avec une membrane délimitant un dehors et un dedans, on peut dire qu'il a une réalité intérieure, un monde intérieur, riche ou pauvre, où règne la paix ou la guerre »[1]. L'existence de ces limites qui définissent un dedans et un dehors, est pourtant problématique et nécessite l'hypothèse d'un troisième élément, « l'aire intermédiaire d'expérience (*experiencing*) à laquelle contribuent simultanément la réalité intérieure et la vie extérieure » : « cette aire n'est pas contestée, car on ne lui demande rien d'autre sinon d'exister en tant que lieu de repos pour l'individu engagé dans cette tâche humaine interminable qui consiste à maintenir, à la fois séparés et reliées l'une à l'autre, réalité intérieure et réalité extérieure ». Le repos dont il est ici question, s'oppose à la vigilance nécessaire à l'épreuve de réalité. La difficulté, aux yeux de Winnicott, n'est pas tant de différencier le dedans du dehors, que de les maintenir en relation : « dès la naissance, l'être humain est confronté au problème de la relation entre ce qui est

1. D. Winnicott, *Jeu et réalité*, *op. cit.*, p. 9.

objectivement *perçu* et ce qui est subjectivement *conçu* »[1]. La possibilité d'une telle relation repose précisément sur cette « aire intermédiaire [...] allouée à l'enfant, qui se situe entre la créativité primaire et la perception objective basée sur le principe de réalité ». Elle suppose la suffisante adaptation de l'environnement et des soins maternels dont la fonction est de ménager un espace d'illusion faute duquel « l'enfant ne pourrait pas développer la capacité de vivre en relation avec une réalité extérieure ou même se faire une conception de cette réalité »[2]. Il s'agit ici de l'illusion « qu'une réalité extérieure existe qui correspond à sa propre capacité de créer ». Winnicott explique :

> En d'autres termes, il y a un chevauchement entre l'apport de la mère et ce que l'enfant peut concevoir. Pour l'observateur, l'enfant perçoit ce que la mère lui présente effectivement, mais ce n'est pas là toute la vérité. L'enfant perçoit le sein pour autant qu'un sein a pu être créé exactement ici et maintenant. Il n'y a pas d'échange entre la mère et l'enfant. Psychologiquement, l'enfant prend au sein ce qui est partie de lui-même et la mère donne du lait à un enfant qui est partie d'elle-même. En psychologie, l'échange réciproque est basé sur l'illusion du psychologue[3].

L'illusion dont il est question est ici celle de l'observateur extérieur qui fait état d'une interaction entre deux réalités séparées. Winnicott lui oppose une réalité pratique telle qu'elle est *perçue* par la mère et l'enfant, une réalité effective, susceptible de produire des effets autrement incompréhensibles : celle d'un espace intermédiaire, qui n'appartient en propre ni à la mère ni au nourrisson et qui organise l'expérience partagée. On comprend que cette transitionnalité ne saurait être appréhendée *intellectuellement* que sous la forme d'un paradoxe.

Le propre de cette aire transitionnelle est d'être organisée par un paradoxe : l'objet y est à la fois trouvé et créé, au sens où il appartient à la fois à la réalité extérieure et au monde interne qui le crée[4]. C'est ce paradoxe qui donne toute sa valeur à l'expérience et à l'apprentissage. Selon Winnicott, la question de savoir si l'objet a été conçu ou créé,

1. *Ibid.* p. 21. La théorie de l'espace transitionnel est d'abord une théorie du signe, fondée non sur le dualisme du signifiant et du signifié, mais sur la tension entre une fonction mimétique de l'image (représenter ce que les sens perçoivent) et une fonction mnésique (représenter ce que l'esprit conçoit). Je reviendrai ailleurs sur cette conception du signe.

2. *Ibid.*, p. 20.

3. *Ibid.*, p. 22.

4. On trouve chez Platon un paradoxe analogue avec la doctrine de la réminiscence (« apprendre, c'est se souvenir ») qui rapporte pareillement l'activité de pensée au travail narcissique d'inclusion ou d'appropriation.

ou s'il a été présenté du dehors, n'a pas à être résolue, ni même posée : « l'important est qu'aucune prise de décision n'est attendue sur ce point. La question même n'a pas à être formulée » [1]. L'observateur qui « introduirait dans l'objet un rapport intellectuel à l'objet » serait tenté d'objectiver la situation telle qu'il la perçoit du dehors, et de résoudre le paradoxe. Ce serait méconnaître la « valeur du paradoxe », et la nature même de l'expérience qu'il organise : « On peut résoudre le paradoxe si l'on fuit dans un fonctionnement intellectuel qui clive les choses, mais le prix payé est alors la perte de la valeur du paradoxe » [2]. L'expérience, pour être effective, doit reposer sur une illusion tacitement partagée.

L'intérêt de cette notion de transitionnalité tient d'abord à l'étendue des expériences dont elle permet de rendre compte, puisqu'elle ne regarde pas seulement les relations précoces de l'enfant, ni même seulement sa capacité à jouer, mais renvoie selon Winnicott à l'ensemble des « expériences culturelles », dans lesquelles « il est impossible d'être original sans s'appuyer sur la tradition » [3]. Elle permet notamment de ne pas opposer l'intérieur à l'extérieur, les formes de la culture à l'expérience vécue, mais de situer ou de localiser cette expérience à la frontière du dedans et du dehors, dans cette zone d'indétermination où se noue la relation entre le sujet et l'objet.

On peut encore rendre compte de l'activité théorisante qui consiste à se faire une conception de la réalité, dans la continuité de l'expérience pratique de cette aire transitionnelle. Je fais l'hypothèse que cette activité émerge d'expériences souvent marginales et intimes d'empiètement et de désorganisation, c'est-à-dire à la faveur d'une désillusion qui vient interrompre l'illusion (ou « évidence naturelle ») sur laquelle repose l'aire transitionnelle. J'aborderai de ce point de vue l'activité de pensée : à la lumière du travail de secondarisation à l'origine de la constitution d'un espace interne propre, d'une enveloppe psychique, et de la nécessaire maturation par laquelle l'individu humain abandonne la relation symbiotique qu'il entretient d'abord avec son environnement.

Le « principe de réalité » n'est jamais que le plus sûr moyen à disposition pour faire face à l'expérience de déplaisir. Mais cette tâche qui mobilise les ressources de l'activité de pensée et permet l'« affirmation du déplaisir », c'est-à-dire son intégration ou son appropriation, ouvre sur le monde de la culture, dont le propre est de rendre communicables et

1. D. Winnicott, *Jeu et réalité*, *op. cit.*, p. 23.
2. *Ibid.*, p. 4.
3. *Ibid.*, p. 138.

partageables ces expériences de désillusion et d'empiètement, autrement dit de les retransitionnaliser. La tâche de la culture est alors de réintégrer, dans la quotidienneté ou dans le fonds commun, l'expérience d'angoisse, source d'isolement et de marginalité.

C'est à la lumière de ces enjeux que j'ai tenté de comprendre l'activité d'écriture à l'œuvre dans les *Essais*, où Montaigne souligne le caractère paradoxal de la relation qu'il entretient avec son livre, devenu, avec le temps, *consubstantiel à son auteur* :

> Moulant sur moi cette figure, il m'a fallu si souvent dresser et composer pour m'extraire, que le patron s'en est fermi et aucunement formé soi-même. Me peignant pour autrui, je me suis peint en moi de couleurs plus nettes que n'étaient les miennes premières. Je n'ai pas plus fait mon livre que mon livre m'a fait, livre consubstantiel à son auteur (« Du démentir », II, 18, 665).

On pourrait interpréter l'entreprise de Montaigne à partir de l'idée de réflexivité : le médium de l'écriture serait un moyen de « se peindre », de se donner à voir du dehors, à soi-même et pour autrui, afin de produire une image ou une représentation objectivée de soi-même [1]. C'est bien le cas, au moins dans un premier temps, puisque Montaigne dit s'être peint « de couleurs plus nettes », autrement dit en accentuant les contrastes, de manière à produire une image au moyen de laquelle se connaître et surtout se reconnaître, comme en double ou en miroir. Ce premier temps de l'écriture pourrait éventuellement permettre d'assimiler les *Essais* à une confession, c'est-à-dire à une pratique visant la production et la connaissance de la vérité. Dans les lignes citées, Montaigne propose cependant de donner un autre sens à son activité d'écriture : l'écriture qui objective, représente et fait connaître, cède progressivement la place à une écriture qui transforme le sujet lui-même en lui permettant de s'approprier ce fonctionnement clivé à l'origine des « vaines cogitations ». L'activité réflexive, dans ce second temps, ne vise plus la connaissance d'un sujet qu'il faudrait rendre visible et peindre au dehors ; elle conduit à l'effacement des limites entre l'auteur et son œuvre. La fonction du *double* s'est transformée. Je suggère ainsi que le livre, tel que Montaigne le présente ici, peut être compris comme un « objet transitionnel », et l'activité d'écriture, rapportée à l'expérience du jeu, décrite par Winnicott, c'est-à-dire comme une expérience libre et créatrice, affranchie des

1. La notion de *réflexivité* est tout entière suspendue aux capacités projectives de l'esprit, dont procèdent l'abstraction et l'objectivation, c'est-à-dire la faculté de penser des contenus indépendamment du fait qu'ils soient pensés.

règles. Ce qui est important ici de souligner ici, c'est que l'écriture n'a pas eu d'emblée ce statut; elle l'acquiert progressivement, au fil du temps, et à la faveur des nombreuses additions. D'abord écrit « pour autrui », c'est-à-dire dans un souci de maîtrise ou de contrôle qui caractérise les « exercices spirituels », le livre est devenu « consubstantiel à son auteur ». Cette transformation, on peut la décrire comme la restauration progressive d'un « espace potentiel », d'une aire d'expérience qui faisait précisément défaut au départ, à l'époque où Montaigne faisait état de ses troubles de la pensée. J'ai proposé, pour en rendre compte, de reprendre la distinction de Winnicott entre l'activité onirique et l'activité fantasmatique qui relève d'un fonctionnement dissocié et sépare le sujet de la réalité et de la vie, au lieu de l'y relier, comme le fait le rêve.

Le développement du sens de la réalité repose sur une désillusion, c'est-à-dire sur la nécessité d'une adaptation active au monde extérieur. La vigilance distingue et sépare ce que l'activité de jeu, aussi bien que l'activité onirique, relie et rassemble. Cette désillusion relève d'une « perte de l'évidence naturelle », pour autant qu'elle impose au sujet la tâche (potentiellement infinie) de discerner le vrai du faux et de faire le partage entre « ce qui est objectivement perçu et ce qui est subjectivement conçu ». L'usage de la fonction intellectuelle du jugement peut ainsi être rapportée à une perte de confiance née de la rupture de l'accord tacite ou de l'évidence naturelle au fondement de l'espace transitionnel. Cette rupture peut être brutale et prématurée (traumatique), mais elle peut avoir lieu dans des conditions favorables qui n'anéantiraient pas la relation de confiance du sujet avec son environnement, et préserveraient l'existence de cette aire de repos.

L'expérience du doute, telle que Descartes la met en scène dans sa Première Méditation, pourrait être décrite comme une expérience brutale de désillusion. Les premières lignes, bien connues, méritent d'être rappelées :

> Il y a déjà quelque temps que je me suis aperçu que, dès mes premières années, j'avais reçu quantité de fausses opinions pour véritables, et que ce que j'ai depuis fondé sur des principes si mal assurés, ne pouvait être que fort douteux et incertain ; de façon qu'il me fallait entreprendre sérieusement une fois dans ma vie de me défaire des opinions que j'avais reçues jusques alors en ma créance, et commencer tout de nouveau dès les fondements, si je voulais établir quelque chose de ferme et de constant dans les sciences [1].

1. R. Descartes, *Œuvres*, éd. Ch. Adam et P. Tannery, 13 vol., Paris, Vrin-CNRS, 1964-1974, rééd. poche, 1996, desormais cité AT, IX, 13..

Le souci métaphysique de vérité renvoie clairement à une expérience venue ébranler brutalement l'accord tacite sur lequel est fondé l'expérience culturelle relative aux opinions reçues. Ces quelques lignes condensent le long récit autobiographique du *Discours de la méthode*, dans lequel Descartes fait état de son « extrême désir d'apprendre à distinguer le vrai d'avec le faux, pour voir clair en [ses] actions, et marcher avec assurance en cette vie »[1], et certainement aussi l'extrême défiance à l'égard des erreurs qui « peuvent offusquer notre lumière naturelle ». Le désir de liberté intellectuelle (qui deviendra la marque de fabrique de la pensée moderne) peut être rapporté à la crainte d'être trompé qui a poussé Descartes à entreprendre très tôt de « sortir de la sujétion de [ses] précepteurs »[2]. Dans les *Méditations*, ce mouvement sera radicalisé, jusqu'à prendre la forme hyperbolique d'un délire d'influence : l'intention de discerner le vrai du faux exige de séparer le sujet de l'objet, de discriminer le moi du non-moi, et conduit finalement à vider le moi de tout objet. Le délire commence par dissoudre la relation du moi à son corps propre, vécu comme une réalité étrangère, source de préoccupations hypocondriaques. Il se poursuit avec le rejet de tout contenu de pensée et s'achève par une forme d'auto-récusation qui vient disqualifier l'activité de pensée elle-même. Le mouvement mis en scène par Descartes montre assez bien comment l'angoisse qui impose la nécessité de distinguer le vrai du faux, n'altère pas seulement, de manière paranoïde, le *jugement de réalité* : elle infiltre aussi le *jugement d'attribution* qui devient incapable de discriminer le bon du mauvais, conduisant à rejeter ensemble tous les préjugés dont il s'est nourri, écrit-il, « avec le lait de sa nourrice » (Cicéron). Pourtant, l'expérience de soi propre à la métaphysique, qui vise à concevoir l'âme seule, sans le corps, comme le remarque Descartes, constitue bien une expérience limite, destinée à demeurer circonscrite et isolée du reste de la vie et des « conversations ordinaires » par lesquelles, « s'abstenant de méditer », « on apprend à concevoir l'union de l'âme et du corps »[3].

L'intérêt de l'entreprise métaphysique de Descartes et de l'ensemble des *Méditations* tient au fait que le moment du doute met en scène des processus que l'on rencontre typiquement dans les épisodes de désagrégation psychotique, avec les solutions délirantes habituelles destinées à y faire face. Il tient encore au fait que cette mise en scène prend d'emblée la forme non d'une histoire, mais d'une fiction, qui transforme d'emblée

1. AT, VI, p. 9.
2. *Ibid.*
3. Lettre à Elisabeth, 28 juin 1643.

l'expérience en une œuvre de culture, appelée à s'inscrire dans la tradition philosophique. Le recours à la fiction permet, si l'on peut dire, de retransitionnaliser l'expérience de désorganisation et de désillusion. On peut interpréter ainsi le récit qui ouvre la Méditation, et vient circonscrire ou encadrer l'expérience comme unique et isolée du cours de la vie, en la définissant comme une expérience *à penser et à interpréter*.

Dans le *Discours de la méthode*, Descartes invite pareillement le lecteur à regarder son autobiographie, non comme une histoire, mais comme une *fable*, c'est-à-dire non comme un témoignage factuel auquel il faudrait accorder foi, mais comme un matériau auquel donner sens. La négation requalifie ici le sens du récit, à la manière de celle qui accompagne le rêve, lorsque le dormeur décide qu'il dort et que les choses vécues « ne sont qu'un rêve » : « Mais, ne proposant cet écrit que comme une histoire ou, si vous l'aimez mieux, que comme une fable, en laquelle, parmi quelques exemples qu'on peut imiter, on en trouvera peut-être aussi plusieurs autres qu'on aura raison de ne pas suivre, j'espère qu'il sera utile à quelques uns, sans être nuisible à personne, et que tous me sauront gré de ma franchise »[1]. Cette histoire de ma vie, prenez-là comme une fiction : ce n'est qu'une fable.

Dans les *Méditations*, on pourrait mettre en évidence le même procédé, explicité et amplifié par l'argument du rêve : Descartes décrit une expérience qu'il donne pour une fiction, et qu'il adresse à un lecteur qui saura bien que la métaphysique propose une expérience de pensée bien particulière, hyperbolique, éloignée des « conversations ordinaires », et qu'il faut prendre un peu comme on doit lire la *Divine comédie* : comme une fiction poétique, et non comme le récit d'un certain Florentin nommé Dante Alighieri qui aurait prétendu avoir rencontré Virgile, poète mort depuis mille ans, et avoir parcouru les enfers, le purgatoire et le paradis, pour s'y entretenir avec les morts. Conformément à la tradition, Descartes assimile ainsi l'expérience de la méditation à celle du sommeil et du rêve : elle suppose le repos de l'esprit qui se détourne des sens externes pour entrer en contact avec son monde interne (celui des « espèces intelligibles » et de leurs images ou représentations).

La notion d'aire transitionnelle permet ainsi d'appréhender, comme l'indique Winnicott, les spécificités de l'expérience culturelle reposant sur l'apprentissage et l'incorporation de pratiques et de formes qui règlent la vie de l'individu socialisé. L'idée d'une aire d'illusion et le paradoxe qui l'organise, permettent de rendre compte de l'*amnésie de la genèse*,

1. AT, VI, p. 4.

c'est-à-dire de l'oubli de l'expérience socialisatrice : l'objet qui lui sert de support doit être conçu comme s'il était à la fois trouvé et créé, à la fois proposé du dehors et inclus dans la sphère d'omnipotence du sujet, au sens où il « n'aurait pas été créé s'il n'avait déjà été là »[1]. L'intérêt de la démarche de Winnicott est de penser ensemble, dans une série continue, les expériences précoces de satisfaction, le jeu et le rapport au monde de la culture : ces expériences reposent sur une activité créatrice, antérieure à la « bifurcation du sujet et de l'objet » (Merleau-Ponty), et dans laquelle les frontières du dedans et du dehors se trouvent constamment remodelées.

Adaptation et marginalité

La psychanalyse, telle que je propose ici de la mobiliser, n'est pas une variante de l'ancienne psychologie qui prétendrait expliquer l'œuvre par l'homme. Les notions de travail psychique et d'élaboration secondaire permettent une approche clinique qui entreprend de rapporter la description des formes culturelles à l'expérience et à l'usage qu'on en fait. Aborder ainsi les textes littéraires et philosophiques permet de s'affranchir du relativisme qui s'interdit souvent d'appréhender les productions d'une époque en tant qu'objets d'expérience. Et s'interdit du même coup d'interroger la différence, pourtant fondamentale, entre l'expérience et la croyance, prise en un sens large[2]. Dans cette perspective, c'est aussi l'adhésion de l'individu aux formes de sa propre culture qui apparaît comme relative.

Dans ses différents écrits[3], George Devereux propose de distinguer l'humanisation qui consiste dans l'actualisation de potentialités biologiques (motricité, sexualité, capacités cognitives), du processus de socialisation défini comme l'acquisition d'une culture déterminée et particulière, c'est-à-dire d'un ensemble de règles de comportement qui viennent organiser et donner forme aux potentialités biologiques de l'individu. Il propose ainsi de distinguer l'apprentissage du langage *per se*, qui signifie la simple acquisition de la capacité générale de parler et de communiquer, propre à l'être humain (relevant donc de l'humanisation), de l'apprentissage d'une langue déterminée et particulière (d'abord de la langue dite maternelle).

1. D. Winnicott, *Jeu et réalité*, *op. cit.*, p. 100.

2. « Or la véritable source des conceptions fallacieuses qui sont celles du relativisme culturel est le refus de distinguer entre croyance et expérience » (G. Devereux, *Essais d'ethnopsychiatrie générale*, Paris, Gallimard, 1973, p. 24).

3. Voir en particulier : *Therapeutic Education. Its Theoretical Bases and Practice*, New York, 1956, p. 3-18.

Il va de soi que ces deux apprentissages sont solidaires. En distinguant ainsi l'humanisation de la socialisation, Devereux introduit un écart destiné à récuser une représentation caricaturale de la socialisation, selon laquelle les modèles culturels d'une société donnée définiraient l'horizon indépassable à partir duquel seulement les comportements individuels pourraient être interprétés. De même que l'apprentissage d'une langue particulière est solidaire de l'apprentissage du langage en soi, c'est-à-dire de la capacité de parler et de communiquer en général, et par conséquent d'apprendre plusieurs langues, de même l'acquisition d'une culture est inséparable de l'accès à la fonction générale de la « Culture en soi », proprement humaine, que Devereux définit comme un « modèle culturel universel », c'est-à-dire non par des contenus déterminés, susceptibles d'être appréhendés directement, mais au sens où l'on rencontre, dans toute culture particulière, des règles variées et variables qui déterminent et organisent le comportement des individus : « le simple fait d'avoir une culture est une expérience proprement universelle »[1]. La notion de « Culture en soi », étrange en apparence, ne définit aucune norme, même générale, qui prétendrait à l'universalité (à la manière des principes du « droit naturel » ou de l'interdiction de l'inceste), mais rend compte de l'expérience partagée d'avoir une culture, quelle qu'elle soit. Et cette universalité rend possible la communication et la compréhension interculturelle, transculturelle et même *métaculturelle*. Comme Devereux le rappelle, le projet d'une appréhension des « catégories culturelles » comme « catégories fondamentales de l'esprit humain », était au cœur du programme sociologique de « l'école française de Durkheim et de Mauss »[2].

Pour G. Devereux, une conception purement relativiste revient à supposer des individus en eux-mêmes incapables de se rapporter à la pluralité des cultures, comme à autant de virtualités de l'expérience humaine en général. Une adaptation *exclusive* en soi tout à fait exceptionnelle. On devrait, au contraire, considérer que l'adaptation rigide à des normes déterminées va à l'encontre de la plasticité fondamentale du comportement humain; elle peut à bon droit être regardée comme pathologique, pour autant que ce n'est pas l'adaptation en tant que telle qui définit la normalité, mais plutôt l'*adaptabilité*, c'est-à-dire la capacité de réadaptation : « A mon avis, la pierre de touche de la santé mentale n'est pas d'adaptation en soi, mais la capacité du sujet à procéder à des réadaptations successives,

1. G. Devereux, *Essais d'ethnopsychiatrie générale*, *op. cit.*, p. 82.
2. *Ibid.*, p. 106; voir aussi p. 338.

sans perdre le sentiment de sa propre continuité »[1]. De fait, l'adaptation rigide à des normes culturelles et sociale (et bien évidemment religieuses)[2] peut être entendue, psychologiquement, comme une défense (souvent fragile) contre l'angoisse liée à la discontinuité et à la perte d'identité.

Le relativisme (dans sa forme dénoncée par G. Devereux) décrit ainsi un rapport pétrifié, fétichisé et caricatural à la culture. Il érige bien en norme, comme le dit P. Bourdieu, un rapport intellectuel, celui de « l'étranger, exclu du jeu réel des pratiques par le fait qu'il n'a pas sa place – sauf *par choix*, et comme par jeu – dans l'espace observé »[3]. Il présente le fait d'avoir une culture comme une *soumission* purement passive à des règles de comportement et à des croyances extérieures. Autrement dit, il appréhende la vie éthique dans un sens purement légaliste. Le *jeu* auquel on peut choisir ou décider de se soumettre est appréhendé sans reste par les règles qui le structurent. Il relève d'un jeu réglementé (*game*), que Winnicott distingue du jeu libre (*playing*) qui caractérise la transitionnalité. L'objectivation du jeu social et de ses règles, entendue en ce sens, définit bien la position de l'observateur extérieur, pour autant « qu'il n'a pas à s'y faire une place ». Mais aussi la position de celui qui, sans y adhérer, tirerait cyniquement parti de sa connaissance des rouages de la machine sociale. De l'étranger, du marginal, mais aussi du sociopathe des romans de Balzac. C'est à ce genre d'obstacle que se heurtent régulièrement les conceptions qui tendent à assimiler la subjectivation à un effet d'emprise (de discipline ou de contrôle), la réduisant à une forme d'assujettissement et d'aliénation, confondant ainsi *dépendance* et *soumission*.

Cette position intellectuelle et extérieure qui conçoit la culture à partir de ses règles de conduites, et l'ensemble des croyances comme un catéchisme, les nombreuses figures de marginaux des *Nouvelles* de Cervantès en donneraient de bons exemples : ce sont les bouffons, les fripons, les gitans et mêmes les chiens. Dans « La petite gitane », Cervantès insiste sur l'incidence de la marginalité sur la vision du monde social, et notamment sur la maturité précoce qu'elle produit :

> Qui me l'aurait enseigné ? N'ai-je pas mon âme dans mon corps ? N'ai-je pas quinze ans ? Je ne suis ni manchote ni enrouée, ni estropiée d'entendement ; l'esprit de la gent gitane suit un autre nord que celui des autres races : il va toujours plus loin que le nombre des années ; il n'est point de sot gitan

1. *Ibid.*, p. 73.

2. Autrement dit le zèle, le conformisme rigide, le souci excessif de l'étiquette, mais aussi l'intégrisme et le fanatisme religieux et sectaire.

3. P. Bourdieu, *Le sens pratique*, *op. cit.*, p. 57.

> ni de gitane niaise ; sustenter leur vie, c'est se montrer avisés, rusés et menteurs ; aussi exercent-ils leur malice à tout propos et ne la laissent-ils point se couvrir de rouille [1].

Même aux choses de l'amour, qu'elle a observées du dehors (« mon honnêteté égale ma désinvolture »), la jeune gitane montre une sorte de sagesse qui fait dire à sa nourrice : « tu dis des choses que ne dirait pas un étudiant de Salamanque. Eh quoi ! tu dissertes d'amour, de jalousie, de confiance ? Je suis folle et je t'écoutes, comme on ferait une possédée qui parle latin sans le savoir » [2]. Dans son « Colloque des chiens », Cervantès définit, non sans humour, l'expérience de la réalité sociale propre aux chiens en évoquant une *position cynique* caractéristique de la « philosophie morale » : « Prends garde, Berganza, qu'il n'y ait quelque tentation du démon dans cette envie de philosopher que tu dis qui t'est venue. La médisance n'a pas de meilleur voile pour pallier et couvrir sa malice dissolue que de donner tout ce qu'elle rapporte comme sentences philosophiques » [3]. Les chiens de Cervantès, plus sages que les philosophes, comprennent et objectivent ainsi la prétendue objectivité des moralistes dont les préceptes et les exhortations relèvent de la médisance et de la malice.

On reviendra sur la vigilance des marginaux avec l'analyse du « Licencié de verre ». Relevons seulement ici que cette vigilance relative aux relations sociales est sans doute source de vérité, mais d'une vérité caractérisée par une position d'extériorité qui altère, et souvent dénature, la réalité effective de la « conversation civile ». C'est une vérité énoncée du dehors et qui témoigne d'une rupture aussi bien épistémologique que sociale et éthique avec son objet. A l'époque de Cervantès, cette liberté est d'abord assumée par le personnage de la nourrice maquerelle des comédies (cette vieille femme avisée des choses de l'amour et du monde), aussi bien que par ceux du bouffon et du fou. On peut interpréter cette vigilance à partir de la notion de désillusion : elle témoigne d'une perte (ou d'un défaut) de l'évidence naturelle qui maintenait le sujet relié à ses objets dans une expérience culturelle qui suppose, selon Winnicott, un état de repos fondé sur la confiance. Dans un langage un peu différent, on retrouve une idée similaire dans une lettre de Nicolas Pasquier à son fils : « Ne dites jamais mal de personne, car le médire dérobe l'honneur

1. M. de Cervantès, *Nouvelles exemplaires*, trad. fr. J. Cassou, Paris, Folio-Gallimard, 1981, p. 39.
2. *Ibid.*, p. 49.
3. *Ibid.*, p. 539.

d'autrui, et enseigne que vous n'avez jamais appris à bien dire, que vous êtes *une contre-résistance à la hantise* [fréquentation] *du monde*, le fléau des gens de bien »[1], – où la contre-résistance désigne une pression opposée au mouvement de socialisation, c'est-à-dire ce qu'on appellerait aujourd'hui un « contre-investissement ».

La défiance ou l'hypervigilance consistant à traquer partout l'hypocrisie et la fausseté, l'immoralité et le dévergondage, constitue une forme de lucidité bien particulière. On peut la regarder comme la conséquence d'une expérience d'empiètement et de désorganisation traumatique qui a privé le sujet de la confiance et du sentiment d'évidence naturelle relativement au monde social. La rupture de l'accord tacite conduit à ce fonctionnement clivé qui menace le lien entre « ce qui est objectivement perçu » avec « ce qui subjectivement conçu ». A l'inverse, on peut aussi bien interpréter l'objectivation intellectualisante comme une tentative visant à restaurer ce lien et sortir le sujet de son isolement et de sa marginalité. J'ai montré, à propos du « Licencié de verre », comment Cervantès proposait de mettre en parallèle cette vigilance relative au monde social avec l'expérience hypocondriaque relative au corps propre : dans les deux cas, le vécu d'étrangeté et le sentiment de persécution sont analogues et peuvent être regardés comme une défense contre la menace de fragmentation. On ajoutera cependant, pour prolonger l'idée de Cervantès, que le vécu de persécution hypocondriaque correspond à un moment de régression supplémentaire par rapport à l'effondrement des repères permettant de s'orienter dans le monde social : il est assurément préférable de vivre dans un monde fou que dans un corps sans organe.

C'est dans cette optique que je suis revenu sur la liberté de parole irrévérencieuse propre au fou et au bouffon, interrogeant d'abord le sentiment de bizarrerie et d'étrangeté qu'éveille le franc-parler qui vient dissiper l'illusion et démasquer l'imposture : non du point de vue de son contenu de vérité et de la critique sociale, mais d'un point de vue clinique, en tentant d'expliciter sa relation falsifiée à la réalité éthique du monde social.

Il n'est évidemment pas question ici de disqualifier le rapport critique à la réalité sociale, mais seulement de proposer d'appréhender ces processus d'objectivation, en tentant de les rapporter à des expériences de malaise et de désillusion, parfois brutales, propres à alimenter un sentiment d'injustice souvent légitime par ailleurs. Je me borne à souligner que la position critique est généralement difficile à tenir et que

1. *Lettres de Nicolas Pasquier*, livre X, Paris, 1623, p. 953.

le plus souvent elle se paie au prix fort. Tout comme le souci de vérité. En suggérant qu'il pourrait exister un continuum entre le délire hypocondriaque du personnage de Cervantès, et des positions plus maîtrisées et intellectualisées comme celles qui s'appuient sur la raison ou la science, je n'entends pas réduire à l'identique ces manifestations, mais plutôt mettre en avant le travail d'élaboration et de pensée nécessaire pour faire face à l'expérience de désillusion. Ce que partagent finalement le Licencié de Cervantès, Hamlet et tant d'autres, c'est le juste constat que quelque chose « ne tourne pas rond » dans le monde, et que le « malaise social » n'est ni une fantaisie privée ni une invention de journaliste, mais renvoie bien à la réalité d'une société malade et parfois folle : reste à faire face à cette folie d'un monde « hors de ses gonds », sans tomber soi-même malade.

La parole libérée du Licencié de Cervantès conduit à aborder de manière évidemment très particulière et circonstanciée la question de la *parrhêsia* (« franc-parler »), mais aussi, du même coup, à interroger la notion de « technique de soi » proposée par M. Foucault pour rendre raison des « exercices spirituels » au cœur des conceptions éthiques de l'Antiquité.

Dans ses cours, M. Foucault propose de comprendre la parrhêsia dans la philosophie antique en l'associant au thème du « souci de soi », à une éthique du « courage de la vérité », associée au risque que fait courir la parole libre dans la relation à autrui. Il la rapporte ainsi au contexte plus général des « formes de subjectivation » mobilisées par des pratiques, comme celle des exercices spirituels, dont il parle comme de techniques spécifiques et codifiées qui conduisent à l'élaboration d'un « art de vivre » définissant les modalités du rapport à soi au moyen de préceptes relatifs à « la manière de se constituer soi-même comme sujet moral de ses conduites » [1]. Cette connaissance de soi est organisée par des « pratiques réfléchies et volontaires par lesquelles les hommes, non seulement se fixent des règles de conduite, mais cherchent à se transformer eux-mêmes, à se modifier dans leur être singulier et à faire de leur vie une œuvre » [2]. Il y aurait sans doute bien des réserves à émettre au sujet d'un tel programme et de l'éthique qu'il fonde.

Plutôt que de discuter ici directement les analyses de M. Foucault, j'ai préféré suivre les auteurs qui, comme Cervantès, interrogent la parrhêsia à partir de la figure du bouffon, c'est-à-dire dans une forme aliénée et dérisoire, comique et vidée de tout prestige. Je me suis aperçu qu'ils

1. M. Foucault, *Le souci de soi*, Paris, Gallimard, 1984, p. 272.
2. M. Foucault, *Dits et écrits*, IV, Paris, Gallimard, 1994, p. 545.

s'inspiraient sans doute moins de la tradition des « exercices spirituels » stoïciens et chrétiens, que d'Aristote et de son portrait ambivalent et ironique de la vertu de magnanimité ou grandeur d'âme (*megalopsychè*) :

> Son devoir impérieux est de se montrer à découvert dans ses haines comme dans ses amitiés, la dissimulation étant la marque d'une âme craintive. Il se soucie davantage de la vérité que de l'opinion publique, il parle et agit au grand jour, car le peu de cas qu'il fait des autres lui permet de s'exprimer avec franchise [ou : avec *parrhêsia*]. C'est pourquoi aussi il aime à dire la vérité, sauf dans les occasions où il emploie l'ironie, quand il s'adresse à la masse. Il est incapable de vivre selon la loi d'autrui, sinon celle d'un ami, car c'est là un esclavage ; et c'est ce qui fait que les flatteurs sont toujours serviles, et les gens de peu, des flatteurs. Il n'est pas non plus enclin à l'admiration, car rien n'est grand pour lui [1].

La parrhêsia paraît ici directement associée au mépris social, et la liberté, au refus aristocratique des conventions. C'est sur ce point que la parrhêsia du fou ou du bouffon rencontre le modèle antique décrit par Foucault, mais comme la marque d'un négativiste antisocial porté par un idéal moral cruel et dictatorial. C'est du moins le sens que l'on peut donner aux avertissements des chiens de Cervantès qui mettent en lumière la *position cynique* qui caractérise la « philosophie morale ».

Aristote oppose à la rigidité et au comportement emprunté du parrhésiaste, la souplesse psychique nécessaire à l'humour (*eutrapélie*), le tact ou l'agilité d'esprit (*epidexiotès*; *urbanitas seu dexteritas*) qui signifie l'aptitude à tempérer l'ambivalence entre l'amitié et l'hostilité qui entre généralement dans les relation sociales. A la brutalité du franc-parler magnanime, Aristote oppose ainsi la plaisanterie définie comme « impertinence polie ». J'ai voulu interroger par là l'idéal de sagesse et de maîtrise dont procèdent les pratiques décrites par Foucault, du point de vue de cet art un peu différent, celui de la plaisanterie, moyen terme entre deux formes de comportement antisocial (deux pratiques de la parrhêsia) : la rusticité du moraliste et la bouffonnerie du marginal. On est en droit de regarder la manière dont Aristote érige en vertu morale l'art du trait d'esprit, comme une critique directe du modèle éthique porté par la parrhêsia : ainsi mise en perspective, l'eutrapélie peut être interprétée comme la marque d'une faculté d'adaptation (adaptabilité) et d'une souplesse psychique nécessaire à la vie sociale. Pour autant que l'on accepte de distinguer l'humour qui rassemble, de l'ironie qui sépare, cette réflexion sur la sociabilité apporte un éclairage particulier sur la

1. Aristote, *Ethique à Nicomaque*, IV, 8, 1124b26-1125a3.

parrhêsia des fous et des bouffons du début de l'époque moderne, ainsi que sur le rapport singulier à la vérité dont ils font preuve. On tentera d'expliciter ce rapport qui ne consiste pas à masquer la réalité (par le déni), mais, en l'énonçant, à la frapper du sceau de l'insensé et à activer chez l'interlocuteur (ou le lecteur) des tendances inconciliables de la personnalité. Le paradoxe, formulé, contribue à mettre en déroute le sentiment de continuité du sujet[1]. A l'inverse, l'humour permet de lier et concilier les contraires, et de transformer l'expérience de déplaisir, sans pour autant disqualifier la réalité (ce qui est « objectivement perçu »).

On rencontre ainsi la définition de l'humour proposée par Freud, comme le témoignage ou le signe de l'intégration du surmoi, résidu ou précipité des expériences précoces de socialisation : l'instance morale autrefois rigide, stupide et tyrannique, peut se civiliser et s'allier au moi intimidé pour devenir consolatrice et rassurante. Par l'humour, écrit Freud, le surmoi « écarte la réalité et sert une illusion », restaurant la capacité de jouer. Il semble dire : « Regarde, le voilà donc ce monde qui a l'air si dangereux. Un jeu d'enfant, tout juste bon à ce qu'on plaisante ! »[2]. L'intégration ainsi entendue permet donc de passer d'un jeu réglementé strictement défini par des codes et des règles (et évidemment des interdits), dont l'apprentissage repose sur la maîtrise technique de soi, à un jeu libre qui mobilise non plus l'adaptation rigide à des modèles de comportement, mais la souplesse psychique et l'adaptabilité.

Si l'humour écarte bien la réalité pour se mettre au service d'une illusion, ce n'est pas pour la congédier, mais, au contraire, pour traiter « morceau par morceau » l'expérience de déplaisir, et restaurer un espace interne capable de protéger le sujet contre les risques d'effraction. La parrhêsia, au contraire, témoignerait plutôt d'une intolérance à la réalité du déplaisir : elle mobilise des défenses projectives et objectivantes au moyen desquelles le sujet se protège d'une réalité qu'il dénonce et disqualifie. Sûr de son bon droit et seul contre tous dans une attitude rigide et paradoxale d'*anti-déni*[3], il oppose sa pureté morale, proteste de son innocence face à un monde corrompu et mauvais. La prétention de « faire de sa vie une œuvre » s'alimente d'un tel déni de dépendance. Ce qui permettrait ici rapprocher le parrhésiaste du marginal, c'est leur manière commune de faire face au risque traumatique de perte d'identité,

1. *Cf.* J.-C. Racamier, *Les schizophrènes*, Paris, Payot, 1980, p. 80 *sq.*, sur le mécanisme d'*insanisation*.

2. S. Freud, « L'humour » (1927), OC, XVIII, p. 140.

3. J'emprunte l'expression à un patient auquel le chapitre sur la médisance des marginaux doit beaucoup.

par une forme de « renonciation à l'identité »[1] : le recours au masque et l'invention d'une néo-identité permettant au sujet de se prémunir par clivage contre les expériences d'empiètement.

La négation par laquelle l'humour peut énoncer ce qui n'est pas, vient sans doute servir une illusion; elle constitue une forme de dissimulation, « marque d'une âme craintive » si l'on veut, mais elle témoigne surtout du fait que « l'affirmation du déplaisir est un acte psychique non pas simple, mais double »[2]; elle repose sur une double négation, à la racine du processus d'introjection et d'appropriation. C'est à ce travail d'intégration que Freud renvoie lorsqu'il évoque la transformation du surmoi, jadis rigide et tyrannique, devenu consolateur et rassurant. L'humour, qui est une forme de jeu, apparaît bien comme l'effet des processus d'appropriation et de secondarisation. C'est de là qu'il tire son rôle socialisateur.

C'est à partir de ces enjeux que je me suis intéressé à la parrhêsia, au regard objectivant et extérieur, et à la critique virulente d'une réalité sociale hostile. La légitimité de cette critique et la teneur de vérité des analyses qu'elle peut produire, ne sont pas ici en question. J'ai seulement voulu mettre en avant les ressorts psychiques de la protestation morale, et la regarder du point de vue de son intolérance au déplaisir : le sentiment de précarité et de vulnérabilité psychique à l'origine de cette intolérance, m'apparait indissociable d'une trajectoire de marginalisation ou d'exclusion sociale.

L'historien des idées peut bien suivre sa route à part, et son matériau littéraire et doctrinal suffira, jusqu'à un certain point, à expliciter la teneur conceptuelle des textes abordés. Mon parti-pris est qu'il peut aussi tirer profit d'une approche centrée, non pas sur les seules catégories qui organisent la discursivité, mais sur la forme de l'expérience qu'elles rendent communicable et partageable. Mon idée est que *l'énoncé n'est pas réductible au discours*. C'est cette *tension* qui naît de la confrontation entre le discours et l'énoncé, que j'ai proposé de prendre comme objet d'étude et comme point d'entrée pour une clinique des processus de pensée.

1. G. Devereux, « La renonciation à l'identité : défense contre l'anéantissement », *Revue française de psychanalyse*, 1967, I, p. 101-140. Ces considérations pourraient contribuer à éclairer quelques aspects singuliers de l'éthique stoïcienne, et notamment la tension qui l'habite entre la doctrine des devoirs et la forme négativiste de son idéal de sagesse (proche du modèle cynique, franchement antisocial).

2. S. Ferenczi, « Le problème de l'affirmation du déplaisir » (1926), *Psychanalyse*, III, Paris, Payot, 1973, p. 390.

Cette démarche clinique ne vise pas à rapporter l'œuvre à l'homme, ni à opposer aux constructions conceptuelles l'authenticité supérieure du vécu intime et personnel : elle prend comme pour de départ l'idée selon laquelle l'expérience partageable et communicable est d'ordre culturel. Je m'appuie sur le fait que les formes de la culture n'organisent pas seulement l'énonciation, mais participent pleinement au travail d'élaboration et de secondarisation par lequel le psychisme peut faire face aux situations auxquelles il est confronté. La psychanalyse, telle que je la sollicite ici, se définit d'abord par sa conception économique et par l'idée d'une « exigence de travail psychique » à l'origine des processus ou mécanismes de défense. J'appréhende par là les formes de la culture du point de vue de la fonction ou de l'usage, plutôt que du point de vue de la structure.

Ces considérations, relatives à la méthode historique, sont encore susceptibles, en retour, d'apporter un éclairage particulier sur cette forme de *transferts sur les objets culturels et sociaux* que l'on rencontre dans la pratique analytique, et d'en explorer quelques uns des enjeux. C'est dans cet esprit que je propose d'aborder, avec Descartes et Montaigne, les aléas de ce transfert et de l'investissement narcissique dont font l'objet non seulement les contenus de pensée, mais l'activité de pensée elle-même.

CHAPITRE PREMIER

UNE CLINIQUE DE L'ACTIVITÉ DE PENSÉE

> L'homme est, au sens littéral, un *zoôn politikon*, non seulement un animal sociable, mais un animal qui ne peut se constituer comme animal singulier que dans la société. La production réalisée en dehors de la société par cet individu singulier et singularisé – fait exceptionnel qui peut bien arriver à un civilisé transporté par hasard dans un lieu désert et qui possède déjà en puissance les forces propres de la société – est chose aussi absurde que le serait le développement du langage sans la présence d'individus vivant et parlant ensemble. (K. Marx, *Manuscrit de 1857-1858*, « Grundrisse », trad. fr. J.-P. Lefebvre (dir.), Paris, Editions sociales, 1980, t. 1, p. 18)

Aristote définit l'homme comme un animal politique, doté du langage ou de la raison. Cela revient à peu près à dire qu'il a un corps, des pensées et la capacité d'entrer dans des relations sociales et affectives déterminées. La platitude presque déconcertante de ce constat met pourtant en évidence la série de défis auxquels ce vivant qu'est l'homme doit généralement faire face en se confrontant à ces trois aspects indissociables et enchevêtrées qui constituent ensemble ce qu'on appelle le *monde humain* : la réalité biologique du corps, la réalité psychique des pensées et des affects et la réalité sociale des échanges et des interactions. C'est à quelque uns de ces enjeux que le présent travail est consacré. Il prend appui sur ma pratique d'historien de la philosophie, aussi bien que sur mon expérience clinique de psychanalyste.

Je voudrais ici proposer d'expliciter certains des présupposés sur lesquels repose la démarche pluridisciplinaire de ce travail. Je me contenterai de quelques indications susceptibles de donner un aperçu des choix que j'ai été amené à faire.

Bien que les chapitres qui forment ce livre prennent appui sur quelques textes de la tradition littéraire et philosophique, la démarche proposée ici se distingue d'une simple « application » de la psychanalyse : elle ne consiste pas à ajouter aux matériaux présentés une interprétation supplémentaire, étayée, par exemple, sur les informations que nous pourrions avoir par ailleurs sur le passé infantile des auteurs abordés[1]. Ce passé n'est pas absent, mais j'ai choisi de ne pas le mettre au devant de la scène, pour porter d'abord mon attention aux *processus de pensée et au travail de symbolisation* à l'œuvre dans les textes étudiés, c'est-à-dire aux ressources défensives[2] qu'ils mobilisent, comme à autant de moyens de faire face à des expériences de déplaisir, – quitte à laisser dans l'ombre leur préhistoire, et au risque aussi de laisser sur leur faim les psychanalystes de souche. Mon objet n'est donc pas d'expliquer l'œuvre par l'homme, mais de montrer comment l'activité de pensée et d'écriture pouvait être comprise, en elle-même, comme la mise en forme d'épisodes de désorganisation particuliers, venus fragiliser le sentiment d'identité. La question posée dans ce livre porte avant tout sur le travail d'intégration permettant de donner *droit de cité* à ces expériences marginales, et de les rendre communicables et partageables.

C'est dans ce sens large que l'ensemble des chapitres présentés ici s'inscrivent dans la perspective d'une *clinique de l'activité de pensée*. Je me suis attaché à la manière dont les processus de pensée, en eux-mêmes insaisissables ou inconscients, d'abord appréhendés par l'impact qu'ils ont sur la vie psychique, sont eux-mêmes liés et organisés, mis en forme et représentés dans le travail d'écriture et de figuration. Autrement dit, au fait que le travail d'élaboration ne porte pas seulement sur un *contenu* de pensée, mais également sur le fonctionnement de l'appareil psychique lui-même. Mon hypothèse est que l'appropriation subjective et l'intégration psychique reposent sur une activité de figuration, de projection ou d'expression, qui rend possible la mise en forme et la transformation de ces expériences de désorganisation.

1. Les limites d'une telle approche apparaissent dans les cas fréquents où les lectures réputées psychanalytiques s'accordent, pour ainsi dire terme à terme, avec les analyses les plus conventionnelles (et souvent dépassées) de l'histoire littéraire.

2. J'entends ici par *défenses* l'ensemble des ressources dont la psyché dispose afin de faire face à la souffrance en général. A ce titre, on peut regarder le travail de pensée et de symbolisation comme une défense parmi les plus efficaces qui soient. S'il arrive parfois, dans la pratique clinique, que l'activité théorisante prenne la forme d'une résistance, cela ne justifie pas que l'on en tire prétexte pour regarder l'ignorance et la paresse intellectuelle comme des vertus thérapeutiques.

MODÈLE DU RÊVE ET ÉLABORATION SECONDAIRE

Je propose ainsi de mettre en avant le modèle du rêve, plutôt que celui de la sublimation, en prenant appui sur l'activité préconsciente d'élaboration secondaire, plus que sur le travail inconscient de formation du rêve et son contenu symbolique. L'une des caractéristiques fondamentales de ce modèle de l'élaboration secondaire du rêve est, selon moi, qu'il permet de penser la transformation de l'expérience onirique réputée privée en une expérience personnelle susceptible d'être partagée et communiquée, c'est-à-dire en une *expérience socialisée*[1].

1) Cette dimension est latente, mais pourtant bien présente chez Freud dans l'*Interprétation du rêve*, et prend une importance croissante avec la réévaluation progressive de l'élaboration secondaire. On sait que le statut accordée par Freud à l'élaboration secondaire s'est considérablement modifié au fil du temps. L'effet de cohérence qu'elle apporte dans la construction du récit était d'abord considéré comme un obstacle ou un leurre masquant les incohérences du rêve en soumettant les pensées du rêve à un travail critique :

> Il est dans la nature [de la pensée vigile préconsciente] de mettre de l'ordre dans un tel matériel, d'y établir des relations, de la soumettre à la cohérence intellectuelle à laquelle on s'attend. En cela nous allons plutôt trop loin ; les tours d'adresse des prestidigitateurs nous bernent en s'appuyant sur cette habitude intellectuelle qui est la nôtre. Dans notre effort pour composer de manière compréhensible les impressions sensorielles offertes, nous commettons souvent les erreurs les plus étranges ou même nous falsifions la vérité du matériel qui est devant nous[2].

L'activité intellectuelle qui organise et met en ordre les pensées du rêve consiste d'abord à abraser les incohérences du matériel onirique en y introduisant des « interpolations » destinées à lier ou à « frayer une corrélation » entre les « fragments du contenu du rêve »[3]. Freud fait alors un lien explicite avec la pensée philosophique, pour autant qu'elle est au service de la prétention illusoire d'appréhender et de comprendre « l'édifice du monde » (Heine) : « ce qui distingue et trahit cette partie du rêve, c'est sa tendance. Cette fonction procède de la même façon que le philosophe, à ce qu'affirme méchamment le poète : avec ses guenilles et ses haillons,

1. Je ne discute pas ici la notion très problématique de « narcissisme primaire » à partir de laquelle on conçoit parfois le rêve comme une expérience solipsiste.

2. S. Freud, *L'interprétation du rêve* (1900), OC, IV, p. 550-551 ; GW, II-III, 504.

3. OC, IV, p. 540 ; GW, II-III, 493-494.

elle bouche les trous de l'édifice du rêve. La conséquence de son effort est que le rêve perd son apparence d'absurdité et se rapproche du modèle de l'expérience vécue compréhensible »[1]. Cette cohérence est l'effet d'une première interprétation, qui dénote le travail préconscient de mise en ordre : « Ce sont des rêves qui, pour ainsi dire, ont déjà été interprétés une fois, avant que nous ne les soumettions à l'interprétation »[2]. Ce travail est aussitôt comparé à la construction d'une *façade*, au moyen d'un « matériel psychique déjà formé », et surajouté du dehors[3]. Ce matériel, ce sont les « fantaisies » ou fantasmes diurnes.

On retrouve, dans la série des songes de Descartes, un travail d'interprétation par lequel, dans le sommeil, le dormeur se ressaisit du matériel onirique, à la différence près que le modèle interprétatif, tiré des « clés des songes », vient au contraire décomposer la forme narrative du rêve, pour la soumettre à l'analyse. Dans le commentaire des songes, je me suis moins intéressé à cet aspect qu'aux conditions qui permettaient au rêve de prendre cette forme interprétable : plutôt que d'en reconstruire le contenu sexuel (que Descartes lui-même signale en passant), j'ai préféré en ressaisir d'abord l'impact traumatique.

2) On connaît le destin de cette théorie de l'élaboration secondaire : d'abord considérée comme un obstacle à l'accès aux pensées latentes du rêve, cette construction devient un élément essentiel de l'interprétation, jusqu'à constituer le « noyau du rêve » : l'élaboration secondaire témoigne de la manière dont la pulsion organise le matériel inconscient pour lui donner forme. L'attention se trouve donc déplacée en direction d'une problématique de la figuration (*Darstellung*) et de l'intégration pulsionnelle.

Cette réévaluation du fantasme et du « rêve diurne » est particulièrement manifeste dans une addition de 1911 au court traité *Du rêve* (1901). On y lit : « Ce serait une erreur de ne prétendre voir dans ces façades de rêve rien d'autre que de telles élaborations du contenu du rêve – prêtant à vrai dire à mécompréhension et passablement arbitraires – par l'instance consciente de notre vie psychique ». La façade est construite au moyen de « fantaisies de souhait qui se trouvent préformées dans les pensées du rêve et qui sont de même sorte que les rêves connus de nous par la vie vigile, et ainsi nommées à bon droit "rêves diurnes" ». Ces fantaisies mises en évidence par l'analyse du rêve et qui « s'avèrent souvent être des répétitions et des remaniements de scènes infantiles », « nous montrent

1. OC, IV, p. 541 ; GW, II-III, 494.
2. *Ibid.*
3. OC, IV, p. 542 ; GW, II-III, 495.

ainsi directement, dans nombre de rêves, le noyau proprement dit du rêve, qui a été déformé par mélange avec un autre matériel »[1]. Le travail d'élaboration change de sens : il ne consiste pas seulement à masquer un contenu inconscient et à faire écran aux représentations de souhait, mais à figurer, organiser et intégrer les restes de ces expériences infantiles. Du même coup, la signification de l'activité de pensée s'en trouve modifiée : elle peut désormais accompagner et seconder le travail de liaison de la pulsion. La fonction de la pensée consistera alors à mobiliser un matériel psychique préformé, afin de donner à l'expérience onirique la forme d'une « expérience vécue compréhensible ». Ce travail interprétatif, d'abord disqualifié, sera progressivement réévalué par Freud. L'histoire de cette réhabilitation accompagne les méandres de la question de la « fonction synthétique du moi ». Ses enjeux sont d'abord techniques et témoignent de la transformation de la pratique psychanalytique qui ne vise plus seulement à la levée du refoulement, mais se confronte au clivage et aux limites du travail d'intégration.

PROJECTION, FIGURATION ET RÉFLEXIVITÉ

La transformation d'un vécu hallucinatoire en « expérience vécue compréhensible », et donc communicable ou partageable, sans doute au service d'une illusion, devient la condition de possibilité du travail d'appropriation subjective et d'intégration. Le moi joue certes « le rôle ridicule qui est au cirque celui du stupide Auguste, prétendant par ses gestes donner aux spectateurs la conviction que tous les changements qui ont lieu sur la piste s'effectuent à son seul commandement »[2]. Cependant, l'illusion de toute-puissance de la pensée rend possible un travail de *projection* par lequel le sujet donne également forme au dehors à des processus interne qu'il représente et figure, préparant ainsi leur réappropriation.

1) C'est l'usage que fait Freud de la notion de projection dans *Totem et tabou*, notamment lorsqu'il s'interroge sur la signification psychologique des visions du monde, qu'elles soient religieuses ou métaphysiques :

> Dans des conditions qui ne sont pas encore suffisamment établies, des perceptions internes de processus de sentiment et de pensée sont, elles

1. S. Freud, *Du rêve* (1901), OC, V, p. 52 ; GW, III, 680.
2. S. Freud, « Contribution à l'histoire du mouvement psychanalytique » (1914), OC, XII, p. 300 ; GW, X, 97.

> aussi, tout comme les perceptions sensorielles, projetées vers l'extérieur, utilisées pour la mise en forme du monde extérieur, alors qu'elles devraient relever du monde intérieur. Peut-être est-il en corrélation générique avec le fait que la fonction de l'attention n'était pas à l'origine tournée vers le monde intérieur, mais vers les stimuli du monde extérieur, et ne recevaient des processus endopsychiques que les informations sur le développement de plaisir et de déplaisir (*Totem et tabou*, OC, XI, p. 271-272).

La projection qui sert, dans ce texte, à rendre compte du mode de pensée « animiste », constitue un processus universel par lequel la réalité psychique ou le contenu mental se donne à connaître du dehors, à travers ces « formes symboliques »[1], mais surtout se constitue et s'organise au moyen de ces représentations et de l'activité figurative et projective (classiquement rapportée à l'imagination). Ce processus de mise en forme qui permet la transformation du matériau psychique en pensées ou en signes, suit des voies analogues à celles de la projection paranoïaque, mais s'en distingue pour autant que cette dernière vise d'abord l'évacuation des affects et des représentations. L'enjeu est ici, au contraire, de fournir une représentation aux affects de plaisir et de déplaisir, mais aussi d'organiser et de transformer du dehors des processus internes dont le propre est de se constituer dans et par la représentation. Compte ici non pas la projection en tant que telle, ni les mécanismes de l'identification projective, mais l'alternance ou l'oscillation entre un mouvement d'externalisation et d'objectivation et un mouvement intégrateur de réappropriation.

2) La nécessité de cette médiation par des formes symboliques ne regarde pas la seule connaissance de la réalité psychique : l'objectivation ou la projection est également au principe d'un processus d'organisation, d'intégration et d'appropriation. Pour cela, il est nécessaire que le matériau psychique soit transformé, traduit ou retranscrit dans un medium nouveau. Dans le passage cité de *Totem et tabou*, Freud poursuit ainsi : « C'est seulement quand se forma une langue de pensée abstraite par la connexion des restes sensoriels des représentations de mots avec les processus internes que ceux-ci, progressivement, devinrent eux-mêmes susceptibles de perception. Jusque là, les hommes primitifs avaient développé par projection de perception internes vers l'extérieur, une image du monde extérieur qu'il

1. Voir E. Cassirer et son projet d'une « morphologie de l'esprit » : *Philosophie der symbolischen Formen*, 1923-1929, trad. fr., *La philosophie des formes symboliques*, trad. fr., Paris, Minuit, 1972. Voir aussi le programme d'une psychologie sociale et historique exposé par I. Meyerson, *Les fonctions psychologiques et les œuvres* (Paris, Vrin, 1948), Paris, Albin Michel, 1995.

nous faut maintenant, la perception de conscience s'étant renforcée, retraduire en psychologie »[1]. Cette retraduction repose sur des conditions particulières : sur l'invention d'une « langue de pensée abstraite »[2], autrement dit sur un travail de symbolisation nouveau, permettant l'enregistrement ou la notation, grâce auquel les motions affectives et les pensées pourront être perçues comme internes. Ce langage constitue un medium permettant de *transformer* la matière psychique, afin de la rendre communicable et interprétable. *L'abstraction, la réflexivité et la socialisation vont ici de pair.*

3) L'idée développée dans *Totem et tabou* permet ainsi d'expliciter la fonction interprétative de l'élaboration secondaire qui vise à donner une forme compréhensive et communicable au matériau du rêve. La traduction des représentations de choses du rêve en représentations de mots permet d'abord de reconnaître le caractère endopsychique de l'expérience onirique. Cette reconnaissance repose bien sur la « langue de pensée abstraite », et d'abord sur la *négation*, marque de fabrique des processus secondaires, qui permet de requalifier l'expérience hallucinatoire (« ce n'est qu'un rêve »), autrement dit de la soumettre à un premier travail interprétatif. Dans le passage de l'*Interprétation du rêve* cité plus haut, Freud avait bien remarqué cette fonction d'interprétation de l'élaboration secondaire, lorsqu'il mentionnait ces rêves « qui, pour ainsi dire ont déjà été interprétés avant qu'à l'état de veille nous ne les soumettions à l'interprétation »[3]. Ce premier temps de l'interprétation repose sur la traduction dans le medium de la « langue de pensée abstraite » et sur l'usage de la négation qu'elle rend possible.

Observation : Le processus d'élaboration psychique est inséparable de la socialisation du matériel onirique. C'est un lieu commun de l'onirocritique (la science des rêves donnée aux hommes par Prométhée) que tous les rêves ne sont pas interprétables. C'est ce qui distingue d'abord les rêves réputés véritables, des « songes vains » qui ne laissent au réveil que des impressions confuses et échappent au souvenir faute d'un travail d'appropriation suffisant (élaboration secondaire), – « car c'est bien vanité, si du bonheur la vision glisse rapidement entre vos bras, pour s'enfuir à

1. S. Freud, *Totem et tabou*, OC, XI, p. 272.

2. Dans *Totem et tabou*, Freud mentionne expressément le langage verbal. L'essentiel n'est cependant pas caractère verbal du nouveau medium, mais le fait qu'il permettre l'organisation et la transformation de la matière psychique dans une forme susceptible d'être réfléchie. On appelle abstraction ce genre de transformation. C'est sur lui que repose la mémoire.

3. S. Freud, OC, IV, p. 541 ; GW, II-III, 494.

tire d'aile sur le sillage du sommeil »[1]. G. Devereux, au sujet des rêves chez Eschyle, fait l'hypothèse que l'intérêt pour les rêves peut être entendu comme un encouragement ou une incitation à l'élaboration secondaire, qui rend communicables les chimères de la nuit. Il insiste ainsi sur la dimension intégrative de la mise en mots des « vocalisations indistinctes et murmurées »[2]. La chose est confirmée par les pratiques rituelles destinées à favoriser les rêves interprétables. L'élaboration qui permet au rêve d'être raconté et partagé, constitue une première forme de socialisation de l'activité onirique. L'interprétation prolonge et consacre cette réhabilitation des fantaisies nocturnes, jusqu'à lui accorder (dans certaines cultures) la dignité d'une prophétie, c'est-à-dire d'un message adressé à la communauté tout entière. Comme le rapporte Strabon à propos des Juifs, c'est le privilège des *justes* de *dormir* non seulement *pour eux-mêmes*, mais aussi *pour les autres* (*Géographie*, XVI, 2, 35). Il n'est pas exceptionnel que les patients apportent en thérapie des rêves que d'autres leur ont raconté. Importe alors la manière dont les associations du patient permettent l'appropriation de ce matériel onirique étranger.

4) La connaissance de soi, la conscience ou l'aperception ne consistent pas seulement à se reconnaître dans les formes extérieures, dans les images projetées, comme sur un miroir; elles supposent également la médiation d'un « langage abstrait », nécessaire à la constitution d'une image du monde interne, dans sa différence avec la réalité extérieure. La réappropriation du contenu mental projeté n'est possible qu'à condition qu'il puisse être transformé (ou « retraduit ») et réorganisé en langage. C'est à ce processus de transformation que sera consacré en grande partie la suite de cet ouvrage. C'est le sens que je donnerai au travail de pensée et d'écriture dans les cas de Montaigne et de Descartes : un travail par lequel des expériences privées, potentiellement désorganisatrices, acquièrent la valeur d'objets culturels (le statut d'*œuvres*). La nécessité d'une telle transformation est l'objet du mythe de Narcisse dont le malheur consiste, comme l'écrit Ovide, à « n'être pas différent de lui-même » : *Infelix quod non alter et alter eras* (*Fastes*, V, 226).

5) Cette idée selon laquelle la pensée ne saurait s'appréhender elle-même qu'au moyen d'images, est en soi ancienne et renvoie au thème classique de l'imagination comme *miroir de l'âme*. C'est précisément la

1. Eschyle, *Agamemnon*, 423-425.

2. G. Devereux, « L'observation et la croyance dans la narration des rêves chez Aischylos », dans *Tragédie et poésie grecque. Études psychanalytiques*, Paris, Flammarion, 1975, p. 85-108.

fonction de figuration de la *phantasia* : la projection y désigne (notamment chez des auteurs comme Proclus ou Synésius) un mécanisme psychologique par lequel les qualités psychiques sont d'abord localisées et appréhendées au dehors, avant de pouvoir être ensuite reconnues comme propres. Ce processus est au cœur de la notion antique de *réflexivité* : pour se connaître, l'âme doit produire une image ou une représentation des idées latentes ou cachées qu'elle contient en elle-même, et projeter (*proballein*) ses contenus mentaux dans la *phantasia* comme sur un écran ou un miroir. En d'autres termes, la tâche de l'imagination est faire connaître des contenus mentaux auparavant inaccessibles à la conscience, à la manière du souvenir qui fait ressurgir des représentations enfouies dans les profondeurs de la mémoire. C'est l'analogie bien connue de Platon qui propose d'assimiler la connaissance à une réminiscence. La fonction de ce miroir n'est pas tant de réfléchir à l'identique des contenus préexistants, que de transformer et d'organiser le matériau psychique projeté.

Observation : Le processus est analogue à la formation du rêve, de l'hallucination, et fonde chez Hippocrate la pratique médicale des *songes diagnostiques*, selon laquelle les rêves des malades reposent sur la perception interne des désordres somatiques, et peuvent être interprétés par le médecin. L'idée est encore présente dans une formule constamment répétée, notamment sous la plume de Léonard : *ogni dipintore dipinge se*; « tout peintre se peint »[3]. On relèvera enfin que la connaissance de soi qui s'appuie sur cette activité de figuration ou d'objectivation, ne rencontre pas seulement le medium de l'imagination. La réflexivité peut s'appuyer généralement sur toute activité libre ou spontanée, source de plaisir. Marsile Ficin recommande ainsi à ceux qui chercheraient à se connaître eux-mêmes : « Or plus qu'à toute autre chose, vous êtes prédisposés par nature à ce que, d'abord et dès votre âge le plus tendre, vous faites, vous dites, vous imaginez, vous vous appropriez, songez et imitez, à ce que vous attentez plus souvent, à ce que vous faites le plus facilement, à ce en quoi vous profitez souverainement, à ce dont vous vous délectez par dessus tout, et à ces choses que ne laissez [n'abandonnez] que malgré vous »[4].

Cette forme de réflexivité acquiert sa signification éthique et morale en vertu du travail d'appropriation qu'elle autorise. Ainsi Plotin :

3. Voir par exemple D. Arasse, *Le peintre dans le tableau. Essais d'iconographie analytique*, Paris, Flammarion, 1997, 2006.

4. Marsile Ficin, *De vita*, III, 23, in *Marsilii Ficini Opera*, Bâle, 1576, p. 566; *Les trois livres de la vie*, trad. fr. G. Le Fèvre de la Broderie (1582), Paris, Fayard, 2000, p. 235.

> Il faut bien comprendre que le souvenir existe non seulement quand on perçoit actuellement qu'on se souvient, mais encore dans les dispositions de l'âme qui suivent les impressions ou les connaissances antérieures ; il peut arriver que l'âme possède ces dispositions sans en avoir conscience [*litt.* : sans les sentir ou les percevoir] [1], et elles ont beaucoup plus de force que si elle les connaissait ; quand elle sait qu'elle a cette disposition, elle est sans doute elle-même différente de cette disposition ; mais si elle ignore qu'elle la possède, elle risque d'être elle-même ce qu'elle possède ; ce sont ces affections ignorées d'elle qui la font surtout déchoir (*Ennéades*, IV, 4, 4).

Celui qui s'ignore lui-même, faute de s'approprier ce qu'il possède, court le risque de subir passivement ces dispositions et d'en être la victime, à la manière du héros tragique (ou de Narcisse). Littéralement, il s'expose à *souffrir de réminiscences*.

Dans les cas de Montaigne et de Descartes, j'ai tenté de montrer comment le travail de secondarisation (ou d'appropriation des expériences de désorganisation) reposait sur ces phénomènes fonctionnels d'auto-figuration. Avec Montaigne, en relevant comment l'écriture des *Essais* est explicitement regardé comme un medium permettant au sujet de faire face aux « vaines cogitations » et de s'appréhender lui-même progressivement comme *auteur* : « Je n'ai pas plus fait mon livre que mon livre m'a fait, livre consubstantiel à son auteur » [2]. Avec Descartes, en cherchant à montrer comment le travail d'élaboration et de secondarisation consistait d'abord à prendre en charge les pensées à l'état naissant et l'effroi causé d'abord par l'expérience hallucinatoire. Ce traitement passe par la réécriture et la transformation de cette expérience, depuis le récit des *Olympica*, jusqu'à la forme hautement élaborée des *Méditations métaphysiques* : ici encore, l'émergence progressive du sujet passe par la figuration du processus de pensée, à travers notamment la mise en scène du délire d'influence portée par l'hypothèse du « malin génie ».

1. La « conscience » est pensée (au moins jusqu'à l'Âge classique) comme une qualité relevant de la perception par lequel un contenu mental interne vient affecter (par l'imagination) les extrémités sensorielles. Ainsi, les opérations supérieures de l'esprit que décrivent les traités sur l'intellect, renvoient généralement à des processus en eux-mêmes inconscients (en un sens descriptif). Nous ne les percevons qu'à la faveur de l'imagination qui en produit des images dans les sens. Il y a des différences entre penser, méditer, rêver ou halluciner, mais ces différentes activités de l'esprit reposent sur un même mécanisme, la projection.

2. Montaigne, « Du démentir », II, 18, p. 665.

Identification projective, socialisation et processus de pensée

La retraduction dans le langage abstrait permet d'intégrer la fonction de l'interprétation qui accompagne et seconde le processus d'élaboration des pensées du rêve. Cette idée sert de point de départ à la « théorie de l'activité de pensée » de W. Bion[1], lorsqu'il part de l'hypothèse que le développement des pensées requiert « un appareil capable d'y faire face ». Cette exigence impose d'abord de donner un contenant et d'organiser les pensées qui, sous leur forme élémentaire et proto-hallucinatoire, débordent les capacités d'appropriation du sujet et menacent son intégrité. En cela, Bion reformule à sa façon l'idée freudienne d'une « exigence de travail psychique ».

Pour W. Bion, la première modalité de ce traitement des pensées est l'évacuation, au moyen du mécanisme de *l'identification projective* : la tension produite par la frustration à l'origine des pensées contraint l'appareil psychique à se transformer en « un appareil pour débarrasser la psyché d'une accumulation de mauvais objets internes ». Toutefois, comme on l'a vu avec le texte de *Totem et tabou* sur la projection, cette contrainte à l'évacuation est aussi bien à l'origine d'un processus sur lequel repose l'activité de pensée[2].

L'identification projective constitue en effet une première modalité de l'activité de pensée, mais également une première modalité de communication, qui a pour conséquence de « brouiller la distinction entre le soi et l'objet externe ». Au service d'une illusion de toute-puissance, l'identification projective altère la fonction du jugement d'existence et entraîne l'apparition d'une forme paradoxale d'omniscience, fondée sur la seule fonction du jugement d'attribution :

> L'omniscience substitue à la discrimination du vrai et du faux, l'affirmation dictatoriale qu'une chose est moralement bien, et l'autre mal. L'apparition de l'omniscience qui dénie la réalité, nous assure que la moralité ainsi

1. W. Bion, « Une théorie de l'activité de pensée » (1962), dans *Réflexion faite*, Paris, P.U.F., 1985, p. 125-135.

2. Une première réponse consiste à mettre en avant le travail du narcissisme qui tâche de transformer ou de métaboliser ce qu'on ne peut évacuer : c'est la « contrainte à la synthèse » qui suppose la capacité de tolérer ces restes et à les investir psychiquement (masochisme primaire) par exemple en s'y intéressant. J'y reviendrai en abordant la question de l'hypocondrie relative à l'activité de pensée. L'intérêt de l'analyse de Bion que je résume ici sommairement, tient au fait qu'elle montre comment la transformation de l'excitation mobilise des processus identificatoires et projectifs qui entrent nécessairement dans toute situation de communication.

> engendrée est une fonction de la psychose. La discrimination du vrai et du faux est une fonction de la partie non psychotique de la personnalité et de ses facteurs. Il y a donc un conflit virtuel entre l'assertion de la vérité et l'assertion de l'ascendant moral. L'extrémisme de l'un contamine l'autre [1].

W. Bion reformule une thèse présente chez Freud : la vision mythologique, religieuse du monde, est d'abord une vision morale, qui procède de la « toute-puissance des pensées » et relève de la fonction du jugement d'attribution. En cela, elle est narcissique et dictatoriale (paranoïde). La question de la capacité de penser est directement articulée à celle de la communication et « aux problèmes liés au fait que l'individu est un animal politique ». Si l'expression au moyen du langage ou de « sa contrepartie en signe » est essentielle pour mettre les pensées à la disposition de la conscience, il n'en reste pas moins que le mode de communication primitif porté par l'identification projective, doit être entendu comme « une partie de la capacité sociale de l'individu ». D'où ce paradoxe : « son absence rendrait impossible même la communication scientifique. Pourtant, sa présence est susceptible d'éveiller des sentiments de persécution chez ceux qui reçoivent la communication ». Un paradoxe partiellement comblé par le recours à l'abstraction : « la nécessité de diminuer les sentiments de persécution renforce la tendance à l'abstraction dans la formulation des communications scientifiques » [2]. Comme chez Freud, l'abstraction et le recours à des formes d'expression ou de symbolisation telles que le langage verbal, rendent possible la réappropriation des formes projetées. Elles sont également regardées par Bion comme des solutions à la fois « émotionnelles et techniques » aux paradoxes associés à l'identification projective. Elles peuvent enfin être interprétées comme des réponses possibles au sentiment de persécution susceptible d'être éveillé par toute situation de communication en général, pour autant que ces situations mobilisent nécessairement ces mécanismes primitifs, quoiqu'à des degrés divers.

La question groupale est au cœur de cette théorie de l'activité de pensée : c'est la conséquence de l'interprétation du mécanisme de l'identification projective comme mode de communication primitif. La « mentalité de groupe », dont la caractéristique est de ne tenir aucun compte des données réelles, permet d'illustrer le caractère dictatorial d'un fonctionnement narcissique affranchi du principe de réalité.

1. W. Bion, « Une théorie de l'activité de pensée », *op. cit.*, p. 129.
2. *Ibid.*, p. 134.

LANGAGE, CULTURE ET SOCIALISATION

Cette conception de l'activité de pensée repose sur les potentialités *réflexives* du langage, mais aussi sur ses potentialités *socialisatrices* qui en sont inséparables. D'abord du point de vue de la communication, la traduction dans le langage verbal ouvre sur la possibilité d'un partage et d'une reconnaissance intersubjective. Surtout, on peut considérer le langage comme un medium lui-même socialisé, dont les formes expressives, prédéterminées par l'usage, organisent de l'intérieur l'activité de pensée.

1) La traduction dans le medium de la langue transforme le matériau psychique en matériau culturel, l'expérience privée en expérience communicable et partageable. L'énoncé verbal, qu'il soit écrit ou oral, est adressé à un autre sujet qui aura à s'en ressaisir, à l'interpréter ou le réfléchir (ainsi qu'à y répondre). Cette fonction d'interprétation est au cœur de la théorie de l'élaboration secondaire qui consiste, selon Freud, à transformer le matériel onirique en une « expérience vécue compréhensible » pour soi comme pour autrui. Cette transformation est par là *socialisatrice* : elle est portée par le caractère *dialogique* du langage. Cette fonction est également au cœur de la *réflexivité*, pour autant que la mise en forme de la matière psychique en permet la réappropriation par le sujet. C'est la fonction organisatrice et réfléchissante du medium. Elle permet de distinguer l'objectivation, l'expression ou le *transfert sur le medium*, de la projection qui, dans le cas de la paranoïa, vise d'abord l'évacuation de ces contenus mentaux. Faute d'être réfléchis et reconnus comme propres, malgré leur altérité, ils font retour sous une forme étrangère, menaçante et hostile. Ces considérations sont au cœur de la pratique psychanalytique de l'interprétation de transfert.

Observation : Cette dialectique de la projection et de l'appropriation est au cœur de la problématique de l'*aliénation* dans la philosophie allemande du début du XIXe siècle, notamment chez Fichte, Hegel, Feuerbach et Marx. Ainsi les pages célèbres des *Manuscrits de 1844*, où le jeune Marx examinait les modalités et les effets de la dépossession du produit du travail. On y lit ainsi que « l'objet que le travail produit vient à lui faire face comme un être *étranger*, comme une *puissance indépendante* du producteur »[1]. La production n'est plus alors qu'une expression *en pure perte* (*Entäusserung*)

1. K. Marx, *Manuscrits économico-philosophiques de 1844*, trad. fr. F. Fischbach, Paris, Vrin, 2007, p. 118.

par laquelle le travailleur se vide lui-même de la réalité et de objectivité qu'il confère par son activité au monde des choses : « plus le travailleur se dépense dans son travail, et d'autant plus puissant devient le monde étranger, objectif qu'il engendre en face de lui, et d'autant plus pauvre il devient lui-même, d'autant plus pauvre son monde intérieur, et d'autant moins a-t-il de choses en propre ». L'objet produit n'est pas seulement étranger comme le serait une réalité extérieure seulement séparé et indépendante du sujet, mais vient s'opposer activement au travailleur, jusqu'à prendre la forme d'une puissance hostile : « La perte de l'expression (*Entäusserung*) du travailleur dans son produit a la signification, non seulement que son travail devient un objet, une existence extérieure, mais que son travail existe en dehors de lui, indépendant de lui, et qu'il devient une puissance autonome lui faisant face – que la vie qu'il a prêté à l'objet vient à lui faire face *de façon hostile et étrangère* »[1]. Ce sont les conditions objectives d'existence qui organisent ici le sentiment de persécution et le délire d'influence.

2) Cette fonction socialisatrice est également assurée par la dimension culturelle du medium. On peut mentionner ici encore le processus d'élaboration secondaire : il donne au contenu onirique la forme d'une « expérience vécue compréhensible », parce qu'il mobilise, écrit Freud, un *matériel psychique préformé*. Dans le contexte de l'*Interprétation du rêve*, Freud évoque les fantaisies diurnes. On peut cependant entendre plus généralement la chose, du point de vue de la forme donnée par le medium du langage qui sert de véhicule à la communication et au partage de l'expérience : les énoncés par lesquels le matériel psychique est mis en forme, sont eux-mêmes prédéterminés et s'inscrivent dans les cadres d'une communauté linguistique et culturelle. L'expression verbale, de ce point de vue, n'est pas conditionnée seulement par les règles sémantiques et grammaticales de la langue, ni par la seule conception mentale des choses signifiées, réputée antérieure à leur mise en forme dans le langage. Elle est préformée par l'*usage* commun.

1. « Les carrosseries, les ailes, les portières, les capots sont lisses brillants, multicolores. Nous, les ouvriers, nous sommes gris, sales et fripés. La couleur, c'est l'objet qui l'a sucée : il n'en reste plus pour nous. Elle resplendit de tous ses feux, la voiture en cours de fabrication. Elle avance doucement, à travers les étapes de son habillage, elle s'enrichit d'accessoires et de chromes, son intérieur se garnit de tissus douillets, toutes les attentions sont pour elle. Elle se moque de nous. Elle nous nargue. Pour elle, pour elle seule, les lumières de la grande chaîne. Nous, une nuit invisible nous enveloppe » (R. Linhart, *L'établi*, Paris, Minuit, 1981, p. 60).

3) C'est à cette conception *rhétorique* de la langue que l'on peut rapporter cette formule de Quintilien : « L'usage, toutefois, est le maître le plus sûr du parler, et on doit traiter le langage comme une monnaie qui est marquée au coin de l'État » (*Institutions oratoires*, I, 6, 3). Cette conception rhétorique de l'expression donne toute sa valeur à l'épaisseur historique, sociale et culturelle de la langue, et même à la pluralité des langues, idiomes ou dialectes de la communication. Elle permet également d'interpréter de manière dynamique la mise en forme verbale (traduction en mots), non pas en référence à une dimension symbolique préexistante, mais comme un processus de symbolisation ouvert et potentiellement créatif.

La *culture humaniste*, en dialogue permanent avec les Anciens, c'est-à-dire avec la mémoire portée par les formes expressives (qu'elles soient littéraires, picturales ou plastiques), est particulièrement attentive à cette épaisseur culturelle et historique qui confère au medium du langage une opacité irréductible [1]. Cette épaisseur historique implique que l'on regarde l'expression verbale non comme un simple monologue, mais comme un dialogue avec une multiplicité de voix et de traditions. C'est cette conception *décentrée* que l'on retrouve dans cette formule de Lorenzo Valla (1407-1457), selon laquelle « les Lettres sont la lumière de l'esprit » (*Lumen ingenii sunt littere*) [2].

La méthode adoptée ici dans la lecture des textes prend largement appui sur cette conception polyphonique de l'expression verbale. Il m'a paru pertinent d'expliciter parfois ce dialogue au cœur du travail de pensée et d'écriture. Cette démarche n'a pas seulement pour but de rappeler le contexte doctrinal et littéraire à partir duquel comprendre les textes cités, elle vise également à montrer comment le travail d'élaboration et de symbolisation repose lui-même sur cette polyphonie, c'est-à-dire sur la *mise en écho* de l'expérience avec un *matériel psychique préformé*, celui de la langue et de la culture.

1. Cette opacité de l'expression peut être mise en parallèle avec la matérialité du langage, dans sa dimension sensorielle et corporelle que la rhétorique classique définit comme *élocution* (voix, intonations, gestes, etc.). Elle regarde aussi les lieux communs rhétoriques, les adages et proverbes véhiculés par l'usage. C'est à cet aspect de l'Humanisme (à l'entreprise encyclopédique d'Erasme dans ses *Adages*) que se rattache le présent travail. On doit à Vico d'avoir théorisé ce parler rustique par fables et par dictons, dont Sancho Pança serait un bon exemple.

2. *Cf.* S. Camporeale, « Valla, retorica e linguaggio », in *Lorenzo Valla e l'umanesimo italiano*, éd. O. Besomi et M. Regoliosi, Padoue, 1986, p. 217-239. La citation est une annotation marginale de Valla aux *Institutions* de Quintilien, mentionnée p. 238, note 34.

Observation : Dans son étude sur Dostoïevski (d'abord parue en 1929), M. Bakhtine distingue la philosophie de l'esprit portée par le monologue, de la conception dialogique de la pensée. Pour l'idéalisme philosophique, « tout ce qui a de la valeur peut être rassemblé en une seule conscience et soumis à un accent unique ; au contraire, ce qui se refuse à une telle réduction est fortuit et inessentiel »[1]. Pour un tel rationalisme, « du point de vue de la vérité, il n'y a pas de conscience individuelle. Le seul principe d'individuation de la connaissance que connaisse l'idéalisme, c'est l'erreur »[2]. A cet idéalisme, M. Bakhtine oppose la conception portée par le roman moderne : « l'idée ne vit pas dans une conscience humaine et individuelle isolée [...]. L'idée ne commence à vivre, c'est-à-dire à se former, à se développer, à trouver et renouveler son expression verbale, à produire des idées nouvelles, [...] que dans les conditions d'un contact vivant avec une autre idée appartenant à un autre, incarnée dans la voix d'un autre, c'est-à-dire dans la conscience d'un autre exprimée par la parole »[3]. La conception du sujet fondée sur le monologue et l'autorité de la *parole*, pourrait bien reposer sur le refoulement ou la récusation de ces *voix* étrangères dont sont faites les pensées. L'idéalisme reposerait ainsi sur une illusion. Pour autant, comme en témoigne la clinique des hallucinations, ces voix, il faut aussi pouvoir les faire taire, afin d'être en mesure de vivre une expérience personnelle. Je propose de comprendre à la lumière de ces enjeux le *cogito* de Descartes, mais également la notion d'identité personnelle qui suppose, selon Leibniz, la médiation ou l'accompagnement d'une « âme intelligente » capable de « dire ce moi qui dit beaucoup »[4].

4) Ces propriétés de l'appareil de langage sur lequel se transfère l'activité de pensée, peuvent être explicitées au moyen de la théorie des phénomènes transitionnels et des paradoxes qui organisent l'aire d'illusion considérée par D. Winnicott comme le « lieu de l'expérience culturelle ». L'activité expressive constitue par là une expérience dans laquelle les frontières entre le dedans et le dehors sont constamment remodelées, et où la langue peut être considérée comme une sorte de « medium malléable ». L'opacité ou l'épaisseur historique et sociale du langage, loin de constituer un obstacle à l'expression de la pensée, permet au contraire la *matérialisation* de l'activité de représentation. Le travail d'appropriation ou d'intégration

1. M. Bakhtine, *Problèmes de la poétique de Dostoïevski*, trad. fr., Paris, L'âge d'homme, 1970, p. 96.
2. *Ibid.*, p. 95.
3. *Ibid.*, p. 103.
4. Voir *infra*, chap. VI.

s'appuie ici sur les capacités projectives de la psyché aussi bien que sur les fonctions d'organisation de la pulsion. Le mouvement d'extériorisation et d'objectivation n'est cependant pas lui-même sans ambiguïté : il confronte le sujet à un reste, au risque que les représentants de la pulsion, ainsi extériorisés, fassent retour sous une forme étrangère et hostile. D. Winnicott insiste d'ailleurs sur la précarité du jeu libre et créatif, susceptible, à tout moment, de conduire à des angoisses de persécution. Cette ambiguïté m'apparaît au cœur de la manière dont Descartes aussi bien que Montaigne affrontent la question de la réflexivité.

Je propose ainsi d'aborder l'activité de pensée du point de vue de l'usage du matériau culturel et de la mise en forme de l'expérience, mais aussi à la lumière de la problématique de la *transitionnalité* et des *processus psychiques de médiation*. Ces dispositifs reposent sur l'idée selon laquelle « pour être intégrée, l'expérience subjective d'un sujet a besoin d'être communiquée et partagée par un autre sujet et prendre valeur de langage pour un autre sujet ». La condition du travail de symbolisation propre à ce partage et à cette communication, c'est « qu'une forme sensible soit donnée à l'expérience qui est à la fois le vecteur de la communication des caractéristiques de l'expérience et le support de leur transformation en une forme de langage par le partage qu'elle rend possible »[1]. On peut appréhender l'écriture comme un tel medium, qu'elle soit littéraire ou philosophique. Cette hypothèse est à la fois *théorique*, au sens où elle porte sur l'activité de pensée, et *méthodologique*, pour autant qu'elle justifie le travail historique présenté ici, fondé sur l'épaisseur associative et mnésique des textes sollicités.

5) La fonction principale de l'objet transitionnel, selon Winnicott, est de faire le lien entre « ce qui est objectivement perçu » et « ce qui est subjectivement conçu », et de rapporter ainsi le développement du sens de la réalité au travail de métabolisation du narcissisme. A ce titre, on peut regarder l'activité de pensée comme une modalité du jeu. C'est ce qu'avait suggéré Freud en citant ce mot d'esprit de Heine : « avec ses bonnets de nuits et sa robe de chambre en guenille, [le philosophe] bouche les trous de l'édifice du monde ». Il en va pareillement de l'élaboration secondaire. Cette fonction intellectuelle qui permet de masquer les aspérités du rêve, sert bien une illusion, mais elle permet également la maîtrise d'une expérience potentiellement traumatique en lui donnant la forme d'une « expérience

1. R. Roussillon, « Une métapsychologie de la médiation et du médium malléable », dans A. Brun, B. Chouvier, R. Roussillon (dir.), *Manuel des médiations thérapeutiques*, Paris, Dunod, 2013, p. 42.

vécue compréhensible ». Dans « Au-delà du principe de plaisir », Freud insiste particulièrement sur la nécessité de ce travail de symbolisation, en analysant le jeu de la bobine qui ne vise plus seulement à « boucher les trous de l'édifice du monde », mais à faire face, par l'activité représentative ou figurative, à la désorganisation. L'illusion propre au jeu permet ici l'élaboration et la métabolisation d'une expérience de désillusion qui la précède et la conditionne.

6) La réévaluation de l'élaboration secondaire et de l'illusion qui l'accompagne, est évidemment l'effet de l'introduction du narcissisme : elle impose une complexification du dualisme entre le principe de réalité et le principe de plaisir, le jugement d'attribution et le jugement d'existence. Ce qui prévaut ainsi, c'est la tendance du narcissisme à effacer les traces des situations historiques auxquelles le sujet a été confronté, ou encore, sous la plume de Freud, la « contrainte à la synthèse » par laquelle « le moi tente aussi de supprimer le caractère étranger et isolé du symptôme » et « de l'incorporer à son organisation » [1]. La problématique de la fonction intellectuelle change de sens et, avec elle, le statut des « guenilles et des haillons », c'est-à-dire des objets culturels et sociaux qui servent à ce travail de métabolisation du narcissisme.

Dans la langue classique, cette problématique est celle de la *coutume* et de l'accoutumance qui altère la nature et le jugement relatif au bon et au mauvais aussi bien qu'au vrai et au faux. C'est le thème de la relation addictive à l'erreur et aux préjugés que l'on retrouve sous la plume d'Averroès par exemple, dans cette remarque inspirée d'Aristote (*Métaphysique* α, 3, 955a1-5) :

> Car la coutume, comme le dit Aristote au livre II de la *Métaphysique*, est une grande cause d'empêchement dans diverses choses manifestes par soi. De même, en effet, qu'un homme accoutumé (*assuetus*) à certaines actions, même si elles lui sont nuisibles, les trouvera plus faciles, de même accoutumé à croire des discours faux depuis l'enfance, cette accoutumance (*consuetudo*) sera la cause pour laquelle il rejettera ce qui est vrai et manifeste ; il en va pareillement du poison qui deviendra un aliment pour ceux qui sont habitués à s'en nourrir [2].

1. S. Freud, *Inhibition, symptôme, angoisse* (1925), OC, XVII, p. 216 ; GW, XIV, 125-126. Voir R. Roussillon, « Narcissisme et complexification », *Revue française de psychanalyse*, 2014/1, p. 68-82.

2. Averroès (Ibn Rushd), *In physicorum libros exp.*, I, com. 60. Je reviendrai ailleurs sur l'exemple de Mithridate.

Ce sont encore les dispositions naturelles ou les « semences de vertu » qui, dès la naissance, sont corrompues par le poison de l'erreur et du vice que nous suçons, écrit Cicéron (*Tusculanes*, III, 1, 2), « avec le lait des nourrices » (*cum lacte nutricis*).

7) Dans les cas de Montaigne et de Descartes, le projet philosophique de lutte contre les préjugés apparaît bien comme l'effet d'une expérience de désillusion. C'est le projet des *Essais* de se mettre à nu en proposant un portrait de la personne privé, « sans contention ni artifice », en se débarrassant des masques qui font le personnage public, c'est-à-dire des servitudes de la vie sociale. La quête de vérité doit ainsi être entendue du point de vue de la problématique identitaire qui la porte, puisqu'il s'agit de restaurer le sujet dans sa « forme naïve » et de faire face au sentiment d'aliénation. La vie active ne nous détourne pas seulement de nous-mêmes : elle fait peser sur le sujet une menace bien plus profonde qui transforme et altère le rapport à soi. La lutte contre les erreurs et les illusions prend clairement la forme d'une *défense contre l'emprise*.

Le soupçon à l'origine du doute chez Descartes paraît être porté par une crainte d'intrusion analogue : plutôt que de faire du doute un instrument au service de la « recherche de la vérité », on peut au contraire regarder l'ambition de « distinguer le vrai d'avec le faux » comme un moyen permettant, comme l'écrit Descartes, de révoquer et d'évacuer les « opinions qui s'étaient pu glisser en ma créance sans y avoir été introduites par la raison », afin de « tâcher à réformer mes propres pensées et de bâtir dans un fonds qui fût tout à moi »[1]. Autrement dit, la recherche de la vérité suit au final un but fondamentalement narcissique. Sa méthode finit par ne plus tenir aucun compte de la réalité, et s'apparente à celle du « moi-plaisir » : le sujet « accueille dans son moi les objets offerts dans la mesure où ils sont source de plaisir [...] et, d'un autre côté, expulse hors de lui ce qui, dans son intérieur propre, devient occasion de déplaisir »[2]. C'est ainsi que je proposerai d'interpréter le délire d'influence mis en scène dans la Première Méditation.

A sa manière, la nouvelle de Cervantès, le « Licencié de verre » met encore en scène une expérience de désillusion violente et traumatique, sous la forme d'un empoisonnement qui vient bouleverser l'économie somatique, mais aussi psychique, du personnage. Cette désorganisation narcissique et identitaire a des suites finalement assez comparables (à la bouffonnerie près) à celles que l'on peut observer chez Montaigne

1. Descartes, *Discours de la méthode*, AT, VI, 15.
2. S. Freud, « Pulsion et destins de pulsion », OC, XIII, p. 182 ; GW, X, 228.

ou chez Descartes : au sentiment délirant de vulnérabilité et de fragilité relatif au corps propre est associée une « merveilleuse sagesse » relative au monde social, comme s'il fallait un corps de verre pour atteindre cette lucidité capable de démêler le vrai du faux dans le monde corrompu des apparences, et dénoncer partout le vice qui se dissimule sous le masque de la vertu.

Le sentiment hypocondriaque d'étrangeté qui accompagne ces expériences de désillusion, invite à interroger à nouveaux frais la problématique de l'élaboration secondaire, aussi bien que le statut de la « fonction intellectuelle » chargée de masquer les aspérités du rêve. Il pose bien évidemment la question des moyens grâce auxquels le philosophe et le rêveur entreprennent, avec ces « guenilles et haillons » récupérée dans le fonds commun de la culture, de « boucher les trous de l'édifice du monde », autrement dit de l'usage de ces objets culturels et sociaux, une fois dissout le monde qui les avait portés, une fois perdu le sentiment de confiance et d'évidence naturelle qui leur permettait de remplir leur fonction, celle de transformer le rêve en une « expérience vécue compréhensible ».

Sans doute, comme le dit Hegel, « ce que les enfants peuvent faire de mieux avec leurs jouets, c'est de les casser »[1], mais l'apprentissage du monde auquel ils se préparent ainsi n'ira pas sans peine. L'individu se confronte nécessairement à une double tâche, puisqu'il lui faudra à la fois « accepter les conditions qui lui sont imposées par ce monde et, par la lutte, arracher à sa dureté cassante cela même qu'il veut pour lui-même »[2]. Ce sont ces enjeux identitaires et narcissiques que je propose ici d'interroger.

Narcissisme et identité

En parlant de *cliniques de l'identité*, je n'ai pas cherché à élucider la notion sous un angle théorique et philosophique. Je me suis plutôt intéressé à certaines situations concrètes dans lesquelles la question de l'identité paraît avoir le plus de chance d'être posée. Il s'agira moins de produire ici une théorie de l'identité, que de mettre à jour des *stratégies identitaires* par lesquelles se constitue ou se construit le rapport à soi.

1) La notion (sinon l'expression) d'identité personnelle n'est pas nouvelle, puisqu'elle organise la réflexion éthique sur la « tranquillité de l'âme » qui, aux yeux des philosophes de l'Antiquité, définit la force et la

1. Hegel, *Encyclopédie des sciences philosophiques. La philosophie de l'esprit*, § 396, Addition; trad. fr. B. Bourgeois, Paris, Vrin, 1988, p. 434.
2. *Ibid.*, p. 438.

constance du sage capable, malgré les aléas de la fortune, de faire face aux passions ou perturbations de l'âme tout en restant « semblable à soi-même », et en présentant aux autres un même visage ou un même masque. Ainsi cette célèbre recommandation de Sénèque :

> Croyez que c'est une belle chose de ne jouer qu'un seul personnage (*unum hominem agere*). Or il n'y a que le sage qui puisse faire un personnage seul : tous nous autres sommes de diverses façons (*multiformes sumus*) [...]. Nous changeons souvent de masque (*mutamus subinde personam*), et en prenons une [*sic*] toute contraire à celle que nous laissons. Gagne donc ce point sur toi-même, que tel que tu auras supposé d'être, tu le sois jusques à la fin de tes jours. Mets peine qu'on te puisse louer, ou à tout le moins qu'on te puisse connaître [1].

L'identité ou la forme éthique renvoie ici au masque de théâtre (la *persona* latine), c'est-à-dire au *rôle* assumé par l'individu. L'uniformité ou congruence, garante de l'identité, a d'abord trait à l'apparence ou à la façade qui permet la reconnaissance. Elle est encore indissociable de la scène sociale, puisqu'il revient à autrui, au spectateur ou au public, de juger si le sujet y tient son rôle. Cette définition est au cœur du projet des *Essais* qui visait initialement à « se peindre » pour un public d'intimes, afin que « m'ayant perdu [...], ils y puissent retrouver aucuns traits de mes conditions et humeurs, et que par ce moyen ils nourrissent plus entière et plus vive la connaissance qu'ils ont eu de moi ».

2) Cette notion éthique d'identité présente l'avantage de situer le sujet à la charnière du dedans et du dehors, du psychique et du social :

a) Elle s'enracine dans une conception antique de l'amitié dans laquelle le sentiment de soi repose sur la médiation d'un autre, d'un miroir ou d'un double, c'est-à-dire d'un *alter ego*, égal ou semblable, sans être identique. C'est ainsi par autrui et à la condition d'être reconnu, que le sujet peut se connaître, se percevoir, se sentir vivre ou exister, et même y prendre plaisir [2]. C'est le sens qu'il faut donner au registre théâtral du rôle, où le masque et la personne n'a pas pour fonction de dissimuler l'identité du sujet sous un voile d'apparences potentiellement mensongères, mais au contraire de la révéler et de la donner à voir. « Ne jouer (ou ne composer) qu'un seul personnage », c'est produire pour autrui une image de soi suffisamment stable et congruente pour être reconnaissable et faire l'objet d'un jugement moral. La question identitaire est indissociable de celle

1. Sénèque, *Lettres à Lucilius*, CXX, *Œuvres*, trad. fr. Chalvet, Paris, 1618, f. 333v.

2. Aristote, *Ethique à Nicomaque*, IX, 9, 1170a25-b14, où Aristote soulève la question de savoir « si le sage a besoin d'amis ».

de la reconnaissance aussi bien que de la responsabilité éthique. On retrouverait ces dimensions fondamentales dans la définition de l'identité ou du *self* proposée par la psychologie sociale ou la sociologie. Ainsi G. H. Mead, puis E. Goffman mettent l'accent sur la dimension normative du *rôle* induit par le jeu social réglementé (*game*) et sur la fonction organisatrice du *cadre* qui donne forme aux interactions sociales : la constitution du *soi* dépend ainsi de la faculté d'adaptation du sujet, par l'assimilation de modèles ou de normes comportementales dont le bon usage relève de l'art de s'orienter dans le monde social, d'en comprendre les règles du jeu et de s'y faire une place. L'identité et la reconnaissance sont ainsi suspendues au rôle et au statut de l'individu socialisé. Du point de vue de la psychologie sociale, cette *dépendance* peut être décrite en terme d'*étayage* : le moi trouve par son inscription dans le monde social une série de *soutiens* nécessaires à l'affirmation aussi bien qu'à l'estime de soi. Au contraire, la perte de ces soutiens conduit à une désorganisation identitaire et à une « perte de soi ». Il sera question, dans la suite, de ces expériences de précarisation psychique associées aux situations d'anomie et de désaffiliation.

La psychanalyse réfléchit cette problématique des soutiens identitaires du point de vue de la fonction du jugement d'attribution (en charge de discriminer le "bon" à inclure, du "mauvais" à rejeter) et du travail narcissique par lequel le moi tend s'assimiler et à « incorporer à son organisation » la part d'altérité et d'extériorité qui entre dans ces expériences de socialisation. Les soutiens identitaires peuvent être alors pensés comme les objets d'un investissement narcissique, pour autant qu'ils sont inclus dans la sphère d'omnipotence du sujet. C'est le sens que donnent les stoïciens à la fonction du rôle ou du masque qui ne consiste pas seulement en une adaptation extérieure, mais implique l'identification du sujet au personnage qu'il est appelé à jouer. L'adaptation primaire au jeu réglementé du monde social serait insupportable sans une forme d'adaptation secondaire, qui relève du *jeu libre* (*playing*) dont parle Winnicott, grâce auquel l'individu peut exploiter pour son propre compte le système ou le cadre social, et en tirer un bénéfice narcissique. Comme le remarque E. Goffman, « il est des paroissiens trop empressés à vivre dans l'église et pour l'église, des maîtresses de maison qui tiennent leur intérieur trop propre, des officiers subalternes qui insistent pour couler avec leur navire » [1]. Il relève ainsi la dimension narcissique de ce transfert

1. E. Goffman, *Asiles. Étude sur la condition sociale des malades mentaux*, trad. fr., Paris, Minuit, 1968, p. 249.

sur les objets sociaux, qui prend, dans les exemples choisis, la forme d'une relation addictive.

b) Par ailleurs, le *soi* qui se produit au dehors, prend la valeur et la fonction d'un contenant, d'un moule ou d'une enveloppe qui organise et donne forme à une matière psychique en elle-même erratique et diverse. C'est le sens de l'idéal stoïcien de maîtrise des représentations sur lequel on reviendra : ce qu'il exprime, c'est le fait que l'identité se construit, et que la tâche éthique de se rendre « semblable à soi-même » nécessite la discipline propre aux « exercices spirituels ». Cette contention s'exerce d'abord sur les pensées et impose un travail d'organisation, mais également un examen critique dont rend assez bien compte ce passage des *Entretiens* d'Epictète (III, 12) : « Car comme disait Socrate, qu'il ne faut point vivre sans examiner sa vie, aussi ne faut-il point admettre une imagination [ou représentation] qui ne soit bien examinée. Mais faut lui dire : *demeurez, attendez que je voie qui vous êtes, et d'où vous venez*, comme font les sentinelles de nuit, *dites le mot du guet, avez-vous le mot du guet de nature que doit avoir l'imagination qui veut passer ?* ». Le travail d'emprise passe ici par la discrimination des pensées, une opération de censure en charge de récuser ou d'admettre les représentations et les affects, en examinant leur conformité à la nature, aussi bien qu'au moi et à son personnage. Cet examen est appelé par la nécessité de défendre la *citadelle du moi* et de protéger l'identité et l'intégrité de la personne contre le risque d'effraction ou d'intrusion que font peser ces imaginations ou représentations dont l'origine peut être intérieure aussi bien qu'extérieure. Le procédé a pour effet de constituer et de délimiter, à l'intérieur du monde psychique, le lieu d'un « moi officiel » ou d'une puissance « hégémonique et maîtresse » de l'âme, capable de circonscrire les mouvements passionnels et d'y résister. Ce travail de crible ou de discrimination correspondrait assez à la fonction du jugement d'attribution en charge, chez Freud, de garantir l'intégrité et les limites du moi.

Sous ces aspects, solidaires et complémentaires, la notion d'identité est inséparable des enjeux et des obstacles auxquels se confronte l'idéal de constance et de maîtrise des représentations. C'est sur ce terrain pratique ou éthique, plutôt que spéculatif, que je proposerai ici de l'aborder, du point de vue de la problématique de la « force d'âme » et des processus de défense en charge de garantir l'intégrité de la personne. Pour autant, le projet de se rendre « semblable à soi-même » invite également à problématiser ces frontières : il met en avant le nécessaire enchevêtrement du dedans et du dehors, de l'intérieur et de l'extérieur avec, d'un côté, la fonction du rôle social et des soutiens du moi, et, de l'autre, la censure ou l'examen des pensées qui délimite des espaces mentaux différenciés et organise ainsi une topique du monde interne.

Descartes aussi bien que Montaigne s'appuient largement sur cet héritage stoïcien, mais pour en mettre en évidence les écueils, voire les impasses. Ce qu'ils lui objectent, ce ne sont pas des raisons ou des arguments philosophiques, mais d'abord un sentiment de désarroi devant une série d'expériences qui mettent en échec les défenses ordinaires et imposent le recours à des stratégies moins conventionnelles pour y faire face. Parmi ces solutions de fortune, il faut compter sur le délire.

3) L'identité peut être définie de deux manières : soit relativement au sentiment de continuité d'existence, soit par rapport aux enjeux associés à la problématique de l'intégrité individuelle :

a) *Continuité*. Elle peut renvoyer à unité d'une chose qui demeure identique et semblable au cours du temps, malgré les changements ou les événements qui peuvent l'affecter ou la modifier. C'est l'idée sur laquelle repose, au moins en partie, le modèle stoïcien de constance : le sage est celui qui, en dépit des assauts de la fortune, reste capable de « ne jouer qu'un seul personnage », autrement dit de demeurer le même. Le sentiment de continuité d'existence est au cœur de la notion d'« identité narrative » développée par P. Ricœur, bien que le récit de soi ne constitue qu'une manière parmi d'autres possibles de faire face aux ruptures qui jalonnent la vie : « Le récit construit l'identité du personnage, ce qu'on peut appeler son identité narrative, en construisant celle de l'histoire racontée. C'est l'identité de l'histoire qui fait l'identité du personnage »[1]. Il faut évidemment aller plus loin et relever que cette fonction du récit et du personnage présuppose la constitution d'une image de soi ou d'une forme éthique dans laquelle le sujet, en se donnant à connaître, peut se réfléchir, pour lui-même comme pour autrui : une *forme*, autrement

1. P. Ricœur, *Soi-même comme un autre*, Paris, Seuil, 1990, p. 175. La notion d'identité narrative qui paraît subordonner l'identité personnelle à la capacité de former un récit de vie, est évidemment très problématique. Elle néglige notamment un grand nombre de médiations par lesquelles passe le travail de symbolisation et de construction identitaire. Et parce qu'en subordonnant la construction identitaire à une forme particulière finalement assez complexe et déterminée de l'utilisation de la langue, elle court le risque, dans la pratique, d'exclure du champ éthique un grand nombre de sujets qui n'ont pas cette capacité à disposition (à des degrés divers). La principale objection qu'on peut faire à la conception de Ricœur est qu'en prenant modèle sur la notion de récit ou de mythe élaborée par Aristote à propos de la *tragédie*, c'est-à-dire à propos de caractères capables de supporter avec noblesse le malheur et l'adversité, elle ne rend pas compte de la part de honte et les effets de stigmatisation qui entrent nécessairement dans la construction identitaire. Il aurait fallu, pour cela, prendre également modèle sur la *comédie*, héritière de l'invective et du blâme.

dit, *à laquelle s'identifier*. Cette dimension réflexive qui repose sur les capacités projectives de figuration et de représentation, est au cœur de la problématique stoïcienne de l'identité.

Montaigne interroge précisément la notion d'identité à partir des récits biographiques qui tentent de rapporter la diversité des circonstances et des actions à l'unité éthique du personnage. Le projet se heurte à l'inconstance humaine et à « la naturelle instabilité de nos mœurs et opinions », qui met en échec la tentative d'en former « une constante et solide contexture »[1]. La critique met en avant le caractère artificiel, voire factice, de cette image ou forme éthique du sujet, au regard d'une inconstance et d'une diversité qui menace non seulement le jugement moral, mais également le rapport à soi et le sentiment de continuité : « Nous sommes tous de lopins, et d'une contexture si informe et diverse, que chaque pièce, chaque moment, fait son jeu. Et se trouve autant de différence de nous à nous-mêmes, que de nous à autrui »[2]. A une mémoire en charge de rassembler et d'unifier, fait obstacle le temps qui divise et fragmente : « Moi à cette heure et moi tantôt, sommes bien deux »[3]. Montaigne dénonce sans doute une illusion, celle dans laquelle s'enferme toute conception essentialiste de l'identité, mais il fait également état d'une expérience d'étrangeté qui menace la « tranquillité de l'âme » et empêche l'esprit de « s'entretenir soi-même, et s'arrêter et se rasseoir en soi »[4].

Dans un contexte philosophique évidemment très différent, Descartes soulève une difficulté analogue. La Seconde Méditation peut être entendue, dans son ensemble, comme une réflexion sur l'expérience vertigineuse du doute dont le sujet méditant se ressaisit sous la forme d'un récit rétrospectif. En ce sens, le cogito peut être compris à la lumière de cette identification au personnage sur laquelle repose la notion d'identité narrative. Descartes ne s'en tient cependant pas là : il poursuit en interrogeant le statut de cette première certitude. Comme chez Montaigne, le soupçon porte alors sur le processus identificatoire lui-même : « Mais je ne connais pas encore assez clairement ce que je suis, moi qui suis certain que je suis ; de sorte que désormais il faut *que je prenne garde de ne prendre imprudemment quelque autre chose pour moi*, et ainsi de ne me point méprendre sur cette connaissance que je soutiens être la plus certaine »[5]. Se profile ici la possibilité que la découverte de cette première vérité ne soit encore

1. Montaigne, *Essais*, II, 1, 332B.
2. *Ibid.*, II, 1, 337A.
3. *Ibid.*, III, 9, 946C.
4. *Ibid.*, I, 8, 33A.
5. AT, VII, 25, 14-28 ; IX, 19-20.

qu'un leurre au service d'une illusion. La question revient plusieurs fois en quelques pages, jusqu'à cette conclusion encore provisoire : « Mais qu'est-ce donc que je suis ? Une chose qui pense : qu'est-ce qu'une chose qui pense ? c'est-à-dire une chose qui doute, qui conçoit, qui affirme, qui nie, qui veut, qui ne veut pas, qui imagine aussi, et qui sent. Certes ce n'est pas peu si toutes ces choses appartiennent à ma nature. Mais pourquoi n'y appartiendraient-elles pas ? » [1]. Ces lignes peuvent être entendues comme une définition de l'âme comme *res cogitans*, comme une chose ou une réalité dont l'attribut essentiel, la pensée, se manifeste ou se donne à connaître à travers une série d'opérations et de modifications qui lui sont propres. Elles posent néanmoins la question de savoir comment ce sujet peut demeurer identique à lui-même malgré la diversité de ces modes. Descartes répond d'abord, une fois encore, par cet aperçu rétrospectif : « Ne suis-je pas encore ce même qui (*Nonne ego ipse sum qui*) doute [maintenant] presque de tout, qui néanmoins entend et conçoit certaines choses, qui assure et affirme celles-là seules être véritables, qui nie toutes les autres et désire d'en connaître davantage, qui ne veut pas être trompé, qui imagine beaucoup de choses même quelquefois en dépit que j'en ai, et qui en sens aussi beaucoup comme par l'entremise des organes du corps [?] » [2]. La fonction de la forme narrative est bien de faire du sujet méditant l'acteur ou le personnage de ce bref récit. Pourtant le mouvement réflexif ainsi engagé se heurte ici encore à un sentiment d'étrangeté qui rend problématique cette forme de reconnaissance, un sentiment qui accompagne ordinairement les récits de rêve ou les souvenirs d'épisodes de désorganisation.

b) *Intégrité.* Ce sentiment d'étrangeté qui menace la continuité de l'existence, renvoie à une autre dimension, celle de l'intégrité du sujet ou des limites du soi. Les deux problématiques sont évidemment solidaires ou complémentaires. C'est en effet à condition de pouvoir être une unité suffisamment intégrée que le sujet peut se constituer un présent, un passé et un avenir. Inversement, tout empiètement constitue une menace pour la continuité d'existence.

On rencontre ici l'idéal stoïcien d'impassibilité (*ataraxie*) qui définit la « force d'âme » par la résistance du sujet capable de faire face aux altérations, aux passions et aux assauts de la fortune. Le thème est poussé à l'extrême avec le scepticisme dont la suspension du jugement vise à résister à l'assentiment et aux représentations : l'indifférence et l'absence

1. AT, VII, 28, 20-24 ; IX, 22.
2. AT, VII, 28, 24-29, 2 ; IX, 22.

d'attachement sont ici conçues comme des moyens de défense contre la servitude et l'aliénation à laquelle conduit inévitablement le fait d'avoir une opinion ou une croyance. De Pyrrhon, Diogène Laërce écrit que sa vie était conforme à ses principes : « ne se détournant de rien, ne se gardant de rien, affrontant toutes choses, voiture, à l'occasion, précipices, chiens, et toutes choses <de ce genre>, ne s'en remettant en rien à ses sensations »[1]. Une incurie fondée sur un sentiment d'omnipotence que l'on rencontre dans beaucoup de comportements adolescents. Diogène Laërce ajoute avec humour qu'« il se tirait cependant d'affaire [...] grâce à ses familiers qui l'accompagnaient », et grâce auxquels « il vécut jusqu'à quatre-vingt-dix ans ».

C'est encore le sens que l'on peut donner à l'ascétisme du cynisme ancien et à sa stratégie délibérée d'insensibilisation et de marginalisation au fondement du négativisme social par lequel Diogène s'exerçait « supporter l'injure » et à « essuyer des échecs » : par cette conduite provocatrice, il s'agissait de « falsifier la monnaie », c'est-à-dire les valeurs d'usage qui organisent les relations sociales, en leur opposant les prescriptions de la nature. De dénoncer, autrement dit, l'effet d'emprise qui résulte de l'état de dépendance associé à la socialisation et vécu comme une forme d'assujettissement menaçant l'intégrité de l'individu.

Le négativisme social et la suspension du jugement peuvent être compris comme des pratiques ascétiques de purification intérieure visant à affranchir le sujet de cette « ombre de l'objet » et de ces identifications réputées aliénantes. Sceptiques et cyniques, en se saisissant de l'idéal stoïcien de constance et d'impassibilité, dénoncent ainsi comme un leurre la fonction du rôle sur lequel reposait l'ambition de « ne jouer qu'un seul personnage ». L'idéal d'intégrité et de pureté, poussé à l'extrême, ne revient pourtant qu'à servir une illusion d'un nouveau genre, l'illusion solipsiste qui caractérise le fonctionnement narcissique. On retrouvera bien évidemment, chez Montaigne et Descartes, la trace de cet héritage sceptique et cynique.

4) Plutôt que d'opposer Montaigne à Descartes, malgré les nombreuses différences qui les séparent, j'ai préféré montrer comment, chacun à sa manière, ces deux auteurs interrogeaient l'idéal éthique au cœur de la stratégie identitaire défendue par le stoïcisme, en se confrontant pareillement aux limites de la stratégie de maîtrise des représentations.

1. Diogène Laërce, *Vies et doctrines des philosophes illustres*, IX, 62 ; trad. fr. M.-O. Goulet-Cazé (dir.), Paris, Livre de poche, 1999.

Le procédé stoïcien d'identification au personnage permet de penser l'identité à partir de la relation dialectique du modèle et de la copie qui renvoie à la problématique de l'image et du double. Se rendre « semblable à soi-même », c'est s'identifier à une image de soi ou à un modèle. Le processus est explicité au moyen d'une autre analogie, celle du moule ou du sceau qui doit donner forme à une matière et la marquer de son empreinte. Le masque qui vise à se rendre reconnaissable pour autrui comme pour soi-même, repose ainsi sur la possibilité de construire une image de soi ou un double. Sa fonction est également de contenir les mouvements passionnels (ou pulsionnels), en vue de les canaliser et de les organiser. Ces enjeux renvoient à la problématique de la formation de caractère. Les chapitres qui vont suivre, seront largement consacrés aux limites de cette stratégie de construction identitaire.

a) *Tempérance et intégration*. La première des objections adressée à cette stratégie identitaire est d'ordre technique : elle a trait à l'idéal de maîtrise ou de *contention* qui conduit réprimer les mouvements passionnels pour autant qu'ils apparaissent comme une menace pour l'intégrité du sujet. Ainsi la critique de Plutarque qui vise le dualisme stoïcien [1] et met en avant la nécessité de considérer la réalité psychique comme composée de parties différenciées, et d'accorder *droit de cité* à la « partie irrationnelle de l'âme », d'en reconnaître l'étrangeté et l'altérité comme constitutive de l'identité du sujet : c'est l'idée que cette partie « n'est point logée dehors, ni divisée et distincte de nous, et qu'il n'y a rien au dehors qui la forme, ni qui la moule ou qui la taille par force à coup de marteau ni de ciseau », et qu'au contraire « elle est toujours attachée à elle, toujours conversante avec elle, nourrie et duite [éduquée et nourrie] par longue accoutumance » [2]. Plutarque oppose ainsi la stratégie stoïcienne de contention à la notion de *tempérance* qui regarde l'intégration et l'appropriation des mouvements passionnels. Il s'agit ici, comme l'écrit Giordano Bruno, de « faire bonne colonie de notre esprit et de notre pensée (*fare buona colonia del nostro animo e pensiero*) » [3].

b) La manière dont Plutarque critique le modèle du moule est intéressante et typique de son platonisme un peu particulier. L'objection porte moins sur l'idée d'une forme éthique, que sur sa fonction aussi bien que sur sa localisation. Plus qu'à une réfutation à proprement parler, on a

1. Sur ce dualisme, voir J. Pigeaud, *La maladie de l'âme. Étude sur la relation de l'âme et du corps dans la tradition médico-philosophique antique*, Paris, Les Belles Lettres, 1981.

2. Plutarque, *De la vertu morale*, 443B-C ; Amyot, 32F.

3. Giordano Bruno, *Spaccio de la bestia trionfante. Expulsion de la bête triomphante*, (I, 2), éd. G. Aquilecchia, trad. fr. J. Balsamo, Paris, Les Belles Lettres, 1999, p. 123.

plutôt affaire ici à une complexification du modèle stoïcien. Le projet de « se rendre semblable à soi-même » pose la question de l'origine de cette image de soi, de la production de cet autre ou de ce *double* qui servira de modèle ou de patron. Il suppose, en outre, la possibilité de *s'identifier à ce double*, et *de se réfléchir soi-même comme cet autre, après avoir conçu cet autre comme soi-même*. La problématique de l'identité est partout aux prises avec cette circularité paradoxale.

En objectant que cette forme ou image n'est pas « logée au dehors », Plutarque suggère que cette relation dialectique doit être entendue comme immanente à la réalité psychique : sans annuler pour autant l'altérité de la forme ou du moule, il la situe « au dedans ». Cette relocalisation qui s'appuie sur la thèse d'une multiplicité propre à l'âme, permet surtout de redéfinir ou de requalifier la problématique identitaire elle-même : elle ne vient plus tant interroger la conformité du sujet à son rôle ou à son personnage, mais prend comme objet la relation entre le sujet et son double. A l'idéal de constance et de maîtrise qui réfléchit l'identité à la lumière du jeu réglementé des interactions sociales, Plutarque oppose un autre modèle et met plutôt en avant le *jeu libre* au cœur de cette expérience de soi : il s'agit moins de dresser ou de soumettre la partie irrationnelle de l'âme que de l'intégrer ou, comme il l'écrit, de la rendre « unie et incorporée avec la raisonnable ». Cette relation est illustrée par une comparaison assez parlante que l'on rencontre régulièrement sous la plume des auteurs anciens : « comme un poulain suit la jument qu'il tête ». On peut relever ici que la différence entre l'idéal de maîtrise et celui d'intégration ou de tempérance renvoie encore à la difficile question du partage entre *soumission* et *dépendance*.

c) Montaigne, en lecteur assidu de Plutarque, fait pareillement état des limites du modèle stoïcien, dans des pages qui peuvent sembler disqualifier comme illusoire et factice la notion même d'identité personnelle, au regard de la richesse de l'expérience de soi. Ainsi, ce constat qui paraît dénoncer la vanité de toute recherche de congruence :

> Nous n'avons aucune communication à l'être, parce que toute humaine nature est toujours au milieu entre le naître et le mourir, ne baillant [donnant] de soi qu'une obscure apparence et ombre, et une incertaine et débile opinion. Et si, de fortune, vous fichez votre pensée à vouloir prendre son être, ce sera ne plus ne moins que qui voudrait empoigner l'eau : car tant plus il serrera et pressera ce qui de sa nature coule par tout, tant plus il perdra ce qu'il pouvait saisir et empoigner. Ainsi, étant toutes choses sujettes à passer d'un changement en autre, la raison, y cherchant une réelle subsistance, se trouve déçue, ne pouvant rien appréhender de subsistant et

> permanent, parce que tout ou vient en être et n'est pas encore, ou commence à mourir avant qu'il soit né. Platon disait que les corps n'avaient jamais existence, oui bien naissance (II, 12, 601A).

Dans le contexte des *Essais*, le passage est moins à entendre comme une thèse philosophique que comme l'expression d'un constat échec relatif au projet de « se rasseoir en soi ». C'est bien la forme et l'image de soi, réduite à l'inconsistance d'un « obscure apparence et ombre » ou d'une « incertaine et débile opinion », qui échappe ici à l'appréhension du sujet qui chercherait à s'en saisir. Faute de cette image ou de cette forme à laquelle s'identifier, le sujet devient incapable de se reconnaître lui-même.

La teneur du passage s'explique sans doute mieux si l'on se souvient qu'il s'agit d'une citation littérale d'un texte où Plutarque[1] propose de complexifier le processus identificatoire sur lequel repose l'idéal stoïcien de contention. De fait, la suite du passage cité de Plutarque met en avant la nécessaire diversité des personnages que le sujet est appelé à jouer :

> Et *n'y a rien qui demeure ni qui soit toujours un, ains [mais] renaissons plusieurs alentour d'un fantasme ou d'une ombre et moule commun à toutes figures, la matière se laissant aller, tourner et virer alentour* : car qu'il ne soit ainsi, si nous demeurons toujours mêmes et uns, comment est-ce que nous aimons choses contraires, ou les haïssons, nous les louons ou les blâmons ? comment usons-nous d'autres et différents langages ? *comment avons-nous différentes affections, ne retenant plus la même forme et figure de visage, ni le même sentiment en la même pensée ? car il n'est pas vraisemblable que sans mutation ne demeure pas un même, et s'il n'est pas un même, il n'est donc pas aussi, ains quant et l'être [mais quant à l'être] tout un change, aussi l'être simplement devenant toujours autre d'un autre*, et par conséquent se trompent et mentent les sens, prenant ce qui apparaît pour ce qui est, à faute de bien savoir [ce] que c'est qui est (392C-E ; Amyot, 357A-C. Je souligne).

Sans doute, cette plasticité de l'âme qui n'est jamais la même ni identique ou semblable à soi, met-elle en échec l'idéal de maîtrise et expose le sujet à se confronter au caractère informe et erratique d'un être qui devient « toujours autre d'un autre ». Ce sera l'enjeu central des *Essais*, mais également de l'analogie, dans la Seconde Méditation de Descartes, entre la « chose qui pense » et la matière « flexible et muable »

1. Plutarque, « Que signifiait ce mot *Ei* », 392A-B ; Amyot, 356H.

du morceau de cire[1]. Ces mouvements, comme Plutarque le souligne, par lesquels *nous renaissons plusieurs*, ont pourtant lieu *alentour d'un fantasme* (d'une image ou d'une représentation) *ou d'une ombre et moule commun à toutes figures*. L'élément informe (ou matière), dans cette expérience de soi, n'en reste pas moins contenu et dépendant de cette forme commune au voisinage de laquelle, *se laissant aller, il tourne et vire*, « comme un poulain suit la jument qu'il tête ».

La fonction du moule ou du patron n'est pas d'imposer l'identité du dehors, « à coup de marteau ni de ciseaux », elle reste cependant d'organiser et de contenir ce mouvement qu'elle permet. L'expérience de soi repose alors sur cette souplesse psychique qui définit, sous la plume de Plutarque, l'idéal de tempérance : elle repose sur ce jeu libre par lequel le sujet peut *renaître plusieurs*, devenir *autre d'un autre*, au voisinage d'une forme commune, et faire l'épreuve de l'absence de forme ou d'un état de non-intégration.

Cette idée d'une identité qui se construit et s'invente dans la relation dialectique entre une forme et une matière, l'être et l'apparaître, renvoie assez clairement aux paradoxes qui organisent l'espace potentiel ou transitionnel de Winnicott. C'est du point de vue de cette « aire intermédiaire » capable de « mettre en relation ce qui est objectivement perçu et ce qui est subjectivement conçu », que doit sans doute être posée la question de l'identité, celle du sens et de la valeur à accorder au fait d'*avoir une identité* ; du point de vue de la créativité nécessaire à la découverte de soi, c'est-à-dire au fait de pouvoir se reconnaître, d'*être* aussi bien que d'*être trouvé*.

1. Sur l'analogie, voir Platon, *Théétète*, 191c-e. Il est significatif que Descartes applique à l'âme elle-même, une image qui renvoie traditionnellement à la mémoire. On sait l'usage que Malebranche fera de la comparaison de l'âme avec le morceau de cire, dans sa critique des illusions de la conscience de soi ou « sentiment intérieur ».

CHAPITRE II

EXPÉRIENCE DÉLIRANTE, *COGITO* ET MENSONGE DANS LES *MÉDITATIONS* DE DESCARTES

> MOI : Halte-là, esprit trompeur ! Est-ce là toute la sagesse que tu m'as fait espérer, et te vantes-tu de me libérer de la sorte ? Tu me libères, il est vrai : tu m'affranchis de toute dépendance en me réduisant à néant et en réduisant à néant tout ce qui m'entoure et dont je pourrais dépendre. Tu abolis la nécessité en détruisant purement et simplement tout être. (J. G. Fichte, *La destination de l'homme*, trad. fr., Paris, Garnier-Flammarion, 1995, p. 141-142)

La Première Méditation est un classique de l'histoire de la philosophie. Elle prépare la découverte de cette première vérité : *je suis, j'existe*[1], par laquelle le sujet pensant trouve en lui-même la source de toute certitude. La méthode qui permet de révoquer en doute les opinions reçues, met en scène un mouvement réflexif qui définira durablement la conception moderne de la subjectivité. C'est à ce titre que le doute est généralement interprété comme une fiction théorique ou une expérience de pensée, plutôt que comme un véritable témoignage autobiographique. Descartes y confronte la série des objets de pensée, examinés du point de vue de leur forme et de leur origine présumée, à une règle de vérité paradoxale : « d'autant que la raison me persuade déjà que je ne dois pas moins soigneusement m'empêcher de donner créance aux choses qui ne sont

1. Par convention, on appelle couramment *cogito* l'énoncé de cette première vérité, en référence non pas aux *Méditations*, mais au *Discours de la méthode* (« je pense, donc je suis ») ou aux *Principes* (*cogito, ergo sum*). Comme l'indique D. Kambouchner (*Descartes n'a pas dit [...]*, Paris, Les Belles Lettres, 2015, p. 63), « *je pense, donc je suis* est presque un nom propre : c'est le nom d'une pensée, d'une opération intellectuelle, d'un protocole de réflexion que seule la *Méditation II* expose sous une forme précise ».

pas entièrement certaines et indubitables, qu'à celles qui nous paraissent manifestement fausses, le moindre sujet de douter que j'y trouverai, suffira pour me les faire toutes rejeter »[1].

Descartes se heurte vite à un paradoxe tiré de l'expérience sociale ordinaire, ainsi exposé par E. Goffman :

> Dilemme : ce qui alimente notre assurance est précisément ce que d'autres pourront utiliser pour nous induire en erreur. Et, bien que certains éléments soient plus difficiles à manipuler que d'autres, pouvant ainsi servir de test pour décider de ce qui se passe vraiment, plus on sera assuré de leur solidité et plus il sera payant de les manipuler. Il ressort de tout cela que l'étude des techniques de mise au jour d'une tromperie est en même temps l'étude des techniques de manipulation. Les modalités selon lesquelles une activité s'inscrit dans le cours du monde sont, paradoxalement, de même nature que celles par lesquelles on fabrique une imposture. On peut donc comprendre la manière dont se constitue notre sens de la réalité ordinaire en examinant quelque chose dont on est plus facilement conscient, à savoir la façon dont la réalité peut être imitée et/ou falsifiée[2].

La défiance, à l'origine de la recherche de la vérité, a pour origine une expérience de désillusion relative aux premières certitudes que Descartes rapporte souvent à la croyance ou au crédit que les enfants accordent aux « contes des nourrices », c'est-à-dire aux certitudes portées par les premiers objets d'attachement, puis aux romans et à l'enseignement livresque des précepteurs. La désillusion provoque ainsi la perte du sentiment d'évidence, ordinairement associé à ces objets culturels qui constituent ce qu'on peut appeler le « sens commun » porté par le groupe. Cette dimension sociale est corroborée par la manière dont Descartes peut dénoncer les *tromperies* et les *mensonges* qu'il finit par imputer aux facultés de l'âme elles-mêmes (sens et imagination), jusqu'à forger l'hypothèse d'un « malin génie » ou d'un « Dieu trompeur ».

Sous cette forme générale, le dilemme relatif au « sens de la réalité ordinaire » met en avant la tension qui existe entre le sens commun, c'est-à-dire la part des préjugés sur lesquels reposent la vie sociale et l'appartenance à la culture du groupe, et le narcissisme du sujet qui échoue à faire siennes ces croyances. En d'autres termes, le *manque d'aptitude à se soumettre au groupe* résulte de l'incapacité du sujet « à halluciner ou à manipuler les faits de façon à produire le matériel de l'illusion délirante qu'il existe dans le groupe une réserve inépuisable

1. AT, VII, 18, 6-10 ; IX, 14.
2. E. Goffman, *Les cadres de l'expérience*, trad. fr., Paris, Minuit, 1974, p. 245.

d'amour en sa faveur »[1]. Le philosophe, de ce point de vue, se situerait quelque part entre le médisant cynique à qui « on ne la fait pas », et le paranoïaque chez qui cette promesse d'amour se transforme en angoisse de persécution.

La nécessité de se prémunir contre l'emprise des illusions prend la forme d'un conflit entre le narcissisme et les exigences de la socialisation. Commandée par la nécessité de se prémunir contre les illusions du sens commun, la « recherche de la vérité » ne repose plus seulement sur le jugement d'existence relatif à la valeur objective des représentations du monde extérieur ; elle implique une remise en question radicale des limites du sujet qu'elle engage dans une entreprise de purification où il s'agit, écrit Descartes, de « détruire généralement toutes mes anciennes opinions ». La lutte contre ces « opinions reçues » et les croyances sur lesquelles repose le sentiment d'identité, confronte alors le sujet à l'ombre portée sur le moi par les exigences de la socialisation, et d'abord par l'état de dépendance qui a nécessité cette « providence particulière » au nom de laquelle les personnes en charge des soins et de l'éducation ont dû adapter l'environnement et organiser du dehors les premières expériences de l'enfant. Les soins précoces qui rendent possible les premières expériences de satisfaction, constituent ainsi, pour le sujet méditant, le *prototype de toute imposture à venir*[2]. L'erreur, « sucée avec le lait des nourrices », devient un poison qui menace l'intégrité narcissique du sujet.

La mise en scène de la Première Méditation montre l'impasse à laquelle conduit une telle attaque contre les fondements mêmes de l'identité. Menée au nom du narcissisme et de son travail de purification, cette lutte contre les « opinions reçues » et les croyances du groupe entraîne une désorganisation identitaire : le moi qui se vide d'abord de tout contenu, finit par s'effondrer sur lui-même. Mon hypothèse sera ici que le *cogito* qui met fin au vidage du moi, ne repose pas tant sur la réduction du sujet à une forme pure ou à une enveloppe vide, mais plutôt sur la réappropriation d'un contenu préalablement évacué par le doute, les pensées ou les opinions précédemment récusées et rejetées, c'est-à-dire sur l'acceptation de l'imposture et du mensonge, une fois reconnus comme tels.

Dans ce qui suit, je propose d'interpréter la Première Méditation à la lumière de ces enjeux. Pour cela, je propose de suivre le texte non pas du

1. W. Bion, *Cogitations* (1992), trad. fr., Paris, In Press, 2005, p. 38-39.

2. La forme d'éducation imaginée par Rousseau dans son *Emile* généralise le procédé ordinairement réservé à la petite enfance.

point de vue philosophique et selon « l'ordre des raisons », mais d'un point de vue clinique en mettant en avant *la cohérence d'une expérience vécue vraisemblable, à la fois onirique et délirante*, c'est-à-dire en prenant au sérieux le délire d'influence mis en scène [1]. Cette vraisemblance se fonde d'abord sur la logique des processus décrits. Elle s'appuie encore sur le fait que l'expérience de pensée, vertigineuse et traumatique, de cette Première Méditation, peut être lue comme la mise en forme, la réécriture et la réappropriation d'une expérience vécue par Descartes en 1619, dont les *Olympica* avaient fourni un premier récit [2].

Expérience de pensée et expérience vécue

Dans les différents textes qui introduisent le *cogito*, le moment du doute est rapporté par Descartes, à la première personne, comme une expérience singulière et unique, de celles qui n'arrivent qu'« une fois dans la vie ». Dans les *Méditations*, publiées en 1641, le récit qui inscrit le moment du doute dans le temps de la vie, n'occupe que deux paragraphes. Le préambule résume en quelques lignes le récit autobiographique du *Discours de la méthode* paru quelques années plus tôt (1637). Descartes y proposait un récit de ses années de formation et de son désir d'apprendre et de juger par lui-même, d'abord par l'expérience, « dans le livre du monde », mais aussi par la connaissance intérieure de la « lumière naturelle » : « je pris la résolution d'étudier aussi en moi-même, et d'employer toutes les forces de mon esprit à choisir les chemins que je devrais suivre » [3]. Le projet ainsi esquissé ne regarde encore que la question éthique du choix du genre de vie, nullement la réforme du savoir,

1. Les commentateurs de la Première Méditation ne manquent jamais de relever l'effet de vertige et de sidération produit par le doute hyperbolique. Pour en rendre compte, on se contente souvent d'en faire un simple procédé de dramatisation littéraire et rhétorique, c'est-à-dire un artifice qui ne relèverait pas de l'intention philosophique, réputée seule pertinente du point de vue de l'argumentation. On repousse ainsi hors-champ la dimension émotionnelle de l'expérience dont procède le *cogito*. Je propose ici de prendre cette expérience comme objet. Ce point de vue *clinique* est d'ailleurs appelé par Descartes lui-même qui, dans sa réponse aux objections de Hobbes, ne justifie pas autrement la nécessité d'expliciter des arguments sceptiques et de les mettre en situation : « Et ce n'a point été pour acquérir de la gloire que je les ai rapportés, je pense n'avoir été pas moins obligé de les expliquer, qu'un médecin de *décrire la maladie dont il a entrepris d'enseigner la cure* » (AT, VII, 172; IX, 133-134).

2. Ce rapprochement a fait l'objet d'une présentation orale (en collaboration avec Marine Mazel), publiée depuis : « Des *Olympica* à la Première Méditation : expérience onirique et délire chez Descartes », *Études philosophiques*, 4, 2018, p. 477-493.

3. Descrates, *Discours de la méthode*, AT, VI, 10.

qui paraît encore secondaire et subordonnée. Descartes date alors assez précisément le moment où cette quête de liberté conduit à l'expérience du doute : « j'étais alors en Allemagne, où l'occasion des guerres qui n'y sont pas encore finies m'avait appelé »[1]. Il s'agit de l'hiver 1619-1620. Descartes est alors âgé de vingt-trois ans[2]. Il attendra neuf ans avant de mettre à exécution son projet[3], vraisemblablement avec les *Regulae ad directionem ingenii* (vers 1628), et de décider de mener une vie solitaire : « et il y a justement huit ans (écrit-il en 1637) que ce désir me fit résoudre à m'éloigner de tous les lieux où je pouvais avoir des connaissances »[4].

Ces préambules n'ont sans doute qu'un intérêt anecdotique au regard de la signification philosophique de l'œuvre cartésienne. Ils permettent cependant de voir que la question de la réforme du savoir est indissociablement liée à la dimension éthique du choix de vie, mais également à un parcours biographique singulier dont Descartes fait le récit dans la *Discours*. Ce parcours est marqué par une crise, celle de l'hiver 1619-1620, inaugurée, en novembre, par un épisode d'« enthousiasme », auquel le *Discours de la méthode* fait rapidement allusion, mais que A. Baillet relate plus précisément dans sa *Vie de Monsieur Descartes*, en se fondant sur un manuscrit aujourd'hui perdu : les *Olympica*. Aux différents textes autobiographiques déjà mentionnés, il faut donc ajouter ce premier témoignage qui rapporte l'épisode, sans doute au plus près de l'expérience vécue, si l'on veut bien prêter foi au récit de Baillet.

Je voudrais ici proposer de relire les songes des *Olympica*, en m'intéressant moins au contenu des rêves, comme c'est l'usage, qu'à la forme de l'expérience vécue que laisse entrevoir la paraphrase de Baillet. Je partirai du constat que les trois songes de Descartes constituent un tout, une expérience unique qui a sa cohérence interne, d'un point de vue clinique et phénoménologique. Je tenterai ensuite de montrer que la Première Méditation porte la trace de cet épisode d'enthousiasme et, jusqu'à un certain point, peut être appréhendée comme une réécriture ou une reconstruction *a posteriori*, hautement élaborée certes, de l'expérience intime de vertige relatée dans les *Olympica*.

Plutôt donc que de considérer que, dans la Première Méditation, Descartes évacue l'expérience de la folie au profit de l'argument du rêve (« mais quoi ce sont des fous »), on peut soutenir au contraire que

1. AT, VI, 11.
2. AT, VI, 22.
3. AT, VI, 30.
4. AT, VI, 31.

la référence aux songes prolonge et amplifie l'argument de la folie[1]. L'hypothèse de la folie, loin d'être écartée, se déploierait au contraire, suivant un continuum allant du rêve jusqu'à cette expérience oniroïde, dans laquelle le sujet perd progressivement la capacité de discriminer ce qui relève du monde de la veille et du monde du sommeil. Ce continuum, avec ses degrés spécifiques, permet d'éclairer d'un jour nouveau les « songes éveillés » des insensés, donnant cette fois droit de cité à l'expérience de la folie, sans pour autant lui contester son étrangeté.

L'ÉPISODE D'ENTHOUSIASME : LA NUIT DES *OLYMPICA*

On retrouve cette ambiguïté dont est porteuse l'expérience du rêve, dans l'épisode d'« enthousiasme » de novembre 1619, survenu alors que la recherche de la vérité plonge Descartes dans de « violentes agitations ». Suite à « l'abattement, [à] la fatigue et [au] feu qui lui prit au cerveau », Descartes reçoit « des impressions des songes et des visions » dans lesquels il lui semble apercevoir « un chemin tracé par Dieu » et croit « avoir trouvé les fondements d'une science admirable »[2]. Cette nuit-là, Descartes forme trois songes consécutifs rapportés dans les *Olympica*, manuscrit latin dont Adrien Baillet a proposé une paraphrase française dans sa *Vie de Monsieur Descartes*[3].

1. Voir M. Foucault, *Histoire de la folie à l'âge classique* (2 e éd.), Paris, Gallimard, 1972 et J. Derrida, « Cogito et histoire de la folie », dans *L'écriture et la différence*, Paris, 1967, p. 51-97. Sur ce débat finalement un peu scolaire, voir la synthèse de J.-M. Beyssade, « 'Mais quoi ce sont des fous'», article repris dans : J.-M. Beyssade, *Descartes au fil de l'ordre*, Paris, P.U.F., 2001, p. 13-38 (accompagné d'un « Dossier » sur le sujet, p. 39-48).

2. A. Baillet, *Vie de Monsieur Descartes*, Paris, 1691, t. 1 (abrég. *Vie*, sans indication du tome), p. 51 : « X. Novembris, cum plenus forem Enthusiamo, & mirabilis scientiæ fundamenta reperirem, etc. ».

3. Les pages de Baillet relatives aux *Olympica* se trouvent dans l'édition Adam et Tannery (abrég. AT), au tome X, p. 179-188. Sur ces premiers fragments cartésiens, on dispose de nombreuses études, parmi lesquelles on peut mentionner celle de H. Gouhier qui les réduit au statut d'une « erreur de jeunesse » (*Les premières pensées de Descartes. Contribution à l'histoire de l'Anti-Renaissance*, Paris, Vrin, 1958), de J.-L. Marion (« Les trois songes ou l'éveil du philosophe », dans *La passion de la raison. Hommage à Ferdinand Alquié*, J.-L. Marion (éd.), Paris, Aubier, 1998, p. 55-78), l'étude de E. Mehl (*Descartes en Allemagne (1619-1620). Le contexte allemand de l'élaboration de la science cartésienne*, Strasbourg, Presses universitaire de Strasbourg, 2001) et celle de C. Vasoli, « Le rapport entre les *Olympica* et la culture de la Renaissance », dans *Descartes à la Renaissance*, éd. E. Faye, Paris, Champion, 1999, p. 187-208. Voir aussi les éditions plus récentes : R. Descartes, *Étude du bon sens, La recherche de la vérité et autres écrits de jeunesse (1616-1631)*, éd. trad. et présentation V. Carraud et G. Olivo, Paris, P.U.F., 2013, p. 87-114 (bibliographie, p. 96-97) et R. Descartes, *Œuvres complètes, I : Écrits de jeunesse. Règles pour la direction de l'esprit*,

Plutôt que de s'attacher seulement au contenu allégorique du troisième rêve qui a retenu généralement les commentateurs, on peut s'intéresser à l'ensemble formé par les trois songes, pour autant qu'il constitue un événement unique qui a sa cohérence propre.

Le chapitre de Baillet relatif à l'épisode d'enthousiasme s'ouvre sur une libre paraphrase du début du *Discours de la méthode* qui met l'accent sur l'incidence des préoccupations théoriques de Descartes. Il indique les grandes lignes du projet de réforme du savoir, mais insiste également sur les effets psychiques et somatiques de cette quête de vérité. La paraphrase s'achève sur ce diagnostic censé expliquer la teneur singulière des songes rapportés dans les *Olympica* :

> La recherche qu'il voulut faire de ces moyens jeta son esprit dans de violentes agitations, qui augmentèrent de plus en plus par une contention continuelle où il le tenait, sans souffrir que la promenade ni les compagnies y fissent diversion. Il le fatigua de telle sorte que le feu lui prit au cerveau et qu'il tomba dans une sorte d'enthousiasme, qui disposa de telle manière son esprit déjà abattu, qu'il le mit en état de recevoir les impressions des songes et des visions (*Vie*, p. 81).

Baillet rapporte clairement les songes de Descartes à un déséquilibre pathologique, à un réchauffement de l'esprit que l'on peut entendre aussi bien du point de vue de la physiologie cartésienne que de la médecine galénique. Ce déséquilibre est engendré par l'activité intellectuelle et par la solitude qu'elle implique.

L'état que décrit ici Baillet indique la disposition du sujet, rendu apte à recevoir « les impressions des songes et des visions », c'est-à-dire les images produites dans l'esprit aussi bien à l'état de veille que pendant le sommeil. L'alternative est ici appelée par le doute relatif au troisième songe : « Ce qu'il y a de singulier à remarquer, c'est que, doutant si ce qu'il venait de voir était songe ou vision, non seulement il décida en dormant que c'était un songe, mais il en fit encore l'interprétation avant que le sommeil le quittât ». Et plus loin : « Là-dessus, doutant s'il rêvait ou s'il méditait, il se réveilla sans émotion » [1]. Ce doute, qui sera au cœur de la Première Méditation, appartient à l'expérience commune du rêve. Il est également appelé par une théorie des facultés et des opérations de l'âme dans laquelle l'état de recueillement ou de concentration intellectuelle

éd. D. Kambouchner (dir.), Paris, Gallimard, 2016 (avec une introduction substantielle de D. Kambouchner sur l'ensemble des *Olympica*).

1. *Vie*, p. 83 ; p. 84.

qui caractérise la méditation, est couramment comparé au sommeil, défini comme privation de sensation ou comme un état d'abstraction de l'esprit[1]. Le doute relatif au troisième songe, ainsi que la résolution du dormeur qui *décide* de penser qu'il dort, sont encore appelés par le récit des deux premiers rêves accompagnés de « terreur et d'effroi »[2], dans lesquels la question du partage entre le sommeil et la veille jouait déjà un rôle crucial. La négation joue ici son rôle défensif, permettant l'admission par le moi de l'expérience traumatique : le sujet ne rejette pas le contenu du rêve, mais l'appréhende comme une fiction de l'esprit. Je reviendrai au chapitre IV sur la manière dont Descartes systématise le procédé dans les Méditations. On notera encore que l'explication médicale ne résout nullement la question de l'origine ou de l'auteur de ces songes. L'essentiel est ici que qu'ils soient interprétables.

a) Le *premier songe* survient aussitôt après l'endormissement. L'imagination du rêveur se trouve frappée d'épouvante par « la représentation de quelques fantômes ». Cette terreur s'accompagne d'une « grande faiblesse au côté droit » qui oblige le rêveur à se « renverser sur le côté gauche » pour marcher courbé, dans une position qui provoque la honte et donne à Descartes l'impression de « tomber à chaque pas ». Affaibli et chancelant, le rêveur rencontre des personnes « droites et fermes sur leurs pieds » ; il est emporté par le vent dans un tourbillon qui le pousse vers l'église d'un collège. Le rêveur, sitôt réveillé, interprète lui-même « le vent qui soufflait contre l'église », en supposant que sa vision provenait d'un « mauvais génie qui l'aurait voulu séduire » ou, plus précisément, « qui tâchait de le jeter par force dans un lieu, où son dessein était d'aller volontairement »[3], inclinant donc au bien, mais sous la contrainte. Le trait obsessionnel est évidemment paradoxal et Baillet relève en marge l'étrange expression latine qui figure vraisemblablement dans le manuscrit de Descartes : *A malo Spiritu ad Templum propellebar* : « j'étais poussé vers l'église par un mauvais esprit »[4].

Une « douleur effective » tire le dormeur de son sommeil, au moment où le vent s'apaise : « Il se réveilla sur cette imagination, et il sentit à l'heure même une douleur effective, qui lui fit croire que ce ne fût l'opération de quelque mauvais génie qui l'aurait voulu séduire. Aussitôt il se retourna sur le côté droit, car c'était sur le gauche qu'il s'était endormi et qu'il

1. La consigne philosophique *abducere mentem a sensibus* (« détourner l'esprit des sens ») renvoie d'abord à la définition aristotélicienne du sommeil.

2. *Vie*, p. 85.

3. *Vie*, p. 82 ; p. 85

4. *Vie*, p. 85.

avait eu le songe »[1]. Comme le remarque F. Alquié dans son édition[2], « loin d'expliquer son rêve par cette douleur, Descartes explique douleur et rêve par un mauvais génie » : la douleur, concomitante au rêve, est l'effet d'un esprit étranger. Il ne s'agit donc pas d'un songe vain, dont la source serait physiologique seulement, mais d'un songe vrai, inspiré par une intelligence (génie, esprit ou même démon). L'interrogation relative à l'origine du rêve porte déjà en germe le délire d'influence mis en scène dans le Première Méditation.

b) Dans le *second rêve*, Descartes « crut entendre un bruit aigu et éclatant qu'il prit pour un coup de tonnerre », provoquant une telle frayeur qu'il se réveille en sursaut : « et ayant ouvert les yeux, il aperçut beaucoup d'étincelles de feu répandues dans la chambre ». Cette vision s'inscrit dans la continuité du rêve : la foudre accompagnant le tonnerre aurait mis le feu à la pièce où se trouvait le dormeur. Ces étincelles sont cependant l'occasion de considérations optiques par lesquelles Descartes tente de rendre raison par la philosophie naturelle du phénomène normal :

> Il ne lui était pas fort extraordinaire en se réveillant au milieu de la nuit d'avoir les yeux assez étincelants, pour lui faire voir des objets les plus proches de lui. Mais, en cette occasion, il voulut recourir à des raisons prises de la philosophie ; et il en tira des conclusions favorables pour son esprit, après avoir observé en ouvrant puis en fermant les yeux alternativement, la qualité des espèces qui lui étaient représentées.

Le tonnerre est par excellence un phénomène propre à engendrer l'effroi religieux. L'usage de raisons empruntées à la physique et à la philosophie, destinées à lutter contre la peur et les représentations qui lui sont associées, est un lieu commun de la sagesse épicurienne. L'explication optique constitue une première forme de réflexion. Elle prend également une valeur symbolique ou allégorique, puisqu'elle pourrait être interprétée comme figurant la « lumière naturelle » innée, principe d'une connaissance *sui generis*, que le sujet est capable de tirer de son propre fonds[3]. Le travail de réflexion parvient à contenir l'angoisse et l'effroi : « Ainsi sa frayeur se dissipa, et il se rendormit dans

1. *Vie*, p. 82.
2. Descartes, *Œuvres philosophiques*, t. I, Paris, Garnier, 1963, p. 54.
3. Pour l'interprétation optique du passage, voir E. Mehl, *Descartes en Allemagne*, *op. cit.*, p. 24-29, qui accompagne son commentaire de cette réserve : « Les songes de Descartes rassemblent donc des lieux communs empruntés à la littérature scientifique en un phénomène, donné pour une expérience vécue » (p. 25). L'argument est étrange, puisque ces lieux communs n'interdisent en rien de regarder les songes comme une expérience vécue.

un assez grand calme »[1]. Se trouve du même coup refoulée l'idée d'un avertissement divin, pourtant appelée par le songe précédent.

c) A la différence des deux premiers rêves traumatiques, sources d'effroi, le *troisième songe* est présenté comme « fort doux et fort agréable »[2]. C'est la raison pour laquelle il peut être interprété dans le sommeil, en rêve, sans que le dormeur n'éprouve le besoin de se réveiller : le doute sur la nature des représentations (songes ou visions) peut être sereinement tranché par une décision qui permet à Descartes de prolonger son sommeil (« il décida en dormant que c'était un songe »), puis de se réveiller en poursuivant l'interprétation de son rêve : « Là-dessus, doutant s'il rêvait ou s'il méditait, il se réveilla sans émotion ; et continua les yeux ouverts l'interprétation de son songe sur la même idée »[3]. Le troisième songe permet ainsi de restaurer le sentiment d'identité, que les deux premiers avaient menacé.

Le troisième rêve voit Descartes confronté, par l'intermédiaire de livres (un dictionnaire et un recueil de poésies), aux deux problèmes qui le tourmentent : à la question relative au choix du « genre de vie » (*Quod vitae sectabor iter?* « Quelle voie suivrai-je dans la vie ? ») et à celle du critère de vérité (« comprendre la vérité et la fausseté »). Le songe, riche de contenu allégorique, est interprété par le rêveur lui-même d'abord dans son sommeil, puis à l'état de veille. Ce travail d'interprétation vient remanier rétrospectivement le sens des deux premiers rêves. L'effroi associé au premier songe avait provoqué la culpabilité : au réveil, Descartes avait prié Dieu « pour demander d'être garanti du mauvais effet de son songe et d'être préservé de tous les malheurs qui pourraient le menacer en punition de ses péchés, qu'il reconnaissait pouvoir être assez griefs [graves] pour attirer les foudres du ciel sur sa tête »[4]. Le second songe réalise pour ainsi dire cette crainte faisant percevoir un coup de tonnerre. Ce n'est cependant qu'à la suite de l'interprétation du troisième rêve que Descartes peut proposer une interprétation des deux premiers et en déchiffrer le contenu : tandis que le troisième songe se rapporte à l'avenir et au choix de vie, les deux premiers sont pris « pour des avertissement menaçants touchant sa vie passé qui pouvait n'avoir pas été aussi innocente devant Dieu que devant les hommes » : ils expriment la culpabilité et la « syndérèse, c'est-à-dire les remords de sa conscience touchant les péchés qu'il pouvait avoir commis dans le cours de sa vie

1. *Vie*, p. 82.
2. *Vie*, p. 84.
3. *Ibid.*
4. *Vie*, p. 82 ;

jusqu'alors »[1]. Descartes interprète ainsi le melon qu'on lui offre comme signifiant « les charmes de la solitude, mais présentés par des sollicitation purement humaines »[2]. Le vent qui le pousse contre l'église où il entendait aller « volontairement », renvoie au paradoxe d'une contrainte au bien, c'est-à-dire à une forme de scrupule ou de doute obsessionnel[3]. La foudre, vécue d'abord dans l'effroi, comme l'accomplissement d'un châtiment redouté, change alors de sens, puisqu'elle annonce la conversion à la vie philosophique : « La foudre dont il entendit l'éclat était le signal de l'esprit de vérité qui descendait sur lui pour le posséder ».

Pour ce qui est du contenu, on peut se satisfaire des interprétations de Descartes lui-même. On pourrait aisément montrer comment elles s'enracinent dans une culture allégorique et scientifique qu'il appartient à l'historien de reconstituer. On pourrait tout aussi facilement en interpréter le symbolisme sexuel latent : il est assez transparent, malgré les déformations habituelles, pour que Descartes lui-même ne manque pas de l'évoquer, à mots couverts. Ce qui pourtant paraît plus intéressant, et ce qui justifie finalement la série des reconstructions et des réélaborations successives dont l'épisode a fait l'objet, c'est d'en relever d'abord l'*impact traumatique* et de mettre en avant les mécanismes de défense mobilisés par la psyché pour y faire face. Pour cela, je propose ici de m'intéresser non pas au contenu proprement dit, mais à la succession des trois songes et à la série des états psychiques qu'elle permet d'organiser. De ce point de vue, on peut dire que l'ensemble relaté par les *Olympica* correspond assez typiquement à certains rêves traumatiques que l'on peut rencontrer dans la clinique, y compris dans la dimension de résolution à

1. *Vie*, p. 84 ; p. 85.

2. Maxime Leroy a soumis à S. Freud une copie du récit des *Olympica*. On trouve la réponse dans le volume XIX des *Gesammelte Werke* de Freud (p. 558-560). Freud n'y apporte aucun nouvel élément d'interprétation, rappelant qu'il faut ici s'en tenir au témoignage de Descartes lui-même, qui parle des songes comme venus « d'en haut », au plus près donc des préoccupations conscientes du dormeur, mais aussi susceptibles de donner au dormeur le sentiment d'être inspiré par des visions de nature démonique. Il se contente de faire l'hypothèse que le melon du premier rêve pourrait renvoyer à un souvenir de masturbation infantile. Mais Freud, ici encore, se borne à reprendre l'interprétation avancée par Descartes lui-même.

3. Je mettrai plus loin (chapitre 4) en regard (comme les deux faces d'une même fonction) ce mauvais esprit qui, même s'il pousse au bien, constitue une contrainte, et le « génie de Socrate » qui seconde les actions entreprises conformément aux inclinations intérieures du sujet : « Et ce qu'on nomme communément le génie de Socrate, n'a sans doute été autre chose, sinon qu'il avait accoutumé de suivre ses inclinations intérieures, et pensait que l'événement de ce qu'il entreprenait serait heureux, lorsqu'il y avait quelque secret sentiment de gaieté, et, au contraire, qu'il serait malheureux, lorsqu'il était triste » (à Elisabeth, novembre 1646).

laquelle conduit l'interprétation finale. Même si le passage rassemble des lieux communs de la littérature scientifique, la forme du récit suffit à lui conférer cette vraisemblance qui signe l'expérience vécue [1].

Du point de vue des formes de l'expérience vécue, on notera d'abord que le premier rêve met en scène un premier moment d'étrangeté qui affecte le corps propre : la douleur physique qui passe du songe à l'état vigile, laisse au rêveur l'impression qu'il pourrait être sous l'empire d'un « mauvais génie ». Le second rêve a lieu sur fond d'un état hypnagogique (ou de demi-sommeil) : Descartes, sous l'effet de la frayeur causée par le fracas du tonnerre, est en proie à des hallucinations visuelles, alors qu'il lui semble toutefois être bien éveillé. Enfin, le troisième rêve possède une dimension de résolution et constitue une tentative pour faire face au caractère traumatique de l'expérience hallucinatoire : à la douleur et à l'épouvante qui avaient exacerbé le doute et le sentiment de culpabilité, succède l'idée d'une solution « venue d'en haut », destinée à faire face à l'incertitude qui affecte tout à la fois le projet éthique relatif au genre de vie et le souci de discriminer le vrai du faux. Il s'impose au sujet comme une révélation qui met un point d'arrêt à la sidération engendrée par les rêves précédents. Une fois le calme retrouvé, à la faveur d'une réflexion géométrique et optique, Descartes peut faire ce troisième rêve dont le sens allégorique est aisément interprétable par le dormeur lui-même, et qui permet rétrospectivement de donner sens aux deux premiers songes.

Ce déroulement est assez habituel et bien connu des psychanalystes. Il arrive souvent, en effet, qu'un premier rêve correspondant à une répétition traumatique soit suivi d'un rêve secondaire visant à la maîtrise au moins partielle de cette répétition. Dans cette perspective, on peut considérer que le troisième songe de Descartes constitue déjà lui-même, avec son contenu allégorique, une première tentative d'interprétation, à laquelle pourra s'articuler, sans discontinuité, le déchiffrement conscient auquel se livre Descartes dans son sommeil, puis au réveil. S. Ferenczi qui parle à ce sujet d'une « fonction traumatolytique du rêve », montre que cette fonction de maîtrise au fondement du « rêve secondaire » suppose un « clivage narcissique », c'est-à-dire l'émergence d'une partie clivée du moi capable d'assumer le rôle d'une intelligence pure et omnisciente, en charge de « mesurer l'étendue du dommage » et de faire barrage au

1. Sur la question de la crédibilité ou de la vraisemblance des rêves littéraires, voir G. Devereux, *Les rêves dans la tragédie grecque*, trad. fr., Paris, Les Belles Lettres, 2006, et surtout l'Introduction. Devereux y cite cette remarque de Cicéron : « Même si ce ne sont là que des fictions poétiques, on y reconnaît cependant le caractère habituel des songes » (*De divin.* I, 42).

vécu traumatique en « ne laissant accéder à la conscience que ce qui est supportable dans la forme et le contenu du rêve, l'embellissant même si nécessaire dans le sens d'un accomplissement de désir »[1]. Dans cette perspective, on pourrait dire que le second rêve des *Olympica* vient, par le tonnerre, figurer et mettre en œuvre un tel clivage, grâce auquel Descartes, en spectateur lucide, peut dissiper sa frayeur au moyen de réflexions physiques (objectivantes et réactionnelles) sur l'expérience désorganisatrice qu'il est en train de vivre. La notion de clivage rend compte ici du dédoublement réflexif à la faveur duquel, comme l'écrit Freud en 1939, les patients, une fois guéris, témoignent « qu'à l'époque [de leur maladie], dans un coin de leur âme [...], une personne normale se tenait cachée, qui laissait défiler devant elle, comme un observateur désintéressé, les fantômes morbides »[2].

MÉDITATION ET INTROSPECTION

On sait que la nuit racontée dans les *Olympica* constitue un tournant dans l'existence de Descartes. Il s'agit d'une de ces expériences qui ont lieu « une fois dans la vie ». C'est sans beaucoup forcer, et avec un sens psychologique assuré, que Baillet dans sa *Vie*, introduit son récit par une paraphrase rapide des premières pages du *Discours de la méthode*. Je voudrais ici montrer que la Première Méditation porte la marque, dans son organisation même, de cet épisode d'enthousiasme. Une marque sans doute méconnaissable, pour autant que l'événement de 1619 a pu être profondément réélaboré et réorganisé par « l'ordre des raisons » et le projet métaphysique. Le texte des *Méditations* n'est évidemment pas réductible à l'expérience traumatique vécue plus de vingt ans auparavant : il en porte cependant le souvenir et la trace, ne serait-ce que par l'effet de vertige et de sidération qu'il continue de produire sur le lecteur. Et c'est de cet effet seulement que je propose de rendre raison, en deçà du contenu philosophique qu'il vient servir. Je proposerai de lire ainsi la Première Méditation non pas selon « l'ordre des raisons », mais en suivant *l'ordre du délire* et de sa logique oniroïde.

1. S. Ferenczi, « Réflexions sur le traumatisme », *Œuvres 4*, Paris, Payot, 1982, p. 144. On reviendra sur cette forme de clivage au cœur de la pensée cartésienne qui distingue l'âme, prise en elle-même, et l'âme en tant qu'elle est unie au corps. Cette tension entre deux manière de concevoir l'âme est très ancienne et organise largement les débats antiques et médiévaux relatifs à l'activité intellective de l'esprit.

2. S. Freud, *Abrégé de psychanalyse*, OC, XX, p. 300.

L'épisode rapporté dans les *Olympica* constitue bien une expérience déterminante dans laquelle le sujet, « une fois dans sa vie », fait l'épreuve d'une désorganisation proche de la folie et du délire, tout en trouvant en lui-même les ressources pour s'en défendre. Cette expérience que l'on peut regarder comme crédible et vraisemblable, présente une forme typique que l'on rencontre habituellement dans l'éclosion des psychoses délirantes (schizophrénie ou paranoïa), où le délire apparaît toujours à la faveur d'un moment de dépersonnalisation, dans une première vapeur de rêve. En rapportant le déroulement de la Première Méditation au récit des *Olympica*, on dispose des moyens de ressaisir un « ordre du délire », auquel rapporter l'effet de vertige qu'il produit sur le lecteur : un ordre qui peut s'entremêler ou quelquefois faire écho aux raisons philosophiques, mais qui peut aussi bien entrer en conflit avec elles.

On relèvera ainsi que le sentiment de possession sur lequel s'ouvre le premier songe (« Après s'être endormi, son imagination se sentit frappée de la représentation de quelques fantômes qui se présentèrent à lui et qui l'épouvantèrent »), commande manifestement l'ensemble des rêves dans les *Olympica*. Bien que le thème du malin génie ne se retrouve qu'à la fin de la Première Méditation, il n'est donc pas interdit de penser (du point de vue clinique) qu'il est déjà au moins *latent* dès l'argument du rêve, et qu'il vient l'infiltrer, avant d'être explicité et convoqué au titre d'argument. Cette entrée en scène tardive n'est d'ailleurs pas dépourvue de vraisemblance, puisque le démon des délires n'est d'abord, le plus souvent, que l'objet d'une obscure perception intérieure des patients, et prend alors la forme d'un sentiment encore diffus d'aliénation ou d'étrangeté.

Le rêve est à la fois puissance de dissolution et pouvoir d'organisation et de symbolisation. C'est ce double mouvement que Descartes met en scène dans la Première Méditation. De ce point de vue, l'argument de la folie, loin d'annuler ou d'écarter hors de l'horizon de la méditation la tension qui oppose raison et déraison, serait partie intégrante de l'expérience du rêve : l'exposition des raisons de douter accompagne la plongée graduelle du sujet méditant dans les errances et les confusions de la conscience onirique, au plus près du processus délirant qui lui donne sa forme singulière.

Parce qu'il n'est pas fou, le sujet des *Méditations* peut s'identifier provisoirement au fou pour réfléchir une expérience de « dépersonnalisation » et de dépossession de soi. C'est du moins ce que permet d'avancer le rapprochement entre l'expérience décrite dans les *Olympica* et sa réécriture dans la Première Méditation. C'est aussi ce que relève assez justement F. Alquié : « nul ne deviendrait philosophe s'il n'était d'abord un peu fou, j'entends s'il n'était conduit par *quelque sentiment d'irréalité éprouvé devant les choses*, à se poser des questions que les gens raisonnables ne se posent pas » et, loin de rejeter la folie, la philosophie cartésienne proposerait plutôt de « la surmonter et la guérir du dedans » [1].

On peut ainsi entendre le mouvement introspectif de la méditation comme un moyen de défense contre le vertige produit par l'expérience onirique. Ce mouvement ne procède pas du dehors ; il n'est pas une prérogative de la veille, mais il accompagne, comme dans les *Olympica*, le rêve lui-même, à tel point que la question, cruciale d'abord, de la distinction entre le sommeil et la veille, finit par passer au second plan et par faire l'objet d'une décision sans conséquence sur le processus de pensée lui-même (« il décida en dormant que c'était un songe »).

D'un point de vue phénoménologique et clinique, l'introspection peut être définie de trois manières évidemment solidaires : 1) relativement au corps propre, 2) relativement à l'état de conscience, 3) relativement enfin aux contenus de pensée. On retrouve ces trois points de vue dans l'expérience onirique des *Olympica*, mais aussi dans les *Méditations*, où ils apparaissent entremêlés, mais cependant discernables. Ces trois modalités nécessairement entrelacées du rapport à soi peuvent, en effet, servir à distinguer les trois principaux moments de la Première Méditation : 1) l'argument de la folie conclut une interrogation relative aux idées venues des sens qui met en scène une expérience progressive de dépersonnalisation ; 2) l'argument du rêve déplace cette interrogation en direction d'un examen des états de conscience ; 3) les hypothèses du Dieu trompeur ou du malin génie mettent en question l'intégrité même des processus de pensée. Ces trois moments forment un continuum que l'on peut appréhender successivement : 1) du point de vue du corps propre, comme l'approfondissement d'un vécu hypocondriaque d'étrangeté, 2) du point de vue du rêve, comme l'approfondissement d'une expérience de vertige et de chute, 3) du point de vue, enfin, des pensées, comme l'approfondissement d'un même sentiment de possession (délire d'influence). Ce sont ces trois temps que je propose maintenant d'aborder.

1. F. Alquié, « Le philosophe et le fou », *in* J.-R. Armogathe et G. Belgioioso, *Descartes metafisico : interpretazioni del Novecento*, Rome, Istituto dell'Enciclopedia italiana, 1994, p. 115.

DÉPERSONNALISATION ET SENTIMENT D'ÉTRANGETÉ

Le projet de se « défaire de toutes les opinions » reçues afin d'établir de nouveaux fondements qui ouvre la Première Méditation, peut être directement rapporté au troisième rêve des *Olympica* qui vient résoudre l'expérience vertigineuse de perte de l'évidence naturelle ou d'une rupture de la « continuité muette et rassurante du corps » (Merleau-Ponty). Du point de vue de son contenu, le songe « prophétique » répond à l'interrogation relative au choix de vie et fonde la vocation philosophique du sujet, en appelant à se détourner des sens extérieurs. Dans le même temps, il *produit* cette conversion, en réalisant l'absorption narcissique dans le sommeil, par l'inhibition des sens externes, en le rendant ainsi à une solitude « libre de tout soin ».

La Première Méditation reproduit ce mouvement, mais en mobilisant cette fois les ressources du doute qui tente de discriminer le vrai du faux et conduit à interroger les limites de la personne (les frontières entre le moi et le non-moi). Cette interrogation, avec le doute qu'elle introduit, ouvre sur un mouvement de « dépersonnalisation », à l'origine du sentiment d'irréalité et d'étrangeté qui envahit l'expérience. La notion de dépersonnalisation [1] sert à décrire une perte de l'évidence naturelle et un sentiment d'altération relativement aux sensations externes (rendant le monde méconnaissable, nouveau et étrange, comme s'il était perçu en

1. La notion de dépersonnalisation (*Entfremdung*, dans la traduction allemande) est élaborée d'abord en France, dans le dernier quart du XIXe siècle, d'abord par H. Taine, dans un appendice de son traité *De l'intelligence*, dans une « Note sur les éléments et la formation du moi » (Paris, 1876, t. 2, p. 465-474) : il décrit ce trouble comme une « perversion de la sensation » distincte de la « folie », pour autant qu'il n'atteint ni le jugement, ni la raison, ni les souvenirs, et ne se caractérise que par « l'étrangeté de ses impressions ». Le phénomène vient illustrer la thèse (néo-malebranchiste) selon laquelle « la perception extérieure est une hallucination vraie » (II, 1, 3, éd. cit., p. 10). Taine se réfère à M. Krishaber, *De la névropathie cérébro-cardiaque*, Paris, 1873, où le phénomène de dépersonnalisation (décrit à partir de nombreuses observations cliniques) est rapporté à « une contracture des vaisseaux de la région sensitive du cerveau ». Le symptôme est ensuite l'objet de plusieurs publication par L. Dugas qui, le premier, utilise le terme de « dépersonnalisation » ou d'« aliénation de la personnalité » (d'abord dans un article : « Un cas de dépersonnalisation », *Revue de la France et de l'étranger*, 1898, p. 500-507 ; puis dans un ouvrage plus complet, en collaboration avec F. Moutier : *La dépersonnalisation*, Paris, Alcan, 1911). Voir aussi J. Janet qui dans *Obsessions et psychasthénie* (Paris, 1903), fait de la dépersonnalisation un symptôme majeur de sa psychasthénie, définie comme « une forme de dépression mentale caractérisée par la diminution des fonctions qui permettent d'agir sur la réalité et de percevoir le réel, par la substitution d'opérations inférieures et exagérées sous la forme de doutes, d'agitations, d'angoisses et par des idées obsédantes qui expriment les troubles précédents et qui présentent, elles-mêmes, les mêmes caractéristiques » (I, p. 367).

rêve), mais aussi relativement aux sensations internes (donnant au malade l'impression d'être « en dehors de lui-même », de ne pas « être de ce monde », jusqu'à l'amener à « douter de sa propre existence »). Ce qui caractérise la dépersonnalisation, c'est un sentiment d'automatisme dans lequel le moi assiste, « indifférent et étranger », à ses propres opérations qu'il exécute comme en état de somnambulisme. Par là, comme l'indique Kraepelin, « le sentiment de possession du corps propre est perdu ; le malade a l'impression d'être un automate, une statue [...] ; les actions sont effectuées de manière mécanique, sans conscience de volonté, les pensées vont et viennent sans intervention propre ; le malade se sent comme un spectateur désintéressé, sans lien intérieur avec ses propres perceptions et ses propres actions »[1]. Le sentiment d'irréalité, né de l'effacement des limites du moi, ne va pas habituellement jusqu'à la perte effective du sens de la réalité : le vide ainsi creusé n'est à aucun moment comblé par une conviction délirante à proprement parler. Les patients craignent de devenir fous, mais sans tomber dans la folie.

C'est ainsi que l'on peut entendre psychologiquement le premier moment de la Première Méditation : le sentiment d'étrangeté relatif au monde, mais aussi au corps propre qui subit le sort des « choses peu sensibles et fort éloignées », ne saurait à lui seul, conduire à nier formellement que « ces mains et ce corps-ci soient à moi ». On peut donc comprendre, à la lumière de ce mouvement de dépersonnalisation, l'évocation de ces insensés dont « le cerveau est tellement troublé et offusqué par les noires vapeurs de la bile » qu'ils « s'imaginent être des cruches ou avoir un corps de verre »[2] : d'un point de vue clinique, elle correspond assez bien à cette expérience bizarre, mais non délirante, de perte des repères. Sous l'effet d'un vécu d'étrangeté, le malade « prend la réalité pour une hallucination », à l'inverse donc de ces véritables fous, évoqués par Descartes, qui tiennent pour réels les produits de leur imagination. Autrement dit, la comparaison procède d'un doute qui prémunit finalement le sujet contre la conviction délirante. La manière dont Descartes tout à la fois convoque et congédie l'hypothèse de la folie, décrit donc assez précisément le sentiment d'étrangeté propre aux expériences de dépersonnalisation.

1. E. Kraepelin, *Psychiatrie. Lehrbuch*, 8e éd., Leipzig, 1909, I, p. 333. Le passage paraît inspiré de l'article de Dugas (1898).

2. AT, VII, 19, 4-5 ; IX, 14. Je reviendrai au prochain chapitre sur ce délire souvent décrit.

RÊVE, HYPOCONDRIE ET POTENTIALITÉ HALLUCINATOIRE

Avec l'argument du rêve, on assiste à un premier retournement. L'interrogation obsessionnelle des limites (le doute relatif aux fondements) se trouve radicalisée par l'évocation de l'illusion des songes. Descartes, prenant appui sur l'expérience de dépersonnalisation, peut concéder que nos mouvements corporels ne sont peut-être « que de fausses illusions », et aussi que nos mains et « tout notre corps », ne sont pas tels que nous les voyons. Mais il reste vrai que les « choses représentées dans le sommeil » sont comme « des tableaux et des peintures [...] qui ne peuvent être formées qu'à la ressemblance de quelque chose de réel et de véritable » et qu'ainsi « ces choses générales, à savoir des yeux, une tête, des mains, et tout le reste du corps, ne sont pas des choses imaginaires »[1]. L'objectivation du corps propre, une fois suspendue l'évidence naturelle relative aux limites du moi, ouvre, avec l'argument du rêve, un chapitre nouveau dans lequel Descartes évoque l'artifice et l'imagination des peintres qui inventent des « formes bizarres et extraordinaires », par « mélange et composition ». L'évocation des peintres qui annonce la figure du malin génie, introduit ici une sorte de « ruine de l'édifice », c'est-à-dire de l'architecture organique, réduite d'abord à un agglomérat de « choses générales », « à savoir des yeux, une tête, des mains, et tout le reste du corps », avant de la résoudre en parties élémentaires, susceptible d'être recomposées pour « représenter des Sirènes et des Satires ». D'un simple sentiment d'automatisme, on passe à une désorganisation de l'image du corps qui ouvre la voie au délire somatique. L'hyperesthésie qui caractérise la dépersonnalisation, associée à ce phénomène d'objectivation des sensations internes, permet de comprendre le contre-investissement hypocondriaque du corps organique. Or cette solution hypocondriaque, parce qu'elle échoue à organiser l'espace interne, entraîne à sa suite la possibilité d'un vécu proprement hallucinatoire.

On peut interpréter en ce sens la suite de la phrase de Descartes : « si peut-être leur imagination est assez extravagante pour inventer quelque chose de si nouveau que jamais nous n'ayons rien vu de semblable, et qu'ainsi leur ouvrage nous représente une chose purement feinte et absolument fausse, certes à tout le moins les couleurs dont ils le composent doivent-elles être véritables ». La vérité des couleurs, comme plus loin celle des éléments simples dont sont composées les figures, ne sont plus que les fragments épars ou les restes que laisse sur son chemin

1. AT, VII, 19, 27-30 ; IX, 15.

le processus de dissolution et de régression. La manière dont Descartes insiste sur la vérité et la réalité de ces éléments fondamentaux et premiers, peut être entendue à la lumière de la fonction de l'hallucination qui lutte, par l'invention d'une néo-réalité, contre l'effondrement de l'espace interne. C'est ici, au moment où sont énumérés les fondements que les sciences de la nature auront à emprunter à l'arithmétique et à la géométrie, que se trouve réintroduite, paradoxalement en apparence, la solution délirante écarté plus haut : c'est à la faveur de l'expérience du rêve que l'on peut comprendre par quelle voie les insensés peuvent s'imaginer être des cruches ou avoir un corps de verre.

L'argument du rêve décrit ainsi le processus qui donne lieu à hallucination et au délire, avec une précision et une vraisemblance qui tranche avec la plate évocation de l'extravagance des fous. Descartes mobilise ainsi la comparaison convenue entre le rêve et la folie, entre l'endormissement et la plongée dans la psychose : dans les deux cas, le sujet passe d'un état hypnagogique ou oniroïde dans lequel les visions du demi-sommeil, avec leur caractère d'étrangeté, constituent une première infiltration des constructions du rêve dans la pensée vigile, jusqu'à la formation du rêve ou du délire dans lequel ces fragments viennent s'agglutiner, s'organiser et prendre une forme hallucinatoire. En comparant ainsi le délire des insensés au processus de formation des rêves, Descartes est donc loin d'en rejeter la potentialité aux marges de l'anthropologie philosophique : le détour par le rêve permet au contraire de lever l'objection à laquelle s'exposait l'argument de la folie, en permettant d'appréhender le délire des insensés du point de vue *clinique* de sa genèse et de ses conditions de possibilité, et non plus dans son altérité (prétendument) radicale, comme une extravagance pure et simple.

Il est évidemment remarquable que la déconstruction de l'évidence naturelle, la réduction du corps propre à une série de « choses générales » et la décomposition de l'expérience sensible en ses parties élémentaires, servent ici aussi bien à illustrer le processus de formation des rêves, qu'à définir les objets premiers sur lesquels reposent les sciences de la nature, « la physique, l'astronomie, la médecine et toutes les autres sciences qui dépendent de la considérations des choses composées » [1]. Ce voisinage n'est pourtant pas surprenant : il est au fondement même de la méthode du *Monde* et de la fiction ou de la fable qui repose sur la production d'une néo-réalité et mobilise une expérience de pensée (comparable au sommeil et au rêve) qui consiste à « sortir hors de ce monde pour venir voir un autre tout

1. AT, VII, 20, 20-23 ; IX, 16.

nouveau »[1]. Ce recours à la fiction vise ici expressément à interroger les effets d'illusion produits par les apparences. Autrement dit, les processus qui président au mécanisme de formation du rêve et de l'hallucination sont les *mêmes* que ceux sur lesquels repose l'objectivation scientifique. On comprend notamment, dans le cas de la médecine, comment cette objectivation peut faire alliance avec les défenses hypocondriaques des malades. Je tenterai plus loin, à propos de la négation et des hypothèses du Dieu trompeur et du malin génie, de montrer comment la méthode psychanalytique s'appuie elle aussi sur la rencontre avec les défenses projectives des patients.

Délire des négations et syndrome d'influence

L'énumération des raisons de douter suit un ordre régressif convenu qui conduit à l'invention des éléments des sciences, par l'objectivation progressive de leurs objets spécifiques. Cet ordre des raisons, qui procède analytiquement dans la Première Méditation, repose lui-même sur une expérience de pensée ou une fiction dont on peut montrer l'unité ou la cohérence (c'est-à-dire le caractère de vraisemblance) d'un point de vue clinique. Cette lecture pourrait, si besoin était, s'autoriser de Descartes lui-même qui met explicitement en parallèle le processus de formation du rêve et de l'hallucination avec l'objectivation propre aux sciences de la nature. Ainsi, le doute relatif aux idées issues des sens a pu être rattaché aux phénomènes de dépersonnalisation; l'hypothèse du rêve rencontre, avec l'évocation des peintres, une expérience hypocondriaque et hallucinatoire. La fiction du malin génie poursuit ce même mouvement régressif qui conduit au délire d'influence.

Autour de 1890, le psychiatre Jules Cotard propose de rapporter les idées de persécution à un fond mélancolique et hypocondriaque en montrant comment le sentiment d'étrangeté relatif aux limites du moi et au corps propre, peut donner lieu à un délire d'influence. Au-delà de la simple dépersonnalisation, l'hypocondrie délirante peut être associée (et Descartes l'illustre assez bien) à des expériences hallucinatoires qui confèrent au corps des « formes bizarres et extraordinaires » : certains patients ont l'impression que leurs corps se putréfient et que leurs membres se détachent; « d'autres sont transformés, ils sont en coton, en beurre, en verre; ils sont changés en automates, en machines, en bêtes; leur corps est tout petit, ne pèse pas une once; ils sont réduits à rien, ils sont morts, ou bien ils sont morts-vivants et condamnés à rester éternellement

1. AT, XI, 31.

dans la même situation. Souvent ils parlent d'eux-mêmes à la troisième personne, comme d'une chose inanimée ou d'une mécanique qui n'a que les apparences de la vie »[1]. La réduction à rien, qui constitue la phase paroxystique de ce délire, a été étudiée par Cotard sous le nom de « délire des négations » : les organes détruits et les fonctions abolies, le malade se considère lui-même, comme l'écrit Descartes, « comme n'ayant point de mains, point d'yeux, point de chair, point de sang, comme n'aillant aucun sens, mais croyant faussement avoir toutes ces choses »[2]. La conviction délirante est bien évidemment érigée par Descartes en hypothèse fictive. La réduction du corps à un automate sans vie est pourtant le destin possible d'un processus d'extériorisation ou d'objectivation qui a pu commencer avec la perte des limites du moi et de l'évidence naturelle.

Le « délire des négations » ainsi amorcé, sera enrayé par l'hypothèse du malin génie. Ce nouveau moment montre comment le recours au délire constitue un moyen pour faire face au mouvement de dissolution psychique : une « solution » paranoïaque visant à faire obstacle à l'anéantissement mélancolique. La logique et l'ordre de la Première Méditation ont, ici encore, un caractère de vraisemblance clinique.

Une fois le sujet dépossédé de son corps propre, la place est libre pour des agents étrangers[3] qui peuvent prendre le contrôle des mouvements, mais également, par le truchement des organes des sens, de la pensée. Le sentiment de persécution (être exposé à la malveillance systématique de puissances hostiles) peut ainsi se transformer en délire d'influence, et le corps se trouver réduit à l'état d'une machine ou d'un appareil au moyen duquel des idées sont introduites dans la tête du persécuté[4]. A l'époque

1. J. Cotard, « De l'hypocondrie » (1889), dans *Études sur les maladies cérébrales et mentales*, Paris, 1891, p. 404. Voir aussi J. Séglas, *Le délire des négations*, Paris, 1897. Si les débats sur la dépersonnalisation sont étroitement liés aux débats sur l'héritage du cartésianisme et à la réception française de Fichte, les premiers travaux sur le « délire des négation » (ceux de Cotard et de Séglas) ne mentionnent pas Descartes (du moins à ma connaissance).

2. AT, VII, 22, 29-23, 31 ; IX, 18.

3. Ces agents peuvent être situés aussi bien au dehors qu'à l'intérieur du corps propre. Dans ses leçons cliniques sur le délire de persécution, Jules Séglas insiste sur l'importance de cette localisation. A cette question s'ajoute celle du degré de précision avec lequel peuvent être identifiés les persécuteurs et par conséquent représentée la menace qu'ils font peser sur le sujet. Séglas insiste par là sur la dimension défensive du délire. C'est le sens que je propose de donner à la fiction du malin génie qui fait suite à l'effondrement de l'hypothèse du Dieu trompeur.

4. V. Tausk, « Sur la genèse de l'appareil à influencer au cours de la schizophrénie » (1919), trad. fr. dans *Œuvres psychanalytiques*, Paris, Payot, 1975, p. 177-217. Voir (notamment) T. Dagron, « Enjeux du délire d'influence selon Viktor Tausk : hypocondrie et processus mélancolique », *Psychanalyse et psychose*, 14, 2014, p. 151-173.

de Descartes, les nombreux traités de démonologie font état de moyens d'influence sur lesquels je ne m'étendrai pas ici.

Selon « l'ordre des raisons », la traversée du doute exposée dans la Première Méditation a le sens d'un examen critique des fondements généraux de la connaissance humaine, des idées qui la composent aussi bien que des facultés qui la conditionnent et l'organisent. Ce que j'ai voulu montrer, c'est que cet examen qui conduit à la « ruine des fondements » et « entraîne avec soi tout le reste de l'édifice » des connaissances humaines et des certitudes, peut être appréhendé comme le récit d'une *expérience possible* de désorganisation et de dissolution, selon un déroulement ou un ordre typique de l'éclosion des psychoses délirantes. De ce point de vue, la Première Méditation met en scène une *fiction vraisemblable* dont l'ordre suit de près celui du récit autobiographique de l'épisode d'enthousiasme de la nuit de novembre 1619, formé par les trois rêves des *Olympica* : au même titre que le passage correspondant du *Discours de la méthode*, la Première Méditation en serait ainsi la réécriture et la réinterprétation. Il faudrait bien évidemment s'interroger sur la valeur à accorder à cette expérience qui sert de point de départ à la pratique philosophique. Autrement dit, sur l'ombre qu'elle vient porter sur l'ensemble du discours métaphysique, dont Descartes relève régulièrement le caractère foncièrement paradoxal.

COGITO ET MENSONGE

On pourrait ici difficilement se dispenser de dire ici un mot du *cogito*. Mon hypothèse est que, du point de vue clinique, le *cogito* n'interrompt pas, mais prolonge le processus délirant décrit dans la Première Méditation. Loin de l'invalider, il s'appuie sur le délire, au risque de le confirmer.

1) W. Bion, dans un court texte sur le mensonge, fait incidemment allusion au *cogito* : « Les seules pensées auxquelles un penseur est absolument essentiel sont des mensonges. L'hypothèse non exprimée de Descartes selon laquelle les pensées présupposent un penseur ne vaut que pour les mensonges », c'est-à-dire pour les impostures et les fictions [1]. La nécessité de rapporter les pensées à une chose pensante qui les pense, ne vaut pas, psychologiquement, pour toutes les pensées : s'il n'est pas logiquement nécessaire à la vérité d'être pensée, il est par contre essentiel au mensonge

1. W. Bion, *L'attention et l'interprétation* (1970), trad. fr., Paris, Payot, 1974, p. 176.

d'être attribué à un sujet. Réciproquement, la nécessité d'avoir à attribuer un énoncé à un sujet, introduit nécessairement un doute relatif à la teneur de vérité de l'énoncé. C'est la démarche suivie par Descartes dans la Première Méditation qui transforme successivement des énoncés du type : « 2 + 2 = 4 » en : « je crois que 2 + 2 = 4 », « *on* prétend que : 2 + 2 = 4 ». La Seconde Méditation part de cette dernière formulation, mais pour donner corps et consistance à cette entité d'abord indéterminée qu'est le malin génie, et prendre ainsi pour objet la relation d'influence elle-même. Autrement dit, le cogito n'a pas d'emblée le caractère solipsiste qu'on lui attribue souvent : il résulte d'abord de ce face-à-face ou de cette confrontation avec un autre. Ce n'est que dans un second temps que cet autre sera effacé ou nié pour disparaître de la scène (provisoirement et de manière seulement apparente).

Une fois l'erreur transformée en tromperie, la question cruciale n'est plus de savoir quel crédit donner aux contenus de pensée, mais d'en identifier l'auteur. Autrement dit : si l'*on ment*, *qui* ment? Cette interrogation vient ici donner corps à l'hypothèse d'un mensonge généralisé. Mon idée est que, dans la continuité de la logique délirante de la Première Méditation, le cogito repose peut-être sur le principe général selon laquelle « pour penser, il faut être », mais que l'inférence s'applique d'abord, non au sujet méditant directement, mais à l'auteur présumé des pensées, le « malin génie ». La formule la plus exacte, dans le contexte singulier des *Méditations*, serait donc plutôt : *pour mentir, il faut être*. Une inférence implacable, évidemment absurde et circulaire, mais qui permet au sujet méditant de sortir de la spirale d'auto-exclusion à laquelle conduit le délire des négations : « s'il me ment, il existe; et s'il existe et me ment, *je suis, j'existe* »[1]. Ou plus littéralement : *Sed est deceptor nescio quis... Haud dubie igitur ego etiam sum, si me fallit* (« mais *il y a* un je ne sais quel trompeur... il n'y a donc point de doute que *je suis, s'il me trompe* »)[2].

1. La plupart des discussions relatives à la forme logique du cogito passent un peu vite sur le moyen terme de ce syllogisme et oublient le fait que les pensées mensongères ont un auteur. Plus précisément encore, l'inférence de l'existence d'un auteur des pensées repose sur celle de l'existence et de la réalité (dite « formelle ») de ces pensées dont il est question depuis le début, et qui ne sont connues que par l'effet ou l'impact qu'elles ont sur le sujet méditant, quelle que soit leur teneur de vérité et quelle que soit leur origine. L'argument n'est ainsi pas très éloigné de la preuve par les effets de l'existence de Dieu (Méditation III) qui, à sa façon, prolonge le délire d'influence en lui apportant une sorte de confirmation.

2. AT, VII, 25, 5-8; IX, 19.

2) La remarque de W. Bion ne repose pas directement sur une conception philosophique de la vérité, mais renvoie d'abord au paradoxe commun à tous les énoncés méta-communicatifs, dans lesquels l'objet du discours est la relation entre les locuteurs.

Dans un article où il analyse les paradoxes logiques dont sont généralement porteuses les situations de communication et qui sont au cœur de la distinction freudienne entre processus primaires et processus secondaires, G. Bateson prend l'exemple de l'énoncé : « Ceci est un jeu » qui, formulé ou non, sert de fondement à la transformation ludique d'une activité [1]. Ainsi lorsque de jeunes singes jouent, ils se trouvent « engagés dans une séquence interactive dont les unités d'action ou signaux étaient analogues, mais non pas identiques à ceux du combat » [2]. Or cette transformation n'est possible qu'à condition que ceux qui s'y livrent soient « capables d'un certain degré de méta-communication, c'est-à-dire d'échanger des signaux véhiculant le message : "ceci est un jeu" ». Or un message de ce genre contient nécessairement « des éléments qui engendrent infailliblement un paradoxe de type russellien ou épiménidien : à savoir une proposition négative contenant un méta-proposition négative implicite ». La proposition « ceci est un jeu » peut être ainsi développée : « ces actions auxquelles nous nous livrons maintenant ne dénotent pas la même chose que ce que dénoteraient les actions qu'elles dénotent ». En d'autres termes : « le mordillage ludique dénote la morsure sans pour autant dénoter ce que dénoterait une morsure » [3]. Logiquement paradoxale, la proposition utilise le terme "dénoter" à deux niveaux d'abstraction différents, mais traite ces deux usages comme synonymes. Le premier niveau est relatif aux actions; le second, au *cadre* dans lequel les actions doivent être interprétées. L'impertinence logique est évidemment fondamentale au plan psychologique de la communication, dans la mesure où elle donne une clé de compréhension des messages impliqués par l'interaction : « tout message qui, implicitement ou explicitement, définit un cadre, fournit *ipso facto* au receveur instructions et appuis dans sa tentative pour comprendre les messages qui y sont contenus ». Réciproquement : « tout message méta-communicatif ou métalinguistique définit, implicitement ou explicitement, l'ensemble des messages qui est l'objet de la communication; autrement dit, tout

1. G. Bateson, « Une théorie du jeu et du fantasme », dans *Vers une écologie de l'esprit*, t. 1, trad. fr., Paris, Seuil, 1977, p. 209-224.
2. *Ibid.*, p. 211.
3. *Ibid.*, p. 211-212.

message méta-communicatif est un cadre psychologique ou en définit un »[1]. Le *cadre* institue ainsi une limite permettant de différencier ce qui a lieu dans l'espace du jeu et répond aux règles du comportement ludique, de ce qui a lieu au dehors et doit être interprété différemment.

On peut interpréter le mensonge dont parle W. Bion à la lumière de ces paradoxes méta-communicationnels. Le mensonge est un jeu, dans la mesure où le menteur sait qu'il ment et organise son message comme une fiction, c'est-à-dire en fonction d'un cadre méta-communicatif par lequel ses propos « ne dénotent pas la même chose que ce que dénoteraient les [propos] qu'ils dénotent ». Mais pour qu'il y ait mensonge, il faut que quelqu'un soit laissé dans l'ignorance de l'altération du cadre de référence, et soit par conséquent laissé dans l'ignorance de la transformation que le trompeur a fait subir à ce cadre. La même chose vaut pour d'autres formes de fictions, telles que l'imposture, le canular ou la farce. Ainsi présenté, le problème posé par le mensonge est double : il porte à la fois sur le contenu non-véridique des propos tenus, mais également sur les limites du cadre transformé qui les organise. La victime peut bien savoir ponctuellement que quelque chose ne va pas et qu'on lui ment, mais elle aura à se demander *jusqu'où* s'étend le mensonge, et à interroger les limites du cadre ainsi fabriqué ou forgé[2]. Or cette enquête relative aux limites sera d'autant plus désorganisante que, comme l'écrit E. Goffman, « ce qui alimente notre assurance [dans la réalité du monde] est précisément ce que d'autres pourront utiliser pour nous induire en erreur ».

3) Le « doute hyperbolique » de Descartes serait un bon exemple de cette interrogation relative au cadre. Il ne consiste pas à faire un inventaire des erreurs, à s'abstenir de croire seulement aux choses « qui nous paraissent manifestement être fausses », ni même à « les examiner chacune en particulier, ce qui serait un travail infini », mais à examiner les « *principes* sur lesquels toutes mes anciennes opinions étaient appuyées » et à rejeter comme fausses toutes choses, dès que l'assurance qui fonde la croyance pourra être prise en défaut : « le moindre sujet de douter que j'y trouverai, suffira à me les faire toutes rejeter ».

1. *Ibid.*, p. 219.

2. Le délire est aussi (et peut-être même principalement) une enquête sur le cadre et ses limites. Descartes en serait un bon exemple. Il en irait de même du « Licencié de verre » de Cervantès, ou encore de la jalousie délirante chez Proust dont on dira quelques mots au chapitre IV. Sur ces doutes dont se nourrit le « complotisme », voir L. Boltanski, *Enigmes et complots. Une enquête sur les enquêtes*, Paris, Gallimard, 2012.

La question du vrai et du faux, rapporté à l'examen des facultés de connaître, peut être d'entrée de jeu interprétée à la lumière des paradoxes associés aux messages qui relèvent de la méta-communication. Et ce sont ces paradoxes qui viennent donner forme au délire d'influence : "mes sens m'induisent en erreur", "ils sont (donc) trompeurs", par conséquent : "*on* me trompe". Mes instruments de connaissance finissent par n'être que les pièces d'une « machine à influencer » par laquelle *on me fait des pensées*. On notera que les solutions métaphysiques apportées par les Méditations suivantes ne feront qu'alimenter la méfiance et confirmer les raisons de douter, qu'il s'agisse de la thèse de la création des vérités éternelles, suspendues à la seule volonté de Dieu qui les a lui-même forgées, ou encore du statut des idées des qualités sensibles qui relèvent de la providence divine ou des enseignements de la nature. Ce qui change, c'est d'abord le *cogito* qui vient instituer un méta-cadre.

Ainsi conçu, le doute, pour autant qu'il vise à faire face au mensonge, peut être interprété comme une stratégie destinée à se libérer de l'emprise exercée par « je ne sais quel trompeur très puissant et très rusé qui emploie son industrie à me tromper toujours ». Cette stratégie repose sur le retrait de la subjectivité et la disqualification des pensées.

C'est le sens du récapitulatif que l'on trouve au début de la Seconde Méditation. Le doute disqualifie d'abord les pensées et les croyances dont est remplie la « mémoire mensongère » (*mendax memoria*), aussi bien que l'expérience actuelle que le sujet peut avoir de ses sens et des catégories de la physique et de la géométrie : « les corps, la figure, l'étendue, le mouvement et le lieu ne sont que des fictions de mon esprit (*chimerae*) ». Le doute conduit alors à la conviction « qu'il n'y avait rien du tout dans le monde, qu'il n'y avait aucun ciel, aucune terre, aucuns esprits, ni aucuns corps »[1]. La logique hyperbolique du doute n'est pas seulement exagérée, elle est en soi paradoxale et délirante : plus une pensée apparaît comme certaine et indubitable, autrement dit plus elle s'imposera au sujet comme intrinsèquement vraie, plus elle témoignera de la puissance et de la ruse du « malin génie » et, par conséquent, plus considérable apparaîtra la menace qu'elle fait peser sur l'intégrité du sujet. Dans cette spirale sans fin, la stratégie de retrait conduit à une complète dissolution de la subjectivité, à sa mise hors circuit et à sa réduction à *rien*. Ce sont les différents cadres de l'énonciation qui s'effondrent les uns après les autres.

Cette stratégie de défense contre l'emprise conduit à une impasse. Le *cogito* permet alors de procéder à un renversement qui transforme ou

1. AT, VII, 25, 2-4 ; IX, 19.

modifie les coordonnées mêmes de la situation ou de l'interaction. Mon hypothèse est que ce qu'opère ainsi le début de la Seconde méditation, c'est le passage d'une interaction *symétrique* fondée sur l'antagonisme et la surenchère à l'origine de la spirale du doute, à une interaction de type *complémentaire* qui vient neutraliser la puissance et la ruse du trompeur par la reconnaissance du mensonge et l'institution d'un nouveau cadre méta-communicationnel, ou encore d'un méta-cadre grâce auquel il devient possible d'objectiver la relation entre le trompeur et sa victime[1]. Mais également, à l'instar du cadre psychanalytique, de la rendre *interprétable*.

4) La transformation est manifeste dans le texte de Descartes qui met d'abord en avant la limite à laquelle tend la spirale du doute hyperbolique :

a) « Mais je me suis persuadé qu'il n'y avait rien du tout dans le monde, qu'il n'y avait aucun ciel, aucune terre, aucuns esprits, ni aucuns corps, ne me suis-je pas donc aussi persuadé que je n'étais point ? (*nonne igitur etiam me non esse*) »[2]. Dans la logique délirante du doute hyperbolique, la conclusion ainsi tirée apparaît comme *nécessaire*, bien qu'elle puisse passer pour absurde au regard du sens commun. Si je prétends ici faire sa part à cette conclusion et la regarder comme une issue possible et même vraisemblable, c'est que je me situe d'un point de vue psychologique et clinique, et non pas du point de vue des processus secondarisés qui commandent « l'ordre des raisons ». Mon idée est que la conséquence a encore une portée dialectique et spéculative fondamentale, inséparable de la dramatisation dont procède le cogito et la forme particulière de reconnaissance (*anagnorisis*) qu'il met en scène.

b) Reste à voir sur la base de quels arguments Descartes peut finalement repousser cette conclusion qui constitue l'aboutissement du délire des négations. Il poursuit : « Non certes, *j'étais* sans doute (*certe ego eram*) si je me suis persuadé, <ou seulement si j'ai pensé quelque chose>[3] ». Descartes fait retour sur l'ensemble du processus de dissolution : cette première affirmation est formulée au passé (« j'étais », *eram*) et porte sur une conviction antérieure du sujet dont il resterait à savoir si elle résiste à l'hypothèse du malin génie. C'est pourquoi Descartes ajoute aussitôt, au présent cette fois : « mais *il y a* un je ne sais quel trompeur

1. La distinction entre relations symétriques et complémentaires est encore empruntée à G. Bateson : *Naven*, 1936, 2ᵉ éd. Stanford UP, 1958, chap. XIII, où elle sert à rendre compte de manière dynamique de l'apprentissage des normes sociales, et en particulier des processus à l'origine de la construction de la différence de genre. La complémentarité implique une reconnaissance de l'altérité, à la différence de la relation symétrique, en miroir ou en double.

2. AT, VII, 25, 2-5 ; AT, IX, 19.

3. Ajout du traducteur.

(*sed* est *deceptor nescio quis*) très puissant et très rusé qui emploie toute son industrie à me tromper toujours ; il n'y a donc point de doute que je suis, s'il me trompe ; et qu'il me trompe tant qu'il voudra, il ne saurait jamais faire que je ne sois rien, tant que je penserai être quelque chose »[1]. Le cogito qui est ainsi introduit, au présent cette fois, est *explicitement inféré non d'une hypothèse vague ou d'une certitude passée, mais de la conviction (délirante) de l'existence actuelle du malin génie et de son pouvoir d'induction.* La première vérité est suspendue au projet paradoxal de « se tromper soi-même »[2]. En ce sens, on pourrait ainsi rendre la locution latine : « *Et pourtant il existe* (*Sed est*), ce trompeur dont je ne sais rien, sinon qu'il est très puissant et rusé… ». A la manière dont Galilée aurait dit de la terre, après son abjuration : « Et pourtant elle tourne (*E pur si muove*) ».

5) Pour que l'énoncé « j'existe » soit possible, il fallait d'abord convoquer *sur scène* un personnage, le « malin génie », demeuré jusqu'ici dans les coulisses[3] : prêter foi à son existence, afin de mieux se prémunir contre ses supercheries. On pourrait illustrer la stratégie au moyen de nombreux exemples : ils démontreraient le bien-fondé de l'adage des Inquisiteurs pour lesquels, pour combattre le démon, il faut commencer par y croire et le faire exister. Mais aussi celui des psychanalystes qui justifient pareillement la nécessité de s'appuyer sur l'actualité du transfert : « nul ne peut être abattu *in absentia* ou *in effigie* ».

On comprend alors que le cogito soit associé, comme le remarque W. Bion, non pas à n'importe quelle pensée, mais d'abord à des pensées mensongères et trompeuses. Le texte de Descartes invite bien à décomposer la séquence en deux temps : 1) s'il est essentiel aux pensées fausses et mensongères, d'être pensées, cela signifie bien qu'il *existe* quelque chose ou quelqu'un qui les fabrique et les pense. 2) Par conséquent, moi qui suis trompé et abusé, pour autant que je les pense, « *moi aussi* je suis, s'il me trompe » (*ego etiam sum, si me fallit*). L'existence du trompeur

1. AT, VII, 25, 7-10.

2. Le cogito, s'il est une inférence, est clairement la conclusion d'un raisonnement sophistique, non pas au sens où il serait un simple jeu de langage, mais au sens où il met en scène des paradoxes organisateurs de la vie psychique.

3. La distinction entre les événements qui ont lieu sur scène et ceux qui ont lieu hors scène est fondamentale. G. Devereux (« La structure de la tragédie et la structure du psychisme dans la *Poétique* d'Aristote », dans G. Devereux, *Tragédie et poésie grecque. Études psychanalytiques*, Paris, Flammarion, 1975, p. 55-82) a montré qu'elle prenait dans le théâtre grec (de l'aveu d'Aristote) un sens topique, figurant la distinction entre les processus primaires (voués au refoulement) et les processus secondaires (conscients ou préconscients).

appelle ici celle de sa victime : les deux personnages sont solidaires et leur interaction, d'abord antagoniste, peut devenir complémentaire. On remarquera que l'argument repose ici sur la *réalité formelle* des pensées mensongères (leur réalité intrinsèque ou propre, en tant qu'objets mentaux), et préfigure à sa façon l'argument par les effets de l'existence de Dieu de la Troisième Méditation.

L'argument transforme bien l'interaction pour produire ce qu'on peut proposer d'appeler un méta-cadre communicationnel, en fonction duquel les pensées, une fois reconnues comme destinées à me tromper, pourront au moins être appréhendées comme partagées et communes, dans la mesure où elles ont d'abord à être *portées et conçues* par celui qui ment. Dans la vie quotidienne, cela signifie *faire bonne figure*, une issue qui permet à la victime d'un canular de se ranger finalement du côté des rieurs, – de survivre à la honte infligée et d'être réintégré dans la communauté. Le message implicite qui commanderait le cogito pourrait être le suivant : « ce n'*était* qu'un jeu ».

6) On peut relever enfin que la transformation repose non seulement sur la reconnaissance du mensonge, mais sur son *acceptation*, par laquelle la victime consent à en être dépositaire (en disant par exemple : « tu m'as bien eu ! »). C'est la raison pour laquelle on peut dire qu'elle est portée par le signe de la *négation* dont Freud dit qu'elle permet, en levant partiellement le refoulement, d'enrichir la conscience de nouveaux contenus : une négation qui permet aux enfants d'écouter avec plaisir les histoires terrifiantes des nourrices, et aux patients de supporter les interprétations de leur analyste. C'est sur cette acceptation du mensonge que repose le passage du doute au *cogito* dans ce début de la Seconde Méditation.

En témoignerait peut-être la célèbre analyse du morceau de cire que l'on trouve un peu plus loin, par laquelle Descartes montre que la connaissance des objets des sens ne relève pas des sens, mais d'un jugement de l'entendement ; il décrit alors la façon dont la matière même de la cire, sous l'effet du changement, ne cesse de modifier les données sensorielles en prenant différentes formes : « La même cire demeure-t-elle après ce changement ? Il faut avouer qu'elle demeure, et personne ne peut le nier ». Ce que met alors en scène Descartes, ce n'est pas seulement la plasticité de la cire, mais celle de l'entendement lui-même, capable d'appréhender dans leur succession et leurs aspects contraires, les différentes formes prises par une même matière. Si je peux juger que la même cire peut changer tout en restant la même, identique à soi, ou encore que l'apparence du monde lui-même peut se transformer sans cesser d'exister[1], cela signifie bien qu'il faut attribuer au sujet connaissant la même capacité de changement : la capacité de faire face, sans disparaître, à la multiplicité (potentiellement illusoire et trompeuse) des apparences, ainsi qu'à la menace d'anéantissement et de perte d'identité qu'elle faisait peser autrefois sur le sujet. Descartes met ainsi en avant une nouvelle stratégie de défense contre l'emprise, non plus le retrait subjectif, mais la souplesse et la malléabilité psychique qui contraste avec la rigidité de l'épisode du doute. Cette souplesse, caractéristique de l'humour, permet bien de surmonter la menace que faisaient peser les songes et les chimères, en les réduisant à de simples fictions face auxquelles on peut dire : « Regarde, le voilà donc ce monde qui a l'air si dangereux. Un jeu d'enfant, tout juste bon à ce qu'on plaisante ! »[2].

La même transformation est encore à l'œuvre dans le *Discours de la méthode* où le doute n'est porté que par le seul argument du rêve. L'incertitude relative à l'état du sujet conduit à cette prise de décision : « je résolus de feindre que toutes les choses qui m'étaient jamais entrées en l'esprit n'étaient non plus vraies que les illusions de mes songes »[3]. Il en allait de même dans les *Olympica*, où la capacité de penser et de faire face à l'expérience de désorganisation se trouve restaurée par une résolution analogue : « il décida en dormant que c'était un songe », une illusion dont il n'y a pas à s'interroger sur la teneur de vérité, mais suffisamment porteuse de sens pour qu'on se donne la peine de s'y intéresser.

REMARQUES CONCLUSIVES

1) Descartes n'est pas fou. Mais à côté de la série des raisons de douter, on retrouve, à peine masquée, une expérience vertigineuse, dont les *Olympica* livraient vraisemblablement le récit le plus direct : l'une de ces expériences qui n'arrivent qu'« une fois en la vie ». La biographie de Descartes fournit de très nombreux éléments qui permettraient d'inscrire cet épisode dans une trajectoire de vie très singulière. J'ai seulement voulu montrer ici comment les écrits philosophiques de Descartes portent la marque de cette expérience intime et cruciale, et comment le texte de la Première Méditation pouvait être lue à la lumière de l'épisode raconté dans les *Olympica*. Descartes n'en fait d'ailleurs pas mystère. Dans le

1. La question du mensonge est au cœur de la problématique de l'identité : la possibilité pour un même individu de demeurer identique à soi tout en jouant une pluralité de personnages est évidemment déroutante et provoque un soupçon légitime de duplicité.

2. S. Freud, « L'humour », 1927, OC, XVIII, p. 140.

3. AT, VI, 32.

Discours de la méthode, il rapporte sa vocation philosophique à cette nuit de novembre 1619. Il avertit également ses lecteurs en toute occasion : la pratique de la méditation vise assurément l'établissement de la vérité et repose sur des constructions très intellectualisées, mais, pour autant qu'elle suppose évidemment la participation du sujet au mouvement ou au déroulement des pensées, elle constitue une expérience singulière, vouée à demeurer isolée du reste de l'existence normale. Sur ce point notamment, Descartes se sépare nettement de la tradition des « exercices spirituels » fondés, au contraire, sur la répétition quotidienne. C'est dans cette mesure seulement que l'on pourrait dire que Descartes « congédie » la folie : dans le sens où il congédie la métaphysique elle-même, ou du moins la repousse aux marges de la vie commune et des « conversations ordinaires », se donnant pour règle de ne consacrer que « fort peu d'heures [...] par an » aux pensées « qui occupent l'entendement seul ». L'expérience de soi propre à la métaphysique, qui vise à concevoir l'âme seule, sans le corps, constitue bien une expérience limite, destinée à demeurer circonscrite et séparée du reste de la vie : c'est en « s'abstenant de méditer », que l'« on apprend à concevoir l'union de l'âme et du corps »[1].

L'expérience singulière de novembre 1619 a pu être surmontée et Descartes a été capable d'en circonscrire la portée et la signification. L'épisode traumatique de désorganisation a surtout constitué une sorte de matière première : elle a fait l'objet d'une série d'élaborations et de reconstructions qui ont permis de l'intégrer progressivement dans une histoire de vie, puis dans un projet philosophique exceptionnellement créatif. La révélation d'abord relative au « choix de vie » a pu être transformée en projet théorique et en une œuvre de culture communicable et partageable. Ce travail de reconstruction et d'élaboration avait d'ailleurs commencé avec l'interprétation du troisième rêve des *Olympica*, pour accompagner ensuite l'ensemble de l'œuvre philosophique de Descartes.

Au-delà de ce travail de pensée, le texte de Descartes fournit une impressionnante leçon clinique sur le processus délirant et sa puissance d'auto-organisation, c'est-à-dire sur la manière dont il émerge, s'installe et s'organise de lui-même. Il s'organise d'ailleurs si bien qu'il devient, comme on le sait, impénétrable aux arguments par lesquelles ont pourrait être tenter de le combattre du dehors : la Première Méditation illustre assez comment la force de conviction propre au délire d'influence s'alimente précisément de toutes les raisons ou arguments qu'on pourrait lui opposer. Il ne s'efface finalement dans la Seconde Méditation qu'en prenant appui

1. Descartes à Elisabeth, 28 juin 1643 ; AT, III, 692.

sur le sol de la certitude folle qui le porte, c'est-à-dire sur la reconnaissance du mensonge et de l'existence de « je ne sais quel trompeur » : *Sed* est *deceptor nescio quis*. Une persuasion sans fondement qui interrompt la « ruine des fondements », et dont émerge finalement le *cogito*.

La pratique de la psychothérapie des psychoses témoigne suffisamment de la pertinence clinique des processus que j'ai cherché à mettre en évidence dans le texte de Descartes. C'est sous cet angle que j'ai proposé d'interpréter la traversée du doute et le cogito, comme la mise en œuvre d'*une stratégie de défense contre l'emprise qui passe par la transformation de la vérité en mensonge*. Cette stratégie a évidemment trait au jeu et à l'humour, mais aussi, en général, à l'ensemble des processus psychique qui permettent le travail de pensée et de secondarisation. Elle passe encore par la *dramatisation* de l'activité de pensée, par l'introduction d'un interlocuteur fictif jouant le rôle d'un imposteur face auquel le sujet peut sortir de sa solitude. Cette dimension dialogique paraît fondamentale pour la compréhension du mouvement même qui, dans les *Méditations*, conduit au *cogito*, trop souvent interprétée comme une réflexion purement solipsiste.

2) De ce qui précède, il est peut-être possible de conclure que la spéculation métaphysique, comme sans doute la plupart des opérations de l'esprit, n'est pas, et ne saurait être, tout à fait indépendante des mouvements affectifs ou des « passions de l'âme ». Cette idée apparaît assez contraire à la thèse selon laquelle le doute de la Première Méditation reposerait sur la seule volonté qui démontrerait déjà ici l'étendue considérable de sa liberté, ou bien sur les seuls arguments de la raison. A ce stade des Méditations, une telle prétention relèverait d'un sentiment illusoire de toute-puissance, – et suffirait à assimiler le philosophe à ces insensés « qui assurent constamment qu'ils sont des rois, lorsqu'ils sont très pauvres, qu'il sont vêtus d'or et de pourpre, lorsqu'ils sont tout nus ». En un premier sens, cela signifie qu'en matière de métaphysique, la volonté, accompagnée de la seule raison, n'est peut-être pas suffisamment forte pour « vaincre les passions » par ses propres moyens, mais qu'elle doit également mobiliser, outre ses « propres armes », « celles que lui fournissent quelques passions pour résister à quelques autres ». Une méthode éprouvée dont font état les *Passions de l'âme* (art. 48). C'est en ce sens que Descartes justifie l'utilité du doute : « il nous libère de toutes sortes de préjugés et nous prépare un chemin pour accoutumer notre esprit à se détacher des sens »[1]. Et il mobilise

1. AT, VII, 12, 6-8 ; IX, 9.

nécessairement, pour cela, les ressources de la fiction et de l'imagination pour aller à l'encontre des opinions les plus communes : ce sont les fameuses hypothèses, rétrospectivement qualifiées d'« hyperboliques et ridicules » (*hyperbolicae ... ut risus dignae*)[1].

3) Ce qui saute encore aux yeux, c'est la violence d'un tel projet de réforme intérieure qui vise à se débarrasser, en une seule fois et en totalité, de toutes ces croyances et habitudes accumulées au cours de la vie. Cette ambition, on peut la rapprocher d'un autre passage des *Passions de l'âme*, de l'article consacré à la maîtrise des mouvements passionnels, dans lequel Descartes évoque l'éducation, l'apprentissage de la langue et de l'écriture, mais aussi le dressage des animaux. Il fait également mention d'une forme d'apprentissage traumatique par laquelle une habitude « peut être acquise *en une seule action*, et ne requiert pas un long usage » : « Ainsi lorsqu'on rencontre inopinément quelque chose de fort sale en une viande qu'on mange avec appétit, la surprise de cette rencontre peut tellement changer la disposition du cerveau, qu'on ne pourra plus voir par après de telle viande qu'avec horreur, au lieu qu'on la mangeait auparavant avec plaisir » (art. 50). Cette altération a trait à la *nature*, c'est-à-dire aux effets de l'union de l'âme et du corps. Elle correspond à une désorganisation identitaire et narcissique qui revient finalement à détacher brutalement l'esprit des sens et à récuser ainsi ces « sentiments ou perceptions des sens [qui n'ont été] mises en moi que pour signifier à mon esprit quelles choses sont convenables ou nuisibles au composé dont il est une partie »[2]. Le soupçon qui porte le doute, n'est évidemment pas sans analogie avec la crainte d'empoisonnement qui peut résulter d'une telle expérience propre à détourner l'individu des « enseignements de la nature ». Descartes fait explicitement le rapprochement dans la Sixième Méditation, lorsqu'il interprète rétrospectivement l'expérience du doute : « Comme, par exemple, le goût agréable de quelque viande en laquelle on aura mêlé du poison, peut m'inviter à prendre ce poison, et ainsi à me tromper »[3].

La méthode mise en œuvre dans la Première Méditation repose sans doute sur la puissance de la volonté, mais elle puise également sa force dans une forme d'apprentissage traumatique analogue, par laquelle l'esprit a pu découvrir « quelque chose de fort sale » dans les opinions jusqu'ici reçues en sa créance. En de nombreuses occasions, Descartes se montre d'ailleurs parfaitement lucide sur la brutalité du tempérament

1. AT, VII, 98, 19-20; IX, 71.
2. AT, VII, 83, 15-19; IX, 66.
3. AT, VII, 83, 29-30; IX, 66.

philosophique, et sur la bizarrerie finalement peu recommandable des pensées qui l'habitent.

4) Les chapitres qui vont suivre, même lorsqu'ils ne traitent pas tous directement de Descartes, prolongent cette réflexion. D'un point de vue philosophique, ils développent ces considérations sur le rapport de la pensée et des affects, aussi bien que sur les paradoxes associés au projet moral de maîtrise des passions auquel on peut opposer l'idéal de tempérance et d'intégration. D'un point de vue psychanalytique, je proposerai de revenir sur la *tension* que cette Première Méditation met en scène, entre les enjeux identitaires et narcissiques qui organisent le rapport à soi.

CHAPITRE III

CRITIQUE SOCIALE ET DÉLIRE HYPOCONDRIAQUE : LE « LICENCIÉ DE VERRE » DE CERVANTÈS

> La jeune troupe des femmes sortit donc, et elles lui montrèrent leur nudité et leur pudeur. Mais [le jeune guerrier] se cacha le visage en le tournant contre la paroi du char, afin de ne pas voir la nudité et la pudeur des femmes. Alors on le fit sortir du char. Pour calmer sa colère, on lui apporta trois cuves d'eau froide. On le mit dans la première cuve : il donna à l'eau une chaleur si forte que cette eau brisa les planches et les cercles de la cuve comme on casse une coque de noix. Dans la seconde cuve, l'eau fit des bouillons gros comme le poing. Dans la troisième cuve, la chaleur fut telle que certains hommes supportent, et que d'autres ne peuvent supporter. Alors la colère du petit garçon diminua et on lui passa ses vêtements ». (« L'initiation de Cûchulainn », dans G. Dumézil, *Horace et les Curiaces*, Paris, Gallimard, 1942, p. 38)

> [Descartes] s'était aperçu que l'air de Paris était mêlé pour lui d'une apparence de poison très subtil et très dangereux ; qu'il le disposait insensiblement à la vanité ; et qu'il ne lui faisait produire que des chimères. (A. Baillet, *Vie de Monsieur Descartes*, t. I, p. 170)

La nouvelle de Cervantès, le « Licencié de verre », fait le récit d'un cas d'hypocondrie délirante que l'on peut interpréter comme une stratégie de défense contre l'emprise. Une *défense*, bien évidemment, *par vitrification*. A la différence de Descartes qui met en avant, dans ses *Méditations*, la logique du processus délirant lui-même, Cervantès propose une histoire de vie typique dans laquelle le délire vient prendre place. La maladie du Licencié constitue sans doute une rupture, mais l'art de l'écrivain consiste ici à rendre raison de son émergence grâce au récit bref mais circonstancié d'une trajectoire dominée par le désir de liberté. Le présent chapitre a deux ambitions principales : celle de mettre en avant la *vraisemblance clinique* de la nouvelle de Cervantès et celle d'interroger les ressorts de l'étonnante lucidité dont fait preuve le malade relativement aux relations sociales, en la mettant en rapport avec son délire hypocondriaque, mais aussi avec la situation sociale de marginalité qui caractérise le héros picaresque.

On relèvera encore que le récit dépeint l'époque de la vie qui correspond à l'*adolescence*[1]. On y trouve, sous des traits typiques, les différents apprentissages qui caractérisent cette période de formation et de découverte de soi et du monde. La maladie du Licencié accompagne la rencontre de la sexualité adulte qui prend ici le caractère traumatique d'un ensorcellement et d'un empoisonnement, mettant fin provisoirement à la curiosité et à l'insouciance apparente de la période précédente. L'hypocondrie et le délire du corps de verre, tout comme les conduites à risques et la révolte contre l'ordre établi, sont les manifestations d'un même sentiment d'étrangeté relatif au corps propre, aussi bien qu'au monde social et aux processus de pensée.

La fiction de Cervantès apparaît ainsi comme une brillante description clinique de ce moment de crise associé à l'entrée dans la vie adulte. Je suggère que l'on peut regarder cet épisode psychotique comme un exemple de ces troubles que G. Devereux rassemble sous la catégorie de « désordres types », qui sont à appréhender du point de vue de leur relation avec l'environnement social et culturel dans lequel ils s'inscrivent. C'est dans cette perspective que l'on peut entendre la mention, apparemment marginale dans la Première Méditation, de ces insensés « qui s'imaginent être des cruches ou avoir un corps de verre ». En lui-même, le symptôme ne semble pas particulièrement significatif : il s'agit d'un lieu commun de la tradition médicale. La fiction de Cervantès lui donne cependant une portée bien différente en rapportant l'épisode à une trajectoire assez spécifique, qu'il n'est pas interdit de mettre en parallèle avec certains éléments de la biographie de Descartes.

L'épisode délirant est celui d'un jeune homme, voué à la carrière d'avocat, particulièrement doué dans le domaine des belles lettres, de

1. L'adolescence est ainsi définie par Furetière dans son *Dictionnaire* (1690) : « Adolescent : Jeune *homme* depuis 14 ans jusqu'à 20 ou 25 ans. En plusieurs pays, tous les adolescents sont obligés par honneur de faire quelques campagnes [militaires] devant que de s'appliquer à l'étude. Il ne se dit guère qu'en raillerie. "C'est un jeune adolescent", pour dire : "C'est un jeune homme étourdi ou sans expérience". Ce mot vient d'*adolesco*, mot latin qui signifie croître. Le temps de l'adolescence dure tout autant que le corps croît en hauteur ».

la philosophie et de la spéculation intellectuelle, qui, dans un moment de doute, s'engage dans l'armée par goût de l'aventure et des voyages, dans l'intention de parcourir le monde, tâchant généralement (comme Descartes) « d'y être spectateur plutôt qu'acteur dans toutes les comédies qui s'y jouent ». Manifestant sa liberté d'esprit en « doutant de beaucoup de choses que les autres tiennent pour certaines, plutôt qu'en se vantant d'aucune doctrine », ses provocations lui procurent une grande réputation, mais l'exposent à des sollicitations perpétuelles qui l'incitent finalement à s'éloigner de tous les lieux où il pourrait être reconnu [1]. Il meurt en terre étrangère. Ainsi résumé et réduit à la généralité abstraite d'un cas clinique, le récit, publié en 1613, traduit en français dès 1614 et constamment réimprimé tout au long du siècle, n'est pas sans rapport avec les éléments autobiographiques du *Discours de la méthode*, corroborés et développés par A. Baillet dans sa *Vie de Descartes*. Bien entendu, les différences sautent aux yeux, et les ressemblances ne prouvent rien, sinon que les *vies* sont construites à partir de lieux communs qui donnent aux fictives le cachet de la vraisemblance, et aux vraies leur caractère d'étrange familiarité. Ce sont ces lieux communs qui m'intéressent au premier chef pour leur statut de modèles ou de support identificatoire.

Au début du *Neveu de Rameau*, Diderot propose cette description du « bizarre personnage » avec lequel il s'entretiendra : « C'est un composé de hauteur et de bassesse, de bon sens et de déraison. Il faut que les notions de l'honnête et du déshonnête soient bien étrangement brouillées dans sa tête ; car il montre ce que la nature lui a donné de bonnes qualités sans ostentations, et ce qu'il en a reçu de mauvaises sans pudeur. Au reste, il est doué d'une organisation forte, d'une chaleur d'imagination singulière, et d'une vigueur de poumons peu commune ». Cette discordance, source de perplexité, s'étend encore à l'aspect extérieur du neveu, à son apparence corporelle, aussi bien que vestimentaire. Plus loin, Diderot ajoute :

> Je n'estime pas ces originaux-là ; d'autres en font leurs connaissances familières, et même leurs amis. Ils m'arrêtent une fois l'an, quand je les rencontre, parce que leur caractère tranche avec celui des autres, et qu'ils

1. Comme Descartes encore, quoique ce soient les propos extravagants et bouffons, plutôt que les inventions mathématiques, qui doivent au Licencié sa réputation. Voir le *Discours de la méthode* : « Mais ayant le cœur assez bon pour ne vouloir point qu'on me prît pour autre que je n'étais, je pensais qu'il fallait que je tâchasse, par tous moyens, à me rendre digne de la réputation qu'on me donnait ; et il y a justement huit ans, que ce désir me fit résoudre à m'éloigner de tous les lieux où je pouvais avoir des connaissances, et me retirer ici, en un pays où [...] j'ai pu vivre aussi solitaire que dans les déserts les plus écartés » (AT, VI, 30-31). Je reviendrai plus loin (chap. VII) sur cet idéal érémitique.

> rompent cette fastidieuse uniformité que notre éducation, nos conventions de société, nos bienséances d'usage ont introduite. S'il en paraît un dans une compagnie, c'est un grain de levain qui fermente et qui restitue à chacun une portion de son individualité naturelle. Il secoue, il agite, il fait approuver ou blâmer, il fait sortir la vérité, il fait connaître les gens de bien, il démasque les coquins, c'est alors que l'homme de bon sens écoute et démêle son monde [1].

Le personnage du neveu est solidaire d'une longue tradition littéraire qui s'enracine dans le cynisme antique et dans laquelle le marginal et le fou assument la tâche d'énoncer ou de révéler une vérité critique sur les liens sociaux, agissant comme un "levain" permettant de démasquer les faux-semblants, mais aussi doté d'une fonction restauratrice puisqu'il vient « restituer à chacun une portion de son individualité ». Les discordances du personnage apparaissent clairement comme le reflet des incohérences ou des contradictions d'une réalité sociale dans laquelle les vices se mélangent partout aux vertus, les marques de noblesse aux bassesses, comme un miroir des liens sociaux, toujours moins uniformes et univoques que les conventions sociales ne les font apparaître, mais également, pour chacun, comme une sorte d'*alter ego*, propre à restituer un naturel masqué sous le vernis de l'éducation et de l'art. L'inadaptation, la discordance et la confusion du personnage de Diderot sont mises en avant comme autant de moyens propres à démêler la vérité de liens sociaux, le plus souvent fondés sur l'équivoque, la duplicité et la mauvaise foi. Le « bon sens » qui lui-même s'y perd parfois, trouve dans le fou une sorte d'allié naturel.

Cette figure du fou ou du bouffon, héritière du thème socratique et cynique de la *parrhêsia*, à la fois libre et véridique, repose sur une clinique aussi bien sociale que psychologique au cœur de la pensée et de la littérature de la Renaissance, au moins depuis Alberti et Erasme. Une *parrhêsia* paradoxale cependant, puisqu'elle n'est pas portée par le courage d'une liberté qui n'hésite pas à se dresser devant les puissants, mais par l'irresponsabilité du marginal dont la parole, d'emblée disqualifiée, dénonce les ressorts cachés d'un monde dans lequel la vertu n'a plus guère sa place.

Je proposerai ici d'interroger cette clairvoyance paradoxale du marginal et du bouffon, à partir de la nouvelle de Cervantès, « Le licencié de verre ». La folie mise en scène ici par Cervantès (qui s'y connaît en la matière) est particulière et spécifique. Il serait évidemment illusoire de prétendre en tirer des leçons sur l'idée générale et abstraite de folie à l'Âge

1. D. Diderot, *Le neveu de Rameau*, Paris, Garnier-Flammarion, 1983, p. 47.

classique. Sans tenter non plus de l'appréhender à partir des catégories psychopathologiques modernes, on peut cependant relever la *cohérence clinique* du récit de Cervantès, autrement dit cette *vraisemblance* qui caractérise, selon Aristote, la fiction libérée de l'exigence d'exactitude propre à la vérité historique et factuelle. Cette cohérence est sans doute largement fondée sur les coordonnées de la médecine et de la philosophie de l'époque de Cervantès, mais elle n'est pas seulement de nature conceptuelle ou épistémique : sa vraisemblance clinique repose d'abord sur sa conformité avec une expérience concrète, qui échappe en grande partie au contexte théorique qui prétend l'organiser.

Corps de verre et ingéniosité d'esprit

L'histoire du « Licencié de verre » (*El licenciado Vridriera*) est l'une des *Nouvelles exemplaires* parues en 1613, soit huit ans après la publication de la première partie du *Don Quichotte* et deux ans avant celle de la seconde. Elle met en scène un étudiant en droit qui, à la suite d'un empoisonnement, « s'imagina qu'il était tout de verre » : « et lorsque quelqu'un s'approchait de lui, il poussait des cris effroyables, suppliant de mille paroles et raisons appropriées qu'on ne l'approchât point pour ne pas le briser, jurant que réellement il n'était pas comme les autres hommes, qu'il était tout de verre, des pieds à la tête » (trad., p. 260)[1].

Ce « licencié de verre » est parfois cité à propos de la Première Méditation et du passage célèbre où sont mentionnés « ces insensés (*insani*) qui s'imaginent être des cruches, ou avoir un corps de verre (*vel se totos esse cucurbitas, vel ex vitro conflatos*) »[2]. Il s'agit surtout d'un lieu commun de la littérature médicale consacrée délire « mélancolique » : le corps propre est perçu comme un récipient rempli d'air, un vase en terre cuite par exemple, dont la matière sèche et froide comme la terre à potier renvoie à la qualité interne des humeurs. Rufus d'Ephèse rapporte ainsi le contenu du délire à une perception interne : « il n'est pas difficile pour le

1. M. de Cervantès, *Nouvelles exemplaires*, trad. fr. J. Cassou, Paris, Gallimard, 1949, Folio, 1981 (p. 251-282). Je donne le texte espagnol d'après l'édition de poche, *Novelas ejemplares*, éd. H. Sieber II, Cathedra, Madrid, 1980, 2009 (p. 41-74).

2. AT, VII, 19, 4-5 ; IX, 14. Ailleurs Descartes parle encore de ces mélancoliques « qui pensent être des cruches ou bien avoir quelque partie du corps d'une grandeur énorme », et apporte cette précision absente des *Méditations* qui articule la conviction délirante au processus hallucinatoire : « ils jureraient qu'ils le voient et qu'ils le touchent ainsi qu'ils imaginent » (*Recherche de la vérité*, AT, X, 511). Le terme de *cucurbita* signifie courge, gourde (faite avec une courge) ou calebasse. Il peut aussi désigner aussi la partie inférieure d'un alambic (en cuivre, en étain ou en verre), en forme de courge.

médecin d'énoncer les causes de la grande majorité des symptômes. Par exemple, celui qui se croit fait d'argile doit son affection à la sécheresse, car l'humeur mélancolique est froide et sèche »[1]. Le mécanisme hallucinatoire est rapporté à un processus psychique dans lequel les qualités internes sont projetées au dehors, ici sur la surface du corps propre. Cette dimension projective est un lieu commun associé au thème hippocratique des songes diagnostiques qui représentent au dormeur les troubles somatiques internes dont il souffre[2].

Le délire est traditionnellement associée à un sentiment de fragilité qui paraît tout autant commandé par le contenu hallucinatoire que par des angoisses hypocondriaques correspondant au sentiment d'altération du moi et à la crainte d'effondrement. Il est associé à des fantasmes de ruine ou même de fin du monde. Ainsi ce malade dont parle Galien qui s'imaginait que son corps était fait de coquille : « les mélancoliques sont toujours en proie à des craintes : mais les images fantastiques ne se présentent pas toujours à eux sous la même forme. Ainsi, l'un s'imaginait être fait de coquilles, et en conséquence évitait tous les passants de peur d'être broyé. [...] Un autre redoutait qu'Atlas, fatigué du poids du monde qu'il supporte, ne vînt à secouer son fardeau, et de cette façon ne s'écrasât lui-même en même temps qu'il nous ferait tous périr »[3].

L'idée délirante d'un corps de verre (et non plus de terre cuite) est héritière de ces trois moments (projectif, pneumatique et passionnel). On la trouve dans un passage souvent mentionné de A. Du Laurens qui propose une théorie convenue du délire hallucinatoire. La diversité des « spectres » (hallucinations) tient aux différentes dispositions du corps qui « représente les objets du tout semblables, ou qui en approche de bien près, pourvu que l'occasion, c'est-à-dire quelque cause externe, s'y joigne. Ceux qui seront d'un tempérament extrêmement sec, et auront le

1. Frg 70, *in* Aetius, VI, 9; *Anthologie de l'humeur noire : écrits sur la mélancolie d'Hippocrate à l'Encyclopédie*, P. Dandrey (dir.), Paris, Gallimard, 2005, trad., p. 117 (abrég. *Anthologie*).

2. Hippocrate, *Régime*, IV.

3. Galien, *De locis affectis*, III, X, 569; *Anthologie*, trad. fr., p. 166. La mention de la « coquille » est devenue en latin *testa* qui signifie aussi bien la terre cuite (dans la fabrication des tuiles ou des briques, l'argile étant généralement mélangée à des coquillages concassés). Le texte de Galien servira d'autorité aux deux versions du cas. Le terme grec *óstrakon* désigne encore le morceau de terre cuite sur lequel on écrivait le nom de ceux que l'on condamnait à l'exil ("ostracisme"). Il n'est pas exclu que le délire mentionné par Galien (contemporain de cette pratique) connote également cette dimension. Auquel cas, la coquille qui sert de tablette d'écriture, contiendrait l'inscription du nom, autrement dit la marque de l'identité réelle du sujet ainsi condamné. L'isolement, quel qu'en soit le prétexte, est un moyen efficace de prévenir l'exclusion.

cerveau fort aride, s'ils voient une cruche ou un verre (qui sont objets assez fréquents) penseront être devenus briques ou verres »[1]. Le mécanisme de l'hallucination est ici décomposé en trois moments distincts : 1) il est expliqué à partir d'une perception intérieure ou endogène (humeur sèche et froide), 2) il est encore rapporté à une élaboration ou à une construction imaginative, ici par association à une perception externe (cruche ou verre), laquelle donne lieu 3) à une projection hallucinatoire sur le corps propre. Le cas envisagé ici est interprété par Du Laurens comme une variante des hallucinations par lesquelles le malade voit des « ombres et fantômes en l'air », projetant au dehors ce qu'il perçoit au dedans, « dans son cerveau »[2].

Plus loin, Du Laurens mentionne plusieurs cas. Pour ce qui nous intéresse ici, on en relèvera deux. Le premier est tiré du texte de Galien cité plus haut : « Il y avait un mélancolique qui pensait être devenu cruche, et priait tous ceux qui le venaient voir de n'approcher de lui de peur qu'on ne le cassât »[3]. Le second propose une vignette proche du cas décrit par Cervantès : « Il y a eu naguères un grand seigneur qui pensait être de verre et n'avait son imagination troublée qu'en ce seul objet : car de toute autre chose, il discourait merveilleusement bien : il était ordinairement assis et prenait grand plaisir que ses amis le visitassent : mais il priait qu'il n'approchassent de lui »[4]. Dans ce dernier exemple, Du Laurens indique un trait supplémentaire assez intriguant : le fait que le délire soit circonscrit au seul corps propre, sans que le reste de ses facultés intellectuelles soit affecté, du moins en apparence, puisque l'éloquence "merveilleuse" pourrait bien être ici un effet ou même une composante de la maladie.

De fait, l'éloquence est souvent présentée comme un symptôme secondaire de la folie. Dans une étude sur les *Fous et les bouffons*

1. A. Du Laurens, *Discours des maladies mélancoliques et du moyen de les guérir*, chap. 6, 1597, f. 131r-v ; *Discours de la conservation de la vue, des maladies mélancoliques, des catarrhes et de la vieillesse*, 1598, p. 253 ; *Anthologie*, p. 639.

2. *Ibid.*, chap. 5, 1597, f. 124r ; 1598, p. 240 ; *Anthologie*, p. 637.

3. *Ibid.*, 1598, p. 263-264.

4. *Ibid.*, 1598, p. 267. L'exemple est devenu un lieu commun que l'on retrouve par exemple chez J. du Chesne, *Le Pourtraict de la santé où est au vif représentée la Reigle universelle et particulière de bien sainement et longuement vivre*, Paris, 1606 ; éd. 1627, p. 114-115 ; cité par V. Giacomotto-Charra, « Faire voir pour guérir, imagination malade et imagination médecin dans le Pourtraict de la santé de Joseph du Chesne », *Camenæ*, 8, 2010, note 87. Mais aussi R. Burton, *Anatomy of Melancoly*, I, 3, 1, 2, sur les craintes de ceux qui se figurent « that they are all glasse, and therefore will suffer no man to come neer them ». Même chose encore chez Hobbes, *Elements of Law*, X, 11.

de 1885, en se fondant largement sur des sources historiques, Paul Moreau de Tours relève comme un trait caractéristique cette association discordante de folie (mais aussi de monstruosité physique) et de sagesse. Il fait l'hypothèse que la vivacité d'esprit n'est pas un reste de lucidité, mais procède de l'organisation pathologique : « Il n'est pas question ici d'un mélange sans fusion réelle de pensées raisonnables et de pensées déraisonnables, mais d'une manière particulière de sentir, de pouvoir, d'imaginer, juger… etc. qui, sans être positivement celle d'un aliéné, n'est pas à meilleur titre celle d'un individu sain d'esprit. Il s'agit donc bien d'une classe d'êtres à part, véritables *métis* qui tiennent également du fou et de l'homme raisonnable »[1]. Il insiste encore sur le caractère discontinu ou intermittent des manifestations de folie pour évoquer des crises qui peuvent ressembler, par leur caractère paroxystique, à des accès épileptiques (« orgasme cérébral »)[2]. Il mentionne encore, dans la suite de l'ouvrage, le cas fréquent de crises au cours desquelles un individu, généralement un peu sot ou carrément idiot, témoigne (durablement ou passagèrement) d'un esprit et d'une sagacité toute nouvelle et inhabituelle. Ce fut le cas, notamment, de Triboulet, bouffon de François Ier, mais aussi celui d'un idiot qui, au troisième jour d'une fièvre maligne, « sans nulle apparence de délire, raisonnait sur le mépris de la mort, sur la fragilité de la vie, sur le néant des choses périssables de ce monde, avec tant de bon sens, qu'on l'aurait cru animé de l'esprit de Sénèque »[3]. Les propos sages et spirituels seraient directement l'effet de la désorganisation somatique

1. Paul Moreau de Tours, *Fous et bouffon. Étude physiologique, psychologique et historique*, Paris, 1885, p. 8-9. Paul Moreau de Tours (1844-1908) est fils du plus célèbre Jacques-Joseph Moreau de Tours (1804-1894). Ses travaux ont porté principalement sur la psychopathologie sociale, avec notamment : *La contagion du suicide* (1875), *La folie jalouse* (1877), *Les excentriques* (1894).

2. « Sans cesse sur la limite de la véritable folie, ces êtres étranges et exceptionnels les franchissaient souvent, ainsi que l'atteste le récit des idées étranges et impossibles, extravagantes qui surgissaient tout à coup de leur cerveau. Mais cet état violent d'orgasme cérébral était de courte durée : l'esprit, comme on dit, ne tardait pas à se refroidir, à redevenir ce qu'il était habituellement; disposition d'esprit instantanée et inhérente à la constitution morale de tels individus » (*ibid.*, p. 13-14).

3. *Ibid.*, p. 248-249. La citation est empruntée à un médecin du début du XVIIe siècle. Anecdote semblable rapportée par Giordano Bruno : « À Brescia, en ma présence, un moine que j'ai eu à soigner, était devenu subitement prophète, grand théologien et capable de parler toutes <sortes de> langues. Il avait été jeté en prison sur l'avis des frères qui attribuaient tant de science à un principe malin. Mais, les humeurs et l'esprit mélancoliques une fois évacués par la vertu d'un flacon de vinaigre tempéré par le suc d'un polypode broyé, il redevint l'âne qu'il avait toujours été » (*Sigillus sigillorum*, I, § 48).

causée par la fièvre, et c'est leur discordance manifeste par rapport à la personnalité du sujet qu'exprime ici l'idée de possession [1].

C'est dans un sens analogue, semble-t-il, que Cervantès propose de développer le cas de son personnage. Tandis qu'il se croit un corps de verre, le licencié fait également preuve d'une « extrême vivacité d'esprit » (*grandissima agudeza de ingenio*), de sorte que « les plus grands savants de l'Université et les professeurs de médecine et de philosophie s'émerveillèrent grandement de voir qu'un sujet, capable d'une aussi extraordinaire folie que de se croire de verre, pût contenir un entendement si grand qu'il faisait à toute question une réponse appropriée et ingénieuse (*con propriedad y agudeza*) » (p. 261). Le malade lui-même apporte cette explication : « il demandait qu'on lui parlât de loin et qu'on lui fît ainsi toutes les questions que l'on voudrait : il y répondrait avec plus de sagesse, étant homme de verre, et non de chair; car le verre est une matière plus subtile et délicate, et l'âme par lui s'exerce avec plus de promptitude et d'efficace que par le truchement du corps qui est d'une substance pesante et terrestre » (p. 260). L'explication physiologique proposée par le malade serait à rapporter à la notion de « véhicule de l'âme » : le verre, corps translucide, plus subtil que la terre ou la chair ordinaire, serait un substrat particulièrement propice aux opérations élevées de l'esprit, rendant l'âme plus pure. Comme on le verra, l'explication, quoique fondée sur des prémisses délirantes, n'est pas sans fondement.

La cause directe du délire du licencié est encore assez conforme à l'étiologie convenue : la folie fait suite à un empoisonnement suivi d'une fièvre de six mois, durant laquelle le corps du malade s'est desséché jusqu'à ne plus avoir « que la peau et les os » (p. 260). L'état sec et froid qui en a résulté caractérise clairement l'état mélancolique (au sens de la médecine de l'époque). On peut ajouter encore que la violence de la fièvre et son effet desséchant sont à concevoir à la lumière du processus normal de digestion ou de coction alimentaire : l'intensité de fièvre, interdisant la digestion et la métabolisation, aurait produit ici un effet analogue à une *vitrification* par laquelle la matière corporelle aurait acquis l'éclat, la transparence et la dureté du verre. Le contenu délirant se fonderait ainsi sur une auto-perception du trouble somatique. C'est l'explication traditionnelle que l'on fait couramment remonter à Rufus d'Ephèse. Le cas du « licencié de

1. C'est d'ailleurs bien souvent au moyen d'un tel sentiment de discordance que les hommes de la Renaissance pensent bien souvent leur rapport à l'idéal de sagesse des Anciens : comme un passé qui fait irruption sous la forme d'une reviviscence énigmatique, plutôt que comme un héritage assimilable et une mémoire historique organisée.

verre » appartient clairement à la clinique de la mélancolie. De ce point de vue, la singulière « vivacité d'esprit » du malade ne doit pas étonner : elle est un effet de l'organisation et suit directement, dans la théorie des humeurs, la complexion pathologique (mélancolie dite brûlée) causée par l'empoisonnement et la fièvre. L'intérêt de la nouvelle de Cervantès ne se limite cependant pas à l'illustration qu'elle propose de ces théories médicales bien connues.

La crise et ses avant-coureurs : cohérence clinique

Une partie importante de la nouvelle est consacrée aux bons mots, aux considérations morales, à l'ironie dont le personnage fait preuve, d'abord dans les rues de Salamanque, puis à la cour de Valladolid. Parmi ces traits d'esprit, il en est un qui est particulièrement significatif, puisqu'il a trait à la question de l'identité personnelle : « On lui demanda quel avait été l'homme le plus heureux du monde. Il répondit : *Nemo* (Personne). En effet, *Nemo novit patrem* (« Personne *n'*a connu le Père ») [Matth. X, 27] ; *Nemo sine crimine vivit* (« Personne *n'*a vécu sans faute ») [Simonide, apud Stobée] ; *Nemo sua sorte contentus* (« Personne *n'*est satisfait de son sort ») [Horace, *Satire*, I, 1-3] ; *Nemo ascendit in cœlum* (« Personne *ne* monte au ciel ») [Jean, III, 13] » (p. 275). Le trait d'esprit est traditionnel[1], mais il prend ici un sens particulier, puisque la problématique de la perte ou de la renonciation à l'identité fait écho au désir de liberté qui caractérise le personnage de Cervantès. Le licencié, au cours de la nouvelle, est d'ailleurs désigné par trois différents noms d'emprunt qu'il se choisit afin de masquer son identité réelle : Tomás Rodaja, Vidriera (au moment de son délire), puis Tomás Rueda.

Le franc-parler du licencié, digne de la *Stultitia* d'Erasme, son ironie et sa sagesse paradoxale le rendent extrêmement populaire, jusqu'au moment où, guéri, il se voit contraint de renoncer au métier d'avocat pour s'engager dans l'armée des Flandres, « où il acheva d'immortaliser par

1. Le thème est classique depuis l'*Odyssée* (avec le stratagème d'Ulysse pour échapper au cyclope cannibale). Il devient un motif carnavalesque typique depuis l'*Historia neminis* de Radulphus, moine angevin de la fin du XIIe siècle, le *Sermon joyeux de saint Nemo* (1510-1530), la *Prosopopeia Neminis* de Geoffroy Tory (1513), le *Nemo* de Geog Schan. Voir également l'édition du *Sermo de Nemine* (XIIIe siècle) et des *Grans et merveilleux Faitz du seigneur Nemo*, par A. de Montaiglon, dans *Recueil de poésies françaises des XVe et XVIe siècles, morales, facétieuses et historiques*, t. XI, Paris, 1876, p. 313-342, mais aussi : E. Castelli-Gattinara, « Quelques considérations sur le Niemand et … Personne », in *Folie et déraison à la Renaissance*, Bruxelles, 1976, p. 109-114, et L. Doezalova, « Absolute Alterity in the Cult of Saints : Saint Nobody », *in* A. Marinkovic, T. Vedris (eds.), *Identity and Alterity in Hagiography and the Cult of Saints*, Hagiogratheca, Zagreb, 2010, p. 89-101.

les armes une vie qu'il avait commencé d'immortaliser par les lettres » (p. 282).

L'intérêt de la nouvelle de Cervantès tient naturellement à la mise en scène de cette folie singulière et aux propos à la fois sages et comiques du licencié, mais surtout à l'ensemble du tableau clinique assez cohérent qu'il propose, en développant considérablement la courte vignette que l'on trouve chez beaucoup de médecins de l'époque, et chez Du Laurens en particulier.

Au début de la nouvelle, le personnage est d'abord trouvé par deux « gentilshommes étudiants », au bord d'un fleuve : « endormi sous un arbre, un garçon d'environ douze ans, vêtu comme un laboureur ». Il est seul, dans un endroit isolé, et déclare ne se souvenir ni de son nom ni d'où il vient ; il sait seulement qu'il se rend à Salamanque pour y étudier et se mettre au service d'un maître. C'est seulement lorsqu'il est engagé comme domestique qu'il déclare s'appeler Tomás Rodaja. Rien n'indique que l'amnésie soit feinte. Elle est cependant suspecte aux yeux des étudiants pour qui ce défaut de mémoire semble contradictoire avec les capacités intellectuelles du garçon qui prétend savoir lire et écrire.

Tomás reste huit ans au service des deux gentilshommes, et fait preuve de tant d'esprit et d'habileté qu'il devient leur "compagnon". Il étudie le droit, mais se fait aussi une réputation dans le domaine des « lettres profanes » (*letras humanas*) et se distingue par sa mémoire principalement, qui est exceptionnelle, mais aussi par son « entendement ».

Il prend ensuite congé de ses bienfaiteurs qui sont rentrés en Andalousie : désireux de poursuivre ses études, il entend retourner à Salamanque. On lui offre pour cela de quoi étudier trois années supplémentaires. En chemin, il rencontre un gentilhomme à cheval qui lui vante la vie militaire et lui propose de le suivre en Italie : « Enfin, il parla tant et si bien que la raison de notre Tomás Rodaja commença de tituber et sa volonté de prendre le goût de cette vie qui de si près touche à la mort » (p. 253). Tomás accepte donc de le suivre dans un voyage qui le conduira du Sud de l'Italie jusqu'en Flandres, « mais à la condition qu'il ne servirait sous aucun drapeau et ne serait inscrit dans aucune liste de soldat ». Car, explique-t-il, « j'aime mieux aller libre qu'obligé (*más quiro ir suelto que obligado*) » (p. 254)[1].

1. On peut comparer ce trait avec cette résolution paradoxale de Descartes, rapporté par Baillet (*Vie*, p. 41) : « En se déterminant à prendre les armes, il prit la résolution de ne se rencontrer nulle part comme acteur, mais de se trouver partout comme spectateur des rôles qui se jouent dans toutes sortes d'États sur le grand théâtre de ce monde. Il ne s'était fait soldat que pour étudier les mœurs différentes de hommes plus au naturel, et pour tâcher de se mettre à l'épreuve de tous les accidents de la vie ». Cette attitude serait à mettre en parallèle

On retrouve un trait similaire chez A. Baillet qui s'étonne du détachement apparent avec lequel Descartes parle de ses souvenirs militaires : « Il avait toujours parlé de sa profession militaire d'une manière si indifférente et si froide qu'on jugeait aisément qu'il considérait ses campagnes comme de simples voyages, et qu'il ne se servait de la bandoulière que comme d'un passeport qui lui donnait accès jusqu'au fond des tentes et des tranchées, pour mieux satisfaire sa curiosité »[1]. Cette curiosité est naturellement équivoque.

Poussé donc par la curiosité et le désir de voir du pays, Tomás fait un tour d'Italie, se rend à Anvers, visite Gand et Bruxelles, puis rentre par la France, en évitant toutefois Paris où ont lieu des combats, et retourne enfin à Salamanque pour y achever ses études « jusqu'au grade de licencié en droit » (p. 259). On reviendra sur cette curiosité et ce désir de liberté. Relevons que cette pulsion d'itinérance paraît assez caractéristique des personnages de l'univers picaresque, même si elle revêt ici un caractère un peu singulier.

C'est alors qu'arrive à Salamanque une dame *de todo rumbo y manejo* (« qui n'en était pas à ses premières armes »). Ses charmes attirent les jeunes hommes de la ville qui se retrouvent chez elle : « tous les oiseaux du lieu accoururent à l'appeau, sans qu'il restât un seul écolier qui ne l'eût visitée ». La dame prétend avoir voyagé également en Italie et en Flandres. Tomás lui rend visite pour « voir s'il la connaissait ». Elle tombe amoureuse de lui, « mais lui, sans rien y voir, ne voulut plus retourner chez elle, si ce n'est de force, lorsque ses amis l'y entraînaient » : « Enfin elle lui fit connaître sa passion et lui offrit tous ses biens. Lui, qui avait plus d'attachement pour ses livres que pour tout autre passe-temps, ne répondit nullement aux intentions de la dame ». Devant l'insensibilité de Tomás que n'atteignent aucun des « moyens ordinaires », la dame a recours à des instruments magiques, afin de « conquérir le rocher de sa volonté » (*conquistar la roca de la voluntad*) : « sur les conseils d'une Mauresque, elle donna à Tomás, dans un coing (*membrillo*) de Tolède, de ces choses qu'on appelle charmes (*hechizos*), se flattant de forcer sa volonté à la désirer (*creyendo que le daba cosa que le forzase la voluntad a quererla*), comme s'il existait au monde des herbes, enchantements ou paroles capables de forcer le libre arbitre » (p. 259). Tomás est empoisonné et

avec cette note de jeunesse, bien connue, recueillie dans les *Cogitationes privatae* : « De même que les comédiens, attentifs à ne pas laisser voir la rougeur sur leur front, mettent un masque (*personam induunt*) ; de même moi, au moment de monter sur le théâtre du monde, où je me suis tenu jusqu'ici en spectateur, je parais caché (*larvatus prodeo*) » (AT, X, p. 213).

1. *Vie*, p. 98-99.

se met « à frapper des pieds et des mains comme s'il fût atteint du haut mal » (épilepsie), puis reste évanoui plusieurs heures. Après quoi, sortant de l'hébétude, il dénonce l'empoisonneuse. C'est au bout de six mois de fièvres intenses que commence le délire de vitrification, qui durera deux ans.

Cette tentative d'enchantement est la cause immédiate de la maladie du licencié. Le coing (*membrillo*) renvoie, dans l'étymologie populaire qui le dérive de *membrum*, à l'organe génital aussi bien masculin que féminin. On comprend le symbolisme simpliste, sur lequel repose le sortilège. La littérature sur les filtres d'amour est assez vaste et l'on se contentera de remarquer ici que le coing maléficié, supposé lier la « volonté » et soumettre le désir, représente ici l'incorporation brutale et traumatique d'un artéfact porteur d'une représentation rudimentaire et crue de la sexualité. La réaction violente et immédiate témoigne naturellement de l'organisation ou de la constitution psychique et somatique du licencié, d'abord de son incapacité à métaboliser le coing magique et à faire face à cette sexualité qu'il symbolise. Le poison, si radicalement étranger à la complexion de l'étudiant, produit une crise violente (épileptoïde), suivie d'une fièvre qui, au lieu de la coction digestive habituelle de l'aliment, aurait produit une vitrification des organes. Comme c'est habituellement le cas, la représentation délirante du malade est directement empruntée à la mythologie physiologique et médicale de l'époque. Notons que l'impact traumatique de ce coing maléficié peut être regardé comme analogue à l'effet de la révélation d'un secret de famille ou encore (dans la pratique analytique) d'une interprétation maladroite ou prématurée.

L'épisode tient en un court paragraphe. Cervantès énumère plusieurs tentatives de séduction visant à lier ou à assujettir le désir et la volonté de Tomás. On peut les rappeler rapidement, pour autant qu'elles sont révélatrices de la constitution somato-psychique de la victime et permettent de rendre raison de la crise qui s'ensuit :

1) La dame attire d'abord à elle l'ensemble des écoliers, tous sauf un. On imagine que, curieuse elle-même, elle s'emploie, en évoquant ses voyages (réels ou prétendus), à susciter d'abord la curiosité de Tomás. Elle y parvient sans mal. Le jeune homme cependant ne désire pas la connaître, mais seulement « pour voir s'il la connaissait » (*por ver si la conocía*). C'est une « curiosité de voir », libre et désengagée, semblable à celle qui l'a conduit en Italie. C'est surtout une curiosité un peu singulière qui s'exprime sous une forme d'abord réfléchie, médiatisée par la mémoire, dont l'objet n'est pas directement la dame elle-même, mais le

souvenir qu'il aurait pu en avoir : il ne cherche pas à la connaître, mais à la reconnaître seulement. La forme d'emblée intellectualisée et médiatisée de cette curiosité est en elle-même significative.

2) Arrive alors ce qui devait arriver. La tentative de séduction, tenue en échec, se retourne contre la dame qui, prise à son propre piège, tombe amoureuse de Tomás. La situation est banale. Faute de rencontrer un sujet ou un patient approprié, le sortilège se retourne contre son agent qui se retrouve lui-même lié ou assujetti. Dans la nouvelle, la dame qui parvient à lier par ouï-dire seulement l'étudiant, en suscitant son désir de « voir s'il la connaissait », échoue à le lier par la vue. Tomás, écrit Cervantès, n'y voit rien : il est insensible aux attraits visibles de la dame et demeure ensuite aveugle à son amour. Ces deux aveuglements n'en font naturellement qu'un, et sont manifestement liés à la nature particulière de la curiosité de l'étudiant. Or, dans ce genre d'affaires, l'innocence est un affront, voire un crime.

3) La dame doit donc déclarer plus clairement sa passion et tente de le séduire par ses richesses. Le moyen est convenu lui aussi, et appartient à l'espèce des liens dérivés non plus des sens, mais de l'imagination. De ce côté, cependant, l'étudiant n'a jamais (semble-t-il) eu de souci matériel : il en a été affranchi par la libéralité de ses bienfaiteurs. Ce ne sera qu'après être guéri de son délire qu'il se trouvera dans le besoin et connaîtra la crainte de « mourir de faim » (p. 281). Ce ne sont ni les richesses ni les commodités matérielles qui sont susceptibles de lier son imagination.

4) Naturellement, la dame dédaignée se croit détestée : faute d'éveiller l'amour, elle préfère se croire objet de haine. L'absence de réponse tient au fait que l'étudiant n'est attaché ou lié qu'à ses livres : « lui, qui avait plus d'attachement pour ses livres (*como el atendía más a sus libros*) que pour tous autres passe-temps, ne répondit nullement aux intentions de la dame (*al gusto de la señora*) ». On sait que les livres rendent fou : le licencié est à rapprocher de don Quichotte. Pourtant les deux personnages ne lisent pas les mêmes livres; ils ne deviennent donc pas fous de la même manière. La culture du licencié est humaniste et juridique; elle mobilise, comme Cervantès le remarque, la mémoire et l'entendement, à la différence de don Quichotte dont les romans sollicitent d'abord l'imagination. C'est ce qui explique la différence entre les deux délires hallucinatoires, aussi bien quant au contenu que relativement à la forme. La volonté du licencié est d'abord au service des facultés supérieures de l'esprit, auxquelles correspond le désir de liberté et de franchise qui commande l'indifférence, l'appétit de savoir et la marginalité : *más quiro ir suelto que obligado*, « mieux vaut libre que lié ».

La maladie et le délire marquent une rupture dans la continuité de vie du licencié, mais ils se comprennent également à la lumière de ce régime de vie et de ce désir de liberté. A la lumière, d'abord, d'une économie psychosomatique que l'on peut facilement inférer des tableaux cliniques de la médecine des humeurs, et en particulier de la fameuse « mélancolie des gens de lettres », incapables de prendre soin de leur corps. Le tableau de Cervantès est cependant plus précis ou spécifique, puisque le personnage est d'emblée mystérieux et étrange : c'est un jeune garçon venu de nulle part, intellectuellement brillant et spirituel, ambitieux et épris de liberté. La scène qui ouvre la nouvelle est importante : le garçon endormi, feignant peut-être l'amnésie, tient secrètes ses origines, malgré ses vêtement et son nom qui auraient vraisemblablement permis de l'identifier comme un fils de paysan pauvre, ayant appris à lire grâce au curé de son village. Cette dissimulation et l'ambition de se rendre « fameux par les études » (« car j'ai ouï dire que c'est des hommes qu'on fait les évêques ») renvoient à l'univers picaresque. L'amnésie (réelle ou feinte) renvoie à une perte d'identité et à une discontinuité que l'on peut mettre en relation avec sa métamorphose en homme de verre [1]. La versatilité ou l'instabilité, ainsi que les multiples déguisements du licencié sont autant d'éléments qui apportent un éclairage significatif sur la "maladie" du licencié, mais également sur son désir de liberté et sur sa pulsion d'itinérance (sociale et géographique) [2].

1. On a déjà mentionné le mot d'esprit autour de *Nemo*. On pourrait encore mentionner les attributs vestimentaires (déguisements) : d'abord vêtu en laboureur, il prend ensuite l'habit noir d'étudiant, auquel il renonce pour celui pour l'uniforme de "papegai" (bariolé, comparé au plumage d'un perroquet). Pendant son épisode délitant, il habille son corps de verre d'un vêtement ample (*una ropa parda y una camisa muy ancha, que él se vistió con mucho tiendo y se ciñó con una cuerda de algodón*). Une fois guéri, il prend l'habit d'avocat, conforme à sa profession, mais cette fois pour être victime d'ostracisme.

2. Sur cette stratégie relative à la problématique de l'identité, fondamentale dans l'univers picaresque, voir l'étude sociologique et psychanalytique de G. Devereux : « La renonciation à l'identité, défense contre l'anéantissement », *Revue française de psychanalyse*, 1967, I, p. 101-140 (rééd. Paris, Payot, 2009). L'article commence ainsi : « L'objet de cette étude est le fantasme que la possession d'une identité est une véritable outrecuidance qui, automatiquement, incite les autres à anéantir non seulement cette identité, mais l'existence même du présomptueux – en général par un acte de cannibalisme, ce qui transforme le sujet en objet. Les patients les plus gravement atteints cherchent se protéger contre ce risque, en renonçant à toute véritable identité ; ceux qui sont moins atteints se constituent une fausse identité ». On est ainsi renvoyé sur le terrain de la clinique du « faux self » et des différentes formes de sociopathie.

Liberté et désordre mélancolique

Il serait faux de dire que Tomás se prémunit constamment contre tout lien et oppose toujours le « roc de sa volonté » à toute entreprise de séduction. Il est séduit une fois au moins, par le tableau de la vie militaire que lui fait Diego de Valdivia : ce dernier parla « tant et si bien que la raison de notre Tomás Rodaja commença de tituber et sa volonté de prendre le goût de cette vie qui de si près touche la mort (*que la discreción de nuestro Tomás Rodaja comenzó a titubar y la voluntad a aficionarse a aquella vida que tan cerca tiene la muerte*) » (p. 253).

Cervantès mobilise ici l'opposition entre deux genres de vie ou de régime : la vie studieuse et contemplative du lettré et la vie active du militaire. L'opposition était déjà présente dans le *Don Quichotte*, mais elle prend ici un sens différent, puisque l'étudiant n'est pas séduit ici par la gloire militaire et chevaleresque. Comme l'indique finement Cervantès, derrière la curiosité et l'envie de voir du pays (pulsion d'itinérance, désir de connaissance), se dissimule une motivation plus obscure, qui renvoie à un aspect de la vie militaire que le soldat avait pris soin de taire, à savoir l'effroi des batailles et le voisinage inquiétant de la vie et de la mort :

> Il [le cavalier] éleva jusqu'au ciel la vie libre de soldat en Italie, mais *sans souffler mot* du froid des sentinelles, du péril des assauts, de l'effroi des batailles, de la faim des sièges, du désastre des mines et autres choses de cette farine que d'aucun tiennent un détail ajouté à la vie des camps, alors qu'elles en forment le principal. Enfin, il parla tant et si bien que la raison de notre Tomás Rodaja commença de tituber et sa volonté de prendre le goût de *cette vie qui de si près touche la mort* (p. 253).

Le jeune homme est ébranlé par cet aspect de la vie militaire que son interlocuteur lui cache. La technique de séduction n'est pas neuve et, assez naturellement, l'étudiant trouvera (secondairement) une solution de compromis en proposant d'accompagner l'armée à condition de rester libre de tout engagement et sans prendre part aux batailles.

Cette fascination pour la mort constitue un symptôme typiquement “mélancolique” dans le sens de la médecine ancienne, relevé notamment par Galien à la suite de l'évocation de la crainte délirante de ce malade qui se prenait pour une coquille :

> Il existe des différences entre les mélancoliques. Tous sont en proie à la crainte, à la tristesse, accusent la vie et haïssent les hommes, mais tous ne désirent pas mourir. Il en est au contraire, chez qui l'essence même de la mélancolie est la crainte de la mort. D'autres paraîtront bizarres : ils redoutent la mort et en même temps la désire [1].

1. Galien, *De locis affectis*, III, 10, 569; *Anthologie*, p. 166.

Le lieu est traditionnel et il est clair que le personnage de Cervantès appartient à la catégorie de ces “bizarres” dont les conduites à risque visent à faire l’épreuve de la proximité de la mort. Sans être mû par aucune ambition militaire ni aucun désir de gloire, l’étudiant est bien séduit par « la vie libre de soldat », mais surtout par l’effroi et le danger des batailles. C’est cet aspect resté implicite qui précisément ébranle le discernement et la volonté de Tomás. Et ce comportement qui vient mettre à l’épreuve le sentiment d’omnipotence, n’est pas sans rapport avec le sentiment de fragilité révélé par le délire hypocondriaque qui fait suite à l’empoisonnement. Il y a bien une continuité entre la décision de s’engager dans l’armée, et la maladie qui surviendra plus tard.

Cette continuité pourrait être rapportée à la conception médicale de la mélancolie qui repose traditionnellement sur un déséquilibre somatique et psychique. Dans le cas des gens de lettres ou des contemplatifs, ce déséquilibre, favorisé par le régime de vie, regarde la tension ou le conflit entre les facultés supérieures de l’esprit et les fonctions vitales, entre l’intelligence et la partie de l’âme associée au corps. Ici, le curieux désir de frôler la mort et de connaître l’effroi des batailles pourrait bien avoir la valeur d’une tentative de renouer les parties dissociées ou clivées. Pour le montrer, on pourrait se rapporter à l’abondante littérature philosophique et médicale de l’époque qui, depuis le *De vita* de Marsile Ficin, traite suffisamment des dangers de l’étude.

On peut ainsi se rapporter à un passage important des *Dialoghi d’amore* de Léon Hébreu (Juda Abravanel) qui expose, de manière extrêmement parlante, les risques de cette dissociation et la nécessité d’une conversion aux soins du corps [1]. Se rapportant à la tradition talmudique de l’Adam androgyne [2], Léon interprète le premier couple comme figurant la composition de l’homme, divisé en une partie matérielle ou corporelle (féminine) et une partie intellectuelle (masculine). Dans cette union réputée parfaite, la partie corporelle est absolument assujettie à la partie intellectuelle qui se trouve dans un état de perfection ou de conjonction, affranchie des soins du corps et des passions, comme du savoir pratique relatif au bien et au mal [3]. Cette unité est cependant précaire :

> Toutefois la divinité prévit que, combien que cette voie d’union des deux parties de l’homme, et de l’obéissance de la corporelle féminine à la

1. Le texte de Léon Hébreu (Juda Abravanel) a connu un succès européen immense. Il a été traduit en espagnol par Garsilaso dit « El Inca » (Madrid, 1590), qui est également l’auteur de *Comentarios Reales* parus en 1609.

2. « Mâle et femelle il le créa », Gen. 1, 27.

3. Léon Hébreu, *Dialogues d’amour*, trad. Pontus de Tyard, 1551, éd. T. Dagron et S. Ansaldi, introd. et notes T. Dagron, Paris, Vrin, 2006, p. 396.

> masculine intellectuelle, fît l'homme heureux et immortalisât son essence, à savoir son âme intellective ; ce néanmoins, par telle occasion, sa partie féminine était plus fragile, et disposée à périr et sujette à la corruption, comme on voit le semblable au pur particulier homme individu : car quand l'entendement s'enflamme en la connaissance des choses éternelles et divines, il abandonne la sollicitude du corps et le laisse avant son temps périr [...]. A raison de quoi, Dieu délibéra mettre quelque division tempérée entre la partie féminine sensuelle et l'intellectuelle masculine : tirant la sensualité et l'intellect à aucuns désirs et actes corporels nécessaire pour la sustentation de l'individu : et pour la conservation et succession de l'espèce. C'est ce que signifie le texte, disant : "il n'est bon que l'homme soit seul, faisons lui une aide au front, ou bien pour lui assister" : c'est-à-dire que la partie sensuelle féminine ne soit tant obéissante et intentive à l'entendement qu'elle lui fasse quelque résistance, ains [mais] l'attire aucunement aux choses corporelles [1].

Léon Hébreu, d'une manière assez imagée, décrit un état de perfection originel caractérisé par un accord parfait entre les parties de l'individu humain ou de l'âme, qui sert traditionnellement de modèle aux « cités parfaites » aussi bien qu'au mouvement des sphères célestes. Cette subordination sans reste est cependant source d'un déséquilibre mortel qui impose la « division tempérée » entre les parties : l'ordre susceptible de réaliser l'unité du composé (politique et humain) ne repose pas sur l'obéissance parfaite, mais sur la résistance de l'inférieur qui doit éveiller la sollicitude et, pour ainsi dire, la condescendance du supérieur. La situation nouvelle expose l'intellect masculin au bavardage et à la médisance des femmes, c'est-à-dire aux contingences de ce monde, et inaugure ainsi l'histoire humaine. L'unité ainsi engendrée, correspond, dans le cas du composé humain, à la réalité spécifique de l'âme, intermédiaire entre l'intelligence et le corps, dont la constitution mixte, ouverte aux conflits et aux discordances, garantit le lien des contraires qui définit la vie. Le mythe regarde ainsi la question de la tempérance et sa problématique de l'intégration psychique, que les Anciens opposent à l'idéal de contention propre au stoïcisme.

Le commentaire de Léon Hébreu peut être entendu du point de vue médical ou clinique, comme un récit permettant d'appréhender dynamiquement, à partir de ses contradictions immanentes, le trouble associé au régime de la vie contemplative et solitaire. L'histoire du licencié est évidemment différente, et rien n'indique que Cervantès ait eu à l'esprit ce

1. Léon Hébreu, *Dialogues d'amour*, *op. cit.*, p. 397. Pour l'arrière-plan du commentaire, ancré dans la tradition talmudique, aussi bien que dans la philosophie judéo-arabe de l'Espagne médiévale, voir mes notes et mon introduction aux *Dialogues*.

passage des *Dialogues d'amour*, mais elle met pourtant en question une problématique analogue, traditionnellement associée à la mélancolie des gens de lettres : celle de la nécessaire sollicitude à l'égard du corps propre. A sa manière, l'épisode de l'empoisonnement par la dame de Salamanque constitue une version (triviale sans doute) de l'histoire commentée par Léon Hébreu.

Les conduites à risque relèvent, comme l'a montré Galien, d'une fascination où se mêlent attraction et effroi. Elles procèdent d'une angoisse double, liée à l'omnipotence aussi bien qu'à la crainte de l'effondrement, au sentiment de fragilité aussi bien qu'au fantasme d'invulnérabilité. Le mythe biblique de l'androgyne, telle que l'interprète Léon Hébreu, représente assez bien cette polarité fondée sur le clivage entre les deux parties de l'âme humaine. Les conduites à risque peuvent encore être comprises comme des tentatives pour traiter, par le recours à l'acte, une angoisse interne. C'est ainsi que l'on peut comprendre la décision de l'étudiant de se joindre à l'armée, afin de faire l'épreuve de « cette vie qui de si près touche la mort ». Cervantès ne donne pas d'indication sur la teneur de l'angoisse sous-jacente, mais la violence de la réaction de Tomás dont la raison vient à « tituber », témoigne assez de l'intensité du transfert sur la situation dépeinte par le cavalier : s'il est tellement atteint, c'est que la tableau de la vie militaire trouve chez lui un écho particulier. La « vie libre » décrite par le capitaine est celle d'une armée d'occupation en Italie, siège de la « renaissance des Belles Lettres ». Mais, comme l'indique Cervantès, c'est également le voisinage de la mort, pourtant soigneusement écarté du tableau, qui séduit l'étudiant[1]. Ces deux éléments conjugués font vaciller la fragile économie psychosomatique qui caractérise la mélancolie des gens de lettres.

L'aventure n'a pas encore valeur d'une prise de conscience, mais elle amorce un travail réflexif qui, en un sens, préfigure le délire à venir. L'étudiant traverse l'Europe sans véritablement connaître l'effroi des batailles : sur le chemin du retour, il évite Paris, où ont lieu des combats. C'est seulement lorsqu'il sera confronté à la sexualité agressive de la dame de Salamanque qu'il sortira de sa belle indifférence. Le coing ingéré ne produit pas directement l'effet escompté par la dame, mais provoque une crise qui met fin à l'illusion de toute-puissance de Tomás : il engendre

1. On retrouve la même conduite "traumatophile" chez un Julien Sorel qui, dans *Le rouge et le noir*, cherche à « connaître le feu », sans réellement participer au combat. La comédie amoureuse qu'il joue avec Madame de Rênal, largement emprunte de mauvaise foi, participe encore de cette logique, sous couvert d'arrivisme et d'ambition sociale. Le Licencié de Cervantès fait preuve d'une mauvaise foi analogue, lorsqu'il se rend auprès de la dame de Salamanque « pour voir s'il la connaissait ».

une sollicitude nouvelle relative au corps propre, même si elle prend les traits d'un délire hypocondriaque.

MÉDISANCE ET DÉLIRE

C'est vraisemblablement en suivant cette hypothèse que l'on peut rendre compte de la forme singulière que prend la maladie du licencié de verre : l'association de l'hallucination délirante et des propos "merveilleux" dont la sagesse prétendue doit naturellement être interrogée. On a encore affaire ici à une sorte de clivage, mais un peu différent de celui qui prévalait jusqu'à présent. Les propos "sages" des fous sont un lieu commun et suscitent régulièrement l'émerveillement des auditeurs. Cervantès donne de nombreux exemples de ces propos pleins de profondeur, de bon sens et de philosophie, notamment dans le *Don Quichotte*. Il est surtout suffisamment averti pour ne pas céder à cette première impression et pour savoir que, malgré leur pertinence et leur justesse (*propriedad y agudeza*), ces bons mots trouvent leur origine dans la même complexion pathologique que celle qui a engendré le délire. C'est sans doute ce point qui constitue la leçon principale de la « nouvelle exemplaire ». Pour le montrer, on doit ici s'intéresser à la cohérence et à la vraisemblance clinique du récit de Cervantès, plutôt qu'à ses sources médicales.

A la manière de la *Stultitia* d'Erasme, le licencié brocarde l'ensemble des classes sociales et des corps de métier : les poètes, les peintres, les libraires, les muletiers, les marins, les apothicaires, les médecins, les juges, les tailleurs… etc. En un sens, ses propos comiques et spirituels procèdent de sa situation de spectateur extérieur, libre de tout lien social. Ce sont les paroles d'un marginal qui observe du dehors une réalité sociale à laquelle il ne participe pas véritablement. Le licencié conserve en fait une position d'observateur qui a toujours été la sienne, à l'armée notamment. Le personnage est lui-même représentatif du roman picaresque, où le fripon (aussi bien que les gitans et les chiens dans les *Nouvelles exemplaires*) parcourt le monde, au gré des rencontres, bonnes ou mauvaises, et se forge une vision désabusée et critique de la réalité sociale. Le licencié assume expressément cette position antisociale : accusé de « tenir plutôt du coquin que du fou » (*más tenéis de bellaco que de loco*), il répond que « peu lui chaut », pourvu qu'on ne le tienne pas pour un sot ou un niais : *Non se me da un ardite, como non tenga nada de necio*. Ce cynisme du Licencié est naturellement porté par la honte d'avoir fait preuve d'une niaiserie hors du commun lorsqu'il s'est ridiculement aveuglé sur les intentions de la dame de Salamanque. Le voilà maintenant initié aux choses du monde, sinon à celles de l'amour.

M. Bakhtine a insisté sur l'origine populaire et carnavalesque de cette critique sociale portée par le discours du fou. Dans un chapitre sur figures romanesques du "fripon", du "bouffon" et du "sot"[1], il propose d'appréhender ces personnages du point de vue de leur « fonction littéraire » : 1) ils tirent leur origine du théâtre et de la comédie ; 2) leur existence, mais également 3) leurs actions ont une signification non pas littérale, mais « figurée » : « ils ne sont pas ce qu'il paraissent être » ; enfin 4) « leur existence semble n'être que le reflet d'une autre, reflet indirect de surcroît »[2]. « Baladins de la vie », ils demeurent étrangers au drame du monde ; leur « non-participation » leur permet de « *tout* étaler sur la place » et de mettre au grand jour les secrets de chacun. Ils figurent donc un dehors sans intériorité capable de réfléchir et d'exhiber les ressorts cachés du théâtre du monde. Aux yeux de Bakhtine, ils symbolisent ainsi la situation du romancier, mais préfigurent également la représentation moderne de la subjectivité qui s'organise dans la forme littéraire du roman avant d'être théorisée en tant que telle par la philosophie.

Le délire du corps de verre prend ici tout son sens : il figure bien cette existence sans épaisseur, privée de substance, mais capable de restituer au monde social un reflet tout à la fois comique et cruel de lui-même. La nouvelle de Cervantès ne se contente pas de mobiliser un thème littéraire déjà bien enraciné dans la culture ; elle vient problématiser la fonction de l'écrivain, sa situation sociale et son statut de témoin des rapports sociaux. Il est naturellement beaucoup question de livres dans l'œuvre de Cervantès et du mélange de vérité et de fausseté (quelquefois de mensonge) au principe de leur représentation du monde. Ces distorsions sont ici rapportées à une folie bien particulière qui livre les coordonnées paradoxales de la représentation moderne : *d'un accès à l'objectivité qui tire sa force (et même sa valeur de vérité) du délire qui le sous-tend.* Si la folie, comme le souligne Foucault, perd, à l'époque de la Renaissance, sa dimension tragique et singulière, ce n'est cependant pas parce qu'elle deviendrait « immanente à la raison » et se résorberait en elle. L'analyse de Bakhtine (dans l'étude citée aussi bien que dans le reste de ses œuvres) plaiderait en faveur la thèse contraire, puisqu'on peut voir ici la folie

1. M. Bakhtine, *Esthétique et théorie du roman*, *op. cit.*, p. 305-312. L'étude date des années 1920.

2. *Ibid.*, p. 305-306.

envelopper et circonscrire progressivement la raison et l'espace de la figuration baroque [1].

On doit cependant prolonger la réflexion de M. Bakhtine en rapportant encore la nouvelle de Cervantès à la littérature médicale et philosophique de son temps. Le regard que porte le malade sur la réalité sociale est solidaire de son délire relatif au corps propre. On a vu comment, dans son commentaire du mythe biblique de l'androgyne, Léon Hébreu (lui-même médecin) faisait de la sollicitude relative au corps propre le principe de l'émergence en l'homme de l'intellect pratique : cessant d'être en conjonction avec les essences spirituelles et éternelle, la partie intellective s'ouvre aux réalités contingentes soumises au temps et à la vie sociale. Léon reprend alors le thème traditionnel de la « mort du baiser », c'est-à-dire de cette mort causée par le détachement contemplatif, pour souligner la nécessité d'une conversion de l'intellect aux choses du monde et au corps propre. C'est le sens de la délibération divine qui divise l'âme, afin de permettre aux fonctions inférieures, fragilisées par le régime de vie contemplative, de faire « quelque résistance » et d'éveiller la sollicitude de la partie supérieure. La division est condition de l'union : la maladie, la désobéissance et la résistance sont à l'origine des liens qui unissent aussi bien le composé humain que la société civile. On a ici un belle manière de penser la dialectique de la reconnaissance appelée par le texte de la Genèse, où la nécessité de sortir de la solitude et d'avoir une *aide à son côté* n'implique pas tant l'assujettissement ou la servitude de l'inférieur, que la nécessité et l'obligation, pour le supérieur, de s'abaisser et de prendre soin de l'inférieur. Le mythe prend clairement, dans le commentaire de Léon, une triple signification : succédant à l'état de conjonction, dont la perfection, purement intellectuelle, est mortifère tout autant qu'illusoire [2], la division rend possible l'émergence du rapport à soi comme personne totale, mais également de l'attraction amoureuse et sexuelle aussi bien que de l'existence politique et sociale.

On retrouve ces trois aspects dans la nouvelle de Cervantès, à quelques distorsions près évidemment. L'initiation sexuelle est traumatique et catastrophique. Le souci de soi prend la forme d'un délire hypocondriaque. Et la réalité sociale, dénigrée et brocardée comme un repaire de brigands, n'est guère que le creuset de tous les vices. Le contraste mis en avant par

1. Bien que schématique, cette expression de « figuration baroque » paraît plus adéquate que celle de « représentation classique » avancée par M. Foucault dans les *Mots et les choses*.

2. Les *Dialogues d'amour* font partie des nombreux écrits relatifs au traumatisme de l'Expulsion des juifs d'Espagne et à la culpabilité des élites qui en ont endossé la responsabilité.

Cervantès entre le délire relatif au corps propre et les propos apparemment pleins de sagesse, ne doit donc pas faire illusion. Dans les deux cas, on a affaire à l'expression d'un même vécu d'étrangeté et d'une même folie : le sarcasme et l'ironie doivent être entendu comme le pendant de la relation pathologique au corps propre, autrement dit comme *une forme d'hypocondrie relative au corps social*.

Le licencié ne sort donc de son indifférence et de son illusoire omnipotence que pour être la proie d'angoisses de persécution, relativement à son corps propre (devenu l'objet de soins extravagants), mais aussi relativement à autrui et à une réalité sociale corrompue : source d'orgueil, son corps de verre fait de lui un être supérieur et hors-norme, mais l'isole du reste des hommes, en le contraignant à « supplier avec mille paroles et raisons appropriées qu'on ne s'approchât pas de lui pour ne pas le briser ». La sollicitude nouvelle n'est pas source d'amour et de bienveillance, comme dans les *Dialogues d'amour* ; elle renforce, au contraire, la crainte et méfiance à l'égard de tout lien social. Les propos "merveilleux" et philosophiques à leur manière, visent manifestement, eux aussi, à tenir autrui à bonne distance et à se préserver de tout contact humain.

Dans son commentaire, Léon renvoyait aux catégories de la pensée péripatéticienne : la conversion de la partie supérieure signifie l'émergence d'une faculté mixte, l'intellect pratique, et d'une vertu particulière, mixte elle aussi, la prudence. Par l'ironie dont il fait preuve et ses sarcasmes qui visent toute espèce de lien social, le licencié de Cervantès témoigne qu'il n'est pas parvenu à cette compréhension authentique des rapports sociaux. Sa relation au monde social n'a rien de pratique : au lieu d'une éthique, il ne propose qu'une satire. Le thème est récurrent dans l'œuvre de Cervantès, qui identifie la « philosophie morale » à une forme de *médisance*.

On en trouve une illustration dans le « Colloque des chiens » (« El coloquio de los perros »), dans lequel deux chiens, Berganza et Scipion, soudain dotés de l'usage de la parole, entreprennent de se raconter leur vie. La seule contrainte qu'ils se donnent est d'éviter la "médisance", afin de ne pas démériter de leur don surnaturel et de passer pour "cyniques", c'est-à-dire pour des « chiens médisants ». L'interdit est naturellement bien difficile à respecter, d'autant que la nouvelle liberté de parole invite Berganza à faire le bel esprit et à émailler son récit de considérations philosophiques et morales. Il est averti ainsi par Scipion : « Prend garde, Berganza, qu'il n'y ait quelque tentation du démon dans cette envie de philosopher (*gana de filosofar*) que tu dis t'être venue. La médisance (*murmuración*) n'a pas de meilleures voiles pour pallier et couvrir la malice dissolue, que de donner tout ce qu'elle rapporte comme sentences philosophiques : médire n'est plus alors que corriger; et découvrir les défauts d'autrui, montrer un meilleur zèle. Il n'est existence d'aucun rediseur (*murmurante*) que tu ne trouves, à la bien examiner, pleine de vices et d'insolences » (p. 539). La médisance, même fondée, est le masque de l'insolence. La parole, on le sait, est le principal instrument du mensonge. La remarque de Scipion est une variation sur ce thème; elle est cependant plus spécifique et plus subtile : la sagesse ou la philosophie morale est au service de la mauvaise foi et de la dénégation[1]. Le « Colloque des chiens » permet ainsi de préciser en quel sens les figures du fripon et du bouffon, avancées par Bakhtine, sont les représentants d'une forme aliénée d'existence. Le cynisme est une expression de la marginalité sociale; il est encore, dans le même temps, l'indice d'une distorsion du rapport à soi, source de la clairvoyance illusoire de ce spectateur (prétendument) désintéressé[2].

Cette « philosophie morale » qui, dans le cas des chiens, passe pour un écueil dans l'apprentissage de la raison et de la sagesse, constitue une impasse et un obstacle dans la conversion du licencié aux réalités sociales. Elle est le pendant du vécu d'étrangeté à la source du délire hypocondriaque et du sentiment de persécution qui l'accompagne, obligeant le héros à éloigner de lui ses interlocuteurs, de peur qu'ils ne brisent son corps de verre. L'ironie constitue ici une défense contre le risque d'asservissement et de perte d'identité associé à l'amour et aux liens, – à l'opposé de la sollicitude et de la bienveillance dont parle Léon Hébreu.

On reviendra plus longuement sur la médisance bouffonne et son lien avec le délire hypocondriaque. Le rapprochement avec le commentaire de Léon Hébreu aura permis au moins de mettre en évidence le caractère paradoxal de cette sollicitude par laquelle le personnage de Cervantès se rapporte à lui-même et aux autres. Dans la nouvelle, il est clair que l'empoisonnement constitue un moment de crise qui suffirait à lui seul à rendre compte de la folie du licencié et de l'association, déroutante au

1. Pour une interprétation psychologique de la « mauvaise foi », en lien avec l'analyse de Sartre, voir l'essai de Madeleine Baranger, « Mala fé, identidad y omnipotencia » (1959), *in* W. et M. Baranger, *Problemas del campo psyconalítico*, Buenos Aires, 1969.

2. La nouvelle intitulée « La petite gitane » fait état des effets de la marginalité de la communauté gitane, en faisant un éloge assez équivoque de la sagesse et de la maturité précoce de l'héroïne qui en sait plus, en raison de sa « vie libre et large », sur les ressorts cachés de la vie, qu'un « étudiant de Salamanque », jusqu'à passer, aux yeux de sa nourrice, pour une « possédée qui parle latin sans le savoir » (trad. p. 49).

premier regard, du délire relatif au corps propre et des propos merveilleux qui témoignent d'une si grande « vivacité d'esprit ». Le récit de Cervantès ne s'en tient pas là : il propose de rapporter l'épisode délirant à un parcours de vie plus vaste et développe ainsi la courte vignette que l'on trouve dans les traités médicaux de l'époque. Il montre que la maladie est préparée par une série d'événements qui la précèdent, mais qui surtout éclairent d'un jour particulier la constitution psychique et somatique du personnage. Le tableau général renvoie à l'humeur noire et à la mélancolie. La fiction ne se limite cependant pas à illustrer ses sources savantes. L'exemplarité de la nouvelle se fonde moins sur la doctrine médicale ou morale qui lui sert de soubassement, que sur un principe cohérence qui obéit plutôt à la norme de la *vraisemblance*, au sens que lui donne Aristote : mieux que l'historien, obligé de s'en tenir à la vérité factuelle, le poète met en scène des événements non seulement tels qu'ils auraient pu se produire, mais selon l'ordre nécessaire et général de ce qui « aurait dû arriver » (*Poétique*, 9).

Sous des dehors évidemment comiques, l'histoire du Licencié est celle d'une initiation à la vie philosophique, une forme de désillusion traumatique qui prend appui sur la rencontre inopinée de « quelque chose de fort sale » dans une nourriture qu'il mangeait avec appétit : le coing maléficié de la dame de Salamanque. Le délire repose ainsi sur une désorganisation de l'économie psychosomatique du personnage, qui « ne pourra plus voir par après de telle viande qu'avec horreur ». Il n'est pas interdit de comprendre le *corps de verre*, vêtement particulièrement approprié, par sa transparence, aux opération supérieures de l'âme, comme l'effet de cette initiation violente par laquelle le Licencié a pu « accoutumer [son] esprit à se détacher des sens », et à se « délivrer de toutes sortes de préjugés » et d'opinions reçues. De fait, comme dans le « Colloque des chiens », la philosophie prend la forme d'une critique dénonçant les illusions et les mensonges qui organisent les relations sociales. Sans doute le délire du corps de verre est un lieu commun de la littérature médicale, mais il n'est pas impossible de regarder le Licencié de Cervantès comme un double comique du sujet mis en scène par Descartes dans la Première Méditation. A y regarder d'un peu plus près, l'évocation des « insensés [...] qui assurent qu'ils sont des rois [...], ou qui s'imaginent être des cruches ou avoir un corps de verre », qui renvoie à l'illusion de toute-puissance et au délire hypocondriaque, pourrait bien passer pour un trait d'humour relatif au projet métaphysique lui-même. Tout comme la prétendue récusation de la folie : « Mais quoi, ce sont des fous, et je ne serais pas moins extravagant, si je me réglais sur leurs exemples (*si quod ab iis exemplum ad me transferrem*) ».

CHAPITRE IV

AUTO-RÉCUSATION ET NÉGATION
RETOUR SUR LE DIEU TROMPEUR ET LE MALIN GÉNIE

> Et Jacob resta seul. Et quelqu'un lutta contre lui jusqu'au lever de l'aurore. Voyant qu'il ne le maîtrisait pas, il le frappa à l'emboîture de la hanche, et la hanche de Jacob se démit pendant qu'il luttait avec lui. Il dit : "Lâche-moi, car l'aurore est levée », mais Jacob répondit : "Je ne te lâcherai pas que tu ne m'aies béni". Il demanda : "Quel est ton nom ? " — "Jacob", répondit-il. Il repris : "On ne t'appellera plus Jacob, mais Israël, car tu as été fort contre Dieu et contre les hommes, et tu l'as emporté". Jacob fit cette demande : "Révèle-moi ton nom, je te prie", mais il répondit : "Et pourquoi me demandes-tu mon nom ? ", et, là même, il le bénit (Genèse, 32, 25-30).

Dans ce chapitre, je voudrais revenir sur le protocole réflexif à l'origine du *cogito* de la Seconde Méditation. J'ai insisté précédemment sur le rôle fondamental joué par cet *autre* qu'est le « malin génie », en montrant que l'existence du sujet méditant était paradoxalement inférée de celle de ce « trompeur très puissant et très rusé » et que la proposition « je suis, j'existe » était ainsi préparée par une autre formule qui a moins retenu l'attention des commentateurs : *ego etiam sum, si me fallit* (« moi aussi je suis, s'il me trompe »). J'en ai conclu que le *cogito* qui permettait au sujet de s'extraire de la spirale du doute, avant d'accéder au statut de première vérité, prenait racine dans le délire d'influence et pouvait se comprendre du point de vue de l'interaction entre le sujet méditant et le personnage un peu énigmatique du « malin génie ».

Reste à s'interroger sur l'identité de ce « trompeur très puissant » mis en scène par l'argument, souvent regardé comme un pur et simple « artifice méthodologique », comme un « exercice psychologique sans validité théorique » ou encore comme une « fiction littéraire et rhétorique dépourvue de signification philosophique »[1]. Pour cela, je me fonderai d'abord sur la cohérence ou la vraisemblance psychologique de la mise en scène de la Première Méditation, en interrogeant maintenant l'expérience délirante de désorganisation identitaire du point de vue des enjeux du travail de récusation et de négation par lequel Descartes entreprend de « rejeter » ou de « détruire généralement toutes [ses] anciennes opinions ». Je partirai du constat que le doute, d'abord au service du jugement d'existence en charge de distinguer le vrai du faux, est progressivement déplacé au profit d'une interrogation relative aux limites du moi et à sa capacité de discriminer ce qui lui appartient en propre des opinions reçues ou de ces pensées qui échappent à son contrôle et à son initiative. L'enquête change alors de sens : elle ne porte plus sur la teneur de vérité, sur la valeur représentative ou objective des idées, mais sur leur *réalité formelle*, sur l'impact des pensées et l'effet d'emprise qu'elles exercent sur l'activité de pensée.

Ce déplacement organise le délire d'influence par lequel le sujet entreprend de lutter contre les inductions potentiellement mensongères auxquelles il s'expose : la puissance avec laquelle les pensées s'imposent à mon esprit, loin de plaider en faveur de leur vérité, est directement attribuée à l'intentionnalité malveillante d'un agent « très puissant et très rusé, qui emploie toute son industrie à me tromper » : ces pensées ou opinions reçues passivement, il faut supposer qu'elles ont été produites et introduites en moi par un agent ou un maître « duquel (comme l'écrit La Boétie) on ne se peut jamais assurer qu'il soit bon, puisqu'il est toujours en sa puissance d'être mauvais quand il le voudra ».

S'il est vrai que « ce qui alimente notre assurance est précisément ce que d'autres pourront utiliser pour nous induire en erreur » (E. Goffman), il s'agira de disqualifier ce sentiment d'évidence sur lequel s'appuie cet agent malveillant pour « surprendre ma crédulité ». Descartes souligne ce retournement par une formule évidemment paradoxale : « C'est pourquoi je pense que j'en userai plus prudemment, si prenant un parti contraire, j'emploie tous mes soins à *me tromper moi-même* (*me ipsum fallam*), feignant [pour quelques temps] que toutes ces pensées sont fausses et imaginaires »[2]. A l'évidence, il n'est plus question ici de rechercher la vérité.

1. Position de H. Gouhier dans *La pensée métaphysique de Descartes*, (Paris, Vrin, 1962, 1987, p. 113-121) discutée par M. Gueroult dans *Descartes selon l'ordre des raisons*, (t. 1, Paris, Aubier, 1968, p. 42-49).

2. AT, VII, 22, 12-15 ; IX, 17.

La formule éclaire assez précisément l'enjeu du délire d'influence qui vise à protéger l'intégrité du sujet, mais au prix d'une désorganisation de ses assises identitaires. Descartes illustre assez bien cette situation, lorsqu'il évoque, dans la Sixième Méditation, la crainte d'empoisonnement (versant hypocondriaque du délire d'influence) propre à jeter le soupçon sur le jugement naturel relatif au convenable et au nuisible : « Comme, par exemple, le goût agréable de quelque viande en laquelle on aura mêlé du poison, peut m'inviter à prendre ce poison, et ainsi à me tromper »[1]. La nécessité de *se tromper soi-même* montre ainsi *comment le travail narcissique de récusation et de purification qui permet l'objectivation et l'évacuation de ces pensées, finit par se retourner contre le sujet lui-même en le privant de ses soutiens identitaires*, jusqu'à l'entraîner dans une spirale d'auto-exclusion. Cette contradiction entre la logique du narcissisme et les enjeux identitaires n'a pas échappé à Descartes qui, selon A. Baillet, « s'aperçut bientôt qu'il n'est pas aussi aisé à un homme de se défaire de ses préjugés, que de brûler sa maison »[2].

Dans ce chapitre, je proposerai de m'interroger sur cette auto-récusation paradoxale qui prépare et organise le protocole réflexif déployé par le *cogito*. Je reviendrai pour cela sur l'argument du Dieu trompeur et sur la figure énigmatique du malin génie. Mon idée est que ce « trompeur très puissant et très rusé » expose le sujet méditant à l'altérité sans extériorité d'un domaine de pensées que l'on peut rapporter aux « passions de l'âme », c'est-à-dire à des perceptions ou connaissances, « qui se trouvent en nous », mais qu'il semble que notre âme n'a pas « faites telles qu'elles sont ». En lisant ainsi la Première Méditation à la lumière du conflit entre les enjeux narcissiques et les enjeux identitaires, j'entends montrer que l'hypothèse du malin génie confronte le sujet avec la figure d'un *double*. Descartes met par là en évidence les apories auxquelles conduisent les idéaux sceptiques et stoïciens de suspension du jugement et de maîtrise des représentations.

On a pu compter au nombre des « antécédents du *cogito* » la situation de Sosie, dans l'*Amphitryon* de Plaute, qui doit faire face à un double divin, Mercure qui a revêtu sa forme et son apparence, lui dérobant ainsi son identité :

> Vraiment, parbleu ! quand je l'examine, et que je me rappelle ma figure (je l'ai souvent regardée au miroir), c'est tout à fait mon portrait. Même chapeau, même habit : c'est un autre moi-même. La jambe, le pied, la taille, la coupe de cheveux, les yeux, le nez, les lèvres, les mâchoires, le menton,

1. AT, VII, 83, 29-30 ; IX, 66.
2. *Vie*, t. 1, p. 80.

> la barbe, le cou : tout y est. Bref, s'il a le dos couturé de cicatrices, il n'y a pas de ressemblance plus ressemblante… Mais quand j'y pense, je suis bien toujours le même homme (*Sed quom cogito, equidem certo idem sum qui semper fui*). Je connais mon maître, je connais ma maison : j'ai tous mes sens et tout mon bon sens (I, 1, 441-449).

La situation est à l'origine d'une expérience de dépersonnalisation passagère. Elle porte d'autant moins à conséquence que Sosie est un esclave, non un sujet de droit.

Il en irait autrement si l'on rapprochait le texte de la Première Méditation d'un autre personnage autrement plus tragique, Hercule, grand épileptique, élevé par les stoïciens au rang d'idéal de constance, sans doute à l'abris de la conflictualité morale qui agite le commun des mortels, mais succombant finalement à *un mal qui se confond avec lui-même*. Ainsi, dans la tragédie de Sénèque, Junon qui cherche un moyen de vaincre son ennemi juré, écarte les adversaires les plus puissants : « Mais il a vaincu tout cela. Tu cherches l'égal d'Alcide [Hercule] ? Il n'est personne, sinon lui-même (*Nemo est nisi ipse*). Qu'il se fasse donc maintenant la guerre à lui-même (*bella iam secum gerat*) » (*Hercule furieux*, 84-85). Dans l'*Hercule sur l'Œta*, tragédie longtemps attribuée à Sénèque, le héros, vaincu par une tunique empoisonnée, s'adresse à ce mal auquel il ne peut faire face :

> Fléau, quelque tu sois, qui est caché dans mes chairs, avance au grand jour – pourquoi m'attaques-tu par un coup sournois ? […] Accorde-moi au moins de savoir par quel mal je vais périr : quelque fléau ou quelque fauve que tu sois, fais-toi craindre au grand jour. Qui l'a fait venir prendre place au cœur de mes moelles ? Voici qu'en arrachant ma peau, ma main a découvert mes chairs : tu as pourtant trouvé une cachette sise au-delà, ô mal semblable à Hercule ! (*o malum simile Herculi !*) (1249-1250 et 1259-1264).

Au cours de cet accès, Hercule est sans défense contre lui-même : c'est ce qui fait la vulnérabilité de la grandeur du héros dont le destin est finalement comparable à celui de Narcisse, « malheureux de n'être pas différent de lui-même » : *Infelix quod non alter et alter eras* (Ovide, *Fastes*, V, 226).

Réflexivité, négation et récusation

1) Dans l'article « Inconscient » de ses essais de *Métapsychologie* (1915), Freud avance une idée qui trouvera, par la suite, de nombreuses ramifications. Posant la question de savoir comment les processus psychiques inconscients peuvent nous être connus, il commence par

distinguer la certitude immédiate que chacun peut avoir, par la conscience, de ses propres états psychiques, de l'inférence *per analogiam*, par laquelle nous pouvons attribuer à un « autre homme » une conscience semblable à la nôtre, « sur la base des manifestations et actions perceptibles de cet autre ». Il remarque que cette inférence qui nous rend compréhensible le comportement d'autrui, repose moins sur un raisonnement que sur une *identification* par laquelle « sans plus de réflexion, nous attribuons à tout autre en dehors de nous notre propre constitution et ainsi donc généralement notre conscience »[1]. Entre la connaissance immédiate de soi et l'inférence par analogie, Freud interpose ainsi un moment intermédiaire, à la fois projectif et identificatoire.

L'appréhension de la réalité psychique inconsciente requise par la psychanalyse, poursuit Freud, ne suppose aucun autre mode de connaissance ; elle repose sur le même procédé qui permet la connaissance d'autrui :

> Or la psychanalyse n'exige rien, si ce n'est que ce procédé d'inférence soit également *retourné sur la personne propre* [...]. Procède-t-on ainsi, il faut dire que tous les actes et manifestations que je remarque sur moi et que je ne sais pas connecter avec le reste de ma vie psychique doivent nécessairement être jugés *comme s'ils appartenaient à une autre personne*, et doivent trouver à s'élucider s'il est attribué une vie d'âme à celle-ci. L'expérience montre aussi que ces mêmes acte, auxquels on refuse la reconnaissance psychique dans le cas de la personne propre, on s'entend très bien à les interpréter chez les autres, c'est-à-dire à les insérer dans le contexte animique. Notre recherche est ici manifestement détournée de la personne propre par un empêchement particulier et empêchée de connaître celle-ci exactement (OC, XIII, p. 211 ; GW, X, 268).

Cet obstacle est un effet du refoulement qui empêche l'attribution à la personne propre de certaines pensées ou représentations, regardées comme désagréables, étrangères au moi ou sans rapport avec le reste de la vie psychique du sujet. L'idée de réalité psychique inconsciente, évidemment paradoxale, repose sur le présupposé d'une cohérence et d'une continuité de la vie psychique, au delà de ce que la conscience en perçoit et surtout indépendamment de ces manifestations que le sujet accepte de s'approprier ou de reconnaître comme siennes.

Cette caractéristique de l'inconscient n'est pas propre à la psychanalyse. Elle est nettement plus ancienne, puisqu'elle est au cœur de la conception grecque du *démonique* que l'on trouve chez Homère aussi bien que chez les tragiques. Comme le remarque G. Devereux : « L'idée que les

1. OC, XIII, p. 210 ; GW, X, 268.

hallucinations, les obsessions ou les impulsions vives faisant irruption dans la sphère du conscient, sont étrangères au Moi, était déjà connue d'Homère. Ceci démontre que les produits mêmes du psychisme peuvent être éprouvés comme ayant une origine étrangère »[1]. Autrement dit, qu'elles viennent altérer le sentiment d'identité ou les frontières du soi.

On en retrouve la trace dans la psychologie de la fin du XIXe siècle, où elle est invoquée contre la notion d'automatisme mental que J. Janet associe à l'idée d'une « faiblesse mentale originaire ». Ainsi A. Binet, dans ses expériences d'hypnose, montre que le « rétrécissement du champs de la conscience », dans l'hystérie, ne s'accompagne pas d'un « affaiblissement de la capacité de synthèse », mais démontre au contraire l'existence d'un « inconscient intelligent » ou « bien organisé » : « tout se passe, en somme, quand on étudie une hystérique, comme si on expérimentait sur le plus rusé des fourbes »[2]. L'idée sera reprise par Breuer dans sa contribution théorique aux *Études sur l'hystérie*, lorsqu'il compare l'effet du « clivage de conscience » à l'opération d'un *démon* qui prendrait l'ascendant sur la personnalité vigile et engendrerait l'impression d'une seconde personnalité : « La psyché clivée est ce démon dont la naïve observation des temps anciens superstitieux croyait les malades possédés. Le fait qu'un esprit étranger à la conscience vigile du malade règne en lui est exact, sauf que ce n'est pas un esprit vraiment étranger, mais une part de son propre esprit »[3].

Mon idée est que le malin génie de Descartes peut être compris, à la lumière du dispositif réflexif mis en scène dans la Première Méditation, comme un *reste objectivé* du processus réflexif de reconnaissance et d'appropriation.

1. G. Devereux, *De l'angoisse à la méthode dans les sciences du comportement*, trad. fr., Paris, Aubier, 1980, p. 71. Voir également E. R. Dodds, *Les Grecs et l'irrationnel* (1959), trad. fr., Paris, Editions Montaigne, 1965, chap. 1.

2. A. Binet, *Les altérations de la personnalité*, Paris, 1892, p. 133.

3. OC, II, p. 277 ; GW, *Nachtragsband*, 309. Cette idée d'une « seconde intelligence » est récusée par Freud dans le même ouvrage. Il ne s'agit à ses yeux que d'une « impression trompeuse » face à des phénomènes qu'il regarde à l'époque comme essentiellement neurologiques, et non pas psychiques : « Tous ces résultats [...] suscitent en nous l'impression trompeuse qu'il existe en dehors de la conscience du malade une intelligence supérieure qui maintient en ordre à des fins déterminées un important matériel psychique et qui a procédé à un arrangement judicieux pour le retour de ce matériel dans la conscience. A ce que je présume, cette seconde intelligence, inconsciente, n'est pourtant qu'une apparence » (OC, II, p. 297 ; GW, I, 272). Quelques années plus tard, il fera un usage différent de cette « impression trompeuse ».

2) Freud se ressaisit de cette problématique de la connaissance de l'inconscient dans un article célèbre sur la « négation » (*Die Verneinung*, 1925), où il montre comment la prise de conscience d'un contenu représentatif inconscient, son *admission intellectuelle*, s'accompagne le plus souvent d'un *mouvement affectif* de récusation ou de disqualification exprimé par la forme logique et grammaticale de la négation. Je proposerai ici de rapporter le doute de la Première Méditation à ce double processus d'objectivation et de récusation, en interrogeant la manière dont Descartes met au devant de la scène les enjeux passionnels et affectifs sur lesquels repose la recherche intellectuelle et rationnelle de la vérité.

Dans son article, Freud part du constat que les patients, au cours du travail analytique, apportent souvent un matériel refoulé en l'accompagnant d'une dénégation. Le signe de négation, marque de fabrique des processus secondaires, permet donc une « admission intellectuelle » dans la conscience d'un contenu représentatif nouveau, mais sans véritable levée du refoulement, autrement dit sans modification du processus affectif qui définit le refoulement. Ainsi, « au moyen du symbole de la négation, la pensée se libère des restrictions du refoulement et s'enrichit de contenus dont elle ne peut se passer pour ses opération »[1]. Pourtant, cet enrichissement s'accompagne d'une disqualification : le contenu mental nouveau, pour être admis dans la conscience, doit être en même temps objectivé et frappé d'indignité. La pensée qui s'enrichit, s'encombre du même coup d'un contenu qu'il lui faudra traiter psychiquement. L'usage de la négation, dans l'expression verbale de ces représentations, résulte de cette nécessité : elle équivaut, écrit Freud, à un « rejet par projection » (*Abweisung durch Projektion*), à une objectivation qui a valeur de *récusation*. Sous le coup d'un tel « jugement de condamnation », le contenu de pensée n'est admis qu'à condition d'être aussitôt récusé : son admission n'a pas le sens d'une pleine et entière reconnaissance de droit, mais bien d'une simple *tolérance*. Le risque est évidemment que le discrédit finisse par s'étendre à l'activité de pensée elle-même.

On a bien affaire à une forme de censure ou à une manière nouvelle de traiter les « vérités désagréables » en provenance de l'inconscient. Les exemples qui ouvrent l'article correspondent à des énoncés que l'on rencontre aussi bien dans la pratique analytique que dans la vie quotidienne :

> "Vous allez maintenant penser que je vais dire quelque chose d'offensant, mais je n'ai pas effectivement cette intention". Nous comprenons que c'est

1. GW, XIV, 12-13 ; OC, XVII, p. 168.

> un renvoi [ou une récusation] par projection d'une idée incidente qui vient juste d'émerger. Ou bien : "Vous demandez qui peut être cette personne dans le rêve. Ma mère, ce n'est pas elle". Nous rectifions : donc c'est sa mère. Nous nous octroyons la liberté, lors de l'interprétation, de faire abstraction de la négation, et d'extraire le pur contenu de l'idée incidente. C'est comme si le patient avait dit : "Certes, c'est bien ma mère dont l'idée m'est venue à propos de cette personne, mais je n'ai aucun plaisir à donner crédit à cette idée" (GW, XIV, 11 ; OC, XVII, p. 167).

Le problème soulevé ici est typique de la situation psychanalytique dont la « règle fondamentale » invite le patient à dire ce qui lui vient à l'esprit sans exercer de censure ni se préoccuper de l'effet produit par ses propos. L'analyste s'engage, en contrepartie, à les accueillir dans un esprit de « neutralité bienveillante ». La formule même de « neutralité bienveillante » témoigne clairement de la tension, relevée par Freud, entre un processus intellectuel (commandant l'objectivité ou la neutralité) et un processus affectif (nécessitant la bienveillance). Et, par conséquent, du conflit qui en résulte.

Dans le cadre psychanalytique, la négation, quelque forme qu'elle prenne, doit être considérée comme l'expression d'une résistance. Les exemples choisis par Freud sont intéressants, parce qu'il permettent de décondenser la situation sur laquelle repose la récusation ou la négation. Ils montrent tous deux, de manière un peu différente, comment cette résistance reçoit d'abord un sens transférentiel qui regarde la relation entre le patient et l'analyste (« *vous* allez penser que… » ; « *vous* demandez… »). Dans le premier cas, la récusation porte sur la signification agressive et hostile de l'idée incidente. Dans le second, il s'agit pour le patient de prévenir une interprétation blessante. Chaque fois, cependant, le jugement de condamnation est *d'abord* imputé ou attribué à l'analyste : il prend la valeur transférentielle d'une projection sur l'analyste (« vous allez avoir une mauvaise opinion de moi »). Ce n'est que dans un *second temps* que la négation porte sur le contenu de l'idée incidente (« et bien sachez que je suis d'accord avec vous, et que cette pensée, que je m'apprête à vous dire, je la condamne tout aussi bien »). Le patient peut surmonter la honte et la culpabilité en refusant d'assumer la pleine responsabilité de son idée incidente : il peut juger de l'extérieur ces pensées, « comme si [elles] appartenaient à une autre personne ». Il fait ainsi alliance avec l'analyste dont il prétend partager une réprobation qu'il lui a préalablement imputée.

Je propose de montrer ici que l'on retrouve une forme analogue de négation en deux temps dans la Première Méditation, avec les arguments du Dieu trompeur et du malin génie. Mais également qu'entre ces deux moments, s'intercale une troisième forme de récusation, intermédiaire et un peu paradoxale, portant sur l'activité de pensée elle-même : « cela, je ne l'ai pas pensé ». C'est une négation de ce type qui conditionne le « retournement sur la personne propre » à l'origine de la connaissance de l'inconscient et de la forme particulière de réflexivité qu'elle suppose. Mon idée est qu'elle donne lieu, chez Descartes, au projet d'auto-récusation : le sujet méditant entreprend de *se tromper lui-même* : il peut à la fois objectiver le processus mental à l'origine de ces pensées et opinions qui font retour, et construire la situation dont procède le *cogito*.

Les exemples de Freud montrent comment l'admission intellectuelle trouve sa condition dans un mouvement affectif complexe qui implique des résistances dont la signification est indissociablement transférentielle et narcissique. La négation prend bien, dans un premier temps, la forme d'un énoncé méta-communicationnel qui porte non pas sur le contenu des pensées, mais sur la relation entre deux locuteurs (qu'ils soient réels ou virtuels). Mais cette situation fait retour sur le moi qui peut alors jouer, relativement à ses propres pensées, le rôle d'un observateur extérieur : la relation transférentielle et objectale laisse alors place au travail du narcissisme en charge de discriminer le moi du non-moi. Dans le meilleur des cas, ce double mouvement peut donner lieu à un processus d'appropriation et d'intégration qui consistera à reconnaître aux pensées un véritable *droit d'occupation*. C'est ce qu'entend Freud lorsqu'il évoque la possibilité d'une levée du refoulement qui repose sur la tolérance au déplaisir et la véritable acceptation du processus pulsionnel et affectif

Le délire d'influence peut être regardé comme un destin possible de ce conflit qui accompagne nécessairement l'admission intellectuelle. Il vise à faire face aux mouvements affectifs ou passionnels, source de désorganisation identitaire, en rapportant ces idées ou pensées incidentes à un agent extérieur, quel qu'il soit. Dans les exemples de Freud, la récusation du contenu prend alors appui sur l'attribution projective de la pensée incidente à l'analyste, mais pour lui imputer cette fois la responsabilité de la pensée condamnée. La défense, assez commune finalement, consiste à transformer le juge en coupable : « cette idée, c'est la vôtre, non pas la mienne. Vous cherchez à me la mettre dans la tête, pour me faire croire que je suis fou … etc. ». L'idée incidente peut alors se transformer en induction mensongère : *on me fait des pensées*.

Bien évidemment, on chercherait en vain chez Descartes une théorie du refoulement comparable à celle de Freud. Il n'est pas interdit, néanmoins, d'interpréter le délire d'influence mis en scène dans la Première Méditation avec le Dieu trompeur et le malin génie à la lumière de cette forme de résistance narcissique qui consiste à attribuer, par projection, à un *autre* des pensées qui échappent à la maîtrise et à l'initiative du sujet et menacent par là son intégrité [1].

3) Dans son article de 1925, Freud soutient l'idée selon laquelle « la négation est une manière de prendre connaissance du refoulé, à vrai dire déjà une suppression (*Aufhebung*) du refoulement, mais certes pas une admission (*Annahme*) du refoulé » [2]. La thèse impose de distinguer entre la « fonction intellectuelle du jugement », au principe de l'admission intellectuelle du refoulé, et le « processus affectif », « essentiel dans le refoulement ». Le refoulement n'est plus ici conçu sur le modèle de l'« amnésie hystérique », comme l'effet d'une censure dont la fonction était d'interdire l'accès à la conscience d'une représentation douloureuse, mais plutôt du point de vue de l'isolation obsessionnelle qui « dépouille [la représentation] de son affect » et la prive de ses « relations associatives » [3]. Paradoxalement, c'est l'admission intellectuelle du refoulé qui, moyennant le signe de négation, devient l'instrument du refoulement pour autant qu'elle fait écran aux processus affectifs et masque, par la récusation ou la disqualification, l'angoisse associée au contenu de représentation. Autrement dit, l'idéal stoïcien de maîtrise des représentations, tout comme la suspension du jugement, parviennent sans doute à contenir les mouvements passionnels qui perturbent l'âme, mais leur technique d'objectivation ou de « récusation par projection », au service du refoulement, demeure impuissante devant l'angoisse elle-même et la puissance des affects : « Quand celui qui chemine chante dans l'obscurité, il dénie son anxiété, mais il n'en voit pas plus clair pour autant » [4].

Ainsi conçu, le refoulement peut être entendu comme essentiel à l'activité de pensée et de symbolisation, en ce qu'il rend possible l'usage de la langue de pensée abstraite, la transformation en signes des impressions de l'expérience vécue : il rend pensable cette expérience et en permet la mise en forme, mais à condition d'enfouir et d'effacer l'impact traumatique de ces impressions, c'est-à-dire de l'effet de choc ou de sidération auquel Descartes rapporte l'*admiration* : « ce qui fait que tout le corps demeure immobile comme une statue, et qu'on ne peut apercevoir

1. Le problème de savoir si la philosophie de Descartes admet la possibilité de « pensées inconscientes », est parfois mal posé (et réduit à une simple pétition de principe). Mon idée est que le dispositif de la Première Méditation, ainsi que la problématique des « passions de l'âme », pareillement fondés sur la prise en considération de la « réalité formelle » des idées, permettraient de reformuler la question.

2. OC, XVII, p. 168 ; GW, XIV, 12.

3. S. Freud, *Inhibition, symptôme et angoisse*, OC, XVII, p. 238 ; GW, XIV, 151.

4. *Ibid.*, OC, XVII, p. 214 ; GW, XIV, 123.

de l'objet que la première face qui s'est présentée, ni par conséquent en acquérir une plus particulière connaissance » (*Passions*, art. 118). La négation, la récusation par projection ou encore l'objectivation constituent des formes équivalentes de compromis entre l'évacuation et l'inclusion des pensées. Elles rendent au sujet une liberté de mouvement nécessaire à l'élaboration de l'affect d'angoisse, et finalement à son interprétation, à sa reconnaissance et à sa réappropriation.

DU DIEU TROMPEUR À L'ATHÉISME PAR PROVISION

L'idée d'un Dieu trompeur a des sources théologiques que l'on connaît. On peut aussi supposer qu'elle a, outre ces débats savants, d'autres antécédents plus communs et parfois moins reluisants : l'hypothèse n'a besoin, à ce stade des *Méditations*, de reposer sur aucune idée claire et distincte des attributs divins. L'idée délirante, forgée à partir de représentations composites, tire sa force de cet amalgame.

a) *L'hypothèse de la tromperie divine*

1) On observera d'abord que toute la littérature antique montre des dieux qui agissent sur l'esprit des hommes, règlent la conduite des héros, et bien souvent les induisent en erreur. Il suffit de mentionner Ajax et Héraclès, ou encore, dans l'*Iliade*, le Zeus « ami du mensonge » (*philopseudes*) (XII, 164). La tromperie et le mensonge sont même des moyens habituels par lesquels s'exerce l'influence des dieux, capables de modifier cette réalité sans contour et sans consistance qu'est l'âme, pour soumettre l'homme tout entier à leur bon vouloir, en vertu d'une causalité psychique qui se dérobe à la conscience et à la volonté.

Du point de vue de cette notion commune des puissances démoniques et divines, le paradoxe serait plutôt du côté de l'idée d'un Dieu vérace, dont la révélation serait source d'une vérité d'ordre supérieur, allant à l'encontre des habitudes, des opinions reçues ou même de la raison, autrement dit d'une révélation apportant non la paix, mais le glaive et la discorde (*Matthieu*, 10, 34-36), à dessein de « confondre les sages » (*I Corinthiens*, 1, 27).

On a souvent mis en regard l'argument du « Dieu trompeur » avec la doctrine cartésienne de la création des « vérités éternelles », c'est-à-dire avec la thèse selon laquelle « les vérités mathématiques [...] ont été établies de Dieu et en dépendent entièrement, aussi bien que l'ensemble des créatures », et en vertu d'une volonté libre, « ainsi qu'un roi établit des lois en son royaume »[1]. Ces lois au fondement du raisonnement humain, Dieu « les pourrait changer comme un roi fait ses lois, [...] si sa volonté peut changer ». Le paradoxe est que cette volonté absolue dont dépendent les premiers fondements de la vérité aussi bien que de la justice et de la morale, ne saurait être limitée ni organisée par aucune règle ou principe compréhensible : Dieu est un autre dont l'intentionnalité n'est pas seulement obscure pour moi, mais insondable en soi.

2) C'est à un paradoxe analogue que renvoie, dans la Première Méditation, l'hypothèse du Dieu trompeur qui confronte le sujet aux limites de sa capacité de penser. Elle est amenée par la récusation générale des connaissances sensibles. A ce stade de la Méditation, le sujet rencontre un stock d'idées qui s'imposent à lui avec une force et une nécessité qui résistent au doute : « Car soit que je veille ou que je dorme, deux et trois ensemble formeront toujours le nombre de cinq, et le carré n'aura jamais plus que quatre côtés »[2]. C'est cette certitude associée aux raisons mathématiques qui va donner au doute sa forme hyperbolique : l'objectivité de telles vérités place le sujet méditant face à ses propres limites, à une forme d'altérité qui le confronte au mystère de son origine, de son identité et de sa « nature » propre. C'est le sens de l'idée incidente qui sert de fondement à l'argument du Dieu trompeur : « Toutefois, il y a longtemps que j'ai dans mon esprit une certaine opinion qu'il y a un Dieu qui peut tout, et par qui j'ai été créé et produit tel que je suis (*Deum esse qui potest omnia, et a quo talis, qualis existo, sum creatum*) »[3]. Autrement dit, si certaines pensées (les premières certitudes mathématiques) s'imposent à moi sans dépendre de moi, cela signifie qu'elles doivent être attribuées à ce « Dieu qui peut tout », qui aura produit en moi ces pensées et m'aura créé moi-même tel que, pour moi, « deux et trois ensemble formeront toujours le nombre de cinq ».

On tient là un raisonnement qui ressemble assez à une « preuve de l'existence de Dieu », à ceci près évidemment que la notion du Dieu créateur et souverain n'est pas ici l'objet d'une déduction à proprement parler : elle est seulement rencontrée incidemment à la faveur d'un raisonnement qui demeure implicite. L'inférence résulte de l'objectivation des pensées et répond d'abord à la nécessité d'attribuer, par projection, une origine à ces propositions dont la nécessité résiste au doute, afin de les soumettre

1. Descartes à Mersenne, 15 avril 1630; AT, I, 145.
2. AT, VII, 20, 27-30; IX, 16.
3. AT, VII, 21, 1-3; IX 16.

à l'examen et de les « juger comme si [elles] appartenaient à une autre personne ».

3) L'argument du Dieu trompeur est simple et peut être ainsi résumé : a) ce Dieu tout-puissant qui m'a créé « tel que je suis », « il se peut faire qu'il ait voulu que je me trompe ». b) « Mais peut-être que Dieu n'a pas voulu que je fusse déçu de la sorte; car il est souverainement bon ». c) « Toutefois [...] je ne puis douter qu'il ne le permette »[1]. Du point de vue théologique ou métaphysique, il renvoie à la problématique traditionnelle des attributs divins (puissance, volonté, bonté) et à la question de la possibilité du péché et de l'erreur.

Du point de vue psychologique, l'hypothèse vient expliciter le délire d'influence et de persécution, jusqu'ici sous-jacent, en attribuant l'erreur à une intentionnalité potentiellement malveillante : a) la certitude et la puissance de conviction associée aux « vérités mathématiques » sont l'effet du pouvoir créateur d'un Dieu tout-puissant qui m'a créé « tel que je suis »; b) leur caractère de nécessité sera par conséquent une illusion qui résulte de « ma nature » finie et dépendante, c) et le résultat de l'emprise d'un Dieu agissant à la manière d'un « roi [qui] imprimerait ses lois dans le cœur de tous ses sujets » (à Mersenne, le 15 avril 1630). Confronté à de tels arguments, l'objection tirée de la « souveraine bonté » sera finalement de peu de poids, puisqu'elle ne consiste jamais qu'à s'en remettre à un maître ou à un roi « duquel on ne se peut jamais assurer qu'il soit bon, puisqu'il est toujours en sa puissance d'être mauvais quand il le voudra » (La Boétie). On lit ainsi, toujours dans la lettre à Mersenne sur la création des vérités mathématiques, cette défense de la grandeur incompréhensible de Dieu : « ainsi qu'un roi a plus de majesté, lorsqu'il est moins familièrement connu de ses sujets, pourvu toutefois qu'ils ne pensent pas être sans roi, et qu'il le connaissent assez pour n'en point douter ». Or la représentation de cette dépendance peut tout aussi bien alimenter la défiance à l'égard d'une puissance que l'on ne saurait comprendre.

1. Leibniz relève en ces termes la bizarrerie manifeste de l'argument : « D'ailleurs Dieu ne survient ici que pour produire une sorte d'effet théâtral (*ad specimen quandam sive pompam*); car, pour ne pas dire davantage, cette étrange fiction (*exoticam illam fictionem*), ce doute sur la question de savoir si nous ne serions pas faits pour nous tromper même à propos des choses les plus évidentes, ne saurait émouvoir personne, puisque la nature même de l'évidence s'y oppose et que les expériences et les succès de toute la vie témoignent du contraire » (« Remarques sur la partie générale des Principes de Descartes », GP, IV, 358; trad. fr. P. Scheker, dans Leibniz, *Opuscules philosophiques choisis*, Paris, Vrin (1959), 2001, p. 43).

4) Du point de vue doctrinal, l'objection tirée de la souveraine bonté de Dieu, théologiquement fondée sur une idée vraie des attributs divins, vise à réfuter l'hypothèse fondée sur la seule considération de la puissance divine : il serait contraire à la bonté de Dieu « de m'avoir fait tel que je me trompasse toujours ». L'argument tiré de la « souveraine bonté » sera explicité au début de la Quatrième Méditation : « Car premièrement je reconnais qu'il est impossible que jamais il me trompe, puisque en toute fraude et tromperie il se rencontre quelque sorte d'imperfection ; et quoiqu'il semble que pouvoir me tromper soit une marque de subtilité ou de puissance, toutefois vouloir tromper témoigne sans doute d'une faiblesse ou de malice. Et partant cela ne saurait se rencontrer en Dieu »[1]. Si l'argument peut porter dans la Quatrième Méditation, c'est que l'existence de Dieu n'est plus cette idée incidente rencontrée au détour de l'examen des opinions reçues, mais une thèse fondée maintenant sur des preuves démonstratives : c'est sur elles que repose finalement notre assurance dans la bonté de ce maître tout-puissant.

On trouve cependant l'objection explicitée un peu différemment dans les Réponses aux Secondes Objections, où l'idée d'un mensonge divin est légitimée du point de vue de la prophétie et des fins de la révélation : « Je ne voudrais pas néanmoins condamner, écrit Descartes, ceux qui disent que Dieu peut proférer par ses prophètes quelque mensonge verbal, tels que ceux dont se servent les médecins quand ils déçoivent [trompent] leurs malades pour les guérir, c'est-à-dire qu'il fût exempt de toute la malice qui se rencontre ordinairement dans la tromperie »[2]. La réponse exonère Dieu de toute intention malicieuse (moralement mauvaise), mais non de tout mensonge, ni même de toute tromperie.

L'objection tirée de la bonté de Dieu est finalement très équivoque. Elle revient à soutenir que les illusions produites par ce maître, sous la dépendance duquel je me trouve, sont des effets de sa providence particulière qui vise à assurer mon salut, dans ce monde comme dans l'autre. De fait, c'est par un argument analogue qu'on justifie ordinairement les « pieux mensonges » des législateurs, les impostures des médecins ou encore les fables des nourrices. Loin de venir durablement à bout de la méfiance, l'évocation de la « souveraine bonté » de Dieu aura psychologiquement l'effet contraire d'alimenter le délire d'influence. Il ne revient jamais qu'à

1. AT, VII, 53, 23-29 ; XI, 43.

2. AT, VII, 143, 13-17 ; IX, 112. La question de Mersenne dans les *Secondes objections* (AT, VII, 126 ; IX, 99) était la suivante : « Dieu ne peut-il pas se comporter envers les hommes comme un médecin envers ses malades, et un père envers ses enfants, lesquels l'un et l'autre trompent si souvent, mais toujours avec prudence et utilité ? Car si Dieu nous montrait la vérité toute nue, quel œil ou plutôt quel esprit aurait assez de force pour la supporter ? ».

faire dépendre la vérité des certitudes mathématiques de la « capacité à halluciner ou à manipuler les faits de façon à produire l'illusion délirante qu'il existe dans le groupe [dans le monde, en Dieu ou chez l'analyste] une réserve inépuisable d'amour en sa faveur »[1]. L'objection tirée de la « souveraine bonté » conduit finalement à apporter un démenti violent à cette croyance ou à cette confiance : même « si cela répugnait à sa bonté de m'avoir fait tel que je me trompasse toujours, [...] néanmoins je ne puis douter qu'il ne le permette » ... *donc il me trompe.*

De fait, l'argument du Dieu trompeur n'est pas levé ici, mais conduit à une négation radicale, celle des athées : « Il y aura peut-être ici des personnes qui aimeront mieux nier l'existence d'un Dieu si puissant, que de croire que toutes les autres choses sont incertaines »[2]. La suite, plutôt que de récuser l'opinion des athées, propose provisoirement de l'endosser : « mais ne leur résistons pas pour le présent, et supposons en leur faveur que tout ce qui est dit ici d'un Dieu soit une fable ».

5) Censée réfuter l'argument du Dieu trompeur, l'objection tirée de la souveraine bonté, quoique théologiquement fondée, produit l'effet contraire : loin restaurer la confiance, elle vient donner corps au délire d'influence. L'idée incidente, ici celle d'une tromperie divine, est bien amenée au moyen d'une négation qui en permet l'admission intellectuelle, mais échoue à en assurer le refoulement ou le rejet. Dans ce qui suit, je voudrais montrer comment l'argument relatif aux raisons de douter porte la marque, à peine dissimulée, de processus affectifs, et que c'est d'eux d'abord qu'il tire sa puissance de persuasion.

On pourrait retrouver sous la plume de Proust une inférence analogue qui associe *bonté* et *mensonge* et pourrait assez bien illustrer la logique implacable de la défiance :

> Quand nous parlons de la “gentillesse” d'une femme, nous ne faisons peut-être que projeter hors de nous le plaisir que nous éprouvons à la voir, comme les enfants quand ils disent : “Mon cher petit lit, mon cher petit oreiller, mes chères petites aubépines”. Ce qui explique par ailleurs que les hommes ne disent jamais d'une femme qui ne les trompent pas : “Elle est si gentille”, et le disent si souvent d'une femme par qui ils sont trompés[3].

1. W. Bion, *Cogitations* (1992), trad. fr., Paris, In Press, 2005, p. 38-39.
2. AT, VII, 21, 17-19; IX, 16.
3. M. Proust, *Albertine disparue*, dans *A la recherche du temps perdu*, IV, éd. J.-Y. Tadié, « Bibliothèque de la Pléiade », Paris, Gallimard, 1989, p. 78. Entendons aussi bien : « ma chère petite maman ». Ou encore : « mon cher analyste ».

Par conséquent : la confiance accordée à la femme aimée doit suffire à éveiller le soupçon de mensonge et d'infidélité. La jalousie si finement décrite par Proust, entraîne le sujet dans une spirale délirante assez semblable au doute hyperbolique de Descartes dans lequel « le moindre sujet de douter » sera susceptible d'ébranler la confiance.

La *projection* dont parle d'abord Proust attribue à l'objet des qualités qui n'appartiennent en réalité qu'au sentiment qu'il éveille en nous. C'est l'idée que l'on rencontrerait par exemple chez Spinoza : nous ne désirons pas une chose parce qu'elle est bonne, mais nous la jugeons bonne parce que nous la désirons. Le renversement met au premier plan le processus affectif au service de l'illusion narcissique, du délire imaginatif ou encore de l'aveuglement propre au désir. Les choses seraient simples si on s'en pouvait s'en tenir là et faire comme si la désillusion et la connaissance vraie permettaient, à elles seules, de se guérir de l'amour et du désir d'aimer.

Observation : Proust décrit ainsi les effets de l'illusion primaire d'un narcissisme qui ne tient aucun compte de la réalité : « Mais, de ce que M. Vinteuil connaissait peut-être la conduite de sa fille, il ne s'ensuit pas que son culte pour elle en eût été diminué. *Les faits ne pénètrent pas dans le monde où vivent nos croyances*, ils n'ont pas fait naître celles-ci, ils ne les détruisent pas ; ils peuvent leur infliger les plus constants démentis sans les affaiblir, et une avalanche de malheurs ou de maladies se succédant sans interruption dans une famille ne la fera pas douter de la *bonté de son Dieu ou du talent de son médecin* »[1]. A l'inverse donc, le soupçon jaloux qui vient ébranler la confiance en ce monde des croyances, correspond à une expérience de désillusion : le doute pourra tout aussi bien se déplacer sur la bonté de Dieu et le talent du médecin.

La mise en lumière du processus projectif a bien valeur de désillusion. Mais au lieu de conduire à une vision plus objective ou réaliste, cette désillusion n'interrompt pas la logique délirante du désir : elle conduit à imputer à l'objet, par projection encore, la responsabilité de l'illusion ainsi dénoncée : « si *je* suis trompé, c'est qu'*on* me trompe, donc *elle* me trompe ». Proust ne s'en tient pas là. Il montre comment la désillusion vient encore requalifier le plaisir lui-même : associé maintenant au désir lui-même et à l'état de dépendance amoureuse, il se mesurera désormais à l'aune de la souffrance et de la blessure infligée par l'objet. La vérité de l'amour et du

1. M. Proust, *Du côté de chez Swann*, éd. J.-Y. Tadié, « Bibliothèque de la Pléiade », Paris, Gallimard, 1987, p. 146 ;

plaisir se mesure (sous la plume de Proust) à cette souffrance et à cette déception dont ils se nourrissent. La désillusion conduit alors à une disqualification non seulement du jugement d'attribution (ce qui procure du plaisir est bon, et digne d'être aimé), mais du plaisir lui-même, récusé comme illusoire et trompeur : il n'est jamais que le moyen dont se sert l'objet aimé pour abuser de ma confiance. Sans être toujours sans fondement, ce constat désabusé est au cœur de la jalousie délirante qui, faute de tolérer l'ambivalence, conclut projectivement à la duplicité de l'objet, à la manière de ces patients qui accusent leurs médicaments d'être la cause de leur maladie : « Du moment que cette Albertine bonne était revenue, j'avais retrouvé la seule personne à qui je puisse demander l'antidote des souffrances qu'Albertine me causait »[1].

Chez Descartes, l'objection de la « souveraine bonté » de Dieu induit un effet similaire : loin de restaurer la confiance, elle sert au contraire à renforcer le doute et la défiance. Comme dans la jalousie délirante, le réconfort ou le secours que l'on attend de l'objet, devient une preuve supplémentaire de sa trahison, et sa bonté ou sa gentillesse, la marque de sa mauvaise foi mensongère et malicieuse. La représentation d'un « Dieu qui peut tout » et la reconnaissance de l'état de dépendance fait porter le soupçon sur la valeur des vérités mathématiques, mais plus encore sur l'intention de cet objet qui m'a « créé et produit tel que je suis ». Le délire d'influence suit alors une voie analogue à la jalousie chez Proust, puisque le sentiment d'évidence lui-même, récusé comme source d'illusion, vient servir d'argument en faveur de l'hypothèse d'un Dieu trompeur. Dans la Sixième Méditation, un raisonnement identique sert à renverser les « enseignements de la nature » (jugement d'attribution) : « Comme, par exemple, le goût agréable de quelque viande en laquelle on aura mêlé du poison, peut m'inviter à prendre ce poison, et ainsi à me tromper »[2].

b) *Le pari de l'athéisme*

1) De même que la récusation du Dieu trompeur se heurte à l'objection de la « souveraine bonté », de même le rejet de l'idée incidente imputée à l'analyste entre en conflit avec la confiance ou l'alliance nécessaire à

1. *Ibid.*, p. 110. Pourtant, ajoute Proust dans la même page, si, « pour être persuadé de son innocence, il suffisait de l'embrasser », c'est encore là une preuve nouvelle de sa culpabilité et de sa perfidie. Ce qui paraît souvent motiver la conviction délirante, c'est l'espoir qu'elle puisse être un jour être démentie ou falsifiée. Ce désir d'avoir tort et de faire mentir les faits pourrait aussi être l'un des moteurs de la curiosité scientifique (si l'on en croit K. Popper).

2. AT, VII, 83, 29-30; IX, 66.

la relation thérapeutique, c'est-à-dire au « transfert positif » qui permet ordinairement au patient de tolérer les interprétations de l'analyste. C'est le sens que Descartes donne aux mensonges « exempts de toute malice » que l'on rencontre dans la pratique médicale aussi bien que dans les Écritures saintes. Le doute tire ainsi argument de cette confiance dans la « souveraine bonté » qui sert à légitimer les « pieux mensonges » : comme chez Proust, la foi menace l'intégrité du sujet.

Si l'objection tirée de la « souveraine bonté », quoique théologiquement fondée, ne porte pas, c'est qu'elle est prise dans les impasses du délire d'influence. Il ne s'agit pas encore de spéculer sur les attributs divins, mais d'affronter un objet paradoxal, à la fois poison et antidote. De ce fait, invoquer la souveraine bonté du Dieu créateur ne revient jamais ici qu'à trancher la question en faisant le *pari de croire* : mieux vaut croire et se convaincre de la bonté d'un maître si puissant, que d'affronter les conséquences désastreuses qui découleraient de sa malice. Le pari n'est certes pas formulé expressément, mais il sert, quelques lignes plus loin, à rendre raison de l'argument contraire, celui des athées qui « aimeront mieux nier l'existence d'un Dieu si puissant, que de croire que toutes les autres choses sont incertaines ».

2) L'objection tirée de la « souveraine bonté » ouvre la voie à un pari contraire, celui des athées. Pour autant, la négation de l'existence de Dieu ne supprime pas le doute : quelle que soit la cause de mon existence, qu'elle soit rapportée à une Dieu tout-puissant ou « à quelque destin ou fatalité », au « hasard » ou à la « continuelle suite et liaison des choses », l'erreur sera toujours « une espèce d'imperfection ». Loin de la résoudre la difficulté, le parti-pris de l'athéisme renforce au contraire la probabilité de l'erreur : « d'autant moins puissant sera l'auteur qu'ils attribueront à mon origine, d'autant plus sera-t-il probable que je suis tellement imparfait que je me trompe toujours »[1]. De sorte que le doute n'est plus porté « par aucune inconsidération et légèreté », mais repose désormais sur « des raisons très fortes et mûrement considérées ».

Plutôt que d'énumérer ces « raisons », on peut remarquer que le chemin qui conduit de l'opinion fausse d'un Dieu trompeur à l'athéisme, met d'abord en scène une crise identitaire et spirituelle. L'évocation de ceux qui préfèreront « nier l'existence de Dieu » correspond, en effet, à une représentation tout à fait convenue à l'époque de Descartes : loin d'être une audace intellectuelle, l'athéisme est ici porté par le désespoir

1. AT, IX, 17 ; VII, 21.

et la révolte face à un Dieu qui, s'il n'est pas cause de l'erreur, permet néanmoins « que je me trompe quelquefois ». Ou encore un Dieu qui sans causer le mal, ne l'empêche pas.

Dans son *Anatomie de la mélancolie*, au chapitre consacrée à la mélancolie religieuse, R. Burton en rapporte deux exemples typiques qu'il emprunte au traité de Mersenne sur la Genèse :

> Marin Mersenne, dans son *Commentaire sur la Genèse*, mentionne le désespoir d'un de ses amis qu'il était allé voir en compagnie d'autres personnes, afin de l'exhorter à la patience ; celui-ci se lança dans un discours athée des plus blasphématoires, trop effrayant pour être rapporté ; lorsqu'ils lui demandèrent de faire confiance à Dieu : *Quis est ille Deus (inquit) ut serviam illi, quid proderit si oraverim ; si praesens est, cur non succurrit ? cur non me carcere, inedia, squalore confectum liberat ? quid ego feci ? etc., absit a me huiusmodi Deus*. [*Quel est ce Dieu, dit-il, que je suis supposé servir ? A quoi me servirait-il de le prier ? S'il est là, pourquoi ne me secourt-il pas ? Pourquoi ne me libère-t-il pas de la prison, de la faim et de la misère ? Qu'ai-je donc fait ? etc. Un Dieu pareil, je m'en passe bien !*] Un autre de ses amis énonça de semblables blasphèmes athées après la mort de son épouse ; il était fou de rage, jurait, s'inquiétait peu de ce qu'il disait et faisait. Et il en est le plus souvent ainsi pour tous ces gens-là : la plupart d'entre eux, dans leur misère, pensent entendre des cris et être l'objet de visions, pensent converser avec les démons, pensent qu'ils sont tourmentés, possédés, au milieu des flammes de l'enfer, déjà damnés, bien oubliés de Dieu ; ils ne peuvent plus ni imaginer ni comprendre la miséricorde, la grâce, n'ont plus d'espoir de salut, la sentence qui les condamne relève du passé et ne peut plus être changée ; ils appartiendront certainement au démon [1].

1. R. Burton, *Anatomy of Melancholy* (1621, 5 e éd. 1638), III, 4, 2, 4 ; trad. fr., Paris, J. Corti, 2000, p. 1804-1805 (modifiée). Voir M. Mersenne, *Quaestiones in Genesim* (Paris, 1623), q. 1, art. 3, col. 229 (et non 230 comme l'indique Burton). Pour les propos de l'athée, on lit chez Mersenne : *Quid ? fierine potest, ut mihi Deus adsit ? si praesens adsit, cour non succurit ? cur me carceris, inediae sualore, et supplicio iamdiu confectum, tametsi innocentem non liberat ? absit a me longeque recedat huiusmodi Deus*. Le passage est précédé de deux références scripturaires. La première est l'épisode où les Hébreux mettent Dieu à l'épreuve en réclamant à Moïse un miracle (Exode 17, 7) : *Estne Dominus in nobis, an non ?* (« Le Seigneur est-il avec nous ou non ? »). Le second (en marge) est tiré du livre de Job (21, 15) et accompagne une réflexion relative à la prospérité des méchants : *Quis est iste omnipotens, ut servimus ei et quid nobis prodest si onoraverimus illum ?* (« Qui est ce Tout-puissant pour que nous le servions ? et quels avantages nous procure-t-il si nous l'honorons ? »). Dans les deux cas, le doute relatif à la bonté de Dieu est appelé par la représentation de sa toute-puissance.

Dans ces exemples, on voit comment le blasphème des athées qui nient l'existence de Dieu est généralement interprété, à l'époque de Descartes, non comme une thèse intellectuelle ou philosophique, mais d'abord à la lumière du processus affectif ou passionnel qui le conditionne[1]. La récusation, incompréhensible et terrible aux yeux de Mersenne et de Burton, est présentée comme une expression de désespoir : elle relève d'une conviction délirante qui prend la forme d'une *anticipation des peines de l'enfer*[2].

Mon hypothèse est que l'évocation de ceux qui préfèreront « nier l'existence de Dieu »[3] mobilise, en deçà de « l'ordre des raisons », des processus affectifs fondés sur des représentations culturelles de ce genre. Ce point de vue permettrait d'ailleurs de montrer comment la série des arguments de la Première Méditation forme un ensemble psychologiquement cohérent : de l'argument du rêve qui assimile le sujet méditant à ces désespérés qui « pensent être l'objet de visions » ou croient être morts, n'avoir plus ni mains, ni tête, ni corps, sinon en imagination, à l'hypothèse du malin génie, qui pourrait évoquer ceux qui « pensent qu'ils sont tourmentés et possédés », se croient assujettis aux peines de l'enfer, et s'imaginent « converser avec les démons », « déjà damnés, bien oubliés de Dieu ». On rendrait compte ainsi de l'effet de vertige et de sidération que cette Première Méditation produit sur le lecteur.

J'ai voulu mettre en avant l'étrangeté de l'hypothèse du Dieu trompeur, non pas relativement à sa fausseté manifeste, mais du point de vue de l'expérience affective ou passionnelle, et des mouvements imaginatifs qui l'accompagnent. Il me suffit pour cela de proposer cette construction comme *cliniquement vraisemblable*. Descartes procèderait ici à la manière du capitaine de la nouvelle de Cervantès qui vantait les attraits de la vie

1. Ce qui n'exclut nullement qu'il ait effectivement existé à l'époque des « athées philosophes » comme Vanini ou l'auteur anonyme du *Theophrastus redivivus* (1659).

2. Voir aussi cette remarque de G. Bruno : « En effet, l'imagination sans la vérité peut lier véritablement et véritablement attacher le liable par l'imagination. Ainsi, même si l'enfer n'existe pas, l'opinion et l'imagination de l'enfer, sans aucun fondement, crée véritablement un véritable enfer. Pour le liable, la vision fantastique a en effet sa vérité, d'où vient qu'elle agit véritablement, qu'elle l'enchaîne de façon véritable et fort puissante, et que le supplice, la croix de l'enfer est aussi éternelle que ces visions sont éternelles, et que par elle il persévère dans son malheur pendant des siècles » (*De vinculis, Des liens*, II, 30 ; trad. fr. D. Sonnier et B. Donné, Paris, Allia, 2001). Que les peines de l'enfer soient imaginaires (non corporelles) est une idée assez commune. L'idée prend néanmoins ici un tour lucrétien.

3. Ou encore, ce qui revient au même, adopter une religion d'un nouveau genre, reposant sur l'alliance et la soumission volontaire à un dieu malveillant. On peut entendre ainsi le sectarisme et la fanatisme religieux.

militaire, « mais sans souffler mot [...] de l'effroi des batailles ». La fonction du délire de persécution est de faire face au sentiment d'étrangeté et de contenir les angoisses hypocondriaques et la désorganisation identitaire à laquelle conduit la récusation du corps propre, réduit à un amas de « choses générales » (et mortes). Cette lutte menée au nom du narcissisme engendre un flux de représentations auxquelles le sujet délirant oppose une prolifération désordonnée de pensées et d'arguments contradictoires qui finissent par se retourner contre lui en le confrontant à une conviction nouvelle, celle d'être damné. Cette prétention nouvelle confère au sujet méditant un « statut d'exception » tout aussi grandiose : celle d'un moi qui, comme le Richard III de Shakespeare, « frustré de facture par la fourbe Nature (*cheated of features by dissembling nature*) », ou trompé par la malice de Dieu, se déterminerait à « être un scélérat (*to be a villain*) ... le trouble-fête de ces jours frivoles », c'est-à-dire un athée.

Ce tableau dont j'ai librement rehaussé les couleurs, n'aurait guère d'intérêt s'il ne permettait de mettre en évidence un aspect essentiel de l'activité de pensée. L'argument du Dieu trompeur peut s'entendre à la lumière de ce moment projectif et transférentiel sur lequel s'appuie l'admission intellectuelle des pensées. Il correspond, *au mode près*, aux formules par lesquelles le patient commence par attribuer à l'analyste des pensées qui feront l'objet de sa récusation : *vous allez penser que ..., vous allez croire que* ... Je propose ici de souligner le caractère paradoxal de la situation transférentielle qu'elles expriment. Et tout particulièrement dans le cas où l'identification projective conduit finalement à attribuer à l'analyste une hostilité que le patient récuse ou dénie : « Vous allez maintenant penser que je vais dire quelque chose d'offensant, mais je n'ai pas effectivement cette intention ». Pour se disculper d'une représentation hostile, le patient attribue à son analyste l'interprétation malveillante de ses propos. Autrement dit, pour garantir la pureté de son « amour de transfert », il se trouve contraint de faire de son analyste un personnage jaloux, soupçonneux, potentiellement dangereux, de sorte qu'au final sa défiance et son hostilité apparaîtront tout à fait justifiées. Ces paradoxes que l'on rapporte généralement à l'idéalisation, témoignent de l'ambiguïté d'un « transfert positif », où sont généralement présents, à l'état latent, tous les ingrédients constitutifs du délire de persécution : *elle est "gentille", donc elle me trompe*. L'analyste doit garder à l'esprit cette observation de D. Fairbairn : avec *tous* les patients, on doit toujours s'attendre, lorsqu'une sainte messe est célébrée dans le chœur, qu'une messe noire ait lieu dans la crypte.

AUTO-RÉCUSATION ET RÉFLEXIVITÉ : LE MALIN GÉNIE

Dans ce qui va suivre, je voudrais a) mettre en avant la continuité de l'argumentation de cette Première Méditation en montrant comment l'hypothèse du malin génie prolonge celle du Dieu trompeur et qu'elle peut être comprise à la lumière de cette crise spirituelle et morale, c'est-à-dire de cette conviction d'être damné et abandonné de Dieu, à laquelle les contemporains de Descartes rapportent couramment l'athéisme. Je voudrais encore montrer b) que l'hypothèse peut être entendue du point de vue du mécanisme de la dénégation, comme une assez bonne illustration de ce second moment dans lequel la récusation porte non plus sur les interprétations de l'analyste, mais sur le contenu lui-même des représentations, en prenant ici la forme d'une auto-récusation un peu paradoxale : « Cela, je ne l'ai pas même pensé » [1]. Je proposerai enfin d'établir c) que le malin génie, souvent regardée comme un simple « artifice méthodologique », peut être compris, dans le contexte de la philosophie cartésienne, à la lumière de la définition générique des « passions de l'âme », c'est-à-dire de ces pensées qui échappent à l'initiative ou à la volonté du sujet. A la lumière, par conséquent, de la problématique de l'union de l'âme et du corps, développée dans la Sixième Méditation et dans le traité *Des passions de l'âme*. Pas plus que la Première Méditation ne congédie la folie, pas plus elle ne congédie le corps, puisque le *cogito* confronte bien le sujet aux effets de l'union et à l'impact des passions et des affects sur la capacité de penser.

a) *Le recours à la fiction*

Si l'hypothèse du Dieu trompeur a pour effet de renforcer les « raisons de douter », la suspension du jugement se heurte à un nouvel obstacle : les « anciennes et ordinaires opinions », récusées précédemment, résistent aux arguments jusqu'ici utilisés pour les remettre en doute. Elles font retour, en vertu d'une sorte de *droit coutumier d'occupation* qui résulte de l'« usage familier » :

1. Les paradoxes associés à la négation, au cœur de l'activité de pensée, relèvent finalement de cette « logique du chaudron » dont Freud fait état dans son livre sur le mot d'esprit. Accusé d'avoir détérioré le chaudron qu'on lui a prêté, le personnage de l'histoire se défend par une série de dénégations assez semblables à celles qui illustrent l'article de 1925 : « Premièrement, je n'ai absolument pas emprunté de chaudron ; deuxièmement, le chaudron avait un grand trou lorsque je l'ai reçu ; troisièmement, j'ai rendu le chaudron intact » (Freud, OC, VII, 75). Cette logique, la Première Méditation n'en est finalement pas si éloignée.

> Mais il ne suffit pas d'avoir fait ces remarques, il faut encore que je prenne soin de m'en souvenir ; car ces anciennes et ordinaires opinions me reviennent encore souvent en la pensée, le long et familier usage qu'elles ont eu avec moi leur donnant droit d'occuper mon esprit contre mon gré, et de se rendre presque maîtresses de ma créance, et je ne me désaccoutumerai pas d'y acquiescer, et de prendre confiance en elles, tant que je ne les considérerait telles qu'elles sont en effet, c'est à savoir en quelque façon douteuses, comme je viens de le montrer, et toutefois fort probables ; en sorte qu'on a beaucoup plus de raison de les croire que de les nier (AT, 22, 3-12 ; IX, 17).

Descartes met en avant la puissance de l'habitude ou de l'accoutumance qui fait obstacle à la récusation de ces pensées, malgré la force des raisons de douter. Une puissance tyrannique, anonyme et sans visage, qui, comme l'écrit Montaigne, menace l'intégrité et l'identité du sujet : « Mais le principal effet de sa puissance, c'est de nous *saisir et empiéter* de telle sorte, qu'à peine soit-il en nous de ravoir de la prise et de rentrer en nous pour discourir et raisonner de ses ordonnances » [1].

Descartes ne caractérise pas plus précisément ces pensées et opinions, comme il l'avait fait plus haut en mentionnant les notions relatives au corps propre, aux réalités sensibles, aux objets mathématique ou encore à la représentation d'un Dieu tout-puissant. Il relève seulement que l'ensemble de ces « anciennes et ordinaires opinions » tirent de leur familiarité un pouvoir qui échappe à la volonté du sujet et met en échec l'effort de récusation et d'objectivation.

A ce stade de la Méditation, la suspension du jugement se heurte donc à une résistance face à laquelle le procédé de « récusation par projection » demeure dans effet : il ne suffit plus de soutenir, même au moyen des arguments les plus solides, que le corps propre, le monde extérieur ou les vérités mathématiques sont des illusions, pour écarter ou congédier la croyance dont ils font l'objet. La source de l'erreur doit maintenant être située dans le sujet lui-même. La négation prend alors la forme paradoxale d'une auto-récusation. Pour se désaccoutumer de ces pensées et opinions qui s'imposent à lui avec tant de force « que l'on a beaucoup plus de raisons de les croire que de les nier », le sujet doit maintenant tenir en échec, par la force de la volonté, ce principe interne de croyance (la « créance ») :

> C'est pourquoi je pense que j'en userai plus prudemment, si prenant un parti contraire, j'emploie tous mes soins à me tromper moi-même (*si, voluntate plane in contrarium versa, me ipsum fallam*), feignant [pour

1. Montaigne, *Essais*, I, 23, 115.

> quelque temps : *aliquandiu*] que toutes ces pensées sont fausses et imaginaires ; jusqu'à ce qu'ayant tellement balancé mes préjugés qu'ils ne puissent faire pencher mon avis d'un côté puis de l'autre, mon jugement ne soit plus désormais maîtrisé par de mauvais usages, et détourné du droit chemin qui le peut conduire à la connaissance de la vérité [détourné d'une correcte perception des choses : *a recta rerum perceptione*] (AT, VII, 22, 12-18 ; IX, 17).

La formule est sans doute paradoxale et certains commentateurs ont regardé cette entreprise d'auto-récusation comme impossible et contradictoire au point d'y voir un artifice purement verbal. C'est négliger d'abord qu'elle prend plus simplement modèle sur la pratique stoïcienne de « maîtrise des représentations », aussi bien que sur l'expérience familière des songes au cours de laquelle, le sujet, confronté au monde étrange de l'illusion, peut lui-même « décider qu'il rêve » et se faire l'interprète de ses visions nocturnes. L'intérêt du raisonnement cartésien tient à la manière dont ces expériences familières sont reprises et problématisées à ce stade de la Première Méditation.

Descartes soutient que la récusation de ces « ordinaires et familières opinions », ne repose plus ici sur la raison, mais bien plutôt sur la puissance de l'imagination et sur sa capacité de forger des fictions et, par conséquent, de *se tromper soi-même*, donnant pour « fausses et imaginaires », illusoires et trompeuses, comme s'il s'agissait de *fables*, des opinions en elles-mêmes si évidentes qu'il est presque impossible d'en douter. Ce projet d'auto-récusation repose sans doute, en partie du moins, sur les ressources de la langue abstraite, mais d'abord sur la capacité de l'imagination à feindre ou simuler, et à produire une simple apparence de vérité. L'étrangeté de la formule tient au fait que les ressources de la fiction sont mobilisées ici pour nier et récuser comme illusoires des pensées et opinions qui résistent au doute et à la négation. Il ne s'agit de rien moins que de transformer la vérité en mensonge.

La mise en œuvre de cette nouvelle forme de récusation fondée non plus sur des « raisons de douter », mais sur le pouvoir de l'imagination, impose un travail de figuration qui permettra à la fiction prendre forme. C'est le sens que l'on peut donner à l'entrée en scène du malin génie à la faveur de laquelle le sujet méditant pourra *feindre* « que toutes ces pensées sont fausses et imaginaires » : « Je supposerai donc qu'il y a, non point un vrai Dieu, qui est la souveraine source de vérité, mais un certain mauvais génie non moins rusé et trompeur que puissant, qui a employé toute son industrie à me tromper »[1]. On a bien affaire à une

1. AT, VII, 22, 23-26 ; IX, 17.

fiction théâtrale et fantastique qui permet de mettre en œuvre, sur la scène de la représentation, le projet paradoxal d'auto-récusation destiné à faire face aux pensées récurrentes.

b) *Fiction et négation*

L'hypothèse du malin génie apparaît bien comme une « fiction psychologique et rhétorique » : elle se présente, de l'aveu même de Descartes, comme un artifice méthodologique, destiné à seconder et à mettre en œuvre le projet de « se tromper soi-même ». Le dispositif n'est évidemment pas sans incidence sur le propos philosophique lui-même.

1) Du point de vue psychologique, l'auto-récusation correspond assez bien au second temps de la négation que l'on a proposé d'identifier à partir des exemples cliniques de Freud : après en avoir imputé à l'analyste la paternité et la responsabilité (« vous allez penser que c'est ma mère »), le patient sera amené à nier, dans un second temps, le contenu de l'idée incidente : « ce n'est pas ma mère » [1]. Ces deux moments sont évidemment solidaires. Or, à bien y regarder, cette seconde négation qui porte sur le contenu de représentation repose en réalité sur la récusation de l'activité de pensée elle-même : « je n'ai jamais rien pensé de tel ». On a affaire, à une forme évidemment paradoxale d'auto-récusation analogue à celle que Descartes met en avant dans sa Première Méditation. Autrement dit, la négation du contenu représentatif de ces pensées auxquelles l'usage et l'accoutumance donnent « droit d'occuper mon esprit contre mon gré », nécessite, pour être possible, la médiation d'une fiction par laquelle le sujet pourra les traiter comme s'il avait affaire à des « illusions et tromperies » ou encore « comme si [elles] appartenaient à une autre personne ».

Cet usage de la fiction trouverait son illustration dans les *Olympica* où, pour faire face à l'angoisse ou à effroi provoqué par les songes, le dormeur peut « décider qu'il rêve ». Il ne s'agit pas ici, comme cela peut se passer au réveil, de confronter, après coup, le contenu onirique à la réalité du monde diurne. Cette fonction du jugement d'existence sera mobilisée (mais sans effet), au début de la Seconde Méditation, avec l'examen *rétrospectif* des « raisons de douter » et du critère de réalité ou de vérité. Dans le cas du dormeur qui décide qu'il rêve et rejette comme « fausses et imaginaires »

1. Bien entendu, le patient a raison : le personnage du rêve n'est évidemment pas « sa mère ». L'interprétation, justifiée d'un point de vue analytique, n'a de sens que du point de vue de l'expérience onirique. Ici encore, il s'agit de feindre que l'on rêve. Cette disposition d'esprit est évidemment cruciale dans le traitement psychanalytique. Le recours à la fiction du malin génie constitue moment essentiel qui rend possible le cogito. L'expérience montre que c'est bien ainsi que les choses se passent.

les représentations du rêve, on a affaire à un processus différent : il ne s'agit pas de récuser une représentation mnésique ou un souvenir (« j'ai rêvé, j'ai halluciné »), mais une perception *actuelle*, et de la disqualifier comme hallucinatoire (« ce n'est qu'un rêve »). C'est ce que relève Descartes, lorsqu'il écrit que pour douter, il faut, non pas s'appuyer sur des raisons ou des arguments démonstratifs, mais mobiliser finalement, contre les représentations oniriques, le même pouvoir d'illusion ou de fiction que le rêve lui-même. D'une manière apparemment paradoxale, cela revient à soutenir que le jugement de réalité ou d'existence repose ici sur la capacité d'auto-illusion ou encore sur la faculté de « se tromper soi-même ».

L'hypothèse du malin génie est bien une fiction littéraire et poétique qui dérive ici de la nécessité d'opposer une « contre-résistance » à la résistance des pensées. Mon idée est que cette fiction est au cœur du dispositif réflexif qu'est le *cogito*, qui, loin de constituer une propriété essentielle et immanente de l'entendement pur, repose d'abord sur la puissance de l'imagination : sans doute sur les capacité de projection et de figuration du sujet, mais plus précisément encore sur sa capacité poétique de produire des fiction, jusqu'à *se tromper soi-même*.

2) La fiction du malin génie n'est pas à entendre comme un argument supplémentaire qui viendrait se surajouter aux « raisons de douter » évoquées précédemment. Elle permet d'expliciter les conditions de possibilité de l'ensemble des doutes précédents et de mettre ainsi en lumière les processus sur lesquels reposent, en général, la suspension du jugement et la maîtrise des représentations.

Le recours à la fiction joue de ce point de vue, un rôle épistémologique analogue à la fable d'un « nouveau monde » par laquelle Descartes montre comment les lois naturelles de la physique appliquées à une matière réduite à ses déterminations géométriques élémentaires (figure et étendue), peuvent suffire à produire une apparence ressemblant à notre réalité :

> Je résolus de laisser tout ce monde ici à leurs disputes, et de parler de ce qui arriverait dans un nouveau, si Dieu créait maintenant quelque part, dans les espaces imaginaires, assez de matière pour le composer, et qu'il agitât diversement et sans ordre les diverses parties de cette matière, en sorte qu'il en composât un chaos aussi confus que les poètes en puissent feindre, et que, par après, il ne fît autre chose que prêter son concours ordinaire à la nature, et la laisser agir suivant les lois qu'il a établies (*Discours de la méthode*, V, AT, VI, 42).

Descartes fait ici référence au traité physique du *Monde*, où il revendique une même « liberté de feindre » : « Permettez donc pour un peu de temps à votre pensée de sortir hors de ce monde pour venir voir un autre tout nouveau que je ferai naître en sa présence dans les espaces imaginaires »[1]. Il s'agit bien de produire, par l'imagination, ce que les physiciens appelleront une « image du monde » (*Weltbild*), c'est-à-dire une représentation physique du monde[2].

Le recours à la fiction, dans la Première Méditation, paraît devoir jouer un rôle analogue : la fiction ou la fable repose pareillement sur la liberté de l'imagination qui permet au sujet de récuser les pensées et opinions familières comme « fausses et imaginaires », de se libérer de leur emprise pour les regarder, non plus comme les éléments ou les principes du processus de connaissance, mais comme des effets dont il s'agit de rendre raison[3]. De ce point de vue, le procédé prend assurément appui sur les arguments précédents qui ont permis l'objectivation et la réduction du corps propre et ses parties au statut de « choses générales (*generalia*) » : « et qu'ainsi, pour le moins, ces choses générales, à savoir, des yeux, un tête des mains, et tout le reste du corps » pourraient bien n'être que des choses imaginaires et non vraies, au même titre que celles « qui nous sont représentées dans le sommeil », semblables à « des tableaux ou des peintures (*veluti quasdam pictas imagines*) qui ne peuvent être formées qu'à la ressemblance de quelque chose de réel ». Il en va de même des premières notions mathématiques et des opérations élémentaires de l'esprit que l'argument du Dieu trompeur a contribué à représenter comme potentiellement illusoires et trompeuses. Dans les deux cas, on a affaire à un procédé d'objectivation analytique qui décompose l'effet de

1. AT, XI, 31.

2. Sur cet usage de la fiction chez Descartes, voir J.-P. Cavaillé, *Descartes. La fable du monde*, Paris, Vrin, 1991.

3. On connaît un procédé analogue avec la célèbre fiction de l'« homme volant » d'Avicenne (*De anima*, I, 1 ; éd. S. van Riet, Louvain, Leiden, 1972, p. 36-37), qui propose de se représenter un homme « créé d'un coup, parfait », mais dans un vide qui empêcherait toute sensation tactile ou visuelle, interne aussi bien qu'externe. La fiction vise à montrer qu'en l'absence de sensation, un tel homme prendrait conscience de sa propre existence et de celle de son âme, sans la médiation de la réalité corporelle. La démarche de Descartes est évidemment différente : mon idée est qu'adossé au malin génie, le cogito s'appuie tout au contraire sur les effets de l'union de l'âme et du corps.

croyance en parties élémentaires et dissout la représentation angoissante en éléments vides de sens [1].

Le retour des « anciennes et ordinaires opinions » confronte maintenant le sujet à une *fonction synthétique* qui rassemble et organise ces éléments de façon à produire la croyance que ces choses générales forment un tout, un monde, mon monde, un corps, mon corps (qu'il soit de verre ou de chair). L'apparence qui fonde la croyance naturelle, est ainsi rapportée à l'activité d'une puissance anonyme et énigmatique, capable de produire et donner forme à ces idées complexes et composées, et de conduire le sujet à « imaginer quelque chose qui n'est point » et « se représenter un palais enchanté ou une chimère » (*Passions*, art. 20). Cette fonction, objectivée par le délire d'influence, fonde maintenant le doute qui tire désormais argument non de l'incohérence ou du sentiment étrangeté relatif aux objets de pensée, mais au contraire de la parfaite congruence de ces pensées qui résistent aux attaques destructrices du sujet [2]. La remarque déjà cité de E. Goffman prend ici tout son sens : « les modalités selon lesquelles une activité s'inscrit dans le cours du monde sont, paradoxalement, de même nature que celles par lesquelles on fabrique une imposture ».

Afin de faire face aux pensées et opinions qui mettent en échec la suspension du jugement et l'idéal de maîtrise des représentations, il ne s'agit plus d'analyser ces idées en leurs parties élémentaires, mais d'objectiver cette fonction d'organisation ou de synthèse qui échappe à la volonté ou à l'initiative du sujet. C'est à cette tentative que correspond la fiction du malin génie.

3) Du point de vue psychologique, la situation qui donne lieu à l'hypothèse du malin génie peut être rapportée au train des pensées qui découle de l'hypothèse du Dieu trompeur, c'est-à-dire à la conviction d'être damné qu'elle appelle *implicitement*. Cette idée folle, non formulée par Descartes,

1. Le procédé est ici analogue à la manière dont Descartes peut faire face au second rêve des *Olympica*, pourtant appelé par la crainte des « malheurs qui pourraient le menacer en punition de ses péchés qu'il reconnaissait pouvoir être assez griefs [graves] pour attirer les foudres du ciel sur sa tête » (*Vie*, p. 82) : « Il lui vint aussitôt un nouveau songe dans lequel il crut entendre un bruit aigu et éclatant qu'il prit pour un coup de tonnerre. La frayeur qu'il en eut le réveilla sur l'heure même ; et ayant ouvert les yeux, il aperçut beaucoup d'étincelles de feu répandues par la chambre ». Le dormeur, au réveil, a recours « à des raisons prises de la philosophie » et de la physique, pour réduire l'impression à un effet d'optique familier : « il ne lui était pas fort extraordinaire en se réveillant au milieu de la vue d'avoir les yeux assez étincelants, pour lui faire entrevoir les objets les plus proches de lui ». On a ici un bon exemple de dénégation de l'angoisse de culpabilité.

2. Sur les enjeux psychiques de ce genre d'attaque, voir les remarques de W. Bion : « Attaques contre la liaison », trad. fr. dans *Réflexion faite*, Paris, P.U.F., 1983, p. 105-123.

donne au texte sa puissance émotionnelle toute particulière, engageant le lecteur dans une sorte de *préméditation des peines imaginaires de l'enfer*. Le thème renvoie à une littérature spirituelle particulièrement riche sur laquelle il n'est pas nécessaire de s'étendre. Cette pratique, d'origine stoïcienne, de la préméditation des maux futurs (*praemeditatio futurorum*) consiste à « user l'affect » par l'accoutumance. Elle occupe une place importante dans la thérapeutique cartésienne des passions. Dans une lettre à Elisabeth, Descartes écrit ainsi qu'il n'est pas nécessaire d'avoir une idée vraie des événements qui nous affectent pour en contenir les effets passionnels : « c'est assez d'en avoir imaginé de plus fâcheux que ne sont ceux qui arrivent, et de s'être préparé à les souffrir » [3]. Un procédé qu'illustrent parfaitement bien les doutes « hyperboliques et ridicules » de la Première Méditation.

Le remède est ambigu, à l'image de la merveilleuse sagesse de ces fous qui paraissent possédés de l'esprit de Sénèque. Ainsi, derrière cette « préméditation vertueuse et philosophique » qui est « la trempe par laquelle l'âme est rendue invincible et fortifiée à l'épreuve contre tous assauts et accidents », il y a aussi, selon P. Charron, une préméditation « peureuse » qui est une « quelquefois fausse et vaine appréhension des maux qui peuvent advenir, laquelle afflige et noircit de fumée toute la beauté et sérénité de l'âme, trouble son repos et sa joie » :

> Est-ce pas grande envie d'être misérable, que de n'attendre pas le mal qu'il vienne, mais l'aller chercher, le provoquer à venir, *comme ceux qui se tuent de la peur qu'ils ont de mourir* [...]. Ces gens ici veulent être misérables avant le temps, et doublement misérables, par un réel sentiment de la misère, et par une longue préméditation d'icelle, qui est souvent cent fois pire que le mal même [4].

L'intention de *se tromper soi-même* n'est peut-être pas si éloignée de l'exemple de « ceux qui se tuent de la peur qu'ils ont de mourir ».

Les choses sont naturellement un peu plus compliquées, pour autant que le recours à la fiction, même s'il conforte ici le délire des négations, permet dans le même temps de redéployer l'espace de la représentation et les capacités imaginatives du sujet. C'est, comme on l'a vu, le sens que l'on peut donner à l'hypothèse d'un malin génie et à la mise en scène

3. Lettre à Elisabeth, mai 1646, AT, IV, 411. Proust donne au remède la forme d'une défense manifestement paradoxale : « L'habitude de penser empêche d'éprouver le réel, immunise contre lui, le fait paraître de la pensée encore » (M. Proust, *Albertine disparue*, *op. cit.*, p. 182).

4. P. Charron, *De la sagesse*, I, 6, Bordeaux, 1601, p. 43 (je souligne).

qu'il rend possible, en mobilisant les ressources projectives sur lesquelles pourra s'appuyer le *cogito : ego etiam sum, si me fallit* (« moi aussi je suis, s'il me trompe »). Le recours à la fiction, qui prolonge et radicalise la série des arguments précédents, permet finalement de desserrer l'étau du délire, sans cependant le faire disparaître, – de même que celui qui prétend « décider qu'il rêve » ne s'en réveille pas pour autant, mais peut continuer à dormir et à rêver. *Rêver que l'on rêve, c'est encore rêver.* C'est ainsi qu'après avoir revendiqué pour son propre compte la puissance de tromperie précédemment attribuée à Dieu, il peut la projeter sur un être fictif pour feindre ou supposer « qu'il y a, non point un vrai Dieu [...], mais un certain mauvais génie non moins rusé et trompeur que puissant, qui a employé toute son industrie à me tromper ».

Le recours à la fiction permet ainsi de figurer ce « retournement sur la personne propre » dont parle Freud, par lequel « tous les actes et les manifestations que je remarque en moi et que je ne sais pas connecter avec le reste de ma vie psychique » pourront « être jugés *comme s'ils appartenaient à une autre personne* ». Descartes convoque pareillement la représentation d'un *double* ou d'une *altérité sans extériorité*, source des certitudes et des évidences qui font retour et échappent au contrôle et à la volonté du sujet.

c) *Le malin génie et les « passions de l'âme ».*

L'hypothèse du malin génie n'a rien d'un argument philosophique : elle ne repose pas sur des « raisons de douter »; elle mobilise et met en pratique le pouvoir de l'imagination capable de forger des fictions. Mon idée est que le malin génie figure ou représente, « comme si [elle appartenait] à une autre personne », cette fonction d'organisation et de synthèse que Descartes rapportera aux passions de l'âme qui agissent et affectent le sujet sans relever de son initiative ni de son activité volontaire.

1) La fiction du malin génie vise à faire face à ces pensées qui font retour et résistent aux « raisons de douter », en vertu d'un « long et familier usage [...] leur donnant droit d'occuper mon esprit contre mon gré, et de se rendre presque maîtresses de ma créance ». La fiction permet de représenter la puissance anonyme et énigmatique de cette coutume sur laquelle repose l'assentiment nécessaire aux « anciennes et ordinaires opinions ».

On peut mettre en regard ce droit d'occupation avec la mention, dans la Sixième Méditation, du « droit spécial » ou « particulier », au nom duquel l'âme peut dire *sien* « ce corps » auquel elle est « plus étroitement » attachée :

> Ce n'était pas aussi sans quelque raison que je croyais que ce corps (lequel par un certain droit particulier j'appelais *mien*), m'appartenait plus proprement, et plus étroitement que pas un autre (*Non etiam sine ratione corpus illud, quod speciali quoddam jure meum appellabam, magis ad me pertinere quam allia ulla arbitrabar*). Car en effet, je n'en pouvais jamais être séparé comme des autres corps : je ressentais en lui et pour lui tous mes appétits, plaisirs et douleurs de ses parties; et enfin j'étais touché des sentiments de plaisir et de douleur en ses parties, et non pas en celles des autres corps qui en sont séparés (AT, VII, 75, 29-76, 6; IX, 60).

Ce « droit spécial » vient fonder la propriété légitime de ce corps particulier que « j'appelle *mien* ». Descartes invoque par là une définition juridique tout à fait traditionnelle du *propre*. Elle renvoie à la conception stoïcienne de l'*oikeiôsis* (le convenable ou l'approprié), qui fonde le *droit naturel* sur la tendance à l'autoconservation : « dès que l'animal est né (car c'est là qu'il faut commencer), il est spontanément approprié à lui-même (*ipsum sibi consiliari*), qu'il est porté à se conserver (*commendari ad se conservandum*) et à prendre soin de sa propre constitution, ainsi que tout ce qui est propre à conserver cette constitution; qu'au contraire, il répugne à l'anéantissement et à tout ce qui pourrait entraîner son anéantissement » (Cicéron, *De finibus*, III, v, 16). Le genre de connaissance auquel on a affaire ici, repose à la fois sur les enseignements d'une nature providentielle qui harmonise ou accommode le plaisir à l'utile, et sur une forme de conscience ou de sentiment de soi qui permet l'organisation de cet instinct d'autoconservation. Cicéron poursuit ainsi : « les petits, avant d'avoir été touchés par le plaisir et la douleur, désirent les choses qui leurs sont salutaires et ont horreur celles qui leur sont nuisibles »; or ils ne désireraient rien de tout cela « s'ils n'avaient le sentiment de ce qui leur est propre et s'ils n'avaient soin d'eux-mêmes (*nisi sensum haberent sui eoque se diligerent*) ». Chez Descartes, les sentiments de plaisir et de douleur servent pareillement à la connaissance de l'union de l'âme avec ce corps que « j'appelle *mien* ».

Cette « propriété » et ce « droit particulier », au fondement de la notion d'identité personnelle, ne garantit en rien la *possession* effective de ce corps. C'est, chez les stoïciens, à la connaissance et au souci de soi que revient la tâche d'appropriation. Un apprentissage qui repose sur l'usage et l'accoutumance et nécessite la reconnaissance, en retour, de la légitimité de ces « enseignements » que la nature prodigue. La *reconnaissance*, par conséquent, d'un droit coutumier d'occupation de ces pensées d'un genre particulier que sont les « passions de l'âme ».

2) Dans la Première Méditation, le propos est plus général : il ne regarde pas seulement les pensées relatives à l'union de l'âme et du corps, mais plus largement l'ensemble des opinions « anciennes et ordinaires » qui résistent au travail de récusation, y compris les notions communes au fondement du raisonnement mathématique. Rien n'est dit de ces pensées, sinon qu'elles sont actives et agissantes, et que leur action tire sa force de l'habitude et de l'accoutumance. L'hypothèse du malin génie repose sur cette opposition entre l'activité propre du sujet qui pense et doute, et ces pensées et opinions par lesquelles il est affecté et qu'il reçoit de manière passive. La fiction consiste à rapporter ces affections de l'âme à un agent capable de produire ces « mystifications oniriques » (*ludificationes somniorum*) ou ces « illusions et tromperies dont il se sert pour surprendre ma crédulité »[1]. Le délire d'influence s'enracine expressément ici dans l'expérience hallucinatoire du rêve, contre laquelle il s'agit de se défendre.

Cette caractérisation correspond bien à la définition *générique* des « passions de l'âme » qui ne renvoient pas seulement aux « perceptions », « sentiments » ou « émotions » qui procèdent directement de l'union de l'âme et du corps, mais plus généralement à toutes les pensées qui ne relèvent pas de l'activité ou de la volonté de l'esprit[2]. Dans le traité des *Passions de l'âme*, Descartes distingue ainsi deux genres de pensées : « Celles que je nomme ses actions, sont toutes nos volontés, à cause que nous expérimentons qu'elles viennent directement de notre âme, et semblent ne dépendre que d'elle. Comme au contraire *on peut généralement nommer* ses passions, toutes les sortes de perceptions ou connaissances qui se trouvent en nous, à cause que souvent ce n'est pas notre âme qui les fait telles qu'elles sont, et que toujours elle les reçoit des choses qui sont représentées par elle » (art. 17). C'est le cas, par exemple, des rêves et des fantaisies diurnes que Descartes rapporte aux mouvements corporels et au « cours fortuit » des esprits qui rencontrent les restes ou « les traces de diverses impressions qui ont précédé dans le cerveau » : « Telles sont les illusions de nos songes. Et aussi les rêveries que nous avons souvent étant éveillés, lorsque notre pensée erre, nonchalamment, sans s'appliquer à rien de soi-même ». Toutes ces imaginations peuvent être « ainsi nommées [des passions], *si on le prend en une signification plus générale* ». Les opinions qui font retour dans la Première Méditation, sont bien des « passions de l'âme » prises au sens générique, c'est-à-dire

1. AT, VII, 22, 28-29; IX, 17-18.

2. Sur la théorie cartésienne des passions de l'âme, voir D. Kambouchner, *L'homme des passions. Commentaire sur Descartes*, Paris, Albin Michel, 1995 (2 vol.).

des cogitations ou des pensées en elles-mêmes actives et agissantes, indépendantes de la volonté, qui adviennent sans que le sujet puisse se regarder comme leur auteur ou leur initiateur [1].

Ce qui permet de qualifier de « passions » les rêves et les fantaisies diurnes dont parle Descartes, c'est leur indépendance relativement aux actions volontaires de l'âme. Et d'abord leur enracinement dans la mémoire : le fait qu'ils soient constitués à partir de des traces cérébrales laissées par ces « diverses impressions qui ont précédé dans le cerveau ». Il en va de même, dans la Première Méditation, de ces pensées et opinions qui font retour, à la manière des restes diurnes dans les rêves, allant jusqu'à « occuper mon esprit contre mon gré ». Je reviendrai sur ces chimères et ces « vaines cogitations » à propos de Montaigne : comme les « passions de l'âme » chez Descartes, il s'agit de pensées sans attaches ni lieu assignable, qui échappent au travail d'appropriation de la mémoire et mettent à mal l'intégrité du sujet.

Les passions se caractérisent encore, selon Descartes, par leur activité et leur pouvoir de produire, à partir de ces restes, des représentations complexes et composées par lesquelles le sujet est amené, toujours dans les rêves, à « imaginer quelque chose qui n'est point » et à « se représenter un palais enchanté ou une chimère » (*Passions*, art. 20). C'est cette fonction synthétique qui échappe à l'activité volontaire que Descartes entreprend d'affronter sur son propre terrain, au moyen du pouvoir mystificateur de l'imagination.

Présentée dans la Première Méditation comme source d'erreur et d'illusions, cette fonction est au cœur de la problématique de l'union de l'âme et du corps : c'est sur elle que repose la connaissance de l'âme non en tant qu'elle « ne se conçoit que par l'entendement pur », mais en tant qu'elle est unie au corps et forme avec lui « un seul tout ». Cette « notion primitive », obscure du point de vue de l'entendement, même aidé de l'imagination, est pourtant connue « très clairement par les sens », c'est-à-dire par le sentiment et les passions qui affectent l'âme. C'est à cette forme particulière de connaissance que Descartes se réfère dans la Sixième Méditation, lorsqu'il parle des « enseignements de la nature » :

1. J.-L. Marion met l'accent sur cette dimension en parlant d'une « pensée passive de Descartes » et insiste à juste titre sur les limites du prétendu « volontarisme » cartésien (*La pensée passive de Descartes*, Paris, P.U.F., 2013). Assez étrangement, il s'étonne de l'audace d'une idée qui relève pourtant de l'expérience commune. Il ne mentionne cependant ni la Première Méditation, ni la figure énigmatique du malin génie (qu'il réduit, avec H. Gouhier, à un « exercice psychologique sans validité théorique », p. 113).

> La nature m'enseigne aussi (*Docet etiam natura*) par ces sentiments de douleur, de faim, de soif, etc., que je ne suis pas seulement logé dans mon corps ainsi qu'un pilote dans son navire, mais outre cela, que je lui suis conjoint très étroitement et tellement confondu et mêlé, que je compose comme un seul tout avec lui (AT, VII, 81, 1-5 ; IX, 64).

L'unité de la personne est ici le résultat de la rencontre de ces deux formes de droit mentionnées plus haut, du « droit spécial » que l'âme a sur son corps et qui en légitime formellement la propriété, et du droit coutumier d'occupation qui appelle la reconnaissance et l'assentiment de l'esprit aux passions en général.

Le paradoxe apparent auquel conduit ce rapprochement entre la Première et la Sixième Méditation, est que les principes qui garantissent la connaissance de l'union, c'est-à-dire de l'identité de la personne, sont *les mêmes* que ceux sur lesquels reposent les « mystifications oniriques » ou les « illusions et tromperies dont se sert [le malin génie] pour surprendre ma crédulité ».

4) On trouverait, dans les *Olympica*, une évocation assez proche du malin génie de la Première Méditation. C'est le moment où Descartes interprète rétrospectivement son premier songe : « Le vent qui le poussait vers l'église du collège, lorsqu'il avait mal au côté droit, n'ait autre chose que le mauvais génie qui tâchait de le jeter par force dans un lieu, où son dessein était d'aller volontairement » [1]. A. Baillet donne en marge, selon toute vraisemblance, la formule latine (en elle-même étrange) du manuscrit de Descartes : *A malo Spiritu ad Templum propellebar*. Le trait obsessionnel rencontre bien la tension ou le conflit entre, d'un côté, les inclinations et les effets passionnels de l'union, et, de l'autre, la volonté sur laquelle repose la responsabilité éthique du sujet.

On peut encore rapprocher le « malin génie » de l'évocation du « démon de Socrate » que l'on trouve dans ce passage bien connu d'une lettre à Elisabeth. Descartes y rapporte expressément l'élément démonique aux « enseignements de la nature » et aux « inclinations de l'âme » :

> J'ose croire que la joie intérieure a quelque secrète force pour se rendre la fortune plus favorable. Je ne voudrais pas écrire ceci à des personnes qui auraient l'esprit faible, de peur de les induire à quelque superstition ; mais au regard de Votre Altesse, j'ai seulement peur de me voir devenir trop crédule. Toutefois j'ai une infinité d'expériences, et avec cela l'autorité de Socrate, pour confirmer mon opinion. Les expériences sont que j'ai souvent

1. *Vie*, p. 85.

> remarqué que les choses que j'ai faites avec un cœur gai, et sans aucune répugnance intérieure, ont coutume de me succéder heureusement, jusque-là même que, dans les jeux de hasard, où il n'y a que la fortune seule qui règne, je l'ai toujours éprouvée plus favorable, ayant d'ailleurs des sujets de joie, que lorsque j'en avais de tristesse. Et ce qu'on nomme communément le *génie de Socrate* n'a sans doute été autre chose, sinon qu'il avait accoutumé de suivre ses inclinations intérieures, et pensait que l'événement de ce qu'il entreprenait serait heureux, lorsqu'il avait quelque secret sentiment de gaieté, et, au contraire, qu'il serait malheureux, lorsqu'il était triste. Il est vrai pourtant que ce serait être superstitieux, de croire autant à cela, qu'on dit qu'il faisait ; car Platon rapporte de lui que même il demeurait dans le logis, toutes les fois que son génie ne lui conseillait pas d'en sortir. Mais, touchant les actions importantes de la vie, lorsqu'elles se rencontrent si douteuses, que la prudence ne peut enseigner ce qu'on doit faire, il me semble qu'on a grande raison de suivre le conseil de son génie, et qu'il est utile d'avoir une forte persuasion que les choses que nous entreprenons sans répugnance, et avec la liberté qui accompagne d'ordinaire la joie, ne manqueront pas de nous bien réussir [1].

La foi un peu superstitieuse accordée à la « secrète force » ou à l'impulsion spontanée provoquée par la « joie intérieure », n'est jamais que le pendant de la défiance, non moins superstitieuse, rencontrée dans la Première Méditation aussi bien que dans les *Olympica*, au nom de laquelle Descartes entreprend au contraire de résister à ces « inclinations intérieures ».

5) Ce « démon de Socrate » mérite qu'on s'y arrête. Il s'agit sans doute, sous la plume de Descartes, d'un thème littéraire et mythologique, mais dont la signification philosophique est évidemment essentielle. Il met l'accent sur un aspect assez problématique du dualisme cartésien, relatif à la distinction de l'âme et du corps, qui conduit finalement à invoquer deux notions primitives, dissemblables et même irréductibles, de l'âme elle-même, selon qu'elle est conçue en elle-même ou en tant qu'elle est unie au corps [2]. Cette difficulté apparaîtra peut-être provisoirement aplanie, voire masquée, dans la Seconde Méditation qui définit l'âme comme une « chose qui pense », « c'est-à-dire une chose qui doute, qui affirme, qui

1. Descrates à Elisabeth, oct. ou nov. 1646. On a attribué à Descartes un écrit de jeunesse, malheureusement perdu, consacré au démon ou au dieu de Socrate (*De deo Socratis*) : voir les témoignages dans R. Descartes, *Étude du bon sens. La recherche de la vérité et autres écrits de jeunesse (1616-1631)*, éd. et trad. V. Carraud et G. Olivo, Paris, P.U.F., 2013, p. 173-179.

2. D. Kambouchner (*L'homme des passions*, *op. cit.*) insiste sur le caractère problématique de ce dualisme relatif à ces deux notions primitives de l'âme.

nie, qui veut, qui ne veut pas, qui imagine aussi et qui sent »[1]. Je suggère ici, en montrant que les attributs et la fonction du malin génie sont identiques à ceux du « démon de Socrate », que ce problème est présent dès la Première Méditation, et qu'il est même au cœur du dispositif réflexif qui conduit au *cogito*.

Ce dualisme non pas relatif à la distinction entre l'âme et le corps, mais à deux conceptions irréductibles de l'âme elle-même, n'est pas une invention cartésienne. Il organise de la théorie platonicienne de l'âme et la conception du *daimon* qui en est inséparable. La notion de « démon » ne doit en effet pas être seulement comprise comme le reste d'une conception religieuse et mythologique de l'homme, mais plutôt comme l'effet d'une difficulté associée au précepte delphique, « connais-toi toi-même » : une injonction évidemment paradoxale qui confronte l'âme qui pense, en quête de son identité ou de ce qu'elle est « en elle-même », à des *possessions* qui lui appartiennent en propre, mais qui ne sont pas elle.

Le texte cité de la lettre à Elisabeth renvoie ainsi à une tradition littéraire et philosophique ancienne qui trouve son origine dans quelques pages de l'*Apologie de Socrate* que Descartes connaissait certainement. Ce démon ou dieu socratique est défini par Apulée comme un « gardien privé », un « gouverneur personnel » ou un « curateur particulier » qui, « si on lui marque une attention scrupuleuse, de l'empressement à le connaître, une vénération pieuse », peut devenir « un éclaireur dans les situations confuses, un guide prophétique dans les passes difficiles, un protecteur dans le danger, un secours dans la détresse, qui peut intervenir tantôt par des songes, tantôt par des signes, voire même en personne si le besoin l'exige, pour détourner les maux et promouvoir le bien, relever l'âme abattue, soutenir ses pas chancelants, éclaircir les zones d'ombre, diriger la bonne fortune et corriger la mauvaise » (*De Deo Socratis*, XVI).

D'un point de vue philosophique, les néoplatoniciens définissent le démon comme le principe de « l'habitus inné » qui correspond au « naturel » (*ingenium*, *exis*). La nécessité de ce principe démonique est alors rapportée à un dualisme propre à l'âme qui peut être considérée en elle-même ou en tant qu'elle fait usage d'un corps : considérée en elle-même, elle participe de l'intellect seul; liée au corps, elle dépend d'un démon dont la fonction est d'unifier ou d'organiser des puissances en elles-mêmes hétérogènes. La doctrine repose ainsi sur une analogie :

1. AT, VII, 28, 20-22; IX, 22.

« le démon est à l'homme comme l'intellect à l'âme »[1]. On lit ainsi chez Proclus, dans son *Commentaire sur le premier Alcibiade de Platon* :

> Et en tant qu'âmes, nous dépendons de l'intellect seulement, mais en tant qu'âmes usant d'un corps, nous avons besoin d'un démon. C'est pourquoi Platon appelle l'intellect *pilote de l'âme* [...], et le démon *éphore et tuteur* des hommes. Et l'on ne saurait découvrir au terme d'un examen serré une seule autre providence qui dirige aussi directement tout ce qui nous concerne que celle des démons. Car l'intellect [...] est participé par l'âme rationnelle, mais non pas par le corps, et la nature par le corps, mais non pas par la raison, et enfin, l'âme rationnelle commande à l'irascible et aux désirs, mais non pas aux effets du hasard; seul le démon met toutes nos affaires en mouvement, les gouverne et le met en ordre[2].

Cette réalité médiatrice, gardienne de l'identité, 1) règle ou dirige le rapport de l'âme et du corps, mais surtout 2) harmonise les facultés inférieures de l'âme (colère et désirs), organise et tempère leurs mouvements contradictoires et permet ainsi leur subordination à la partie rationnelle de l'âme. Enfin, 3) elle assume non seulement le rôle de providence interne, mais aussi celui d'une providence externe, en charge de l'adaptation du sujet à son environnement, en orientant ses réponses ou ses réactions aux événements ou aux aléas de la fortune : le démon ainsi « est le seul souverain de tout ce qui est en nous et autour de nous, pilotant la totalité de notre vie »[3].

On trouve une description analogue chez Hermias, dans son commentaire du *Phèdre*, qui rapporte au démon l'activité onirique aussi bien que les fonctions physiologiques élémentaires : « Chacun d'entre nous forcément ressorti à quelque démon qui domine notre vie; je veux dire ceci : nous ne pouvons dominer tout ce qui nous concerne, par exemple nous ne sommes pas maître de telle action (comme du fait d'être soldat) ni non plus de notre nature; si l'on nous dit, en effet, que la raison (*logos*) domine sur tout ce qui nous concerne, on a tort, car lorsque nous dormons nous ne sommes pas maîtres d'avoir tel ou tel rêve, ni de digérer

1. « Atque idem ipse et daemon est, ut ad hominem, et intellectus ad animam » (Ficin, *Opera*, II, Bâle, 1576, p. 1910).

2. Proclus, *In Alcib.* 77-78; trad. fr. A. Ph. Segonds, Paris, CUF, 1985, p. 63. Où *participer*, signifie être conçu comme *partie d'un genre*. S'il n'a pas été directement lu par Descartes, ce commentaire a été largement relayé, à son époque, par l'intermédiaire de la traduction (partielle) de Ficin.

3. *Ibid.*

nos aliments de telle ou telle façon. Il faut donc qu'une chose unique domine tout ce qui nous concerne, dirige et gouverne toute notre vie »[1].

De manière analogue, la « joie intérieure » ou le « secret sentiment de gaieté » qui procède des « inclination intérieures », peut servir de pierre de touche au jugement éthique relatif aux décisions de la vie. Cette forme de connaissance de soi ne relève ni la raison ni de l'entendement, mais de sentiments ou perceptions « qui n'ont été donnés par la nature que *pour signifier* à l'esprit quelles choses sont convenables ou nuisibles au composé dont il est partie (*quae proprie tantum datae sunt ad menti significandum quaenam composito, cujus pars est, commoda sint vel incommoda*) »[2]. Le « démon de Socrate » mentionné dans la lettre à Elisabeth, renvoie à cette connaissance obscure et confuse de soi qui repose essentiellement sur des *signes* dont l'interprétation s'apparente finalement à une sorte de *divination*, dans le sens où les Anciens l'entendaient.

Descartes associe clairement la théorie des passions de l'âme à une tradition dont on trouve témoignage chez Apulée par exemple : « [Socrate] se réservait d'ailleurs, pour les cas où la sagesse cessant son office, il avait besoin non d'un conseil, mais d'un présage, et voulait s'appuyer sur la divination quand l'hésitation le faisait trébucher » (*De deo Socratis*, XVII). *Au langage près*, on retrouve des considérations analogues avec le thème des « enseignements de la nature », rapportés à la sensibilité et à l'affectivité en charge du jugement d'attribution relatif à ce qui est convenable ou contraire à « notre nature »[3]. Ainsi cette recommandation médicale tirée des *Entretiens avec Burman*, où Descartes accorde une fonction essentielle à cette forme de connaissance de soi : « Mais le meilleur moyen de prolonger la vie, et la règle à observer pour un bon régime, est de vivre et de s'alimenter, et pour tout le reste aussi, comme font les bêtes : tout aliment auquel nous trouvons du goût, nous est

1. Hermias, *In Phaedr*. 66. 4 *sq*. (cité par A. Ph. Segonds dans sa traduction du commentaire de Proclus, note 9, p. 165). On peut reconnaître, dans la figure de ce *démon*, le rôle essentiel que jouent les premiers objets dans le développement psychique : la fonction d'une mère « suffisamment bonne » qui organise l'aire transitionnelle nécessaire à l'adaptation de l'enfant (D. Winnicott), la fonction du « bon objet internalisé » sur lequel s'appuie le narcissisme bien tempéré et les capacités d'introjection des pulsions (M. Klein), mais également cette fonction d'élaboration et de symbolisation à l'origine de l'activité de pensée et de la capacité de rêver (W. Bion) qui repose sur une expérience de non-intégration, comme « lorsque notre esprit erre, nonchalamment, sans s'appliquer à rien de soi-même » (*Passions*, art. 21). Bien entendu, chacune de ces fonctions est susceptible de se retourner en son contraire.

2. AT, VII, 83, 16-19 ; IX, 66, trad. modifiée.

3. Voir D. Kambouchner, *Descartes et la philosophie morale*, Paris, Hermann, 2008, chap. 2.

bon, mais seulement dans la mesure où nous y trouvons du goût »[1]. Le précepte revient ici à légitimer les habitudes de penser et les préjugés, une fois levés le soupçon de tromperie et d'empoisonnement, aussi bien que les angoisses hypocondriaques au cœur de la Première Méditation.

J'ai tenté, dans ce chapitre, de mettre en regard la fonction de la négation dégagée par Freud avec l'expérience du doute chez Descartes. J'ai voulu montrer que cette fonction était essentielle au processus analytique pour autant qu'elle contribue à organiser la situation transférentielle, au même titre que les relations d'objet historiques. Pour cela je me suis appuyé sur les arguments du Dieu trompeur et du malin génie que j'ai appréhendés non pas suivant l'ordre des « raisons », mais du point de vue de l'expérience possible ou vraisemblable qu'ils mettaient en scène, et de la relation qu'entretient ainsi sujet méditant avec ses propres objets de pensée, mais également avec son activité de pensée elle-même. Cette démarche était en partie justifiée du fait que ces deux personnages convoqués sur le théâtre de la représentation se présentent bien comme des fictions ou des leurres. C'est ce statut que j'ai cherché à explorer, avec l'idée qu'il pourrait servir aussi bien à explorer quelques enjeux de la situation analytique.

L'idée de rapporter l'hypothèse du malin génie à la problématique des passions de l'âme et de l'union de l'âme et du corps, ne va bien entendu pas de soi. Elle est appelée par la parenté assez évidente pourtant entre ce « trompeur très puissant » et le célèbre « démon de Socrate », gardien de l'identité et de l'intégrité du sujet, qui appartient aussi bien au folklore démonologique qu'à la culture savante et philosophique. Elle est surtout appelée par le constat que l'examen des pensées, dans cette fin de la Première Méditation, ne regarde plus la teneur de vérité des idées, mais se confronte à la *réalité formelle* ou intrinsèque de ces « anciennes et ordinaires opinions » qui font retour et manifestent le pouvoir de cette fonction synthétique à l'origine de la croyance. Il ne fait aucun doute que le recours à la fiction du malin génie constitue un artifice rhétorique et littéraire. J'ai voulu en mettre en avant la vraisemblance clinique du point de vue du délire mis en scène dans cette Méditation. En suivant cette voie, il m'a encore été permis d'en suggérer la signification philosophique en l'articulant à la théorie cartésienne des passions de l'âme et des effets de l'union de l'âme et du corps. J'ai tenté enfin d'expliciter l'idée, avancée

1. *Entretien avec Burman*. Manuscrit de Göttingen, éd. et trad. fr. Ch. Adam, Paris, Vrin, 1975, p. 126-129. Texte daté d'avril 1648. Dans la Sixième Méditation, outre l'évocation rapide du poison, Descartes discute des erreurs relatives aux « enseignements de la nature » en évoquant l'exemple de l'hydropique qui, souffrant d'un dessèchement du gosier, augmente son mal en buvant.

précédemment, selon laquelle le cogito procède de la confrontation du sujet méditant avec cette figure énigmatique du malin génie, en rapportant maintenant cette mise en scène au projet paradoxal de *se tromper soi-même*.

Forgé au moyen des ressources projectives de l'esprit capable d'objectiver l'activité de pensée elle-même et de la représenter *comme si elle appartenait à une autre personne*, ce trompeur très puissant et très rusé peut ainsi apparaître comme un *double* ou une *ombre* projetée du sujet méditant. Le génie de Descartes est ici de faire reposer sur une fiction ou un mensonge le dispositif réflexif à l'origine de cette première vérité métaphysique qu'est cogito. Pour cela, il était bien entendu nécessaire de donner à cette fiction assez de puissance et de force pour rendre cette ombre *suffisamment méconnaissable et opaque*, et empêcher le sujet de s'y reconnaître. A cet égard, la métaphysique partage peut-être, aux yeux de Descartes lui-même, cette méthode à l'œuvre en physique ou en médecine, qui consiste à asseoir la connaissance de la vérité sur les ressources de la fiction et de l'illusion.

Cette première vérité, dont la clarté et l'évidence ne fait pas de doute, conduit bien à la découverte d'un objet nouveau, mais d'un objet qui en lui-même n'a finalement rien de clair et qui s'est, au passage, laissé affubler du caractère énigmatique de son double, le malin génie. C'est le sens que l'on peut donner à la question qui fait l'objet de la suite de cette Seconde Méditation : *Mais qu'est-ce donc que je suis ?* La question identitaire, loin d'être résolue par une telle découverte, se trouve au contraire relancée et même complexifiée par l'identification du sujet méditant à cette « chose qui pense », c'est-à-dire à cette essence « muable et flexible » que seul l'entendement peut concevoir. Je reviendrai dans les chapitres suivants sur quelques enjeux associés à cette malléabilité.

Sans doute, l'approche que je propose ainsi du cogito paraît s'écarter des interprétations philosophiques parfois proposées. Plutôt que d'examiner l'« ordre des raisons » et l'enchaînement analytique des vérités, j'ai proposé de ressaisir la progression des *Méditations métaphysiques*, du point de vue de la vraisemblance psychologique ou clinique, et de prendre à la lettre l'expérience mise en scène par Descartes. Je pouvais, en cela, m'autoriser de la sévère critique de Husserl, relative à la « falsification psychologisante » dont Descartes se serait rendu coupable en objectivant l'ego pur mis à découvert au moyen du doute, sous la forme d'une âme ou d'une « chose qui pense ». J'ai proposé, en m'appuyant sur l'hypothèse du malin génie, de montrer que le doute mobilisait lui aussi ces mêmes capacités projectives sur lesquels repose la foi naïve dans le monde : loin d'être mise en suspens, cette croyance m'est apparue au contraire au cœur de ces doutes « hyperboliques et ridicules », finalement rassemblée sous les traits énigmatiques du « malin génie ». C'est ce préjugé objectiviste qui permet à Descartes de donner tant de poids au mensonge et à la fiction. Et d'y adosser cette première vérité : *ego etiam sum, si me fallit* (« moi aussi je suis, s'il me trompe »). Pour l'affirmer, il fallait évidemment renoncer à interpréter le cogito comme la préfiguration de l'*époché* phénoménologique et de l'orientation solipsiste qui est la sienne. Et donner finalement raison à Husserl lorsqu'il écrit : « Cette naïveté presque indécrottable est aussi responsable du fait que, des siècles durant, à peu près personne n'a élevé d'objection contre l'*évidence* de la possibilité de conclure de l'*ego* et de sa vie cogitative à un *dehors*, et que pratiquement personne ne s'est demandé si, par rapport à cette sphère égologique d'être, un *dehors* pouvait avoir d'une façon générale un sens quelconque – ce qui du reste, *transforme cet ego en un paradoxe, et même en fait la plus grande de toutes les énigmes* »[1]. J'ai tâché d'endosser ici cette naïveté et de me ressaisir de ce paradoxe et de cette énigme.

1. E. Husserl, *La crise des sciences européennes et la phénoménologie transcendantale*, § 18, trad. fr., Paris, Gallimard, 1976, p. 93.

CHAPITRE V

MÉDISANCE BOUFFONNE ET AGILITÉ D'ESPRIT

> Admirons cependant le plus surprenant renversement qui soit : car c'est, nous le savons, l'intégration de l'ambiguïté qui permet au moi de rester à la pointe de sa propre intégrité et de se vivre pleinement dans son identité. Or c'est précisément par peur de perdre leur intégrité – et parce que cette ambiguïté féconde n'aura pu s'intégrer dans leur moi – que certains (qui sont nos patients) pourchassent toute ambiguïté comme démoniaque, afin de préserver le semblant d'identité qu'ils se sont laborieusement échafaudés. (J.-C. Racamier, *Le génie des origines. Psychanalyse et psychoses*, Paris, Payot, 1992, p. 386)

Ce chapitre prolonge l'analyse du « Licencié de verre » de Cervantès : il a pour objet le franc-parler des bouffons, paradoxal, déroutant et comique, et s'interroge sur les ressorts psychologiques de cette liberté de parole, aussi bien que du rapport au monde social qu'il manifeste. La nouvelle de Cervantès présente un personnage de fou ou de bouffon [1], doté d'une « extrême vivacité d'esprit » (*grandissima agudeza de ingenio*), qui brocarde de manière comique les rapports sociaux pour en mettre à nu les ressorts cachés. Il ressemble en cela au neveu de Rameau : par ses railleries et ses médisances, « il secoue, il agite, il fait approuver ou blâmer, il fait sortir la vérité, il fait connaître les gens de bien, il démasque les coquins ». La nouvelle de Cervantès invite à situer ces propos bouffons dans un contexte plus large. Dans le prolongement

1. J'emploie ici le terme de *fou* en référence d'abord à la fonction sociale du bouffon comme « fou du roi », laissant provisoirement ouverte la question de savoir si cette folie a un sens psychopathologique. Son statut apparaît analogue à celui des « désordres culturels » dont parle G. Devereux.

d'abord d'un parcours de vie singulier, mais représentatif, caractérisé par la marginalité et le désir de liberté, propres à l'univers picaresque, mais également pour faire de cette « vivacité d'esprit » le pendant d'un délire hypocondriaque : l'ironie féroce relative à la réalité sociale, brocardée comme un repaire de brigands, devient l'expression d'un même sentiment d'étrangeté que la relation pathologique au corps propre, devenu l'objet de soins extravagants.

La nouvelle de Cervantès invite à s'interroger sur ce franc-parler du bouffon, c'est-à-dire sur la liberté dont il fait usage, ainsi que sur le rapport qu'il entretient à la vérité. Un rapport distordu et paradoxal qui contraste, du moins en apparence, avec l'idéal antique de *parrhêsia*. Plutôt que de m'engager dans une réflexion sur le rire ou le comique, j'ai choisi ici d'interroger la disposition morale ou l'*éthos* propre au bouffon du point de vue de la franchise irrévérencieuse. Et cela sous trois aspects : relativement 1) à la teneur de cette vérité que le bouffon fait éclater au grand jour, 2) au rapport à autrui que sa parole implique, 3) et enfin du point de vue du rapport à soi, c'est-à-dire de la disposition morale ou de l'organisation psychique. En marge des développements bien connus relatifs à la *parrhêsia* qui ont fait l'objet des derniers cours de M. Foucault, je proposerai d'aborder la question sous un angle un peu différent, du point de vue de la disposition à plaisanter ou *eutrapélie*[1], marque de souplesse psychique et de plasticité, qu'Aristote oppose à la rigidité morale qui caractérise le « magnanime » et son usage de la *parrhêsia*.

L'eutrapélie est définie par Aristote comme une vertu intermédiaire entre deux difformités contraires, entre l'excessive plasticité du bouffon et la rigidité morale du grincheux. Entre les deux extrêmes, se situe l'humour ou l'eutrapélie : un « juste milieu » qu'il définit par la souplesse psychique et l'agilité d'esprit, autrement dit à partir de caractères qui définissent, sur le plan de l'organisation du corps, la *liberté de mouvement*. A partir de la lecture d'Aristote, mais aussi de Plutarque, je voudrais ici montrer comment cette souplesse renvoie au thème de la *tempérance* ou de l'*intégration* psychique. Je propose ainsi d'interpréter le défaut de forme qui définit le bouffon du point de vue des enjeux identitaires

1. Le terme d'*eutrapelia* peut être rendu par « enjouement » (Bodéüs) ou par « gaîté de bon aloi » (Tricot). Il correspond à peu près à notre idée de « sens de l'humour », ou encore à la notion de *pantagruélisme* forgée par Rabelais et définie comme « une certaine gaîté d'esprit confite de mépris des choses fortuites » (*Le quart livre*, Prologue, dans Rabelais, *Œuvres complètes*, éd. M. Huchon et F. Moreau, Paris, Gallimard, 1994, p. 523).

auxquels renvoie la problématique éthique de la vertu morale dans les traités antiques.

Dans ce qui va suivre, je m'arrêterai un peu sur ces enjeux, autant du point de vue psychosocial de la place du bouffon ou du marginal dans le monde social, que du point de vue psychologique de l'intégration ou de l'appropriation subjective. Pour cela, je propose de mettre en avant une *analogie* entre la situation sociale du bouffon, dont les libres propos font l'objet non d'une reconnaissance de plein droit, mais d'une simple *tolérance*, et les effet de l'« admission intellectuelle » du refoulé. Je prends ainsi appui sur l'ambiguïté du « négativisme social » du bouffon dont le comportement peut être compris comme une quête de reconnaissance, mais par des moyens qui le frappent d'indignité. Je regarde cette situation comme *analogue* à celle du refoulé face au moi officiel : la "vérité" dont il est porteur, ne peut être entendue et reçue qu'à condition d'être disqualifiée [1]. Je prolonge ainsi la discussion du chapitre précédent relatif à la négation et à l'admission intellectuelle du refoulé.

a) À l'époque de l'*Interprétation du rêve*, le refoulement consiste à tenir une représentation à l'écart du champ de la conscience. Le processus est comparé à un effet de la censure qui empêche un écrivain de publier les « vérités désagréables à dire à ceux qui ont le pouvoir » : « Selon la force et la susceptibilité de cette censure, [l'écrivain] se voit obligé ou bien de s'en tenir à certaines formes d'attaques ou bien de parler par allusions et non par désignations directes, ou bien il doit cacher sa communication choquante derrière un déguisement d'apparence anodine » [2]. La conception du refoulement et de ses effets est par la suite l'objet de plusieurs remaniements, notamment avec l'essai sur l'« Inquiétante étrangeté » qui

1. Lorsqu'il construit la notion d'identité narrative, P. Ricœur emprunte son modèle à la conception du *mythos* et de la *mimesis* (histoire et représentation), tirées de la *Poétique* d'Aristote. De l'aveu d'Aristote lui-même, l'opération de mise en représentation (*mimesis*) d'une histoire (*mythos*) repose sur des processus psychologiques complexes. Surtout, en s'appuyant sur la définition de la tragédie, la problématique de l'identité (chez Ricœur) renvoie donc implicitement à la représentation de personnages éthiquement « nobles », capables de susciter la pitié (par identification). Il n'est pas certain que la problématique de la reconnaissance et de l'identité se poserait dans les mêmes termes en prenant appui sur la comédie (*Poétique*, 5), héritière de l'invective et du blâme, qui repose sur la bassesse et l'indignité des actions et des personnages. On doit encore se souvenir que le personnage tragique est héritier du héros épique, et que son « mythe » est irréductible au seul agencement narratif d'éléments de vie : sa cohérence relève de la dimension religieuse et rituelle associée au culte des héros. Sur cet arrière-plan, bien présent chez Aristote, voir G. Nagy, *Le meilleur des Achéens. La fabrique du héros dans la poésie grecque archaïque* (1978), trad. fr., Paris, Seuil, 1994.

2. GW, II-III, 147-148 ; OC, IV, 178.

prend pour objet l'impact sur le moi du retour du refoulé. La seconde topique remet progressivement en question l'idée selon laquelle le refoulé persisterait sous une forme « non modifiée et non modifiable » dans l'inconscient[1]. Si le refoulé reste bien ici encore « hors la loi » et « exclu de la grande organisation du moi », il n'est cependant plus regardé comme « soumis seulement aux lois qui règnent dans le domaine de l'inconscient ». Le texte sur la « Négation » met ainsi en avant une nouvelle forme de censure qui ne porte plus directement sur le contenu de représentation, qui ne vise plus (selon l'expression consacrée des Inquisiteurs du XVIe siècle) la *doctrine*, mais la *personne*, quelle que soit la valeur de ses arguments : les « vérités désagréables » pourront être énoncées et quelquefois entendues, à condition que celui qui les profère renonce à en assumer la pleine autorité et accepte de plaider l'irresponsabilité morale (sinon la folie). On fera ainsi passer la critique pour des propos inconsidérés, des paroles en l'air, irréfléchies et sans conséquence, et celui qui les énonce pour quelqu'un qui n'avait de toutes façons pas droit au chapitre, un enfant, un sot ou un étranger qui *ne sait pas de quoi il parle* et qui, de surcroît, *ne pense pas ce qu'il dit*. C'est à cette forme disqualification que renvoie la notion de *tolérance* : loin de conférer un authentique *droit de cité*, elle conduit au contraire, le plus souvent, à renforcer et légitimer le pouvoir en place. Je relève en passant que cette conception nouvelle du refoulement permet de problématiser le statut évidemment très ambigu du *moi* dans la seconde topique : contraint de servir « plusieurs maîtres », la nécessité de faire « contre mauvaise fortune bon cœur » le met en situation de recourir à des stratégies adaptatives souvent paradoxales.

b) Ces considérations prolongeront encore les remarques précédentes relatives aux *Méditations* de Descartes et à la fiction par laquelle le sujet méditant entreprend de neutraliser le « malin génie » en proposant de faire alliance avec lui. On a vu comment, face à la menace que fait peser sur la liberté du sujet l'emprise des pensées et opinions reçues, la stratégie d'auto-récusation revient finalement à plaider l'irresponsabilité morale. Une défense évidemment paradoxale que je propose ici de rapprocher du négativisme social du bouffon.

La question identitaire, centrale dans la Première Méditation, est relancée ensuite avec la découverte du *cogito*, c'est-à-dire avec l'acceptation de la tromperie en tant que telle : « Mais moi qui suis-je maintenant (*Quid autem nunc*) que je suppose qu'il y a quelqu'un qui est extrêmement

1. Descartes, *Inhibition, symptôme et angoisse*, OC, XVII, p. 257, note ; GW, XIV, 173.

puissant, et si j'ose dire malicieux et rusé, qui emploie toutes ses forces et son industrie me tromper? »[1]. Qui suis-je, autrement dit, exposé aux pensées que je subis et aux illusions mensongères des songes[2]? La définition du sujet comme « chose qui pense » ouvre sur une énumération des modes de la pensée : « Mais qu'est-ce dont que je suis? une chose qui pense : qu'est-ce qu'une chose qui pense? c'est-à-dire (*nempe*) une chose qui doute, qui conçoit, qui affirme, qui nie, qui veut, qui ne veut pas, qui imagine aussi, et qui sent? Certes ce n'est pas peu si toutes ces choses appartiennent à ma nature (*si cuncta ad me pertineant*) »[3]. Loin d'être surmonté, le vécu d'étrangeté change seulement de forme : il ne regarde plus le contenu des pensées, mais le fonctionnement mental lui-même. C'est sous ces deux aspects que l'on peut interpréter le célèbre passage sur le *morceau de cire* : il porte expressément sur la question métaphysique de l'attribution des modes à la substance étendue, mais il interroge dans le même temps la congruence des modes de la pensée confrontée à un objet lui-même « flexible et muable » (*flexibile, mutabile*)[4], comme le sont les apparences une fois dissoute l'illusion sur laquelle reposait la croyance dans la réalité du monde. Ainsi entendue, la plasticité du sujet prend une signification ambiguë. La question relative à l'identité de la « chose qui pense » et du morceau de cire appelle une réponse convenue : « la même cire demeure-t-elle après ce changement? Il faut avouer qu'elle demeure, et personne ne peut le nier ». Pourtant, cette malléabilité et cette plasticité ne vont pas de soi. A côté des enjeux spécifiquement métaphysiques relatifs à ce défaut de forme propre, on peut en interroger les implications du point de vue du travail narcissique d'appropriation et d'intégration qui vise à restaurer, à partir de la diversité des modes de pensée, l'unité et la continuité du sujet.

1. AT, VII, 26, 24-26; IX, 21.

2. Dans son *Abrégé de psychanalyse*, Freud invite à penser une situation analogue : « Le problème de la psychose serait simple et transparent si le détachement du moi d'avec la réalité pouvait se réaliser sans reste. Mais cela semble ne se produire que rarement, peut-être ne se produire jamais. Même à propos des états très éloignés de la réalité effective du monde, comme celui d'une confusion hallucinatoire (*amentia*), on apprend par ce que communiquent des patients après leur guérison, qu'à l'époque, dans un coin de leur âme, ainsi qu'ils s'expriment, une personne normale se tenait cachée qui laissait défiler devant elle, comme un *observateur désintéressé*, les fantômes morbides » (OC, XX, p. 299-300; GW, XVII, 132). Reste à mesurer l'impact de cette expérience et à savoir comment cet observateur a pu supporter d'être ainsi exposé au spectacle de ces « fantômes morbides ». Suffit-il de se cacher pour se soustraire à leur impact? mais où et comment? et à quel prix?

3. AT, VII, 28, 20-24; IX, 23.

4. AT, VII, 31, 3-4; IX, 24.

c) Je relève pour finir que l'on pourrait également considérer ces problèmes soulevés par la figure du bouffon à la lumière de l'idéal de flexibilité et d'adaptabilité qui a cours dans le monde du travail, et remarquer comment l'idéologie en vigueur s'y emploie à promouvoir des comportements que le baron d'Holbach a proposé de codifier dans son *Art de ramper à l'usage des courtisans* :

> Un parfait courtisan est sans contredit le plus étonnant de tous les hommes. Ne nous parlez plus de l'abnégation des dévots pour la divinité, l'abnégation véritable est celle d'un courtisan pour son maître ; voyez comme il s'anéantit en sa présence ! Il devient une pure machine, ou plutôt il n'est plus rien ; il attend de lui son être, il cherche à démêler dans ses traits ceux qu'il doit avoir lui-même ; il est *comme une cire molle prête à recevoir toutes les impressions qu'on voudra lui donner*.

L'ascétisme de ce mystique des Temps Modernes aurait pour envers ce délire d'influence poussé jusqu'à l'auto-exclusion que l'on a vu mis en scène par Descartes.

Le franc-parler des bouffons

Le franc-parler bouffon est ambigu. Il peut être compris du point de vue de sa teneur de vérité et de l'objectivité, en apparence impartiale et sans concession, du regard qu'il porte sur les relations humaines. Il est à ce titre, au moins en partie, le précurseur lointain du regard sociologique, dont l'objectivation permet de lever les illusions sur lesquelles sont fondées les représentations ordinaires que les individus se font de leur vie [1]. Cette situation de « spectateur impartial » est associée à la marginalité [2]. Elle

1. Dans son livre *Enigmes et complots. Une enquête sur les enquêtes* (Paris, Gallimard, 2012), L. Boltanski met en rapport la naissance de la sociologie, le succès de romans policiers et d'espionnage et l'invention de la paranoïa comme nouvelle pathologie sociale. Il distingue justement le monde du roman policier, qui repose sur une inquiétude nouvelle relative à la fragilité de la « réalité sociale » (que les cadres juridiques et étatiques visent à stabiliser), du roman picaresque qui mettent en scène une réalité sans épaisseur ni ambivalence, dans laquelle le mensonge et la tromperie sont les seuls moyens de conjurer le caractère aléatoire du cours de la vie. Mon idée est que le cynisme picaresque et sa pratique du dévoilement procède elle aussi d'une inquiétude analogue qui porte aussi bien sur la réalité sociale que sur le monde éthique des valeurs.

2. Sur la situation de l'observateur impartial, voir encore L. Boltansky, *La souffrance à distance. Morale humanitaire, médias et politique*, Paris, Métailié, 1993, 2007. Mais la situation qu'il décrit (en s'appuyant sur Adam Smith), met d'abord en scène la rencontre entre un *malheureux* en souffrance, et un *spectateur* qui l'observe à distance. Avec le roman picaresque, le rôle de spectateur serait plutôt dévolu au malheureux lui-même qui observe le monde depuis sa situation de marginalité.

l'est en tout cas chez Cervantès lorsqu'il met en scène des gitans et des chiens. Sous cet angle, la figure du bouffon permet de s'interroger sur les effets psychiques de la situation d'exclusion et de précarité sociale de ceux qui sont ainsi repoussés aux marges du monde social.

Je propose d'aborder la folie mixte du bouffon à la lumière de ces questions qui ont trait au *destin du refoulé* une fois levée, même partiellement, la barrière du refoulement[1]. J'explique ainsi le fait que le pitre a besoin d'un public : ses facéties sont faites « pour la galerie ». C'est l'ambiguïté de son comportement que l'on peut regarder comme une quête de reconnaissance, mais par des moyens qui le frappent d'indignité. Faute d'être pleinement reconnu, il est seulement toléré et condamné à la marginalité. Ce comportement paradoxal qui relève du « négativisme social », place le bouffon dans une situation *analogue* à celle du refoulé face au « moi officiel » : la vérité dont il est porteur, ne peut faire l'objet d'une « admission intellectuelle » qu'à condition d'être disqualifiée.

Cette analogie n'a pas pour fonction de comparer seulement l'exclusion sociale au processus intrapsychique du refoulement. Elle vise aussi à montrer comment la clinique psychosociale peut apporter ici un éclairage intéressant sur la pratique psychanalytique : ici relativement à la problématique de la perlaboration et de l'intégration psychique, mais également à celle du jeu et de l'humour : à quelles conditions le trait d'esprit peut-il devenir la marque d'une véritable levée du refoulement? Les traités de civilité ne manquent pas de critères propres à distinguer la plaisanterie « de bon aloi » de l'impertinence bouffonne. C'est sous cet angle que je propose en premier lieu d'aborder la question, en m'appuyant sur la définition d'Aristote qui fait de l'humour ou *eutrapelia* une vertu éthique, marque de sociabilité aussi bien que d'intégration psychique.

L'analogie permet en retour d'être sensible aux enjeux identitaires et narcissiques portés par la clinique psychosociale : ici relativement à des situations de stigmatisation et de marginalité, associées à une tolérance qui sert souvent de façade au mépris et au déni de reconnaissance. Ce point de vue me permet de suggérer que la littérature consacrée au jeu, au comique et à l'humour, n'a pu manquer de se trouver confrontée, d'une manière ou d'une autre, à ces enjeux. Sans nécessairement les expliciter à la manière de la psychanalyse, elle les a rencontrés et en a rendu compte

1. Je rappelle ici que la question du « destin du refoulé » s'oppose à l'idée (d'abord défendue par Freud) selon laquelle le refoulé ne subirait aucune modification dans l'inconscient. Elaborée progressivement à partir l'essai sur « L'inquiétante étrangeté », elle est appelée par l'idée d'un « moi inconscient » et devient centrale dans *Inhibition symptôme et angoisse*.

par d'autres moyens. C'est sur ce présupposé que je propose de fonder l'idée d'une lecture *clinique*.

C'est par le biais de cette analogie enfin que je propose de penser l'ambiguïté relative à la teneur de vérité propre à la médisance du fou. Pour autant que le bouffon peut être appréhendé comme le dépositaire ou le représentant du refoulé, la question revient à s'interroger sur le sens que l'on donne parfois au dévoilement du désir inconscient, censé exposer une *vérité* qui aurait trait à l'identité du sujet. C'est cette difficulté que j'ai tâché d'affronter en m'interrogeant sur la notion de *médisance*. A l'illusion souvent dénoncée d'une vision morale et naïve du monde, répond le cynisme de mère maquerelles ou des valets de chambre pour lesquels, comme le rappelle Hegel, « il n'y a pas de héros ».

On peut ici donner un premier exemple, emprunté à l'un des nombreux propos facétieux des bouffons (*clowns*) que l'on trouve dans le théâtre de Shakespeare. Il est emprunté à la comédie *All's well that ends well* (*Tout est bien qui finit bien*). Lavatch (acte I, scène 3) annonce à la Comtesse qu'il se marie « par esprit de pénitence », et qu'il espère se procurer par là des amis : *I have been, madam, a wicked creature, as you – and all flesh and blood – are, and indeed I do marry that I may repent; I am out of friends, madam, and I hope to have friends for my wife's sake.* En effet, « celui qui laboure mon champs épargne mon attelage, et me laisse recueillir la récolte. S'il me fait cocu, il travaille pour moi. Celui qui console ma femme, soigne ma chair et mon sang; celui qui aime mon sang et ma chair est mon ami; *ergo*, celui qui baise ma femme est mon ami ». La plaisanterie est un lieu commun de la littérature sur le cocuage. On lit pareillement chez Rabelais : « Il n'est (répondit frère Jean) cocu qui veut. Si tu es cocu, *ergo* ta femme sera belle, *ergo* tu seras bien traité d'elle; *ergo* auras des amis beaucoup; *ergo* tu seras sauvé » (*Tiers livre*, chap. 28).

La Comtesse demande alors : « Tu seras donc toujours un fripon obscène et calomnieux ? (*Wilt thou ever be a foul-mouthed and calomnious knave ?)* » Il répond : « Un prophète ? Assurément madame et, c'est bien la vérité que je professe ainsi (*A prophet ? Ay, madam, and I speak the truth the next way*) » :

> Car je répète cette ballade
> Dont chacun reconnaîtra la vérité :
> Le mariage est l'œuvre du destin,
> Et le coucou (*cuckoo*) chante par nature.

Ce que dénonce la Comtesse ici, c'est le mauvais esprit dont témoigne Lavatch avec sa représentation du mariage : une « calomnie » au regard d'un lien sacré. Le bouffon récuse l'accusation de calomnie : prenant le terme non pas au sens de blasphème ou de profanation, mais de simple mensonge. Il insiste sur la vérité de son inférence, vérité crue et triviale exprimée maintenant sous forme parodique, au moyen d'une chanson de taverne qu'il élève au rang de prophétie.

On a ici un assez bon exemple de subversion et d'irrévérence bouffonne. D'abord blâmé pour ses mauvaises mœurs, le *clown* se défend en répondant qu'il n'est pas différent de son accusatrice : sa propre condition morale est bien identique, et reflète, de manière ostentatoire, une condition partagée, celle d'un être de chair et de sang, animé de désirs que les autres tiennent secrets. Le franc-parler propose ainsi de révéler ou d'objectiver la véritable nature des liens sociaux. L'exemple du mariage est assez convenu : le lien sacré est envisagé ici sous l'angle des avantages sociaux qu'il procure (amitiés, alliances). De manière parodique et scandaleuse, le bouffon identifie ainsi la femme à une prostituée et son époux à un proxénète. Démasquant les ressorts occultes d'un monde dans lequel le vice est roi, il s'exclut encore une fois du jeu commun : rappelé à l'ordre par la Comtesse qui lui reprochait de dévoyer les femmes mariées, il envisage maintenant le mariage comme un moyen de tirer profit de la concupiscence des hommes en assumant le rôle d'entremetteur. Le bouffon (*clown*) est bien un fripon (*knave*) médisant.

Le bouffon est un marginal. Il est présenté ici comme un célibataire condamné à subvertir des règles de l'échange sexuel, même lorsqu'il projette de se marier « par esprit de pénitence » : il n'entend pas se ranger, mais conçoit encore le mariage et la nouvelle situation à laquelle il aspire, depuis une position encore extérieure au lien matrimonial, celle de l'entremetteur qui lie autrui, sans lui-même se lier. Cette marginalité qui paraît, dans l'exemple proposé, tout à la fois subie et activement recherchée, est évidemment caractéristique de la situation sociale que le bouffon partage avec de nombreuses figures de la littérature de l'époque, et en particulier avec le héros picaresque. Ce trait a été relevé par M. Bakhtine, dans un essai sur la « fonction littéraire » du bouffon, du sot et du fripon : ces personnages « jouissent d'une particularité et d'un droit insolites : *étrangers* dans ce monde, ils ne sont solidaires d'aucune situation existant ici-bas, aucune ne leur convient, car ils entrevoient l'envers et la fausseté de chacune »[1].

1. M. Bakhtine, *Esthétique et théorie du roman*, *op. cit.*, p. 306. Aux bouffons de comédie, on pourrait ajouter le personnage de Thersite dans l'*Iliade*, qui associe difformité physique et médisance haineuse : « Thersite seul persiste à piailler sans mesure. Son cœur connaît des mots malséants, à foison, et tout lui semble bon, pourvu qu'il pense faire rire les Argiens.

Observation : J. Bousquet identifie cette position sociale particulière associée à la médisance : « Les médisants ressemblent aux malheureux qui n'ont pas eu leur part d'événements et doivent mener aux dépens de leurs voisin une existence parasitaire »[1]. Toujours au sujet de la médisance, on peut mentionner une lettre de Nicolas Pasquier à son fils : « Ne dites jamais mal de personne, car le médire dérobe l'honneur d'autrui, et enseigne que vous n'avez jamais appris à bien dire, que vous êtes *une contre-résistance à la hantise du monde*, le fléau des gens de bien »[2], – où la contre-résistance désigne une pression opposée au mouvement de socialisation.

Cette marginalité commande bien la nature des propos. D'abord la liberté de parole. Elle ne repose pas sur un droit véritable, mais constitue une simple tolérance, puisque la parole est d'emblée disqualifiée par la position sociale de celui qui la porte : ce ne sont que des propos « pour rire » qui restent souvent sans effets. Cette liberté diffère de celle qu'engage la *parrhêsia* classique, associée au privilège accordé au citoyen et à l'autorité morale et politique du sujet, un privilège et un droit que l'on peut perdre en cas de déshonneur ou de bannissement. Comme le résume M. Foucault, la *parrhêsia* est la « manifestation de l'existence libre du citoyen libre », où la liberté doit être entendue comme « ce qui donne le droit d'exercer ses privilèges au milieu des autres, par rapport aux autres, et sur les autres »[3]. C'est au contraire l'indignité associée à leur personne qui autorise les propos facétieux et irrévérencieux des fous. Le franc-parler du bouffon en général est la contrepartie de sa situation d'exclusion : son indépendance n'est pas une marque de liberté. C'est la raison pour laquelle la figure du fou est solidaire de celle du fripon, mais aussi du sot et de l'enfant, ou encore, dans une acception large, du *picaro* du roman espagnol. La notion moderne de *tolérance* repose d'ailleurs, non sur une reconnaissance juridique

C'est l'homme le plus laid qui soit venu sous Ilion. Bancroche et boiteux d'un pied, il a les épaules voûtées, ramassées en dedans. Sur son crâne pointu s'étale un poil rare. Il fait horreur surtout à Achille et Ulysse, qu'il querelle sans répit » (II, 212-221). Un personnage de comédie égaré parmi les héros épiques. Sur Thersite, voir C. Jouanno, « Thersite, une figure de la démesure? », *Kentron*. Revue pluridisciplinaire du monde antique, 2005/1, p. 181-223; I. Nova, « L'éloge de Thersite : la fortune d'une tradition classique dans la prose de Libanios », *Atlantide*, 2014/2; et surtout G. Nagy, *Le meilleur des Achéen*, *op. cit.*, qui propose de rapprocher ce personnage des figures semi-légendaires d'Archiloque, poète réputé pour sa médisance, et d'Esope le fabuliste, lui aussi notoirement laid, dont il met avant la dimension rituelle de *pharmakos*. La figure très ambivalente d'Esope, héros picaresque avant la lettre, mis à mort par les Delphiens pour impiété, aurait encore à être rapprochée de celle de Socrate.

1. J. Bousquet, *Le médisant par bonté* (1945), Paris, Gallimard, 1980, p. 229.
2. Lettres de Nicolas Pasquier, livre X, Paris, 1623, p. 953.
3. M. Foucault, *L'herméneutique du sujet*, Paris, Seuil, 2001, p. 34.

pleine et entière, mais sur la définition paradoxale d'un espace de non-droit dans lequel la liberté concédée n'est jamais que le pendant de la contrainte et de l'aliénation qui s'y exerce. D'emblée disqualifiée, la liberté de parole du bouffon est l'expression d'une existence servile.

Observation : Ainsi cette remarque de Sénèque qui définit assez bien la *tolérance* (au moins dans son sens originel) : « Car les petits enfants donnent bien des soufflets sur la joue des pères, ils tirent et défont les cheveux de leurs mères, ils leur crachent au nez : ils découvrent devant tous les parties qu'il faudrait cacher : ils n'ont point honte de dire quelque vilaine parole : et toutefois nous n'appelons rien de tout cela outrage ou mépris. Pourquoi ? parce que celui qui le fait ne peut encore mépriser aucun. Et par cette même raison, la jaserie et bouffonnerie des esclaves envers leurs maîtres, encore qu'elle soit injurieuse, leur est agréable : l'audace desquels se pourra enfin entendre sur les autres conviés, s'ils commencent leur raillerie par leurs maîtres. [...] Il y en a qui achètent des esclaves qui ont une méchante langue, desquels ils aiguisent davantage l'impudence, et tiennent des maîtres pour leur apprendre à dire expressément des pouilles et des outrages : et toutefois nous n'appelons point cela outrage, mais des rencontres [jeux de mots] et subtils brocard »[1].

Surtout, à la différence du parrhésiaste antique qui prend le risque de s'opposer au tyran, au nom des citoyens « bien nés », le bouffon se situe toujours dans l'ombre d'un roi ou d'un maître : il est en effet moins l'ennemi du pouvoir (qui le tolère) que celui de l'ordre social (qui l'exclut). C'est pourquoi il compte parmi les soutiens traditionnels de la tyrannie, en particulier contre l'aristocratie et les « grands ».

On peut remarquer pareillement que le franc-parler du fou est au service d'une vérité d'un genre particulier : le mot d'esprit ne vise pas à corriger une erreur, mais à dénoncer un mensonge et à faire éclater au grand jour

1. Sénèque, *La constance du sage*, XI, 3, *Œuvres*, trad. fr. Chalvet, f. 432r. On lit, dans le *Dictionnaire* de Furetière (1690), cette étymologie du mot de *bouffon* : « BOUFFON : [...] Ménage, après Saumaise, dérive ce mot de *buffo*. On nommait ainsi en latin ceux qui paraissaient sur le théâtre avec des joues enflées pour recevoir des soufflets, afin que le coup, faisant plus de bruit, fît rire davantage les spectateurs. Vossius est de même avis, et dit que *bouffer* signifiait autrefois enfler et souffler : d'où vient qu'on dit *bouffi d'orgueil*, que *les habits bouffent*, et *une bouffée de vent*. Il tire de la même origine le mot de soufflet, qu'on appelle aussi une *buffe* ». Ces joues gonflées peuvent aussi évoquer celles des joueurs de flûte (aulètes) dont les mimiques sont réputées laides et indécentes donnant au musicien le visage joufflu de Méduse. Voir Plutarque, *Alcib.*, 2 et Aristote, *Politique*, VIII, 6, mais aussi le rejet par Athéna de l'*aulos* qu'elle avait inventé : notamment, *De ira cohib.*, 456B-C (« quand elle eut contemplé son image dans une eau courante, elle s'en fâcha et abandonna sa flûte »).

les ressorts cachés des liens sociaux. N'étant solidaire d'aucune situation, le fou, pas plus que le marginal ou le fripon, ne partage ni les illusions ni les préjugés communs qui fondent les liens civils. Surtout, sa position d'étranger fait de lui l'observateur privilégié du monde, c'est-à-dire des vices et des secrets qui se dissimulent sous des dehors de respectabilité. Comme le montre l'exemple tiré de Shakespeare, si ses propos sont outrageants, c'est que le fou ou le bouffon interprète ainsi les relations sociales à la lumière du refoulé. C'est ce qui explique encore la proximité de son prétendu réalisme avec l'observation impartiale du sociologue qui rapporte les comportements sociaux à leurs ressorts inconscients [1].

Cette dénonciation cependant trahit une méconnaissance de la fonction de ces règles ou de ces conventions qui valent moins par elles-mêmes que par la communauté qu'elles rendent possible, en inhibant ou en tempérant les excès et les vices, autrement dit les sources de discorde et de conflit (*stasis*). En rapportant les comportements à leur sens caché, le fou a raison. Il omet cependant de prendre en considération les effets de la civilité qui vient tempérer la guerre de tous contre tous. La raillerie bouffonne tombe ainsi sous le coup de la critique pascalienne des demi-savants auxquels échappe la « raison des effets ». Le vecteur de la parodie, c'est d'abord cette incompréhension. C'est même le ressort habituel du comique carnavalesque et de la raillerie qui visent les grandeurs de ce monde. Ici encore, par conséquent, le semblant d'objectivité trahit bien la position sociale du bouffon qui, parce qu'il n'est solidaire d'aucune situation, peut opposer *sans médiation* le règne des apparences à la réalité des relations sociales, le plus souvent réduite à un pur rapport de force et à l'égoïsme des intérêts. Se trouve par là omise, dissoute ou court-circuitée la vérité éthique (la dimension de l'honnête) qui faisait l'objet de la *parrhêsia* classique. Ici encore, la raillerie cynique du bouffon omet le travail de secondarisation et de refoulement sur la base duquel se construisent les relations sociales.

Interroger le sens du franc-parler bouffon à la lumière de la notion de *parrhêsia* permet ainsi de mettre en avant des différences fondamentales, liées d'abord à la situation sociale et à la marginalité du sujet : à la liberté pleine du parrhésiaste qui, au nom de son appartenance à la cité, peut rappeler chacun à ses devoirs éthiques, on peut opposer la servilité du

1. La reconnaissance d'un déterminisme inconscient suffit à exposer le sociologue aussi bien que le psychanalyste à la même difficulté que les chiens de Cervantès : comment parler des hommes sans être accusé de médisance ? Comment distinguer les démarches de la sociologie et de la psychanalyse de leurs versions *sauvages*, l'invective bouffonne.

bouffon. Leur parole insolente, seulement tolérée, est dépourvue de l'autorité qui s'appuie sur l'honneur et la légitimité attachés à la personne; elle ne repose pas sur la reconnaissance, mais seulement sur l'arbitraire d'un pouvoir qui concède une liberté qu'il peut reprendre aussitôt. De plus, tandis que le parrhêsiaste dévoile aux individus une vérité qui se cache à leurs propres yeux et les aide ainsi à découvrir ce qu'ils sont, la franchise bouffonne déchiffre également un sens caché des actions humaines, mais pour dénoncer partout l'illusion et l'hypocrisie, dissoudre le prestige associé aux positions et aux valeurs socialement reconnues, jusqu'à vider les comportements de toute signification éthique véritable.

Observation : Dans son dictionnaire, Furetière donne ces deux sens au verbe "blasonner" qui signifie d'abord déchiffrer le sens caché des blasons (« expliquer les symboles, les mystères de l'émail et figure des blasons »), mais qui « se disait autrefois pour signifier parler de quelqu'un, le décrire avec ses bonnes et mauvaises qualités, et particulièrement pour médire ». Dans ce second sens, l'interprétation vise à rapporter le comportement extérieur à des qualités ou traits de caractères, c'est-à-dire au « naturel » (*ingenium*) de chacun. On rappellera ici que la médisance ne vise pas seulement l'individu, mais principalement le *nom* et l'honneur associés à la noblesse (et à ses privilèges) signifiés par le blason. Cette dimension politique est importante. Dans son *Eloge de la folie*, au chapitre des bouffons [1], Érasme insiste sur cet aspect. La Folie (*Stultitia*) cite un proverbe d'Alcibiade (*Banquet*, 217e), qui attribue la vérité au vin et à l'enfance. Elle ajoute : « c'est tout de même à moi surtout qu'en revient l'honneur ». Dans son commentaire de l'adage *In vino veritas* [2], Érasme inclut pareillement la folie en citant ce proverbe : « la vérité sort seulement de trois sortes de bouches : celle de l'enfant, celle de l'homme ivre et celle du fou ». Dans son commentaire, il explique le sens à donner à cette vérité en relevant que « l'ivresse supprime les déguisements sous lesquels l'âme se dissimule et produit au grand jour ce qu'on cache au fond de son cœur ». Érasme ajoute un effet voisin de l'ivresse qui supprime également la pudeur ou la honte (*dysopia*).

On retrouve ces aspects dans l'*Éloge de la folie*, lorsque Érasme évoque les bouffons que beaucoup « préfèrent de beaucoup à leurs sages austères que certains pourtant entretiennent par vanité » [3]. Les sages, en effet,

1. Erasme, *Eloge de la folie*, § XXXVI; trad. fr. J.-C. Margolin, Paris, Laffont, 1992, p. 42.

2. Adage 617; *Les adages*, J.-C. Saladin (dir.), Paris, Les Belles Lettres, 2013, I, p. 494.

3. Erasme, *Eloge de la folie*, § XXXVI; trad. cit., p. 42-43.

« n'apportent aux princes que tristesse » et, « pleins de leur savoir, ils ne craignent pas quelquefois de blesser les oreilles délicates par une vérité mordante ». Les fous, au contraire, « offrent la seule chose que les princes recherchent partout et à tout prix : jeux, sourires, fous rires, plaisirs ». La Folie (*Stultitia*) qui parle ici, avance une opposition convenue entre les propos graves et sérieux des sages, et les plaisanteries frivoles et facétieuses des bouffons, attachés à plaire plutôt qu'à édifier. Il fait écho à l'opposition entre le flatteur et l'ami (qui pratique la parrhêsia ou la remontrance morale). Ce premier argument est pourtant battu en brèche par un autre lieu commun : « les fous possèdent un don [...] : eux seuls sont francs et véridiques », – à la différence des sages (ou des prudents) qui, comme le dit Euripide (*Rhesus*, 394-395), « ont deux langues » : « avec l'une ils disent le vrai, avec l'autre ce qu'ils jugent opportun », et sont capables d'« avoir une pensée au cœur et [d']en feindre une autre en paroles ». Érasme oppose ici la prudence du sage, capable de dissimulation et de calcul, à la simplicité évangélique du fou et du sot. S'il en est ainsi, c'est que « les princes redoutent la vérité », qu'il sont « sans amis » et ne « peuvent s'entourer que de flatteurs ». Car, « c'est un fait, les rois détestent la vérité ». Cette haine fait le succès des fous : leurs propos outranciers et irrévérencieux, s'ils peuvent être regardés comme véridiques, ne font paraître la vérité que sous un jour ridicule et grotesque. Le bouffon ne dit jamais le vrai qu'en le disqualifiant et en le frappant d'indignité. Il met finalement la liberté et la vérité au service du mensonge et de la tyrannie.

Le statut de la médisance du bouffon renvoie encore à sa situation sociale ambiguë de marginalité et de précarité. L'attention couramment portée aux dynamiques d'exclusion et de désocialisation, masque parfois les mécanismes de régulation par lesquels les sociétés gèrent leurs exclus. D'une certaine manière, on pourrait en dire autant du refoulement : l'admission intellectuelle du refoulé ouvre la question du destin de ces nouveaux contenus dont s'enrichit ainsi la conscience. C'était le sens de la critique de la médisance par les chiens de la nouvelle de Cervantès. Le problème devient alors celui de la « perlaboration » de ces propos disqualifiés venus de l'inconscient. On sait comment l'interprétation provoque l'étonnement, parfois le rire, mais aussi le désarroi. Le moi, à la manière d'un professionnel de la réinsertion, se sent ainsi bien seul avec les contradictions dans lesquelles le met cette tolérance ou cette admission partielle du refoulé. Il est en tout cas à la croisée des chemins, selon qu'il se règle sur la *partie sobre de la personnalité* en jouant le rôle de la Comtesse de Shakespeare, ou sur la *partie médisante de la personnalité*, au risque de renforcer par là un surmoi tyrannique. A moins qu'il ne décide (à la manière de Descartes) que « tout cela n'est qu'un jeu ». Une solution qui revient (pour le dire à la façon des auteurs de la Renaissance) à *admettre Momus* (l'esprit de dérision) *à la table des dieux*.

Aristote et la notion d'eutrapélie

L'intérêt des développements que M. Foucault consacre à la notion de parrhêsia tient à la manière dont il articule la problématique générale du « souci de soi » à celle des techniques de subjectivation. On peut prolonger le parallèle en interrogeant pareillement le franc-parler bouffon du point de vue du rapport à soi qu'il implique. Ici encore le parallèle apparaît loin d'être univoque et l'on peut s'attendre à une modalité paradoxale (hypocondriaque) du souci de soi. Prenant ainsi au sérieux la folie du bouffon, je tenterai de spécifier le sens de la distorsion du rapport à soi et à autrui qu'elle exprime. Pour cela, je proposerai ici de m'appuyer sur le développement d'Aristote dont la théorie des vices et des vertus morales repose sur la notion de disposition éthique ou de *caractère* (*êthos*), c'est-à-dire d'organisation psychique. L'idée que je voudrais illustrer ici, est que l'*eutrapélie* (la disposition à plaisanter) propose une représentation des relations sociales et du rapport à la vérité très différente de celle que commande la notion de parrhêsia : non plus fondé sur le « courage de la vérité », mais sur le tact, le jeu et l'humour qui sont des marques de souplesse psychique. La fortune complexe de la notion, apparemment périphérique dans les œuvres éthiques d'Aristote, permet notamment d'apporter un éclairage nouveau sur la *folie* du bouffon.

1) Le ressort du comique, c'est le ridicule. C'est ainsi qu'Aristote définit le rire dans la *Poétique* (chap. 5) : « ce qui provoque le rire a pour cause une faute ou une laideur non accompagnée de souffrance et non pernicieuse » [1]. La définition est reprise par Cicéron : « Les difformités et les défauts corporels offrent, eux aussi, une assez belle matière à la raillerie (*Locus et regio ridiculi turpitudine et deformitate continetur*) » [2]. On la retrouve ensuite constamment, par exemple sous la plume du médecin Laurent

1. « Comœdia autem est, ut diximus imitatio deteriorum quidem, non tam in omni vitium genere, sed ridiculum turpis est pars : ridiculum est pecatum quoddam et turpitudo sine dolore et quod non erimat » (*Aristotelis opera cum Averrois commentariis*, Venise, 1562, II, f. 205H-I (édition notée *Arist. op.*).

2. Cicéron ajoute : « En somme, tromper l'attente des auditeurs, railler les défauts de ses semblables, se moquer au besoin des siens propres, recourir à la caricature ou à l'ironie, lancer des naïvetés feintes, relever la sottise d'un adversaire, voilà les moyens d'exciter le rire » (*De oratore* II, 58, 236). Cicéron est un spécialiste en la matière.

Joubert dans son *Traité du ris* (1579) : « ce que nous voyons de laid, difforme, déshonnête, indécent, malséant et peu convenable excite en nous le ris, pourvu que n'en soyons mus à compassion ». Il donne aussitôt cette illustration : « si on vient à découvrir les parties honteuses, lesquelles par nature ou publique honnêteté nous sommes coutumiers de cacher pource qu'il est laid, toutefois indigne de pitié, incite les voyants à rire. Car rien ne nous induit à commisération que ce qui a espèce de dommage : et en cela il n'y a aucun mal ou danger qui donne lieu à compassion »[1]. Le comique et le rire ont trait aux défauts (physiques et moraux) que les plaisanteries viennent ainsi relever et souligner. Ils ont un rapport naturel à la médisance et à ses différentes modalités : selon le mot de Quintilien, *ridere est deridere* (« rire, c'est se moquer »).

On trouve, chez Aristote, quelques remarques sur la raillerie et l'humour, envisagées du point de vue éthique et social. Ainsi dans l'*Éthique à Nicomaque* (IV, 14), dans la série des chapitres consacrés à la vertu définie comme médiété ou juste milieu, avec la mention de la plaisanterie (*eutrapelia*) entendue comme une espèce de médisance ou de contumélie (outrage, injure ou affront), une forme ludique de moquerie, nécessaire aux relations sociales.

2) Aristote définit l'*eutrapélie* comme une vertu située entre deux extrêmes. D'abord par rapport à son excès, la bouffonnerie, qu'il caractérise comme « une exagération dans la plaisanterie » : « Ceux qui pèchent par exagération dans la plaisanterie sont considérés comme de vulgaires bouffons dévorés du désir d'être facétieux à tout prix, et visant plutôt à provoquer le rire qu'à observer la bienséance dans leurs discours et à ne pas contrister la victime de leurs railleries »[2]. Il oppose à cet excès le défaut de ceux « qui ne peuvent eux-mêmes proférer la moindre plaisanterie ni entendre sans irritation les personnes qui en disent ». Ils « sont tenus pour rustres et grincheux (*agroikos ; rustici ac duri*) », c'est-à-dire rigides et manquant

1. L. Joubert, *Traité du ris, contenant son essence, sa cause et ses merveilleux effets*, Paris, 1579, p. 17-18. Joubert ajoute que la vue d'autres parties dénudées du corps ne provoque généralement pas le rire, non plus que celle d'un homme en train de se faire émasculer.

2. Aristote, *Éthique à Nicomaque*, IV, 14, 1128a4-7 (trad. fr. Tricot, Paris, Vrin, 1983, p. 207) ; *Arist. op.* III, f. 61K : « Qui igitur ridiculis excedunt, scurrae esse atque importuni videntur : qui ridicula penitus affectant, adeo ut studeant potius risum movere, quam honeste loqui, doloreque eum non afficere quem cavillant ». « Ceux donc qui en choses ridicules sont excessifs, semblent être vrais lichautels, lippeurs et importuns : vu qu'animés et affectant toutes choses ridicules, ils visent plus d'apprêter à rire que de tenir propos honnêtes, et de n'offenser et fâcher celui qu'ils brocardent » (*Ethiques d'Aristote*, trad. fr. Ph. Le Plessis, 1553, p. 71).

de savoir-vivre [1]. Aristote range ici la rigidité morale du côté du monde paysan, rustique ou agreste, qu'il oppose au monde réputé policé, celui des villes.

Entre les deux, il situe « ceux qui plaisantent avec bon goût » et sont « ce qu'on appelle des gens d'esprit (*eutrapelios*) ou si l'on veut, des gens à l'esprit alerte (*eutropoi*) » : *At qui apte ac moderate iocantur, faceti ac versatiles dicuntur, quasi ad versionem apti*. La qualité à laquelle renvoie l'*eutrapelia* est l'agilité ou la souplesse d'esprit, car, ajoute Aristote, « de telles saillies semblent être des mouvements du caractère et nous jugeons le caractère des hommes comme nous jugeons de leurs corps par leurs mouvements (*morum enim huiusmodi esse videntur motiones : atque corpora, ita et mores ex motionibus judicantur*) » [2]. L'analogie est classique, mais elle est importante dans la mesure où les notions d'agilité, de souplesse, de malléabilité ou encore de versatilité indiquent l'existence d'une organisation interne (psychique) qui définit les mœurs ou le caractère, d'un certain rapport à soi comparable au rapport de chacun à son corps propre. Elle s'oppose ici à la rigidité excessive des rustres, mais permet également de penser le défaut d'organisation propre au bouffon [3].

3) Du point de vue de la forme éthique aussi bien que du corps biologique, la force doit composer avec la souplesse, l'agilité et une certaine liberté de mouvement. Aristote le remarque expressément dans la *Rhétorique* (I, 5, 1361b15). Pourtant, comme le savent les entraîneurs sportifs, ces deux qualités de l'athlète, la puissance musculaire et la souplesse, sont souvent opposées ou contraires. Pareillement ici, l'eutrapélie peut être entendue comme une vertu qui doit venir limiter et borner la force d'âme du magnanime, sa rigidité morale et son mépris social.

Cette souplesse est une qualité qu'Aristote rapporte à la notion d'*épidexiotes*, souvent rendue en français par le terme de *tact*, auquel

1. « Au contraire, ceux qui ne disent rien de facétieux, ains [mais] se chagrinent et offensent ceux qui en dient, semblent être champêtres et austères ». Plus loin : « agreste et rude » (Le Plessis, p. 72). Le grec *agroikos*, paysan, renvoie à la balourdise de ceux qui n'ont pas été éduqués à la ville. Il s'oppose à l'urbanité ou politesse, mais aussi à la *filouterie* des citadins, différente, au moins dans la forme, de la *roublardise* des campagnards. Sur cette rusticité, voir Théophraste, *Caractères*, IV.

2. *Ibid.*, 1128a9-13 ; 61vL. « Mais ceux qui savent jouer et folâtrer modestement, et de bonne grâce, s'appellent joyeux et mouvants, comme s'ils étaient agiles et remuables ; car tels mouvements et promptitude semblent être leur coutume et façon de faire : vu que ne plus ne moins que par les mouvements et maniements on juge de la disposition du corps, pareillement aussi des mœurs et des coutumes » (Ph. Le Plessis, p. 71).

3. On pourrait ici développer la question en montrant que le modèle est tiré de l'anatomie et de la théorie du « mouvement des animaux ».

on peut préférer la traduction latine par *dexteritas*, dextérité[1] : « La disposition du caractère qui occupe le juste milieu est encore marquée par le tact : c'est le fait d'un homme de tact de dire et d'écouter seulement les choses qui s'accordent avec la nature de l'homme vertueux et libre »[2]. Le terme d'*épidexiotès* regarde l'aptitude (*exis*, *habitus*) à faire preuve d'agilité. Le terme est rendu en latin par un doublet significatif : *urbanitas seu dexteritas*, où la dextérité et l'adresse renvoient expressément à la métaphore d'Aristote, tandis que l'*urbanitas* se rapporte à l'idée de civilité, opposée à la balourdise agreste[3]. Le doublet est appelé d'ailleurs par la distinction entre les deux qualités de l'*épidoxiotès* : la vertu et la liberté, que la traduction latine rend par les notions de *probitas* et d'*ingenuitas* (*urbani vero est ac dexteri hominis talia dicere et audire, qualia probo atque ingenuo conveniunt*). Aristote explique ainsi en distinguant deux points de vue permettant de caractériser la plaisanterie honnête : « la plaisanterie de l'homme libre diffère de celle de l'homme de nature servile, comme, de son côté, la plaisanterie d'un homme de bien élevé n'est pas celle d'un homme sans éducation » : *et ingenui hominis locus a servilis, et item eruditi ab ineruditi ioco distat* (f. 61M)[4]. Tandis que la probité désigne les effets de l'éducation, l'*ingenuitas* renvoie à la liberté naturelle de ceux dont on disait à l'Âge classique qu'ils étaient

1. La traduction d'*épidexiotès* par *tact* (Tricot et Bodéüs) rend compte du sens général, à condition de garder à l'esprit que la notion renvoie moins au sens du toucher qu'à l'habileté technique associée à la main, d'où la traduction latine qui donne *dexteritas*. Dans le contexte, l'habileté regarde le comportement en société, le souci de l'autre et des liens d'amitié, vertus au cœur de la sociabilité (*urbanitas*). On trouve une allusion à la notion chez Rabelais, à propos de l'enseignement des précepteurs bornés qui ont rendu Gargantua « fou, niais, tout rêveux et rassoté », autrement dit intellectuellement inhibé et inapte au relations sociales : « Car leur savoir n'était que bêterie, et *leur sapience n'était que moufles*, abâtardissant les bons et nobles esprits, et corrompant toute fleur de jeunesse » (chap. XV, éd. cit., p. 44), où les *moufles* représentent clairement une entrave qui empêche la dextérité.

2. « A cette habitude qui y tient le moyen, la dextérité et civilité est convenante et prochaine : car il appartient à l'homme *dextre et civil* de dire et écouter telles choses, qu'elles elles conviendraient à tout homme de bien et noblement nourri » (Ph. Le Plessis, p. 71).

3. Pour le lexique du comique, voir Quintilien, *Instit. orat.* VI, 3, 17, où l'on trouve cette définition de l'urbanité : « Ainsi par *urbanité*, il me semble qu'on entend une certaine politesse qui, dans les termes, dans l'accent et dans l'air, annonce un goût particulier de la ville, jointe à une secrète teinture d'érudition prise dans le commerce des gens de lettre ; quelque chose, en un mot, dont le contraire est la rusticité (*Nam et urbanitas dicitur, qua quidem significari video sermonem praeferentem in verbis et sono et usu proprium quemdam gustum urbis, et sumptam ex conversatione doctorum tacitam eruditionem ; denique, cui contraria sit rusticitas*) ». Dans le chapitre, l'*urbanitas* est un équivalent de l'eutrapélie.

4. « Et les jeux et folâtreries des bien et libéralement nourris sont différentes de celles des valletailles et serviles ; et derechef de celle du bien appris et docte, de celles de l'ignorant » (Ph. Le Plessis, p. 71).

« bien nés » ou dotés de ce bon tempérament qui caractérise chez Rabelais le *pantagruélisme* : « une certaine gaîté d'esprit confite de mépris des choses fortuites ».

4) La définition d'Aristote joue donc sur deux tableau : l'eutrapélie, comme généralement le reste des « vertus éthiques », est une disposition de l'âme qui ne régit pas seulement le comportement social de l'individu, mais dénote également une organisation interne de l'âme. Les conduites qui favorisent la paix sociale (l'apaisement des conflits) sont portées par des vertus qui témoignent de l'intégration des tendances dont l'âme est le siège.

Cette définition se heurte cependant à la définition du comique et de la raillerie fondée sur les défauts d'autrui, donc sur la médisance. Aristote pose alors la question suivante : « Comment l'homme bien né et bien élevé peut-il se moquer et plaisanter aux dépends d'autrui ? Dans ces conditions, devons-nous définir le railleur bien élevé en disant que ses plaisanteries ne sont jamais malséantes au jugement d'un homme libre, ou devons-nous dire que c'est parce qu'il évite de contrister celui qui l'écoute ou même qu'il s'efforce de le réjouir ? »[1] Dans sa réponse, Aristote propose un critère de réciprocité qui permettra de juger de la bonne plaisanterie : « Telle sera aussi la nature des plaisanteries que le railleur de bon ton écoutera, car les plaisanteries qu'il supporte d'entendre sont aussi celles qu'il trouve bon de faire lui-même (*nam quae quisque talia audire patitur, eadem quoque facere vident*) » (1128a25-29 ; f. 62A). Le bon mot doit donc être contenu dans des limites qui le rende plaisant même aux oreilles de celui qu'il vise. A la violence des facéties du bouffon qui cherche à provoquer le rire à n'importe quel prix, au risque d'attrister la victime, la plaisanterie juste ou de bon ton doit éviter d'exclure l'objet de sa raillerie, mais au contraire l'inclure au nombre des rieurs[2]. De même que, dans la *parrhêsia*, le courage doit être partagé entre celui qui énonce la vérité et celui auquel elle est adressée, de même ici l'*eutrapelia* suppose une communauté éthique fondée sur l'éducation et la liberté.

1. « Assavoir donc s'il faut définir le bon moqueur et raillard, ou pour dire choses décentes à un homme bien nourri [éduqué], ou pour ne pas fâcher et offenser celui qui les entend, ains [mais] pour lui donner plaisir ? » (Ph. Le Plessis, p. 72).

2. C'est notre sens de la notion de tact. A l'opposé, on trouve la médisance du poète Archiloque, « détenteur du blâme, qui s'engraisse de haine aux mots lourds » (Pindare, *Pyth.* II, 55-56). La « poésie de blâme » est rapprochée par Aristote de la comédie dont elle serait le précurseur, pour autant que le blâme aussi bien que le rire ont pour objet la bassesse, et pour ressort l'outrage, à la différence de la grandeur tragique qui inspire la pitié.

On est ici au cœur de la problématique du *jeu* et de la *fiction*, dont on a vu à propos de Descartes, qu'elle permettait de lever l'opposition ou l'antagonisme, pour *inclure*, au sein d'une interaction complémentaire, à la fois l'auteur et la victime du mensonge ou de la tromperie. Plus simplement, cela signifie que l'humour fournit un bon moyen de réguler les conflits ou de perlaborer le refoulé.

Cette communauté reste évidemment un peu paradoxale, puisqu'on a vu que le comique est fondé sur la médisance qui met en avant les défauts d'autrui. Aristote poursuit ainsi en remarquant que « la raillerie constitue une sorte d'outrage (*hubris*, *convicium*) » (1128a29; f. 62A-B)[1]. A ce titre, elle pourrait tomber sous le coup de la loi : Aristote évoque ainsi la possibilité d'interdire « certaines formes de raillerie », puisque « certaines formes d'outrage sont prohibées par le législateur ». Il ne s'étend pas sur la question des limites de la loi, non plus que sur la notion de *tolérance*, mais se contente de remarquer que, du point de vue éthique de l'eutrapélie, « l'homme libre et de bon ton se comportera comme nous l'avons indiqué, étant à lui-même sa propre loi (*elegans igitur et ingenuus quasi sibi ipse lex sit, ita se geret*) »[2]. Il conclut alors : « Tel est donc le caractère de celui qui se tient dans le juste milieu, qu'on appelle l'homme de tact ou l'homme d'esprit (*Ac talis quidem medius est, sive urbanus et dexter, sive facetus appellandus sit*) ». C'est par cette loi que l'homme de bien se donne à lui-même que se trouve contenue la violence de l'outrage. Ici la théorie éthique de la vertu comme juste milieu permet de penser le jeu *à la fois libre et réglementé* qui caractérise l'urbanité, aussi bien que le mélange d'amitié et d'hostilité qui définit le rapport social. Cette dimension d'ambivalence est encore présente dans la *Rhétorique* (II, 12), à propos des adolescents qui aiment rire et plaisanter (*risus studiosi sunt*), « parce que la plaisanterie est une impertinence polie », c'est-à-dire « un outrage policé », « une médisance savante » ou encore une « violence tempérée » : *urbanitas enim erudita quaedam contumelia est* (1389b12; *Arist. op.* II, f. 38D)[3]. L'eutrapélie aristotélicienne est donc

1. « parce que le brocard est comme quelque injure » (Ph. Le Plessis, p. 72).

2. « Certes l'homme de bonne grâce et bien nourri se portera tel, comme lui-même étant à soi la loi » (Ph. Le Plessis, p. 72).

3. L'*hubris* a le double sens de démesure et d'outrage (ou même de viol). La mention de l'adolescence est caractéristique dans ce contexte. Plutarque critique l'usage « de bailler des maîtres et gouverneurs aux petits enfants, et puis lâcher tout à un coup la bride à l'impétuosité de l'adolescence : là où au contraire, il fallait avoir plus diligemment l'œil et faire plus soigneuse garde d'eux qu'il ne fallait pas des jeunes enfants : car qui ne sait que les fautes de l'enfance sont petites, légères et faciles à rhabiller, comme de n'avoir pas obéi à leurs maîtres, ou avoir failli à faire ce qu'on lui avait ordonné : mais au contraire les péchés des

au centre d'une riche réflexion éthique et politique sur la sociabilité et le fondement des sociétés dans lesquelles il faut bien, comme l'écrit M. Mauss, « s'opposer sans se massacrer et se donner sans se sacrifier les uns aux autres ».

EUTRAPÉLIE ET PARRHÊSIA : LA RECONSTRUCTION DE THOMAS D'AQUIN

Aristote ne fait pas de lien explicite, semble-t-il, entre la parrhêsia et l'eutrapélie qui pourrait être regardée comme une modalité du franc-parler. Sinon négativement, à partir de la notion ambiguë de magnanimité. Les deux notions paraissent cependant solidaires, au moins à certains égards. Relativement d'abord à la visée morale et au fait que la plaisanterie ou la facétie vient dévoiler un défaut ou un vice moral. L'urbanité et le tact doivent tempérer la blessure ou la honte que peut provoquer la vérité, mais également la colère et le mépris du côté de celui qui l'énonce. La raillerie qui vise par définition un défaut ou une infirmité, est en effet une espèce de l'outrage, de la médisance ou de la contumélie. L'*eutrapelia* est une manière de contourner ces effets, en transformant même la tristesse en joie.

Observation : La médisance vise à rabaisser autrui et à confirmer la bonne opinion que nous avons de nous-mêmes. Montaigne écrit ainsi, à propos de la *grandeur* : « Puisque nous ne la pouvons atteindre, vengeons-nous à en médire : si ce n'est pas entièrement médire de quelque chose, d'y trouver des défauts; il s'en trouve en toutes choses, pour belles et désirables qu'elles soient » [1]. La raillerie trouve sa source dans l'envie et le rire procède du sentiment de triomphe. Pareillement chez Hobbes : « La passion du rire est un mouvement subit de la vanité produit par une conception soudaine de quelque avantage personnel, comparé à une faiblesse que nous remarquons actuellement dans les autres, ou que nous avions auparavant » [2]. On trouve encore la même idée chez Bossuet qui propose d'associer la médisance à l'envie qui est « une passion timide qui a honte

jeunes gens en leur adolescence bien souvent sont énormes et infâmes, comme une ivrognerie, une gourmandise, larcins de l'argent de leurs pères, jeux de dés, masques et mommeries, amours de filles, adultères de femmes mariées » (*De liberis*, 58B; trad. Amyot, *Œuvres morales*, Paris, 1572, 7C-D). Les dangers associés à l'adolescence et à la jeunesse sont un lieu commun de la littérature antique : ils sont liés au statut ambigu des jeunes hommes qui les situe en marge de la cité.

1. Montaigne, « De l'incommodité de la grandeur », III, 7, 916.

2. Hobbes, *Elements of Law*, I, 9, 13.

d'elle-même » : « C'est une secrète haine qui vient de l'envie que nous avons les uns des autres ; ce n'est pas un noble orgueil. De là le plaisir malin de la médisance. Il ne faut qu'une médisance pour créer une bonne compagnie. La moquerie. Nous prenons plaisir à nous comparer les uns aux autres, et nous sommes bien aises d'avoir sujet de croire que nous sommes plus excellents »[1]. Ces aspects sont exploités par Freud dans *Le trait d'esprit et sa relation avec l'inconscient* (1905) qui fait de la plaisanterie une « nouvelle technique de l'outrage », fondée sur le compromis entre les motions hostiles et les nécessités de la vie sociale[2].

1) Dans l'article sur la contumélie (ou l'injure) de sa *Somme théologique* (II a II ae, q. 72, a. 2), Thomas d'Aquin insiste sur cette modalité de l'eutrapélie définie comme une « insulte légère » (*leve convicium*), procédant d'une colère elle-même légère, qui « ne vise à déshonorer ni à contrister celui dont on parle, mais plutôt à procurer du plaisir et à jouer (*non ad dehonorationem vel ad contristationem eus in quem dicitur, sed magis causa delectationis et ioci*) ». Si cependant l'on use de la raillerie pour attrister autrui et faire rire les autres à ses dépens, on a affaire à un vice et non à une vertu (ad. 1 m). Thomas met ainsi en avant l'usage moral de la plaisanterie qui peut viser à corriger les défauts (*causa disciplinae*). Tel est le cas de l'usage de la contumélie ou réprimande que l'on trouve chez les apôtres (Gal. 3, 1 : *O insensati Galatae !*) et même chez le Christ (Luc, 24, 25 : *O stulti, et tardi corde ad credendum*). On pourrait ajouter cette recommandation de Paul (Col. IV, 6) : « que votre parole soit toujours aimable et assaisonnée de sel, afin que vous sachiez comment il faut parler à chacun (*sermo vester semper in gratia sale sit conditus ut sciatis quomodo oporteatvos unicuique respondere*) ».

Ailleurs Thomas propose cette analogie : « la tempérance relative à la concupiscence est aux plaisirs des sens et du toucher, ce que l'eutrapelia est aux plaisirs du jeu (*sicut temperantia circa concupiscentias delectationum tactus, et eutrapelia circa delectationes ludi*) » (I a II ae, q. 60 a. 5, 4). Il conclut l'article en énumérant les vertus relatives à la manière où les individus se rapportent les uns aux autres : si ce rapport vise le plaisir ou l'agrément des paroles et des actes, il est réglé par la vertu appelée par Aristote *amitié*, et que l'on peut appeler, écrit Thomas, *affabilité* (*affabilitas*) ; si, par ce rapport, l'individu vise à se découvrir, il est réglé par « une autre vertu qu'Aristote appelle *vérité* (*hoc pertinet ad aliam*

1. Bossuet, « Esquisse d'un sermon sur la médisance », *Œuvres complètes*, VII, Paris, 1870, p. 924.

2. Par exemple OC, VII, p. 121-122 et p. 159-160 ; GW, VI, p. 112 et p. 153.

virtutem quam nominat veritatem) ». Thomas fait allusion à l'*Éthique à Nicomaque* (II, 7, 1108a20), où Aristote énumère des médiétés relatives aux relations sociales : il oppose ainsi la véracité à la vantardise et à l'affectation d'humilité. Thomas ajoute cependant un troisième terme : l'eutrapélie qui, du point de vue de l'agréable et du jeu, représente un milieu entre la bouffonnerie et la rusticité. En énumérant trois termes, l'affabilité, la vérité et l'eutrapélie, Thomas propose d'articuler ou de systématiser les remarques d'Aristote : l'eutrapélie devient alors une troisième vertu résultant du mélange d'affabilité et de véracité : « c'est pour cela qu'il existe dans le domaine du plaisir lié au jeu une autre vertu que le Philosophe appelle 'eutrapelia' (*unde et circa delectationes ludorum est alia virtus, quam Philosophus eutrapeliam nominat*) » (Resp.).

Thomas tente ainsi de reconstruire l'argument aristotélicien en explicitant le lien entre la parrhêsia et l'eutrapélie. Naturellement, il le fait dans un contexte nouveau, marqué par la transformation de la figure classique du parrhésiaste. Par cette réhabilitation de la notion d'eutrapélie qui prend la forme d'une *remontrance ludique*, ce sont bien les caractéristiques fondamentales de la parrhêsia qui font retour. Cette reconstruction aura une influence majeure sur Erasme et sur l'ensemble des facéties littéraires de l'époque de la Renaissance.

2) On a relevé que la parrhêsia était plus directement associée chez Aristote à la magnanimité (*megalopsychè*), dont il dressait ce portrait plein d'ambiguïté .

> Son devoir impérieux est de se montrer à découvert dans ses haines comme dans ses amitiés, la dissimulation étant la marque d'une âme craintive. Il se soucie davantage de la vérité que de l'opinion publique, il parle et agit au grand jour, car le peu de cas qu'il fait des autres lui permet de s'exprimer avec franchise [ou : avec *parrhésia*]. C'est pourquoi aussi il aime à dire la vérité, sauf dans les occasions où il emploie l'ironie, quand il s'adresse à la masse. Il est incapable de vivre selon la loi d'autrui, sinon celle d'un ami, car c'est là est un esclavage, et c'est ce qui fait que les flatteurs sont toujours serviles, et les gens de peu, des flatteurs. Il n'est pas non plus enclin à l'admiration, car rien n'est grand pour lui (*Éthique à Nicomaque*, IV, 8, 1124b26-1125a3).

La parrhêsia paraît ici directement associée au mépris (« le peu de cas qu'il fait des autres »), et la liberté, au refus aristocratique des conventions sociales. Le portrait peut renvoyer à la description de ces personnalités rigides qu'Aristote oppose aux bouffons facétieux : une rigidité à la mesure de la haute opinion que le magnanime se fait de lui-même, et qui devient une marque de distinction et de liberté, par contraste avec la servilité des masses. Cette ironie, est cependant présentée par Aristote comme un défaut d'humour : les propos mordants ou blessants du magnanime sont l'expression d'une colère non tempérée et d'une indignation visant à provoquer la honte [1].

Dans la lecture de Thomas d'Aquin, l'eutrapélie est associée à la magnanimité qu'elle tempère par l'affabilité : au juste sentiment de supériorité, vient s'ajouter une forme de sollicitude : une souplesse d'esprit qui permet la condescendance ou l'indulgence à l'égard des défauts d'autrui, nécessaire à l'amitié, aux relations sociales aussi bien qu'à l'exercice de l'autorité [2]. C'est ici que la « gaîté d'esprit confite de mépris des choses fortuites », doit servir de contrepoids ou d'antidote à l'arrogance et à la colère d'un Coriolan.

On peut encore mentionner, dans la continuité de la reconstruction de saint Thomas, cette remarque de François de Sales :

> Mais quant aux jeux de parole qui se font des uns aux autres avec une modeste gaîté et joyeuseté, ils appartiennent à la vertu nommée *eutrapélie* par les Grecs, que nous pouvons appeler bonne conversation, et par iceux on prend une honnête et aimable récréation sur les occasions frivoles que les imperfections humaines fournissent. Il faut se garder seulement de passer de cette honnêteté joyeuse à la moquerie. Or la moquerie provoque à rire par mépris et contemnement du prochain; mais la gaîté et gausserie provoque le rire par une simple liberté, confiance et naturelle franchise, conjointe à la gentillesse de quelque mot [3].

On retrouve encore chez Descartes une référence à la vertu aristotélicienne, au chapitre des « usages de la raillerie » :

> Pour ce qui est de la *raillerie modeste*, qui reprend utilement les vices en les faisant paraître ridicules, sans toutefois qu'on en rie soi-même, ni qu'on

1. Ici, comme bien souvent, Aristote porte la contradiction au cœur des valeurs éthiques de son temps : il rapproche ici le langage de « vérité » du magnanime de la « poésie du blâme » (celle d'Archiloque) et de la « morsure impitoyable de [son] mauvais parler », c'est-à-dire de sa médisance (Pindare, *Pyth.* II, 53).

2. On trouve une idée analogue chez Quintilien (*Inst. orat.* VI, 2, 13-15), la « raillerie légère (*lenis derisus*) », faite « non pas seulement par jeu (*non ex iocis tantum*) », sert à mettre à distance le *pathos*, la passion ou l'affect, et à tempérer la haine et la colère (*ira* et *odium*). Elle procède d'un *êthos* et d'une forme de bonté qui n'est pas seulement calme et douceur, mais généralement gentillesse et humanité (*non solum mite ac placidum, sed plerumque blandum et humanum*). Si le *pathos* appartient au registre de la tragédie, l'*êthos*, lui, relève de la comédie (VI, 2, 20).

3. François de Sales, *Introduction à la vie dévote*, dans *Œuvres complètes*, I, Paris 1870, p. 182.

> témoigne de haine contre les personnes, elle n'est pas une passion, mais une qualité d'honnête homme, lequel fait paraître la gaîté de son humeur et la tranquillité de son âme qui sont marques de vertu, et souvent aussi l'adresse de son esprit en ce qu'il sait donner une apparence agréable aux choses dont il se moque [1].

On reconnaîtra l'eutrapélie dans la « raillerie modeste », et l'*epidexiotes* ou *dexteritas* dans l'idée d'une « adresse d'esprit ». L'humour vise à contenir, tempérer et transformer la colère : il témoigne ainsi de la « tranquillité de l'âme ».

Pour le psychanalyste, ces digressions peuvent présenter un intérêt *technique* relatif au tact et à la dextérité, – pour peu qu'il reconnaisse, à la différence du « magnanime », que son souci de vérité ne le met pas entièrement au-dessus des règles communes de la civilité. Autrement dit, qu'il prenne la mesure de la blessure narcissique et identitaire que constitue d'emblée l'admission du refoulé. Et d'un refoulé qui révèlerait, sans reste, la *vérité* du sujet. Je pars de l'hypothèse que le problème technique peut être déplacé si l'on accepte d'interroger la teneur de cette vérité et les conditions de son admission et de son intégration. Pour peu que l'on ne tienne pas trop rapidement pour une leçon de vérité le cynisme des mères maquerelles supposées tout savoir de la marche du monde.

L'EUTRAPÉLIE CHEZ QUELQUES PÈRES DE L'ÉGLISE

Dans ses *Maximes et réflexions sur la comédie*, Bossuet relève une équivoque relative à la notion et à sa réception dans le monde chrétien. Il fait d'abord état du manque d'humour des anciens Pères : « je ne sais aucun auteur qui, bien éloigné de ranger les plaisanteries sous quelque acte de vertu, ne les ait regardées comme *vicieuses, quoique non toujours criminelles*, ni capables de damner les hommes. Le moindre mal qu'ils y trouvent, c'est leur inutilité, qui les met au rang des *paroles oiseuses* dont Jésus-Christ nous enseigne *qu'il faudra rendre compte le jour du jugement* (Matth. XII, 36) » [2]. Il rappelle cependant le commentaire de Thomas sur la vertu d'eutrapélie, mais conclut que cette vertu « est si mince que le même nom que lui donne ce philosophe, saint Paul le donne à un vice qui est celui que notre vulgate a traduit *scurrilitas*, qu'on peut

1. R. Descartes, *Les passions de l'âme*, art. 180.
2. Bossuet, *Maximes et réflexions sur la comédie*, § 31, 1694, p. 117 (je souligne).

tourner, selon les Pères, par un terme plus général, plaisanterie, art de faire rire ou, si l'on veut, bouffonnerie »[1].

Il fait allusion à l'épître au Éphésiens (5, 4), où on lit : « De même pour les grossièretés, les inepties, les facéties : tout cela n'est guère convenable (*aut turpitudo, aut stultiloquium, aut scurrilitas, quae ad rem non pertinent*) », où en effet le terme de *scurrilitas* (facétie, bouffonnerie) traduit le grec *eutrapelia*. Bossuet commente : « Ainsi donc, selon cet Apôtre, les trois mauvais caractères du discours, c'est d'être déshonnête, ou d'être fol, léger, inconsidéré, ou d'être plaisant et bouffon : car tous ces mots ont des sens qu'il est malaisé d'expliquer par paroles précises »[2]. Il justifie ainsi ce qui aux yeux du philologue pourrait passer pour une erreur de traduction, avant d'ajouter : « Mais saint Paul, après avoir pris la plaisanterie sous la plus belle apparence et l'avoir nommée de son plus beau nom, la range parmi les vices : non qu'il soit peut-être entièrement défendu d'être quelquefois plaisant, mais c'est qu'il est malhonnête de l'être toujours et comme de profession ».

Bossuet cite alors Jean Chrysostome qui commente en mauvaise part les traits qui définissent l'agilité ou la dextérité associée par Aristote à l'eutrapélie : saint Chrysostome « a bien su décider que le terme d'*eutrapelos* signifie un homme qui se tourne aisément de tous côtés : qui est aussi l'étymologie qu'Aristote donne à ce mot : mais ce philosophe le prend en bonne part, au lieu que saint Chrysostome regarde la mobilité de cet homme *qui se revêtit de toutes sortes de formes* pour divertir le monde ou faire rire, comme un caractère de légèreté qui n'est pas digne d'un chrétien »[3]. Il propose d'établir ensuite que Jean Chrysostome vise Aristote lui-même.

Ce n'est pas le lieu ici de s'étendre sur la question du comique chez les Pères grecs, généralement peu disposés à rire[4]. Parmi les très nombreux textes de Jean Chrysostome sur le sujet, Bossuet renvoie en particulier à l'*Homélie sur l'épître aux Éphésiens*, où se trouve le terme d'*eutrapelia*, associé à la grivoiserie et à l'ineptie. On peut évidemment dire que le Père

1. Bossuet, *Maximes et réflexions sur la comédie*, § 31, 1694, p. 118-119.
2. *Ibid.*, p. 119.
3. *Ibid.*, p. 119-120.
4. Sur le sujet, voir Th. Baconsky, *Le rire des Pères. Essai sur le rire dans la patristique grecque*, Paris, Desclée de Brouwer, 1996. Voir aussi J. Le Goff, « Rire au Moyen Âge », et surtout « Le rire dans les règles monastiques du Haut Moyen Âge », articles repris dans J. Le Goff, *Un autre Moyen Âge*, Paris, Gallimard, 1999, respectivement, p. 1343-1356 et p. 1357-1367. J. Le Goff insiste notamment sur la dimension corporelle du rire (comme spasme et décharge) et rapporte son interdiction aux disciplines monastiques qui relève des « techniques de corps » (Mauss).

grec prend acte d'un glissement de sens du terme qui a fini par prendre une valeur nettement péjorative. Il semble néanmoins que ce glissement ait des racines culturelles profondes, puisque sont d'abord visés ici les jeux profanes, conçus comme des *réminiscences* du paganisme romain, contre lesquels Jean Chrysostome en appelle à une discipline et à une mémoire spécifiquement chrétiennes. Le refoulé, c'est ici le passé païen dont les Pères s'attachent partout à débusquer les rejetons.

Dans l'homélie citée par Bossuet[1], Jean Chrysostome recommande avec éloquence :

> Ne souffrons point, mes frères, qu'il sorte des paroles inutiles de votre bouche. Les discours inutiles jettent insensiblement dans les mauvais. Le temps de cette vie n'est point un temps de joie, ni de paroles de divertissement. C'est un temps de larmes et d'affliction. Cependant vous vous laissez aller à des discours enjoués. Qui est l'athlète [le lutteur] qui étant entré dans la carrière perd de vue son ennemi, et qui, au lieu de penser à se défendre, s'amuse à se divertir ? Hélas, le démon nous poursuit avec furie, il tourne autour de nous comme un lion rugissant pour nous dévorer ; il remue tout, tente tout, il emploie tout pour nous perdre ; il frémit, il grince les dents, il vomit le feu et la flamme, et vous vous occupez à dire des mots de plaisanterie, et à vous répandre en paroles d'inutilité indignes à la qualité d'un chrétien[2].

L'eutrapélie renvoie ici également aux mouvements du corps (aux contorsions comiques, grimaces et mimiques) qui témoignent de la perte de contrôle de soi. La souplesse alors devient un signe de relâchement corporel autant que spirituel. Le divertissement et les jeux détournent l'attention du chrétien et peuvent passer pour des artifices du démon qui profite de ce moment d'inattention pour s'emparer de l'esprit et le posséder. Une situation que l'on peut mettre en parallèle avec la fiction du malin génie de la Première Méditation. La condition du chrétien requiert une vigilance de tous les instants : dans ce monde de désolation et cet état de guerre, le chrétien doit affronter un ennemi redoutable et omniprésent[3].

1. *Homélie* XVII sur l'épître aux Éphésiens.

2. *Homélies ou sermons de Jean Chrysostome sur les Epîtres de saint Paul aux Ephésiens et aux Galates*, Paris, 1690, p. 273.

3. Le phénomène physiologique du rire, comme spasme et grimace, est une perte de contrôle de soi associée à l'image de la convulsion du possédé. L'allusion aux jeux du cirque et de l'hippodrome ont encore le sens d'une critique des spectacles, en tant que véhicules de significations et de valeurs païennes, d'autant plus dangereuses qu'elles ne sont plus conscientes : voir le traité de Tertullien, *Contre les spectacles*. Pour une lecture anthropologique des jeux dans la tradition byzantine, voir G. Dagron, *L'hippodrome à Constantinople. Jeux, peuples et politique*, Paris, Gallimard, 2011, en particulier sur l'attitude physique et la gestuelle des spectateurs des courses qui miment cochers et chevaux : « A ces gestes parodiques, incongrus

Il n'est plus temps de jouer et tout ce qui a trait au profane est associé à l'impiété et au paganisme ancien. Dans l'homélie citée par Bossuet, on trouve ainsi, appliqué à l'eutrapélie, les qualités morales attribuées par Aristote à la bouffonnerie (*bômolochia, scurrilitas*) :

> Mais hélas, les esprits bouffons n'ont pas besoin que les autres les haïssent. Ils sont leurs ennemis eux-mêmes; il n'est pas nécessaire que le démon emploie contre eux de grands efforts. Qu'y a-t-il de commun entre ces âmes légères avec la solidité de la prière, c'est-à-dire de Jésus-Christ auquel ils rendent leur culte? Rien n'est si léger ni si changeant qu'un homme de belle humeur (*eutrapelos*) qui aime à divertir les autres. Il faut qu'il se transforme et qu'il se métamorphose à toute heure, pour contrefaire les gestes, la parole, la contenance, le ris, le marcher et tout l'extérieur des autres. Il faut qu'il soit toujours appliqué à trouver des paroles piquantes; on les attend toujours de lui, il doit être ingénieux sur ce point : et cependant nous voyons combien ces paroles piquantes doivent être loin d'un chrétien [1].

L'agilité ou la dextérité caractéristique de l'eutrapélie est ainsi comprise comme signe d'inconstance ou de légèreté, mais surtout d'inconsistance. De manière convenue, Jean Chrysostome insiste sur les gesticulations du bouffon qui contrefait les postures corporelles des autres, comme il imite leurs manières de parler [2]. Il dénonce les contorsions du corps (sources de laideur ou de *deformitas*) pour mieux mettre en évidence celles de l'âme : le bouffon, « ennemi de lui-même », ne vit que pour et dans le regard des autres. Privé de contenance et de forme propre, sa complaisance le détourne du salut de son âme.

La conduite apparemment relâchée du bouffon et du flatteur dissimule en réalité une discipline de tous les instants. Elle est ici à mettre en regard avec la vigilance nécessaire au chrétien en ces temps de guerre contre le démon. A y regarder de plus près, les choses sont peut-être plus complexes : l'ascèse de la discipline monastique, aussi bien que l'incontinence du bouffon peuvent être considérées comme des formes

et vains, qui sont l'exact contraire de ceux, réglés et coordonnés de la prière, s'ajoute le rire débridé, spasme du corps, réflexe incontrôlé qui signifie inconvenance pour l'homme bien élevé, manquement à la maîtrise de soi pour le philosophe et possession diabolique pour le moine » (p. 275). Sur ce rire, voir notamment Clément d'Alexandrie (*Le pédagogue* II, 5, 45-48), ainsi que Jean Chrysostome (PG, 53, col. 375 et 54, col. 661).

1. *Homélies ou sermons*, p. 277.

2. Le bouffon est un imitateur qui joint le geste et la parole : cet usage expressif du corps et du visage entre pour une part importante dans les condamnations morales de la facétie. Le mime (sous sa forme outrée) est un ressort traditionnel du comique. On se souvient des talents de mime de Panurge chez Rabelais, mais également du neveu de Rameau.

opposées, mais concurrentes, de *stratégie contre l'emprise*, comme deux manières contraires d'échapper aux séductions du démon qui menace l'intégrité du sujet. Je suggère en passant que ces deux stratégies sont successivement mobilisées par Descartes dans sa Première Méditation.

Deux contraires qui, dans certains cas, peuvent pourtant s'entremêler. C'est ce dont témoignerait la pratique paradoxale, inspirée du cynisme, de ces moines extravagants [1] pour lesquels l'accès à la sainteté véritable suppose la renonciation à l'honneur et à la « vaine gloire », regardée comme une marque d'orgueil : c'est le « salut par le déshonneur ». Cette pratique s'explique par un paradoxe moral relevé par Évagre : « il est difficile de fuir la tentation de la vaine gloire, car tout ce qu'on entreprend pour s'en purifier ne fait que relancer la vaine gloire ». Ainsi Jean Climaque : « Lorsque je jeûne, j'en ai vanité, et lorsque je romps le jeûne afin de cacher mon abstinence, j'en ai encore vanité ». Le remède à la vanité qui consisterait à cacher la vertu comme les méchants cachent leurs vices, se heurte encore à ce paradoxe. La seule manière d'y échapper, c'est de « faire le fou selon le Christ », de s'isoler dans l'anonymat des rues, d'y mener, à la manière du sage cynique, l'existence infâme d'un vagabond, d'y commettre tous les délits d'honneurs qui lui attireront le dégoût, le rire et les coups, comme cette moniale égyptienne qui faisait semblant d'être ivre du matin au soir et s'exposait aux brutalités des passants. Le cas plus célèbre est celui de saint Siméon d'Émèse parcourant la ville en traînant derrière lui un chien mort ramassé dans une décharge, entrant dans les églises pour y bombarder les femmes avec des noix, ou se gavant ostensiblement de viande pendant le carême, quitte à jeûner secrètement le reste de l'année. Ces techniques de déshonneur font de la renonciation à l'identité une stratégie de défense contre l'emprise du « démon d'orgueil », le plus redoutable de tous. Cette forme d'ascétisme paradoxal peut être regardée comme la mise en pratique de cette formule attribuée à Diogène de Sinope : *plutôt la folie que la sensation.*

1. Voir G. Dagron, « L'homme sans honneur ou le saint scandaleux », *Annales. Economies, sociétés, civilisations*, 1990, 45, 4, p. 929-939. Cette forme de pénitence par la folie (généralement simulée) est assez commune. On en trouve un bel exemple dans un roman français du XIIe siècle, *Robert le Diable*, où le thème est inscrit dans une histoire de vie intéressante. Une femme, désespérant d'avoir un enfant, malgré ses prières, décide un jour d'invoquer le Diable. Elle met au monde un fils, Robert, monstrueux de cruauté. Devenu adulte, Robert fait pénitence et se voit imposer plusieurs règles, dont la première est de se « faire passer pour fou » et de « ne pas laisser passer un seul jour » sans se faire pourchasser « avec des épées dégainées, des bâtons et des massues ».

Perte identitaire et perte narcissique

Ces paradoxes associés à la fonction intellectuelle et au statut du refoulé, que j'ai tenté d'exposer au moyen de la problématique psychosociale des processus d'exclusion et de marginalisation, permettent de mettre en avant les enjeux identitaires et narcissiques associés au processus de refoulement, à sa levée partielle, autrement dit aux enjeux du travail d'élaboration (de « perlaboration », *Durcharbeitung*) ou de l'intégration nécessaire du refoulé. Ici encore, on peut s'appuyer sur la figure ambiguë du bouffon et son statut de marginalité. Je voudrais montrer comment ces questions sont au centre de la question éthique de la « vertu morale » et de la « tempérance » qui relève non de la *contention* des tendances désordonnées de l'âme, mais de leur harmonisation et de leur intégration, autrement dit de leur inclusion dans l'économie narcissique du sujet.

La servilité du bouffon, dénoncée par saint Chrysostome, est un lieu commun de la littérature antique. Elle dénote d'abord un défaut de forme propre, une plasticité, sans doute opposée à la rigidité du parrhésiaste, mais différente également de la souplesse ou de la malléabilité, de l'agilité et de la dextérité qui définissent la tempérance éthique manifestée par la « plaisanterie de bon aloi ». Le problème est ici de savoir comment changer de forme tout en restant le même. C'est l'enjeu de l'analyse du morceau de cire chez Descartes : si le passage peut être entendu à la lumière de la notion métaphysique de substance qui permet de résoudre formellement la difficulté, il renvoie évidemment à des enjeux éthiques fondamentaux, pour peu que l'on accepte de voir *aussi* dans le cogito cette facétie à laquelle le sujet se trouve réduit pour faire face à la spirale du doute et à la terrifiante hypothèse du malin génie.

On reviendra à propos des *Essais* sur cette notion de forme propre. Je mentionnerai seulement ici la manière dont Montaigne fait de la souplesse psychique une marque de perfection morale :

> Il ne faut pas se clouer si fort à ses humeurs et complexions. Notre principale suffisance, c'est savoir s'appliquer à divers usages. C'est être, mais ce n'est pas vivre, que se tenir attaché et obligé par nécessité à un seul train. Les plus belles âmes sont celles qui ont plus de variété et de souplesse (III, 3, 818-819).

Dans l'addition de l'exemplaire de Bordeaux, Montaigne ajoute portrait de Caton par Tite-Live (XXXIX, 11) : *Huic versatile ingenium sic pariter ad omnia fuit, ut natum ad id unum diceres, quodcumque ageret* (« Il avait un esprit si souple à se plier à toutes occupations que, quelle que fût celle qu'il entreprît, on eût dit qu'il était uniquement né pour celle-ci »). Il poursuit :

> Si c'était à moi à me dresser à ma mode, il n'est aucune si bonne façon que je voulusse être fiché pour ne m'en savoir déprendre. La vie est un mouvement inégal, irrégulier et multiforme. Ce n'est pas être ami de soi, et encore moins maître, c'est en être esclave, de se suivre incessamment, et être si pris à ses inclinations qu'on n'en puisse fourvoyer, qu'on ne les puisse tordre.

La multiformité de la « belle âme » est intermédiaire entre l'uniformité exigée par l'idéal de contention ou de continence du censeur, et le défaut de forme qui caractérise le bouffon.

Le portrait du bouffon chez Jean Chrysostome tirait ses traits généraux de la figure du *flatteur* que Plutarque oppose à l'ami véritable. Plutarque définit la flatterie comme une forme servile d'amitié : la similitude et la correspondance d'affection qui caractérise l'amitié, devient factice chez le flatteur qui emploie tous ses efforts à se conformer aux désirs d'autrui. La servilité est le résultat de ce *mimétisme artificiel* : « Le flatteur se compose comme une matière propre à recevoir toutes sortes d'impression, s'étudiant à se conformer et s'accommoder à tout ce qu'il entreprend de ressembler par imitation, étant souple et dextre à se transmuer en toutes similitudes »[1]. La souplesse et la dextérité qui définissent l'eutrapélie chez Aristote servent ici à caractériser l'art du flatteur et ses pantomimes. Plutarque poursuit en soulignant que la plus grande malice du flatteur consiste à contrefaire la *parrhêsia* qui caractérise la véritable amitié :

> Et ce qui est la plus grande ruse et la plus fine malice qui soit en lui, c'est que voyant comme à la vérité et selon le dire de tout le monde, la franchise de parler librement est la propre voix et parole de l'amitié, et que là où il n'y a cette liberté de parler franchement, il n'y a point d'amitié ni de générosité, il n'est pas celle-là qu'il ne contrefasse : ains [mais] comme les bons cuisiniers usent quelquefois de jus aigres et de sauces âpres, pour diversifier et engarder [prendre garde] qu'on ne se saoule [lasse] et qu'on ne s'ennuie des douces : aussi les flatteurs usent d'une certaine franchise de parler qui n'est ni véritable ni profitable, ains qui par manière de dire guigne de l'œil et sans nulle [*sic*] doute ne touche pas au vif, et ne fait que chatouiller par dessus (51C ; 41E-F).

1. Plutarque, *De adulatore*, 51B-C ; Amyot, 41E.

La parrhêsia ainsi pervertie devient un simple condiment de la flatterie. La faculté mimétique du flatteur l'assimile au caméléon et au poulpe[1], capables de changer de couleur pour se dissimuler. Une stratégie qui vise à tromper et induire en erreur aussi bien les prédateurs que les proies. On comprend son rapprochement avec les séductions du démon.

L'art de la flatterie qui repose sur cette faculté mimétique, est sans doute une forme de mensonge parmi d'autres. Mais un mensonge particulier qui dénote finalement moins la dissimulation, qu'un défaut de forme propre : c'est parce qu'il n'est rien en lui-même que le flatteur peut se transformer ainsi à l'infini. Plus exactement, tout se passe comme si l'intention de tromper et de masquer ses intentions finissait par se retourner contre le flatteur : comme si la dissimulation conduisait ici à la perte d'identité. C'est l'idée selon laquelle la stratégie de défense par « renonciation à l'identité », ou l'adaptation forcée aux injonctions de l'environnement, conduisait à cette perte identitaire qui caractérise les personnalités factices (« comme si » ou « faux self »).

Plutarque le montre, lorsqu'il souligne la difficulté que l'on rencontre à « discerner l'ami du flatteur » et à faire la part du vrai et du faux :

> C'est pourquoi le flatteur véritablement est très difficile à découvrir et surprendre, ne plus ne moins que les animaux qui de nature ont cette propriété de muer de couleur et de ressembler en teinture à tous lieux et tous corps où ils touchent : mais puisque ainsi est qu'il déçoit [trompe] les personnes, et se cache dessous tant de similitudes qu'il a avec l'ami, c'est notre office touchant les différences qu'il y a, de découvrir et dépouiller ce masque qui se vêt et se pare *des couleurs et des habits d'autrui*, ainsi que dit Platon [*Phèdre* 239d], *à faute d'en avoir de propres à lui* (51D ; 41F).

A la manière du poulpe qui change de couleur, le flatteur change au gré des circonstances. Il n'est ni constant ni semblable à lui-même. Le premier signe permettant de distinguer l'ami du flatteur, consiste à « considérer s'il y a égalité uniforme en ses intentions et action, s'il continue à prendre plaisir à mêmes choses, et s'il les loue de même en tout temps, s'il dresse et compose sa vie à un même *moule*, ainsi comme il convient à homme libre amateur de semblables mœurs et semblables conditions : car tel

1. Sur le poulpe et le caméléon, voir Érasme, Adage 93 (*Adages*, vol. I, p. 131-134) : « Faire le poulpe » (*Polypi mentem obtine*). Erasme prend en bonne part la versatilité ou agilité d'esprit (*ingenii dexteritas*), dont Ulysse, « l'homme aux mille visages » ou « aux ruses variées », serait l'exemple. Cette plasticité et ce mimétisme sont au cœur des théories antiques de l'imagination, capable de *s'assimiler* les objets des sens aussi bien que des facultés intellectuelles.

est le vrai ami » (52A ; 41H). Autrement dit, à interroger, comme le fait Descartes avec le morceau de cire, si l'ami reste bien le même, identique à lui-même, malgré la variété des circonstances et des occupations ; s'il reste un et semblable en nature, malgré la diversité des apparences. Cette unité fait défaut à l'existence servile et aliénée du flatteur : « comme celui qui n'a pas *un seul domicile en ses mœurs*, et qui ne vit pas d'une vie qu'il ait élevée à son gré, mais qui se forme et compose au moule d'autrui, [le flatteur] n'est jamais simple, uniforme, ne semblable à soi-même, ains variable et changeant toujours d'une forme en une autre, comme l'eau courante qui toujours coule sans cesse et s'accommode à la façon et figure des lieux qui la reçoivent » (52A-B ; 42A). Comparé plus loin au poulpe (52F ; 42E), le flatteur n'a que des *mœurs d'emprunt*. Le passage propose d'articuler le moule et la forme. Le moule organise la forme du dehors ; il est cette enveloppe qui délimite le "naturel", les "mœurs" ou encore le caractère éthique (*êthos*). Le flatteur qui « se forme et compose au moule d'autrui » abandonne ce naturel et finit par le perdre.

Cette perte identitaire n'est pas séparable d'une perte narcissique, c'est-à-dire ici d'une altération ou d'une désorganisation du jugement d'attribution relatif au bon et au mauvais, du convenable et du nuisible [1] : c'est l'incapacité de « prendre plaisir à mêmes choses » ou de « louer de même en tout temps ». Ainsi, le flatteur qui s'emploie à plaire à autrui, finit par se dépouiller de sa nature propre en menant une vie étrangère, incompatible avec la « tranquillité de l'âme ». Plutarque le rappelle dans les différents traités relatifs à la vertu morale, en évoquant l'oracle delphique : « Et pourtant toutes choses ne conviennent pas à tous, ains [mais] faut en obéissant à la sentence d'Apollon Pythique, apprendre à *connaître soi-même*, et puis user de soi et s'adonner à ce à quoi on est né, et non pas forcer la nature, en la tirant par les cheveux en manière de dire, *tantôt à une imitation de vie, et tantôt à une autre* » [2].

1. La problématique du jugement d'attribution renvoie à la capacité d'*appropriation* (*oikéiôsis*) auquel les stoïciens rapportent la connaissance innée au principe des instincts d'autoconservation : « L'impulsion première que possède l'être vivant vise, disent-ils à se conserver soi-même, du fait que dès l'origine l'appropriation <à soi-même>, comme le dit Chrysippe [...] quand il dit que pour tout être vivant, l'objet premier qui lui est propre est sa propre constitution et la conscience (*syneidesis*) qu'il a de celle-ci » (Diogène Laërce, *Vies et doctrines*, VII, 85).

2. Plutarque, *De tranquillitate*, 472C ; Amyot, 73A-B. Le portrait de Plutarque peut être rapproché de ce personnage inventé par Julien Green sur lequel Melanie Klein s'appuie pour illustrer le mécanisme d'identification projective en montrant que le changement d'identité conduit à un appauvrissement du moi (« On Identification » (1955), *in* M. Klein, *Envy and Gratitude and Other Works, 1946-1963*, Londres, Horgarth Press, 1975).

TEMPÉRANCE ET MALLÉABILITÉ PSYCHIQUE

Les questions soulevées par Plutarque montrent assez bien les limites de l'image du moule (*typos*) [1], aussi bien que des notions d'enveloppe et de contenant développées en psychanalyse. La définition de l'eutrapélie chez Aristote mettait au premier plan souplesse, agilité ou dextérité, autrement dit l'idée d'une organisation ou d'une structure interne, différente du moule ou de la forme externe. Sur le modèle du mouvement animal, cette idée de souplesse et d'agilité suppose donc un ensemble organisé de parties différenciées, reliées et articulées les unes aux autres. La souplesse ne signifie plus seulement la plasticité et la malléabilité de l'âme, comparable à celle d'un morceau de cire, mais qualifie la *liberté de mouvement* qui dépend à la fois des muscles et des articulations du squelette. La raideur ou rigidité morale des grincheux change de sens, aussi bien que le manque de tenue des bouffons. Cette complexification suppose la décomposition de l'âme en parties distinctes, mais articulées entre elles et formant un tout. C'est la problématique de la tempérance qui doit garantir la coexistence voire l'harmonie des parties qui constituent l'identité psychique. Si le moule conditionne l'apparence du tout, il s'agit maintenant d'en évaluer l'agencement des parties. La question ainsi soulevée est celle de la *conflictualité interne*, celle de l'âme aussi bien que celle de la cité. C'est à elle que renvoie la notion d'humour ou d'eutrapélie.

Observation : Platon pose à sa manière les limites de l'analogie du moule. Dans le dialogue du *Timée*, censé avoir eu lieu le lendemain des discussions de la *République*, Socrate se déclare insatisfait du modèle ou du type parfait d'organisation sociale qu'il a esquissé la veille. Il se demande alors ce qu'il adviendra lorsque sa cité aura à *prendre vie*, c'est-à-dire à affronter des conflits internes aussi bien que les guerres extérieures : « Ce sentiment [d'insatisfaction] s'apparente, semble-t-il, à celui qu'on éprouve quand, contemplant des animaux qui sont figurés en peinture ou qui, même s'ils sont vraiment vivants, se tiennent au repos : on ressent l'envie de voir ces animaux bouger, rivaliser au combat en se comportant comme le laisse prévoir leur constitution physique » (19b-c).

1. Sur le moule (*typos* ou *ekmageion*), voir G. Roux, « Le sens de *tupos* », *Revue des études grecques*, 1961, p. 5-14. L'image regarde les contours extérieurs, mais peut souvent désigner la forme intérieure, telle qu'elle serait modelée par un « artiste intérieur ». D'où la notion, à première vue étrange, de « moule intérieur » que l'on trouve notamment chez Buffon.

La question est au centre du traité *De la vertu morale* de Plutarque sur lequel on aura l'occasion de revenir. Plutarque y dénonce les inconséquences et les contradictions de la thèse stoïcienne de l'unité de l'âme [1] qui conduit à assimiler à des erreurs les passions qui troublent l'âme. A ce réductionnisme, Plutarque oppose la théorie platonicienne de la pluralité ou composition de l'âme [2] divisée en une partie raisonnable et une partie irrationnelle qui constitue, selon l'expression de Plutarque, « presque un autre second corps par nécessité naturelle mêlé et attaché à la raison » (441D-E ; 31F). Cette partie irrationnelle est elle-même divisée en deux parties principales : l'une « corporelle ou végétative », l'autre « concuspiscible ou irascible ». Cette définition d'une âme irrationnelle, à laquelle la raison doit faire face comme à un second corps, constitue un espace psychique *sui generis*, irréductible aux opérations supérieures de l'esprit ou de la raison. Le problème est alors de savoir si cette partie concupiscible et irascible de l'âme, « brutale, sensuelle et désordonnée d'elle-même », qui est le siège des passions et des désirs, bien que privée de raison, peut être dirigée et disciplinée par la raison. Et si en effet, comme le soutient Plutarque, elle est « apte et idoine à ouïr et obéir à la partie intelligente et raisonnante, à se tourner vers elle et à se ranger à ses préceptes, pourvu qu'elle ne soit point gâtée [tout] à fait et corrompue » (442B-C ; 31H-32A), la question qui se pose est de savoir comment s'y prendre pour la guider et l'apprivoiser.

Le problème, d'ordre *technique*, a trait à la question de l'intégration psychique. Il regarde les difficultés relatives à la différence entre l'admission intellectuelle du refoulé et sa pleine acceptation qui coïncide avec la levée véritable du refoulement, difficultés que l'on peut illustrer au moyen de l'antagonisme entre la marginalité du bouffon et la rigidité morale du censeur. Le destin du refoulé, une fois admis dans la conscience, s'apparente à celui d'un mauvais élève condamné à faire le pitre pour survivre à sa condition de dernier de la classe.

La difficulté avait été soulevée dans le *Timée*, où Platon proposait de parler d'une *accommodation* par laquelle la partie rationnelle, abandonnant les arguments purement intellectuels, pourrait user d'une « douce

1. Hercule, héros stoïcien par excellence, est celui qui terrasse les monstres. C'est aussi celui qui succombe tout entier à la fureur au cours d'une crise épileptique, tuant femme et enfants.

2. Voire d'une pluralité d'âmes, comme l'indique par exemple G. Bruno : « ne repoussons pas si légèrement ce que disent certains platoniciens et tous les pythagoriciens, qui soutiennent qu'un homme est plusieurs vivants dotés d'une vie indépendante » (*De magia*, *Op. mag*., p. 272). La thèse est vraisemblablement extrapolée de la théorie de la sensation du néoplatonisme tardif (par exemple de Priscien ou de Simplicius).

persuasion ». Plutarque reprend ici l'idée : l'obéissance est obtenue « non par dures ni violentes contraintes, mais par molles et douces inductions et persuasions, qui ont plus d'efficace que toutes les forces du monde » (442C ; 32A). La stratégie de la *contention* ou de la contrainte est ici rejetée au profit de l'idée d'une nécessaire *accoutumance à la raison*. Il ne s'agit pas d'empêcher les mouvements de la partie irrationnelle, comme le voudrait la règle de continence ou d'impassibilité (*ataraxie*) qui gouverne la morale stoïcienne, mais d'en reconnaître l'altérité et l'étrangeté comme constitutive de l'identité du sujet, et de l'inclure d'abord dans l'économie psychique. C'est ainsi que l'on peut passer d'une admission intellectuelle à une plus complète intégration ou appropriation du processus affectif lui-même, c'est-à-dire à une véritable levée du refoulement. Ce passage qui repose sur l'inclusion ou l'introjection de la pulsion dans l'économie narcissique du sujet, passe naturellement par la transformation du surmoi cruel et stupide, en une instance douce et bienveillante.

De manière assez parlante, s'inspirant de Platon (*Rép.* IX, 588b-589b), Plutarque prend l'exemple des animaux domestiques, chiens, chevaux, oiseaux « que nous nourrissons en nos maisons » et qui « par accoutumance, nourriture et enseignement apprennent à rendre des voix intelligibles, et à faire des mouvements, des gestes et des tours qui nous sont plaisants et utiles » (443B ; 32E). Autrement dit, si la partie irrationnelle peut « obéir à la raison, et peut être affectionnée et disposée par elle », c'est parce « qu'elle n'est point logée dehors, ni divisée et distincte d'avec nous, et qu'il n'y a *rien au dehors qui la forme, ni qui la moule*, ou qui la taille par force à coup de marteau ni de ciseau » : au contraire, « elle est toujours attachée à elle, toujours conversant avec elle, nourrie et duite [éduquée et conduite] par longue accoutumance » (443B-C ; 32F). Par ce travail d'intégration et d'inclusion, la partie irrationnelle de l'âme peut être « unie et incorporée » ou « harmonisée ou mêlée » à la raison, de sorte qu'elle abandonne les « excessifs, furieux et forcenés mouvements de cupidités et passions », en les « rendant souples et obéissantes, amies et secondantes ». Par « douce persuasion », elle finit par obéir à la raison, « comme un poulain suit la jument qu'il tête » (446D-E ; 34E-F).

Observation : La comparaison est traditionnelle. Elle ne vient pas annuler toute conflictualité. En témoignerait ce trait d'esprit de Platon à propos d'Aristote, rapporté par Diogène Laërce [1], ainsi commenté par Pierre Bayle : « Diogène Laërce dit que Platon, voyant qu'Aristote avait rompu

1. Diogène Laërce, *Vies*, V, 2.

avec lui, se mit à dire : *Il a rué contre nous comme font les poulains contre leur mère.* Élien (*Histoires diverses*, IV, 9) explique amplement cette pensée de Platon : *Le poulain*, dit-il, *donne des coups de pieds à sa mère après s'être rassasié de son lait. Aristote, pareillement, après avoir pris de Platon les semences et les provisions philosophiques, se sentant bien engraissé de l'excellente pâture que son maître lui avait fournie, lui jeta des ruades et ouvrit une école à l'envie de celle de Platon* » (*Dictionnaire historique et critique*, « Aristote », E). Par un mot d'esprit, Platon aurait tourné à la plaisanterie la déloyauté d'Aristote[1].

Cette dernière image illustrerait assez bien la transformation d'une relation antagoniste en interaction complémentaire. Elle repose sur une logique d'inclusion par laquelle les mouvements désordonnés et passionnels trouvent « droit de cité » dans l'économie psychique du sujet, à la manière dont les animaux de compagnie (aussi bien que les derniers-nés de la fratrie) finissent par faire partie de la famille et par être intégrés à la vie de la maison.

Comme en témoignent les *Homélies* de Jean Chrysostome, la seule admission intellectuelle n'annule pas le mécanisme projectif ni la dimension de persécution. Tout au plus il en déplace les coordonnées pour lui donner la forme d'un *sentiment d'influence*. C'est ainsi que l'on peut interpréter la discipline à la fois spirituelle et corporelle du chrétien. La stratégie d'accoutumance et la « douce persuasion » ont pour but, au contraire, de réduire ce sentiment d'étrangeté qui accompagne l'admission intellectuelle du refoulé. Elles reposent, comme l'écrit Plutarque, sur le constat que la partie irrationnelle de l'âme « n'est point logée dehors, ni divisée et distincte d'avec nous, et qu'il n'y a rien au dehors qui la forme, ni qui la moule », mais qu'elle appartient, pour ainsi dire de *plein droit*, au sujet, et lui est nécessairement attachée. La reconnaissance de cette solidarité et de cet attachement n'est plus du ressort de la fonction intellectuelle, mais appartient bien au registre des « processus affectifs ». La question métaphysique relative à l'unité de l'âme peut être comprises à la lumière de la question éthique de la « vertu morale » et de cette problématique de l'intégration : originellement multiple et divisée, il appartient à l'âme de se rassembler et de se réunir, en reconnaissant comme une

1. Même idée chez La Bruyère, *Les caractères* (chap. 1) : « On se nourrit des Anciens et des habiles modernes, on les presse, on en tire le plus que l'on peut, on en renfle ses ouvrages ; et quand l'on est auteur et que l'on croit marcher tout seul, on s'élève contre eux, on les maltraite, semblables à ces enfants drus et forts d'un bon lait qu'ils ont sucé, qui battent leur nourrice ».

partie d'elle-même cette puissance irrationnelle qui constitue d'abord « presque un autre second corps » : une instance paradoxale à laquelle Freud donnera différents noms, notamment celui de *ça*.

Cette unité psychique de la personne est à l'origine de la notion de *mœurs* ou d'*êthos*, mélange de dispositions innées et acquises, qui résulte du *voisinage* de ces deux parties de l'âme et de la manière dont la raison tempère ou limite les mouvements passionnels de l'irrationnelle, sans pour autant les annuler :

> Voilà pourquoi les Anciens l'ont bien proprement appelé *êthos*, qui est à dire les *mœurs*, pour nous donner grossement à entendre que les mœurs ne sont autre chose qu'une qualité imprimée de longue main en celle partie de l'âme qui est irraisonnable, et ainsi nommé parce qu'elle prend cette qualité de la demeure longue et longue accoutumance, étant formée par la raison, laquelle ne veut pas du tout ôter ni déraciner la passion, parce qu'il n'est ni possible ni utile, ains [mais] seulement lui trace et limite quelques bornes, et lui établit quelque ordre, faisant en sorte que les vertus morales ne sont pas impassibilités, mais plutôt règlements et modérations des passions et affections de notre âme ; ce qu'elle fait par le moyen de la prudence, laquelle réduit la puissance de la partie sensuelle et passible à une habitude (*exis*) honnête et louable (443C-D ; 32 F-G).

La définition proposée ici des mœurs, du caractère ou d'*êthos* suffirait à montrer que la question de l'identité personnelle n'a pas attendu Locke pour être posée : elle est au cœur des débats autour de la vertu morale. On peut également voir comment la problématique identitaire du moule (*typos*) se trouve complexifiée à la lumière de la notion de tempérance, c'est-à-dire, comme j'ai tenté ici de l'établir, des enjeux relatifs à l'économie narcissique du sujet. C'est l'idée que formule Freud, lorsqu'il écrit que le moi se trouve dans la position délicate d'avoir à composer avec deux maîtres, le surmoi et le ça.

On retrouve ici, comme dans l'ensemble des développements qui précèdent, les caractéristiques de l'humour ou de l'eutrapélie qui permettait à Aristote de définir le trait d'esprit comme un « outrage policé » ou une « honnête médisance ». L'idée est que l'eutrapélie n'est pas seulement une marque de tempérance ; elle en est également l'instrument, pour autant que la « remontrance ludique » fait évidemment partie des arguments qui relèvent ici de la prudence et de la douce persuasion. Les enjeux de la subjectivation rencontrent ici ceux de la socialisation : l'eutrapélie est bien, à ce titre, une forme de compromis ou une manière de composer avec deux formes opposées de négativisme social, celle du bouffon et celle du parrhésiaste, deux formes d'aliénation auxquelles répondent l'humour, la souplesse et l'agilité qui témoignent de la liberté de l'âme et de cet art politique consistant, comme l'écrit M. Mauss, à « s'opposer sans se massacrer et [à] se donner sans se sacrifier les uns aux autres ».

CHAPITRE VI

INCONSTANCE, CLIVAGE ET IDENTITÉ CHEZ MONTAIGNE

> Quelle que fût la profondeur de mon rêve, jamais je ne fus en danger de m'y perdre. Pourtant j'étais menacé : ma vérité risquait fort de rester jusqu'au bout l'alternance de mes mensonges. (J.-P. Sartre, *Les mots*, Paris, Gallimard, 1964, p. 110)

Dans ce chapitre consacré à Montaigne, je voudrais expliciter certains enjeux associés à la notion de réflexivité. On définit parfois le processus réflexif comme un dédoublement du sujet entre une instance observée et une instance observante. La phénoménologie de Merleau-Ponty, largement consacrée à ces questions, propose de complexifier la notion en rapportant ce dédoublement à un « horizon pré-réflexif » et à une expérience sensorielle d'indécidabilité qu'il définit comme une relation en « chiasme », celle du « touchant-touché », antérieure à la « bifurcation du sujet et de l'objet ». Cette idée d'un horizon pré-réflexif pourrait être interprétée à la lumière du concept limite de narcissisme qui regarde d'abord l'investissement libidinal du corps propre. La clinique des interactions précoces permet notamment de montrer comment la constitution de cet horizon pré-réflexif est le résultat de l'histoire de la rencontre avec cet autre sujet qu'est la mère ou la personne en charge des soins du nourrisson : une rencontre qui peut être « suffisamment bonne » et satisfaisante au regard des besoins physiques et psychiques du bébé, mais dont les défaillances sont à l'origine de carences qui font obstacle à l'organisation d'un narcissisme « bien tempéré ».

La question de la réflexivité peut encore être complexifiée si l'on s'interroge sur le sens de ce dédoublement de la conscience. C'est ce que fait Freud lorsqu'il rapporte la réflexivité à la notion d'instances psychiques, personnifiant si l'on peut dire la fonction de censure à l'origine du refoulement dans la première topique. Le moi n'est pas seul sur la scène psychique : il est *doublé*[1] par un observateur critique avec lequel il doit composer. C'est la « conscience morale » des philosophes et ce sera plus tard le surmoi de la seconde topique. On a vu, dans les chapitres précédents, quelques formes que pouvait prendre ce face-à-face. Je voudrais maintenant m'interroger sur les *enjeux identitaires* associés à cette confrontation. Pour cela, je propose de regarder le bouffon difforme et versatile, non plus comme le représentant du refoulé, mais (en prenant cette fois appui sur la seconde topique de Freud) comme une figure du moi. Et d'un moi qui aurait à obéir à deux maîtres également tyranniques : le ça et le surmoi. La figure du bouffon dit assez le statut d'immaturité psychique et de minorité légale dans lequel cette situation maintient ce moi bavard et bruyant qui n'est jamais que toléré dans sa propre maison. La métapsychologie freudienne rencontre ici une riche littérature morale aussi bien qu'un grand nombre de recommandations techniques qui ont trait à la pratique éthique. La plus connue est évidemment le précepte delphique : *connais-toi toi-même*.

Je propose de prendre ici appui sur les *Essais* de Montaigne pour montrer comment le précepte socratique qui invite au « souci de soi » peut aussi être compris comme *une injonction paradoxale et potentiellement désorganisatrice*. Un peu à la manière dont le souci légitime que l'on doit apporter à la préservation de la santé physique, n'est jamais très éloigné du délire hypocondriaque et des angoisses paranoïdes qui l'alimentent.

L'intention de ce chapitre est également prolonger les considérations précédentes, relativement à certains des enjeux identitaires que l'on ne manque jamais de rencontrer, avec tous les patients. Je pars du principe que la reconnaissance de ces enjeux n'est pas nouvelle, mais qu'elle organise largement la tradition philosophique.

PERSONNE ET IDENTITÉ (LEIBNIZ)

On prétend parfois que la notion d'identité personnelle émerge sur le terrain philosophique, ou plus précisément dans le lexique de la philosophie, avec le chapitre que lui consacre Locke dans son *Essai sur*

1. J'emprunte intentionnellement cette expression au langage technique du psychodrame psychanalytique.

l'entendement humain (II, 27)[1]. Le contexte est celui d'une critique de la notion de substance : l'identité et la permanence de la personne (non plus que le dogme de l'immortalité dite personnelle de l'âme) ne sauraient être fondées sur la notion métaphysique de l'âme comme substance ; elles reposent d'abord, empiriquement, sur la mémoire et la conscience d'un soi moralement responsable dans le temps de ses actions passées. Sans s'attarder ici sur ce contexte, on peut relever que Locke ne prétend nullement introduire une notion nouvelle, mais seulement transformer en argument anti-métaphysique une définition morale et juridique de la responsabilité, finalement assez convenue. C'est ce que rappellera d'ailleurs Leibniz dans sa réponse, en distinguant nettement la question métaphysique de la substance de la notion morale d'identité personnelle, fondée sur la conscience et la réflexion, c'est-à-dire sur la mémoire : une notion qui pourrait parfaitement s'accommoder d'une pluralité substantielle, comme c'est d'ailleurs le cas, à ses yeux, avec l'union de l'âme et du corps[2]. Leibniz rappelle ainsi une thèse qu'il avait déjà développée par ailleurs, par exemple dans son *Discours de métaphysique* (§ 34), où il attribuait aux âmes des animaux dépourvus de raison et de réflexion une immortalité métaphysique, tout en leur déniant le privilège d'une immortalité morale ou personnelle. A l'inverse, il soutenait que « *l'âme intelligente, connaissant ce qu'elle est, et pouvant dire ce moi qui dit beaucoup*, ne demeure pas seulement et subsiste métaphysiquement, bien plus que les autres, mais demeure encore la même moralement et fait le même personnage. Car c'est le souvenir, ou la connaissance de ce moi, qui la rend capable de châtiment et de récompense ». La conscience est d'abord conscience morale ; elle est identifiée à la mémoire : « la conscience est la mémoire de nos actions (*conscientia est nostrarum actionum memoria*) »[3]. Dans les *Nouveaux essais*, Leibniz résume ainsi la question : « le *soi* fait l'identité réelle et physique ; *l'apparence de*

1. Le chapitre est un ajout de la seconde édition de 1694. Pour cette vision historiciste, voir par exemple R. Bodei, *Destini personali. L'età della colonizzazione delle coscienze*, Milan, Feltrinelli, 2002. On trouve également la question posée, dans un contexte un peu différent, à propos de l'usage nouveau que Pascal fait du substantif « moi » : voir V. Carraud, *L'invention du moi*, Paris, P.U.F., 2010.

2. Sans parler ici des spéculations de la théologie trinitaire sur les trois *personnes* (hypostases) divines réunies en une seule substance ou essence (*ousia*), qui avaient déjà largement contribué à dissocier la notion d'identité personnelle de la problématique de la substance.

3. Leibniz, *Textes inédits*, éd. G. Grua, Paris, P.U.F., 1948, I, p. 181.

soi accompagnée de vérité y joint l'identité personnelle »[1]. L'identité personnelle est rapportée à un critère de *congruence phénoménale* qui suffit à la fonder. Dans cette définition, la *vérité* prend ainsi le sens qu'elle a dans la physique qui a affaire à des phénomènes « bien fondés », et où il ne s'agit encore que de « sauver les apparences ». J'ai pareillement remarqué comment chez Descartes, l'identification du sujet méditant à une « chose qui pense » n'apportait aucune solution probante au problème identitaire, bien au contraire.

Pour Leibniz, la conscience et la mémoire ne sont pas les *supports* de l'identité (comme chez Locke); elles en seraient plutôt les *dépositaires*. Leibniz remarque par là l'insuffisance d'une conception de l'identité qui la réduirait à la conscience. En elle-même incapable de jouer le rôle de garant de la continuité de la personne, cette conscience, porteuse d'une simple « apparence de soi », ne suffit pas encore à définir l'identité : faute de l'autonomie qui seule permettrait une pleine émancipation, le moi a besoin d'un garant qui l'accompagne dans ses démarches. La question psychologique et morale est ici étroitement solidaire de la notion juridique de personne. C'est donc seulement à une « âme intelligente, connaissant ce qu'elle est », que revient ce rôle d'authentification. La connaissance de soi ne regarde pas ici l'essence ou la réalité métaphysique du soi; elle répond d'abord au problème posé par le manque de fiabilité de la conscience et de la mémoire, à l'origine des nombreuses difficultés soulevées par Locke dans son chapitre. Il s'agit d'abord de contenir entre certaines limites ce moi bavard, trompeur et inconstant, en l'accompagnant d'une instance capable de « faire le même personnage ». L'identité suppose donc un partage des rôles et doit s'appuyer sur un porte-parole qui « dit ce *moi* ».

Le rôle de cette « âme intelligente » n'est donc pas de *connaître* le moi, mais seulement d'attribuer ou d'assigner au moi une identité qu'il n'est pas capable, par lui-même, de fonder. Pour être investie de l'autorité suffisante, cette âme doit elle-même être capable de « faire le même personnage ». La situation serait évidemment paradoxale si cette âme, cette entité ou cette instance psychique était seulement un « autre soi ». Ce qui permet ici d'échapper aux apories sans fin de la réflexivité, c'est la nature même de cette âme, réduite à la simplicité abstraite de l'intelligence. La connaissance de soi qui permet à cette âme intelligente de jouer sa fonction de soutien et de garant du moi, n'est possible que parce qu'il s'agit d'une âme sans qualité, dont l'identité se résume

1. Leibniz, *Nouveaux essais sur l'entendement humain* (II, 27, § 9), *Philosophische Schriften*, éd. Gerhardt, 1882, V, p. 219.

entièrement à ce rôle architectonique : elle n'est jamais qu'une simple idée dont toute la réalité tient à la connaissance qu'elle a d'elle-même comme d'une pure enveloppe ou d'une forme abstraite. Un statut que Fichte proposera d'exprimer dans cette égalité vide de contenu : « moi = moi ». Naturellement, il appartiendra à la pensée spéculative de statuer sur les conditions de possibilité d'un tel auto-effacement. Mais aussi à la psychanalyse d'interroger à sa manière les enjeux théoriques et cliniques d'un dispositif qui vient nécessairement butter sur les paradoxes du « narcissisme primaire ».

Ce qu'on peut remarquer, c'est déjà que cette « âme intelligente » qui « dit le moi », ne propose pas directement d'énoncer une connaissance vraie de ce moi : sa fonction est d'abord performative puisqu'elle réside essentiellement dans la valeur juridique d'un acte qui fonde le sujet de droit. Dans sa forme, il s'agit d'une simple *reconnaissance en paternité* qui garantit d'abord au moi un statut légal et social et qui, par un acte de volonté, vient mettre un terme à un débat sans fin, alimenté par le doute et l'incertitude toujours attachés à l'identité du père. Après Leibniz, c'est sous cet angle que sera souvent interprété le *cogito* cartésien.

L'erreur de Locke, ou plutôt l'étrangeté de sa conception, tient au fait qu'il a prétendu affranchir la question de l'identité du domaine du droit qui lui donne sens. La tradition philosophique qu'il fonde jusqu'à nous, sera évidemment hantée par les impasses auxquelles se confronteront toujours les prétentions d'un moi qui revendiquerait une reconnaissance susceptible de faire de lui un sujet de droit, tout en récusant les moyens ordinaires à disposition pour y parvenir. Une situation paradoxale qui est bien, comme le remarque M. Bakhtine, celle du héros picaresque, du fripon, du gitan ou du bâtard : elle habite la conception moderne du sujet et de l'émancipation, comme l'ensemble des théories de la reconnaissance.

On sait l'usage qu'a fait la psychanalyse de cette configuration de base, en proposant (avec la « règle fondamentale ») de suspendre la fonction de cette « âme intelligente » et en invitant le moi à parler sans réserve. Elle remet ainsi à plus tard la question identitaire et, d'une certaine façon, l'exigence de vérité ou de congruence, en misant sur la fonction synthétique du moi. Au moins dans un premier temps, puisqu'elle s'est vite heurtée aux limites de la simple « admission intellectuelle » du refoulé et aux résistances de caractère qui l'accompagnent, mais aussi à des obstacles plus difficiles à surmonter et qui ont trait non plus au clivage de conscience, mais au clivage du moi. Comme si, à trop laisser parler « ce moi qui dit beaucoup », on risquait de mettre en déroute cette « âme intelligente » gardienne de l'identité et de la dignité de la personne. C'est ce que pourraient illustrer les problèmes soulevés par la figure du bouffon et par ses défenses paradoxales contre l'emprise : on peut bien prêter l'oreille à ses médisances, s'étonner de la merveilleuse sagesse de ses facéties, et lui faire une place au banquet des dieux, mais on se heurtera vite, comme on l'a vu, à sa versatilité, à sa difformité et aux métamorphoses par lesquelles il échappe sans cesse. Sans parler de sa méchanceté et de sa malveillance. Pareillement, la psychanalyse, confrontée aux défaillances de la fonction synthétique du moi, a dû prêter l'oreille à la souffrance identitaire et narcissique.

On peut voir l'intérêt que présente la définition de Leibniz, pour peu que l'on accepte de regarder la solution architectonique sur laquelle elle s'appuie, comme un dispositif propre à relancer la question de l'identité, à la problématiser et à la complexifier. La première difficulté à laquelle se confronte cette conception de l'identité personnelle réduite à une « apparence accompagnée de vérité », est d'ordre technique : elle regarde le problème bien réel des *stratégies d'accompagnement*, que rencontrent les professionnels du soin et les travailleurs sociaux. On a déjà entrevu comment la question avait été abordée par la philosophie antique, où la question identitaire était rapportée au travail d'intégration psychique et de tempérance : il s'agissait, par une « douce persuasion » et une constante fréquentation, d'apprivoiser la partie irrationnelle de l'âme, afin de la rendre « unie et incorporée » à la raison [1].

La seconde difficulté est relative au critère de congruence qui assigne à l'âme intelligente la fonction de « sauver les apparences », autrement dit dans le langage de la psychologie sociale, de « sauver la face ». La définition de la vérité portée par le seul critère de congruence rencontre évidemment le dilemme plusieurs fois mentionné : « ce qui alimente notre assurance est précisément ce que d'autres pourront utiliser pour nous induire en erreur ». Ce qui revient à dire : les moyens que j'emploie pour persuader les autres de ma bonne foi et pour authentifier que je suis bien celui que je prétends être, sont les mêmes que ceux grâce auxquels je peux aussi bien choisir de les induire en erreur. Comme en témoigne d'ailleurs

1. Ainsi encore cette recommandation technique de Descartes qui fait suite à la définition du sujet comme *res cogitans* et annonce l'analyse du morceau de cire : « Mais je vois bien ce que c'est : mon esprit se plaît à s'égarer (*gaudet aberrare mens mea*), et ne se peut encore contenir dans les justes bornes de la vérité. Relâchons-lui donc encore un peu la bride, afin que venant ci-après à la retirer doucement et à propos, nous le puissions plus facilement régler et conduire » (AT, VII, 29, 28-30, 2 ; IX, 23). La formule fait écho aux indications de Plutarque relatives à la tempérance et à la « douce persuasion » : l'enjeu est ici d'intégrer au moi la puissance anonyme du « malin génie » d'abord connue par la menace qu'elle faisait peser sur le sujet.

directement la notion de personne (*persona*) qui désigne originellement le masque de théâtre, le paradoxe du menteur hante la notion d'identité. En l'occurrence, les choses seraient simples s'il ne s'agissait que de duper autrui. Elles se compliquent avec la part de mensonge, de duplicité et de mauvaise foi qui entre ordinairement dans le rapport à soi. La honte n'est jamais loin pour nous la rappeler.

Le projet d'écriture des *Essais*

Je voudrais reprendre ici ces problèmes pour tenter d'expliciter sous cet angle la fonction que Montaigne assigne à l'écriture de ses *Essais*. Cette fonction se transforme au fil des remaniements et surtout des ajouts par lesquels il augmente son texte[1]. Ces variations témoignent d'une complexification de la problématique de l'identité, mise à l'épreuve dans l'activité d'écriture par laquelle Montaigne entreprend de « se peindre » :

a) Le projet initial visait à s'émanciper des contraintes liées à la vie publique et à « s'entretenir soi-même, et s'arrêter et se rasseoir en soi » (I, 8, 33A). Le but est alors, dans ce premier temps, d'arracher le masque des apparences sociales et de restaurer, par l'écriture, l'intégrité d'une « forme naïve », c'est-à-dire originelle. La quête identitaire prend le sens d'une réforme intérieure dirigée d'abord contre les effets de la coutume et des habitudes acquises.

b) Elle se heurte à un sentiment d'étrangeté et de discontinuité menaçant l'idéal d'uniformité et de constance qui avait présidé au projet d'écriture. L'inconstance que découvre Montaigne est comparable à celle du flatteur chez Plutarque qui, faute d'avoir « un seul domicile en ses mœurs », est condamné à vivre une vie qui « n'est jamais simple, uniforme ni semblable à soi-même ». Le sentiment d'aliénation rencontré dans la vie sociale ne cesse pas avec la retraite et la solitude : il est même amplifié par le fonctionnement dissocié dont témoignent les « vaines cogitations » qui font maintenant obstacle au repos intérieur.

c) C'est en choisissant non de lutter contre ces pensées, mais de les consigner ou de les enregistrer, autrement dit de leur donner *droit de cité* en les intégrant au projet d'écriture, que Montaigne renverse la

1. On dispose d'au moins trois états du texte : le premier est celui de la première édition de 1580, le deuxième est celui de l'édition de 1588, le troisième est posthume et rend compte des nombreuses additions manuscrites de Montaigne consignées jusqu'à sa mort, en septembre 1592 sur son exemplaire personnel des *Essais*, dit « exemplaire de Bordeaux ». Je distinguerai ces trois états, indiqués par P. Villey dont je suis ici l'édition, respectivement, par les lettres A, B et C.

signification initiale de son projet. Le livre, d'abord destiné à donner à voir la forme ou l'identité du sujet, devient le moyen ou le medium par lequel cette identité se constitue et prend forme. L'écriture cesse alors de viser la connaissance de soi : elle devient le vecteur d'un travail de transformation et de subjectivation. C'est ainsi que Montaigne, dans une page souvent commentée, vient inverser le rapport convenu entre l'auteur et son œuvre : « je n'ai pas plus fait mon livre que mon livre m'a fait, livre consubstantiel à son auteur, d'une occupation propre, membre de ma vie » (II, 18, « Du démentir », 665C). Ce livre « consubstantiel à son auteur », ou « membre de ma vie », lui confère le statut d'un *double*. L'écriture ne vise plus au dévoilement de l'intime, d'une identité préexistante, mais à la mise en lumière du processus de pensée et du fonctionnement mental à l'origine des « vaines cogitations ». L'originalité de Montaigne est de porter attention à ces rêveries et vaines pensées que l'on regarde généralement comme des scories de la vie psychique, indignes d'intérêt : en les consignant, il ne leur accorde pas seulement droit de cité, mais leur donne encore une consistance et une réalité qui permet au livre de tenir ce rôle de « patron » ou de « moule », c'est-à-dire de gardien ou de dépositaire de l'identité. Le rapport entre le modèle et la copie, la statue et son moule, a fini par s'inverser : « Moulant sur moi cette figure, il m'a fallu si souvent dresser et composer pour m'extraire, que le patron s'en est fermi et aucunement formé soi-même ». Montaigne peut ainsi tirer la leçon de son expérience d'écriture, dans cette recommandation technique générale, où la capacité de rêver (et de se souvenir de ses rêves), opposée au fonctionnement dissocié à l'origine des vaines cogitations, devient une marque d'intégration subjective : « Aux fins *de ranger ma fantaisie à rêver même par quelque ordre et projet*, et la garder de se perdre et extravaguer au vent, il n'est que de donner corps et mettre en registre tant de menues pensées qui se présentent à elle ».

D'un point de vue théorique, les *Essais* pourraient servir à illustrer la définition de l'identité personnelle proposée par Leibniz, peut-être la seule véritablement satisfaisante : une « apparence de soi accompagnée de vérité », reposant non sur la conscience et la mémoire, mais sur l'autorité de cette « âme intelligente qui dit ce *moi* ». Les *Essais* interrogent bien cette fonction d'autorité, c'est-à-dire le statut de l'auteur ou du sujet de l'énonciation. Ils pourraient encore permettre de souligner le caractère paradoxal du critère de congruence sur lequel Leibniz fonde la notion d'identité. L'expérience de Montaigne permet d'aborder d'un point de vue clinique les impasses et les illusions auxquelles s'expose le projet de « sauver les apparences ». C'est dans cette perspective que je propose ici d'aborder le texte des *Essais* : en partant de la souffrance identitaire qui tout à la fois motive l'intention d'écrire et vient progressivement lui faire obstacle. En vue d'interroger aussi les effets du dispositif inventé par Montaigne pour faire face à l'envahissement de ses pensées ou vaines cogitations. Ces questions sont évidemment centrales dans la pratique analytique.

SOLITUDE, NÉGATION ET CLIVAGE

Dans un avis adressé « Au lecteur », Montaigne présente ainsi l'intention qui aurait présidé à la rédaction des *Essais*. Il s'est fixé un dessein seulement « domestique et privé », écrivant pour ses « parents et amis », afin qu'après sa disparition, « ils y puissent retrouver aucuns traits de mes conditions et humeurs, et que parce moyen, ils nourrissent plus entière et plus vive la connaissance qu'ils ont eu de moi » (« Au lecteur », 3A). Destinés à des proches, et non « pour rechercher la faveur du monde », les *Essais* proposent un portrait de la personne privé, dépouillée des attributs et des masques qui constituent le personnage public : « Je veux qu'on m'y voie en ma façon simple, naturelle et ordinaire, sans contention et artifice : car c'est moi que je peins. Mes défauts s'y liront au vif, et ma forme naïve, autant que la révérence publique me l'a permis. [...] Ainsi, lecteur, je suis moi-même la matière de mon livre ». Il s'agit de faire le portrait d'une « vie basse et sans lustre » (III, 3, 805). L'appel ici à une « forme naïve », au plus près des « conditions et humeurs » de la personne privée, à l'opposé de la contention nécessaire à la vie publique, peut être interprété comme l'expression d'une exigence de transparence qui impose de rechercher la vérité au-delà des apparences illusoires et trompeuses. Se peindre, c'est se mettre à nu, se dévoiler et s'exposer en rejetant les voiles qui dissimulent notre véritable nature[1] : « Que si j'eusse été entre ces nations qu'on dit vivre encore sous la douce liberté des premières lois de la nature, je t'assure que je m'y fusse très volontiers peint tout entier et tout nu ». L'opposition de l'être et du paraître qui sert ici à distinguer la sphère de l'intime, place les *Essais* sous le signe de la purification intérieure et de la réappropriation de cette « forme naïve », simple et originelle. La connaissance de soi aura alors une visée émancipatrice : le repli sur la personne privée a pour but de s'affranchir des servitudes de la vie publique et des obligations qu'elle nous impose.

1. Pour la métaphore de la *sincera veritas* (« vérité nue »), voir H. Blumenberg, *Paradigmen zur Metaphorologie*, Suhrkamp, Francfort, 1960 (trad. fr., Paris, Vrin, 2006).

Cet avis est évidemment paradoxal à plus d'un titre. Il se heurte d'abord à l'impasse à laquelle conduit généralement toute protestation de sincérité. Il bute encore sur la contradiction qu'il y a de rendre public un ouvrage destiné à un usage privé. Montaigne s'en tire en congédiant son lecteur, aussitôt après l'avoir sollicité et pris à témoin : « Ainsi, lecteur, je suis moi-même la matière de mon livre; ce n'est pas raison que tu emploies ton loisir en un sujet si frivole et si vain. Adieu donc ». La déclaration d'évidente mauvaise foi peut être prise comme un trait d'humour. A ce titre, il opère exactement le contraire de ce qu'il énonce : loin de renvoyer le lecteur, il l'associe à l'entreprise d'écriture et le rend complice en l'introduisant ainsi dans le cercle des familiers auxquels les *Essais* sont adressés.

L'humour ne supprime cependant pas le paradoxe, mais au contraire le réitère. Le trait d'esprit prend de ce point de vue un sens psychologique profond : pour associer le lecteur à son entreprise, Montaigne doit le repousser *hors champ*. C'est sur la base de ce second paradoxe que se construit le dispositif d'écriture des *Essais*. L'expérience proposée consiste ici, pour Montaigne, à être seul en présence d'un destinataire qu'il admet tout en l'effaçant. Autrement dit, le lecteur n'est jamais que *toléré*[1].

La situation pourrait être interprétée à la lumière du paradoxe formulé par D. Winnicott pour qui la « capacité d'être seul » repose sur « l'expérience d'être seul en présence de quelqu'un d'autre »[2]. La même chose vaut pour les patients qui, en réponse à l'énoncé de la règle fondamentale qui leur demande de dire, sans réserve, ce qui leur vient à l'esprit, tolèrent souvent difficilement que leur analyste manifeste sa

1. Le parti que l'analyste pourra tirer de ces remarques relatives à la question de l'écriture, est assez manifeste dans cette remarque de Hegel sur le rapport de l'artiste à son public, facilement transposable à la situation thérapeutique : « Ce qui flatte le plus, c'est d'être introduit dans une communauté d'intelligence et de jugement avec l'artiste, et le lecteur ou l'auditeur admire d'autant l'écrivain ou le musicien, le spectateur admire d'autant plus l'artiste plastique et y trouve d'autant plus volontiers la satisfaction de sa propre vanité que l'œuvre d'art l'invite dans cette communauté subjective des juges de l'art et lui met en main les intentions et les points de vue. Dans le style sévère, en revanche, il n'est pour ainsi dire rien concédé au spectateur, c'est la substance de la teneur qui dans sa représentation vient heurter brutalement, de manière sévère et rugueuse, sa subjectivité. Ce *repoussement* peut certes bien souvent n'être qu'un simple *trait d'hypocondrie de l'artiste* qui insère dans l'œuvre une certaine profondeur de signification, et cependant ne veut pas poursuivre jusqu'à l'exposition libre, aisée, sereine, de la chose, mais au contraire, délibérément lui créer des difficultés. Mais ce genre de cachotterie n'est elle-même souvent à son tour que pure et simple affectation, *une fausse opposition à la complaisance* » (*Cours d'esthétique*, II, trad. fr. J.-P. Lefebvre et V. von Schenk, Paris, Aubier, 1996, p. 241).

2. Voir D. Winnicott, « La capacité d'être seul » (1968), dans *De la pédiatrie à la psychanalyse*, trad. fr., Paris, Payot, 1969, p. 325-333.

présence autrement que par des interprétations qui seront soit ignorées, soit aussitôt incluses dans le « dialogue de l'âme avec elle-même » : une histoire transférentielle très riche peut avoir lieu, mais à condition que l'analyste accepte de faire partie des meubles. Il s'agit (le plus souvent) de mettre le mouvement pulsionnel au service du moi. Comme le relève D. Winnicott, cette expérience d'être seul en présence de quelqu'un d'autre est à distinguer de l'« existence fausse, construite sur des réactions à des excitations externes ». Comme je propose de le montrer, ces enjeux sont au cœur du projet d'écriture de Montaigne.

L'Avis au lecteur illustrerait ainsi l'idée, toujours développée par D. Winnicott, selon laquelle le jeu libre de l'enfant, qui constitue le prototype de toute activité créatrice, nécessite la présence aussi bien que le retrait ou l'effacement de l'adulte en charge à la fois de garantir le cadre réglementé source de sécurité, et de réfléchir par sa présence ce qui se passe à l'intérieur du jeu libre. Pour autant, dans l'Avis, cette configuration n'est pas acquise; elle reste à organiser : le lecteur des *Essais* doit préalablement être neutralisé et Montaigne se place dans la situation d'un enfant qui aurait à apprendre à l'adulte la marche à suivre. Qui aurait donc à définir les modalités de l'interaction pour prévenir tout risque d'empiètement et d'intrusion. Il s'agit de réunir les conditions favorables à l'organisation du narcissisme, afin d'empêcher que l'ombre de l'objet ne tombe sur le jeu. Cela change tout.

Je traiterai ailleurs de cette manière à la fois d'admettre et de congédier le lecteur, de l'inclure et de l'expulser, en la rapprochant de la *négation* qui permet l'admission intellectuelle du refoulé, sans pour autant supprimer le processus même du refoulement. La différence tient au fait que la négation porte ici sur l'*objet*. Elle ne porte plus sur un contenu refoulé, mais sur un aspect clivé de la personnalité, et prend alors le sens d'une réduction partielle du clivage, sans levée véritable du clivage.

ÉMANCIPATION, PURIFICATION ET QUÊTE IDENTITAIRE

L'Avis au lecteur présente assez fidèlement la stratégie d'émancipation qui conduit Montaigne au choix de la solitude. Il annonce aussi bien les impasses sur lesquelles vient buter cette décision.

a) *Solitude*. Le projet d'écriture a d'abord le sens d'une *réforme morale* : mettre à nu la « forme naïve », c'est entreprendre de la purifier des vices associés aux servitudes de la vie sociale. Dans l'essai « De la solitude »[1],

1. Montaigne, *Essais*, I, 39.

la vie solitaire est d'abord présentée comme un moyen de prévenir les vices associés à la vie publique, principalement à l'ambition et l'avarice, mais aussi se garantir contre le risque de « contagion » que porte avec soi la fréquentation des hommes : « la contagion est très dangereuse en la presse [la foule] »[1]. Le vice est ici défini comme une altération de la forme originelle du sujet, une perturbation de l'âme source de désorganisation : c'est le thème des passions comme « maladies de l'âme », analogues aux maladies du corps. La quête de solitude répond à des motifs analogues à ceux qui motivaient l'hypocondrie du « Licencié » de Cervantès : une hypocondrie relative aussi bien au corps social qu'au corps propre et à l'intégrité psychique.

Ce sont d'abord les liens sociaux qui constituent une menace. L'isolement seul et le retour sur soi permettraient de restaurer l'intégrité et la santé de l'âme. C'est le premier sens de la solitude : « Notre mal nous tient en l'âme : or elle ne se peut échapper à elle-même [...]. Ainsi il la faut ramener et retirer en soi ; c'est la vraie solitude, et qui peut se jouir au milieu des villes et des cours des rois ; mais elle se jouit plus commodément à part »[2]. Il s'agira de s'affranchir des liens sociaux et de toute forme d'attachement, appréhendés comme autant de sources d'aliénation : « Or, puisque nous entreprenons de vivre seuls et de nous passer de compagnie, faisons que notre contentement dépende de nous ; déprenons-nous de toutes les liaisons qui nous attachent à autrui, gagnons sur nous de pouvoir à bon escient vivre seul et y vivre à notre aise »[3].

La vie publique et la fréquentation du monde ne nous détournent pas seulement de nous-mêmes ; elles altèrent encore le rapport à soi. La quête identitaire passe ainsi par une restauration ou de purification du « moi-plaisir » menacé d'intrusion :

> C'est assez vécu pour autrui, vivons pour nous au moins ce bout de vie. Ramenons à nous et à notre aise nos pensées et intentions. [...] Il faut dénouer ces obligations si fortes, et meshui [désormais] aimer ceci et cela, mais n'épouser que soi. C'est-à-dire : le reste soit à nous, mais non pas joint et collé de façon qu'on ne le puisse déprendre sans nous écorcher et arracher ensemble quelque pièce du nôtre. La plus grande chose du monde, c'est de savoir être à soi (I, 39, 242A).

Cette menace pour l'intégrité du sujet que font peser les obligations de la vie active, rend problématique le partage sur lequel était fondé l'Avis

1. Montaigne, *Essais*, I, 39, 238A.
2. *Ibid.*, I, 39, 240A.
3. *Ibid.*

au lecteur, entre la personne privée et les artifices de la vie publique. Il s'agira bien de discerner, non pas le vrai du faux, mais le moi du non-moi, et de discriminer ainsi, à l'intérieur du moi, ce qui vient de nous des traces de nos liens extérieurs. Le projet est peut-être différent de celui de Descartes, mais il est finalement porté par un même sentiment d'influence. Et il conduit à une même impasse. Montaigne fait ici, comme dans l'Avis au lecteur, le pari que ce travail de purification et de restauration pourra permettre de se « déprendre » des objets, sans pour autant « écorcher et arracher ensemble quelque pièce » du soi.

b) *Coutume*. Le projet se heurte pourtant aux effets aliénants de la coutume ou de l'accoutumance : « Mais le principal effet de sa puissance, c'est de nous saisir et empiéter de telle sorte qu'à peine soit-il en nous de nous ravoir de sa prise et de rentrer en nous pour discourir et raisonner de ses ordonnances »[1]. C'est le lieu commun qui fait de la coutume une seconde nature, capable d'altérer et de corrompre en profondeur la forme originelle de l'humanité et les « communes imaginations [...] infuses dans notre âme par la semence de nos pères »[2], c'est-à-dire les « notions communes » relatives, par exemple, au juste et à l'injuste.

Pour faire face à cette impasse, la solution est d'abord d'ordre intellectuel et s'appuie sur l'examen critique des opinions et des représentations qui vise à révéler « le vrai visage des choses »[3], afin de s'émanciper des illusions et du faux prestige conféré par l'habitude. Il s'agit bien cette fois de discriminer le vrai du faux. Le scepticisme et le doute procèdent de la nécessité d'objectiver les croyances communes, d'en devenir ainsi l'observateur impartial ou désintéressé, afin de s'en déprendre et de dénouer l'emprise qu'elles exercent sur le sujet : « Qui voudra se défaire de ce violent préjudice de la coutume, il trouvera plusieurs choses reçues d'une résolution indubitable, qui n'ont appui qu'en la barbe chenue et rides de l'usage qui les accompagne »[4].

La méthode sera mise en pratique par Descartes qui subordonne son projet théorique à une finalité éthique analogue : « j'avais toujours un extrême désir d'apprendre à distinguer le vrai d'avec le faux pour voir clair en mes actions, et marcher avec assurance en cette vie »[5]. Le projet de réforme du savoir est encore rapporté par Descartes à la recherche

1. *Ibid.*, I, 22, 115A.
2. *Ibid.*, I, 22, 115-116A.
3. *Ibid.*, I, 22, 116A.
4. *Ibid.*, I, 22, 117A.
5. Descartes, *Discours de la méthode*, AT, VI, 10.

de stabilité intérieure, mais surtout à la restauration d'une intégrité menacée : « Jamais mon dessein ne s'est étendu plus avant que tâcher à réformer mes propres pensées et de *bâtir dans un fonds qui est tout à moi* »[1]. La stratégie de défense contre l'emprise est également au cœur de la médisance des fous et des bouffons, dont l'expertise et la merveilleuse sagesse procèdent d'un même fond hypocondriaque.

La stratégie du doute qui vise à restaurer l'intégrité subjective, est une médecine violente, source de désorganisation identitaire et narcissique. Montaigne fait pourtant le pari, comme Descartes plus tard, que le remède permettra de restaurer l'âme dans sa pureté originelle : « mais, ce masque arraché, rapportant les choses à la vérité et à la raison, il sentira son jugement comme tout bouleversé, et remis pourtant en bien plus sûr état ».

c) *Douter du doute*. Tout pari comporte un risque. L'ambition de réforme intérieure et morale se heurte à une impasse qui fait maintenant porter le doute sur la stratégie employée. Peut-être à juste titre, si l'on en croit la leçon de Cervantès. Le ton change en tout cas très nettement dans la seconde édition des *Essais*, où Montaigne continue de soutenir le bien-fondé de sa quête d'autosuffisance et d'autonomie, mais pour en reconnaître aussitôt les limites :

> J'essaie à n'avoir exprès besoin de nul [...]. Il fait bien piteux et hasardeux dépendre d'un autre. Nous-mêmes, qui est la plus juste adresse et la plus sûre, ne nous sommes pas assez assurés. Je n'ai rien mien que moi, et si [et encore] en est la possession en partie manque [imparfaite] et empruntée (III, 9, 968B).

Comme on le verra plus loin, le sentiment de dépossession et d'aliénation ne tient plus aux effets d'empiètement de la coutume, mais à l'échec du travail critique d'examen des représentations. La connaissance de soi se heurte aux limites du travail d'emprise qui rendra progressivement problématique la notion même de « forme naïve » sur laquelle le projet d'écriture était d'abord fondé. Ce ne sont plus les liens sociaux qui font obstacle, ni même leur ombre portée sur le sujet, mais les « vaines cogitations » qui sont la marque d'un fonctionnement dissocié du moi. La problématique de la purification intérieure se heurte à un clivage qui rend caduque la méthode de discrimination. La finalité de l'écriture est réinterprétée par Montaigne : jusqu'ici analytique ou soustractive, elle devient intégrative et synthétique.

1. AT, VI, 15.

Forme, moule et identité

La question de l'identité est d'abord posée du point de vue de la capacité d'entrer en contact avec soi-même, de restaurer le lien avec une « forme naïve » et, pour cela, de s'affranchir de la nécessité de jouer les rôles imposés par la personne publique. La tension entre la vérité et l'apparence qui court dans tous les *Essais*, se rapporte d'abord à cette notion de personne ou de masque, c'est-à-dire à l'identité sociale et aux contraintes associées aux exigences de la vie en société. Les règles de la vie « pour autrui » ne se surajoutent pas sans effet à l'identité individuelle : elles impriment leur marque sur la nature et en altèrent la forme originelle ou naïve. Ces effets sont ceux de l'accoutumance. C'est le sens du lieu commun qui fait de la coutume une « seconde nature ». La réflexion sur l'identité s'organise d'abord, chez Montaigne, autour de cette idée d'une ombre portée sur le moi par la nécessaire expérience de socialisation. Cette ombre est au cœur de la problématique de l'aliénation dans les *Essais*.

On peut revenir ici brièvement sur les termes de *forme* et de *moule* (*eidos* et *tupos*) qui servent, comme on l'a vu, à interroger la notion d'identité. La question lexicale peut être éclairée par l'usage des traducteurs de l'époque de Montaigne. Le problème soulevé est également conceptuel, puisque l'on peut retrouver derrière les métaphores du moule, de la forme ou du patron, une terminologie philosophique précise et traditionnelle.

Le lexique de la forme et du moule renvoie d'abord à la notion d'*eidos*, idée ou forme, que l'on trouve chez Platon, aussi bien que dans la théorie aristotélicienne pour laquelle toutes choses sont composées de forme et de matière. La forme définit une essence qui peut être générique, spécifique ou individuelle.

a) *Générique* dans le cas où la forme ou l'âme définit par exemple la nature commune de l'homme. C'est ce sens que mobilise Montaigne lorsqu'il écrit par exemple que « les âmes des empereurs et des savetiers sont jetées à même moule »[1], ou encore : « je dis que les mâles et femelles sont jetés en même moule : sauf l'institution et l'usage, la différence n'y est pas grande »[2]. Dans le même esprit, La Boétie avait écrit que la nature « nous a tous figurés à même patron »[3]. Ici le moule, le patron ou encore

1. Montaigne, *Essais*, II, 12, 476A.

2. *Ibid.*, III, 5, 897B.

3. É. de la Boétie, *Discours de la servitude volontaire*, éd. A. Tournon, Paris, Vrin, 2015, p. 47.

le sceau ou le *typos* renvoient aux notions philosophiques de forme, d'idée, d'essence, de modèle ou d'exemplaire, autant d'équivalents possibles de l'*eidos* de Platon ou d'Aristote, comme le montre cette traduction française d'un passage de Sénèque qui définit ainsi l'idée platonicienne : « Or je te prie qu'est-ce qu'une *idée ?* Elle est un *patron et un moule* éternel des choses qui se font par nature (*idea est eorum, quae naturae fiunt, exemplar aeternum*) »[1].

b) La forme *spécifique* est une variation de la forme générique, et définit un caractère particulier, par exemple le fait d'être allergique à l'ail, d'être colérique ou encore d'être sage. La notion théorisée principalement dans le champ de la médecine médiévale renvoie à la nature propre ou à l'*ingenium* qui naît de la complexion ou de l'organisation corporelle. Du point de vue éthique, le moule ou la forme définissent un modèle de vie à imiter. Plutarque exprime ainsi l'intention morale à l'origine de ses *Vies* : « Quand je me pris à écrire ces vies, ce fut au commencement pour profiter aux autres, mais depuis je y ai persévéré et continué pour profiter à moi-même, regardant en cette histoire comme dedans un miroir, et tâchant à racoustrer [raccommoder, recoudre] aucunement ma vie, et la *former au moule* de ces grands personnages »[2]. Dans un sens analogue chez Sénèque : « Mais combien est-il plus profitable de connaître les marques d'une âme excellente, lesquelles il nous est permis *de tirer sur le moule d'autrui pour les graver dedans nous ?* (*quanto utilius est, excellentis animi notas nosse, quas ex alio in se transferre permittitur ?*) »[3]. Les exercices spirituels visent précisément à « transférer en soi » ces marques observées au dehors, afin de les imprimer au dedans (*ex alio in se*), selon un processus identificatoire auquel renvoient ici les notions d'imitation et d'accoutumance. Si les vertus s'enseignent par l'exemple et l'imitation, les vices sont pareillement communiqués du dehors au dedans, par l'usage et la fréquentation.

c) La forme *individuelle* définirait, elle, l'identité personnelle ou l'unité psychosomatique du composé de forme et de matière qui définit cet individu-ci, son *haecceitas*. La quête identitaire de Montaigne a parfois été interprétée à la lumière des débats relatifs à la notion de forme individuelle et du principe d'individuation. Je choisis ici de l'aborder d'un autre point de vue. L'imitation réussie de la sagesse vise à transformer cette nature individuelle : elle ne consiste pas seulement à imprimer dans l'âme les

1. Sénèque, *Lettres à Lucilius*, LVIII, *Œuvres*, trad. Chalvet, f. 123v.

2. Plutarque, *Vies des hommes illustres*, trad. Amyot, Paris, 1574, p. 283 (Prologue de la Vie de Paulus Æmylius).

3. Sénèque, *Lettre à Lucilius*, XCV, *Œuvres*, trad. Chalvet, f. 196r.

marques de la sagesse, mais à informer ou modeler l'ensemble de la personne, y compris ses qualités corporelles. Ce qui revient à dire que l'impression intérieure doit se manifester encore extérieurement : « L'âme qui loge la philosophie doit, par sa santé, rendre sain encore le corps. Elle doit faire luire jusques au dehors son repos et son aise ; doit former à son moule le port extérieur, et l'armer par conséquent d'une grande fierté, d'un maintien actif et allègre, et d'une contenance contente et débonnaire »[1]. On a vu *a contrario* comment la difformité d'âme des bouffons se traduisait par un défaut de maîtrise des mouvement corporels. L'idée est généralisée par Montaigne lorsqu'il écrit que l'âme impose sa marque aux qualités qui relèvent de la fortune. Elle est appelée par le lieu commun qui définit le corps comme vêtement de l'âme : « La santé, la conscience, l'autorité, la science, la richesse, la beauté et leurs contraires, se dépouillent à l'entrée, et reçoivent de l'âme nouvelle vesture [nouveaux habits], et de la teinture qu'il lui plaît : brune, verte, claire, obscure, aigre, profonde, superficielle, et qu'il plaît à chacune d'elles [sc. des âmes] »[2]. Formulée autrement l'idée revient à dire que l'âme doit pouvoir se reconnaître, y compris dans les biens qui ne dépendent pas d'elle, et se regarder ainsi comme l'agent de ce qu'elle subit. Il explicite par là un paradoxe de l'éthique stoïcienne : le sage doit être un et pour cela s'identifier au rôle que les événements contingents lui imposent d'assumer, c'est-à-dire de l'incarner parfaitement, à la manière d'un acteur. Montaigne poursuit et donne cette définition de la responsabilité morale : « Parquoi ne prenons plus excuse des externes qualités des choses : c'est à nous en rendre compte. Notre bien et notre mal ne tiennent qu'à nous. Offrons y nos offrandes et nos vœux, non pas à la fortune : elle ne peut rien sur nos mœurs : au rebours [au contraire], elles l'entraînent à leur suite, et la moulent à leur forme »[3].

La sagesse est ainsi définie comme une exigence d'assimilation et de métabolisation qui vise à *effacer toute trace d'altérité*. L'autonomie et

1. Montaigne, *Essais*, I, 26, 161A.

2. *Ibid.*, I, 50, 302C.

3. *Ibid.*, I, 50, 302-305C. L'idéal de maîtrise ainsi décrit est fondamentalement narcissique : il repose sur la prétention à intégrer les événements de la fortune, autant qu'il est possible, à la sphère d'omnipotence du sujet. Cette prétention expose le sujet au contrecoup de la honte. Aristote le relève, à propos du viol, dans son traité relatif aux lieux communs éthiques : « Il est honteux aussi de subir, d'avoir subi ou de devoir subir tous les actes de nature à conduire au déshonneur et à l'infamie : ils consistent en l'asservissement de son corps ou la soumission à des pratiques honteuses, parmi lesquels le viol, et se partagent entre le dévergondage, que les actes soient volontaires ou involontaires, et la violence, subie involontairement. Car le simple fait de les subir et de ne pas s'en prémunir résulte du manque de virilité, ou de la lâcheté » (*Rhétorique*, II, 6, 1384a17-23).

l'impassibilité du sage stoïcien ne sont pas données; elle sont conquises de haute lutte. Du point de vue de la logique des processus, on voit comment la question de la subjectivation portée par la notion éthique de sagesse vient articuler la problématique identitaire de la personne, du masque ou du rôle, à des mécanismes d'intégration qui relèvent de l'organisation du narcissisme. D'un narcissisme qui repose, chez les stoïciens, sur un usage tout particulier du jugement d'attribution qui subordonne l'inclusion dans la sphère du moi à l'examen critique des représentations. On a vu, dans le cas de Descartes, l'impasse sur laquelle vient buter un projet de réforme intérieure fondée sur la seule discrimination du vrai et du faux, et comment le cogito qui livre au sujet une première vérité, reposait au contraire sur l'inclusion d'un autre en soi, c'est-à-dire du mensonge et de la représentation délirante d'un malin génie.

Ce paradoxe pourrait encore être illustré par le destin d'Hercule, élevé au rang d'idéal par la pensée stoïcienne : il représente un idéal d'unité et de constance, sans doute à l'abris de la conflictualité qui déchire le commun des mortels, mais exposé à l'effondrement épileptique, succombant à un mal qui *se confond avec lui-même*. Le malheur d'Hercule est comparable à celui de Narcisse, « malheureux (écrit Ovide) de n'être pas différent de lui-même » : *Infelix quod non alter et alter eras* (*Fastes*, V, 226). C'est cette conception de l'unité que critique Plutarque en opposant aux stoïciens la thèse d'une multiplicité propre à l'âme et l'idée d'une nécessaire conflictualité psychique. Au contraire, la rigidité morale du stoïcisme vise à faire face aux menaces d'intrusion, de contagion ou d'empiètement que font peser sur la raison le mensonge et l'erreur.

INCONSTANCE, DISCONTINUITÉ ET IDENTITÉ

1) L'ambition d'« être à soi », aussi bien que le projet de « se peindre » et de se donner à connaître dans sa « forme naïve », renvoient à la notion d'*éthos*, de mœurs ou de caractère, définie comme principe intérieur d'action, au fondement de la responsabilité juridique et morale. La question de l'identité de la personne relève d'abord d'une théorie de l'action. Elle est juridique avant d'être psychologique. Elle a trait au droit avant de relever d'une spéculation sur la nature de l'âme. C'est pourquoi elle se rattache à une problématique de la volonté et de la délibération par laquelle l'individu *donne forme* à des actions dont il n'est pas seulement la cause efficiente, mais aussi la cause formelle, à la manière dont on peut

dire d'un père qu'il est « l'auteur de ses enfants »[1]. L'âme est alors un moule ou un patron qui imprime de sa marque ou de son sceau les actions dites volontaires. La question de l'identité rencontre ainsi les enjeux de la « reconnaissance en paternité ». Elle est confrontée à la même incertitude fondamentale, aussi bien qu'à la nécessité, elle aussi inscrite dans la loi, de trancher et de statuer. Une nécessité qui n'abolit évidemment jamais le doute.

Les historiens ont raison de souligner que la notion juridique de personne doit être distinguée de la problématique moderne de l'identité personnelle. Et qu'elle conduit à une pensée du sujet assez différente de celle qui émergera plus tard avec la psychologie. Il n'en reste pas moins que la problématique identitaire, que M. Foucault rapporte, certainement à juste titre, aux exercices spirituels et aux enjeux de la discipline et de la maîtrise de soi, rencontre nécessairement une interrogation sur les limites de ces techniques de subjectivation. Elle bute d'abord sur un principe d'incertitude. Le doute vient inévitablement complexifier cette problématique identitaire, pour la relancer du point de vue des enjeux narcissique. Je sais bien *qui* je suis : un citoyen d'Athènes qui a appris à maîtriser sa colère grâce à l'enseignement des philosophes. Mais cela ne suffira pas à m'assurer de *ce que* je suis : suis-je bien le fils de mon père et le père de mes enfants ? ou encore : je peux assumer la responsabilité de mes actes et de mes pensées, mais sait-on jamais d'où viennent ces choses ? La maîtrise de soi, garante de l'identité, ne consistera jamais qu'à « sauver les apparences » ; et il faut encore apprendre à métaboliser le venin distillé par les secrets de famille. C'est à la lumière de ces enjeux narcissiques que l'on peut entendre la « fin domestique et privée » que se propose Montaigne en écrivant les *Essais*.

On pourrait ici appréhender l'activité de pensée à la lumière des enjeux de la « reconnaissance en paternité », et de ce doute que l'on peut voir proliférer et s'alimenter de lui-même dans la Première Méditation de Descartes. Le même doute nous a permis de penser le statut mixte ou métis du bouffon, sage et fou en même temps, objet de la simple tolérance que l'on accorde aux « sang mêlés » et aux bâtards, dont l'admission (tolérance) suppose la disqualification. Les auteurs que je propose d'étudier ici ne posent évidemment pas la question de la « réalité de l'inconscient » au sens où Freud le fait, mais ils sont engagés dans des réflexions par lesquelles ils sont nécessairement conduits à explorer des paradoxes qui ont trait, eux aussi, au sentiment d'étrangeté et à l'incertitude face à une

1. Aristote, *Éthique à Nicomaque*, III, 1113b19.

altérité qui porte le moi à soupçonner qu'il n'est peut-être pas, autant qu'il le croit, « maître en sa demeure ».

Montaigne illustre à sa façon ces paradoxes. Il commence par prendre à témoin son lecteur, en assumant résolument le statut d'auteur, garant d'un « livre de bonne foi », mais finit par l'écarter et le mettre hors champ, pour se présenter alors non plus comme un auteur qui imprimerait son œuvre du sceau de sa forme propre, la certifiant ainsi d'authenticité, mais comme « la matière de [son] livre ». Ecrite afin de « nourrir plus entière et plus vive la connaissance » que ses « parents et amis » ont eu de lui, l'œuvre se proposait d'abord de produire un portrait fidèle, une « apparence de soi accompagnée de vérité ». L'Avis s'achève sur un retournement : en congédiant le lecteur, Montaigne s'affranchit du même coup du souci de vérité qui organisait d'abord la problématique identitaire.

2) C'est dans un second temps, dans les ajouts consignés dans la seconde édition de 1588, que Montaigne exprime le plus clairement ce doute. Il émerge bien d'une relecture :

> Je n'ai vu monstre et miracle au monde plus exprès que moi-même. On s'apprivoise à toute étrangeté par l'usage du temps ; mais plus je me hante et me connais, plus ma difformité m'étonne, moins je m'entends en moi (III, 11, 1029B).

L'étrangeté et la monstruosité procèdent bien de l'échec d'une entreprise qui visait à forger l'image d'une forme identifiable et reconnaissable, une « apparence de soi accompagnée de vérité ». Le propre du monstre est de mettre en déroute la démarche classificatoire sur laquelle repose la reconnaissance, autrement dit le jugement relatif à la forme spécifique. On trouve ailleurs une remarque analogue, dans laquelle c'est le travail d'organisation propre à la mémoire qui est pris en défaut :

> Moi à cette heure et moi tantôt sommes bien deux ; mais quand meilleur, je n'en puis rien dire. Il ferait beau être vieil si nous marchions vers l'amendement. C'est un mouvement d'ivrogne titubant, vertigineux, informe, ou des joncs que l'air manie casuellement selon soi (III, 9, 964B).

L'ivrogne qui titube, a perdu la maîtrise de ses mouvements et échoue à organiser ses actions en vue d'une fin. Pareillement, les joncs poussés par le vent servent à signifier une vie régie de l'extérieur par les aléas de la fortune. Dans les deux cas, est mise en échec la capacité de rapporter la vie et les actions d'un individu à un principe interne ou à une disposition éthique. Autrement dit, de reconnaître une forme ou un moule commun.

Au début de l'essai « Du repentir », Montaigne rapporte ce défaut de cohérence à l'entreprise elle-même. Le souci de véracité met ici en échec le critère de congruence qui définit la vérité éthique : il court le risque d'être interprété comme une marque de dissimulation, de mensonge et de mauvaise foi. C'était le sens de la définition de l'identité que Leibniz opposait à Locke : le moi a besoin de la garantie et du soutien d'une âme intelligence seule capable d'attester de son identité et de sa bonne foi. Le paradoxe est précisément lié au projet même de se mettre à nu, et de « réciter », plutôt que de « former » un homme sur un modèle préétabli :

> Les autres forment l'homme ; je le récite, et en représente un particulier bien mal formé, et lequel, si j'avais à façonner de nouveau, je ferais vraiment bien autre qu'il n'est. Meshui, c'est fait. Or les traits de ma peinture ne fourvoient point, quoiqu'ils se changent et diversifient (III, 2, 804B).

L'impression de fausseté doit être comprise comme un gage de vérité ou d'authenticité. Mais d'une vérité qui échoue à garantir la congruence identitaire. Mon idée est que Montaigne ne dénonce pas ici la croyance dans une essence ou dans une forme qui fonderait métaphysiquement, au-delà des apparences multiples et fluctuantes, la nature ou l'identité du sujet. Son propos serait plutôt de faire état des effets d'une désorganisation identitaire et d'interroger les processus à l'origine de la construction du narcissisme. Derrière une phénoménologie du temps vécu dans laquelle Montaigne paraît souvent trouver refuge, c'est au clivage qu'est confronté ici le projet des *Essais*. Un clivage qui émerge ici à la faveur du dispositif paradoxal de mise hors champ de l'objet ou du lecteur. La discontinuité du temps ne sert guère qu'à figurer la discontinuité du moi :

> Le monde n'est qu'une branloire pérenne. Toutes choses y branlent sans cesse [...]. La constance même n'est autre chose qu'un branle plus languissant. Je ne puis assurer mon objet [moi-même]. Il va trouble et chancelant, d'une ivresse naturelle. Je le prends en ce point comme il est, en l'instant que je m'amuse à lui. Je ne peints pas l'être, je peints le passage : non un passage d'âge en autre [...], mais de jour en jour, de minute en minute. Il faut accommoder mon histoire à l'heure. Je pourrais tantôt changer, non de fortune seulement, mais aussi d'intention. C'est un contrerolle [registre] de divers et muables accidents et d'imaginations irrésolues et quand il y échoit, contraires : soit que je sois autre moi-même, soit que je saisisse les sujets par autres circonstances et considérations. Tant il y a que je me contredis bien à l'aventure, mais la vérité, comme disait Demades, je ne la contredis point. Si mon âme pouvait prendre pied, je ne m'essaierais pas, je me résoudrais : elle est toujours en apprentissage et épreuve (III, 2, 804-5B).

Le souci de véracité risque bien de dissoudre tout critère de vérité.

3) Dans la première édition des *Essais*, on pouvait retrouver ce sentiment de discontinuité et d'étrangeté, au plus près de la crise morale, de la retraite et du projet d'écriture de Montaigne.

La question était directement abordée dans l'essai « De l'inconstance de nos action », qui aborde le thème de l'identité éthique du point de vue des biographes dont la tâche de consigner, de rassembler et de juger les actions, se heurte au manque de cohérence, et parfois aux contradictions que l'on rencontre souvent dans les décisions et les choix de vie d'un même individu : « Ceux qui s'exercent à contreroller [consigner] les actions humaines ne se trouvent en aucune partie si empêchés, qu'à [que dans leur projet de] les rapiécer et mettre à même lustre : car elles se contredisent communément de si étrange façon, qu'il semble impossible qu'elles soient parties de même boutique ». Montaigne renvoie ici aux déterminations qui rendent compte du caractère ou de l'*éthos* comme principe d'action : « Le jeune Marius se trouve tantôt fils de Mars, tantôt fils de Vénus. Le pape Boniface huitième entra, dit-on, en sa charge comme un renard, s'y porta comme un lion et mourut comme un chien ». Il évoque encore Néron, « vraie image de la cruauté », pourtant capable également de témoigner d'une extrême délicatesse. L'explication morale (fondée sur l'éthos) et le déterminisme sur lequel elle s'appuie pour tenter « d'assortir les pièces », se heurtent à l'inconstance humaine : « vu que l'irrésolution me semble être le plus commun et apparent vice de notre nature »[1].

Dans un premier temps, Montaigne impute cette inconstance aux vices, et l'oppose à la constance propre à ceux qui ont « dressé leur vie à un certain train qui est le propre de la sagesse ». A moins, en effet, que la volonté ne soit juste et toujours vertueuse, « il est impossible qu'elle soit toujours une ». La « façon ordinaire » est soumise aux « inclinations de notre appétit », toujours variable, aussi bien qu'à la fortune, « selon que le vent des occasions nous emporte ». Elle rend l'homme comparable au caméléon : « Nous ne pensons ce que nous voulons qu'à l'instant que nous le voulons, et changeons comme cet animal qui prend la couleur du lieu où on le couche. [...] Nous n'allons pas ; on nous emporte, comme les choses qui flottent, ores doucement, ores avec violence, selon que l'eau est ireuse ou bonasse »[2].

1. Montaigne, *Essais*, II, 1, 331-332A.
2. *Ibid.*, 332-333A.

On se souvient que chez Plutarque la comparaison s'appliquait au flatteur : le caméléon, « souple et dextre à se transmuer en toutes similitudes »[1], symbolise l'inconstance de « celui qui n'a pas un seul domicile en ses mœurs, et qui ne vit pas d'une vie qu'il ait élue à son gré, mais qui se forme et compose au moule d'autrui, n'est jamais simple, uniforme, ni semblable à soi-même, ains [mais] variable et changeant toujours d'une forme en une autre, comme l'eau courante qui toujours coule sans cesse, et s'accommode à la façon et figure des lieux qui la reçoivent »[2]. L'inconstance est ici comprise comme un défaut de contenance, c'est-à-dire de forme, de moule ou de patron propre à « dresser », régler ou discipliner la vie : elle témoigne d'un échec de l'appareil d'emprise.

Les biographes qui entreprennent de rapporter les actions au caractère ou aux dispositions morales, c'est-à-dire à l'identité éthique de la personne, viennent buter sur l'inconstance et l'irrésolution des hommes. Cette versatilité s'oppose à l'idéal de maîtrise qui définit la vertu morale chez les stoïciens. « Suivre le même train »[3] est d'abord le fait des âmes « réglées », capables de faire face à l'adversité et aux aléas de la fortune tout en restant identiques à elles-mêmes. L'uniformité est un effet de la vertu : elle témoigne de la liberté et de l'autosuffisance propre au sage capable de se gouverner lui-même et de soumettre la puissance irrationnelle de l'âme à son principe hégémonique et rationnel. La constance et la fermeté d'âme reposent sur l'intégrité de la forme éthique de la personne.

Pour illustrer ces effets, Montaigne évoque l'exemple classique de Caton, érigé par Sénèque en modèle de constance : « c'est une harmonie de sons très accordants qui ne se peut démentir. A nous, au rebours, autant d'actions, autant faut-il de jugements particuliers »[4]. L'évocation suit de près les développements de Sénèque : la constance qui manifeste la continuité de l'identité éthique est un effet de l'impassibilité, de la fermeté ou de la force d'âme seule capable de garantir l'unité de l'individu face à la violence des événements qui ne dépendent pas de nous : aux outrages de la fortune, aussi bien qu'aux injures ou injustices auxquelles nous expose la vie sociale. C'est la thèse de Sénèque selon laquelle, « le sage ne peut sentir aucune injure »[5]. Plus loin, Sénèque compare l'impassibilité du sage aux matières incombustibles qui, « au milieu des flammes,

1. Plutarque, *Comment on pourra discerner le flatteur de l'ami*, 51B-C ; Amyot, 41E.
2. *Ibid.*, 52B ; Amyot, 42A.
3. Montaigne, *Essais*, II, 11, 422A.
4. *Ibid.*, II, 1, 334A.
5. Sénèque, *La constance du sage*, *Œuvres*, trad. Chalvet, f. 428r.

conservent leur nature et leur fermeté », et aux rochers qui « repoussent les vagues et les flots, et [qui], après avoir été battus par de grandes et cruelles tempêtes, ne montrent aucune marque de la rage de l'eau » : « pareillement, l'âme du sage est si ferme et si constante, elle a ramassé tant de force qu'elle est aussi sûre contre tous les dommages et injures » [1]. Cette fermeté, principe de continuité, fonde l'intégrité du sujet, sa liberté inviolable, face aux aléas de la fortune :

> Toute injure est une diminution de celui qu'elle touche, et pas un ne peut recevoir une injure sans perte et amoindrissement ou de sa dignité, ou de son corps, ou d'autres choses qui sont hors de sa personne. Mais le sage ne peut rien perdre : car il a tout son bien dans soi-même : il n'a rien mis entre les mains de la fortune : il a tous ses biens en lieu ferme et assuré, content de sa vertu, qui n'a besoin aucun des biens fortuits. C'est pourquoi il ne se peut augmenter ni agrandir. [...] La fortune ne peut ôter, sinon ce qu'elle a donné. Elle ne donne point la vertu : elle ne la peut donc point ôter. La vertu est libre, inviolable, constante, ferme qui ne branle jamais [...]. Par ainsi il [le sage] ne perdra rien dont il puisse sentir la perte. Car il n'a possession que de la vertu, de laquelle il ne peut être chassé. Il ne se sert des autres choses que par emprunt. Et qui est-ce qui se soucie de voir perdre ce qui n'est pas sien [2].

La fin de l'essai de Montaigne montre alors comment, faute de cette constance propre à la vertu, les décisions humaines procèdent moins de la volonté que du hasard des circonstances et des inclinations momentanées. Montaigne interroge ainsi la possibilité même de son projet d'écriture :

> A qui n'a dressé en gros sa vie à une certaine fin, il est impossible de disposer les actions particulières. Il est impossible de ranger les pièces, à qui n'a forme du total en sa tête. A quoi faire la provision des couleurs à qui ne sait ce qu'il a à peindre ? Aucun ne fait certain dessein de sa vie, et ne délibérons qu'à parcelles (II, 1, 337A).

Dans la première édition des *Essais*, le sentiment de discontinuité et de fragmentation, en soi douloureux, est contre-investi par l'idéal stoïcien de maîtrise et la référence à la vertu morale, seul susceptible de suppléer aux défauts de la nature [3]. C'est bien dans cette perspective que se trouve

1. Sénèque, *La constance du sage*, III, 5 ; trad. Chalvet, f. 429r.

2. *Ibid.*, V, 3-5 ; f. 249v.

3. Dans l'essai « De la cruauté » (II, 1), on retrouve cette idée qui rapporte la constance et l'uniformité au pouvoir de la raison sur les passions. Montaigne évoque « les âmes réglées d'elles-mêmes [qui] suivent même train et représentent en leurs actions même visage que les vertueuses » (422A). Ces âmes bien ordonnées sont naturellement constantes et uniformes, alors que la vertu repose sur l'exercice et « présuppose la difficulté et du contraste » : elle

traitée, dans la première rédaction de l'essai « De l'inconstance de nos actions », la question de l'identité personnelle. Seule la vertu, c'est-à-dire la maîtrise rationnelle des passions et des représentations, peut restaurer l'unité et la cohérence de la forme éthique : « Voilà pourquoi, pour juger d'un homme, il faut suivre longuement et curieusement sa trace ; si la constance ne s'y maintient de son seul fondement [...], si la variété des occurrences lui fait changer de pas [...], laissez-le courre [courir] : celui-là s'en va à vau le vent »[1].

Dans l'exemplaire de Bordeaux, Montaigne ajoute cette citation tirée de Sénèque (*Epist.* CXX) : *Magnam rem puta unum hominem agere* (« Sois persuadé qu'il est très difficile d'être toujours le même homme », ou encore : « de ne jouer qu'un seul personnage »). L'essai, au moins dans sa première version, vient en effet illustrer la thèse morale de Sénèque qui oppose l'âme constante du sage à la versatilité de l'« âme imprudente » (*animus imprudens*). Le passage cité permettrait d'illustrer le paradoxe du projet d'écriture de Montaigne :

> Plusieurs sont semblables à celui que décrit Horace, qui n'était jamais le même, ni semblable à lui-même. Tant il se changeait diversement. J'ai dit plusieurs, peu s'en faut que tous ne le soient. Il n'y a homme qui ne change tous les jours de conseil et de nouveau désir, tantôt il se résout d'avoir une femme, tantôt il se contente d'une amie ; tantôt il veut faire du roi, tantôt il fait ce qu'un valet le plus servile pourrait faire ; tantôt il fait du superbe jusques à se faire haïr, tantôt il s'abaisse et se rend plus humilié [...]. C'est principalement à cela qu'on reconnaît une âme imprudente : elle se montre tantôt d'une sorte, tantôt d'une autre : et (ce que j'estime plus vilain) c'est

« demande un chemin âpre et épineux : elle veut avoir ou des difficultés étrangères à luicter [combattre], comme celle de Metellus [Plutarque, *Vie de Marius*, X], par le moyen desquels la fortune se plaît à lui rompre la roideur de sa course, ou des difficultés internes que lui apportent les appétits désordonnés et imperfections de notre condition » (423A). Comme exemple de ces âmes « bien nées », Montaigne évoque Socrate dont la raison paraît avoir une maîtrise naturelle sur les passions : « car je ne puis concevoir en ce personnage-là aucun effort de vicieuse concupiscence. Au train de sa vertu, je n'y puis imaginer aucune difficulté et aucune contrainte ; je connais sa raison si puissante et si maîtresse chez lui qu'elle n'eût jamais donné moyen à un appétit vicieux seulement de naître » (423-424A). L'idée est développée plus loin dans cet ajout de l'exemplaire de Bordeaux qui insiste sur le thème de l'accoutumance à la vertu : les âmes des sages ont « une si parfaite habitude à la vertu qu'elle leur est passée en complexion. Ce n'est plus vertu pénible, ni des ordonnances de la raison, pour lesquelles il faille que leurs âmes se roidissent ; c'est l'essence même de leur âme, c'est son train naturel et ordinaire. Ils l'ont rendue telle par un long exercice des préceptes de la philosophie, ayant rencontré une belle et riche nature. Les passions vicieuses qui naissent en nous, ne trouvent plus par où faire entrée en eux ; la force et roideur de leur âme étouffe et éteint les concupiscences aussitôt qu'elles commencent à s'ébranler » (425-426C).

1. Montaigne, *Essais*, II, 1, 336-337A.

> qu'elle n'est jamais pareille à soi-même. Croyez que c'est une belle chose de ne jouer qu'un seul personnage (*unum hominem agere*). Or il n'y a que le sage qui puisse faire un personnage seul : tous nous autres sommes de diverses façons (*multiformes sumus*) [...]. Nous changeons souvent de masque (*mutamus subinde personam*), et en prenons une [sic] toute contraire à celle que nous laissons. Gagne donc ce point sur toi-même, que tel que tu auras supposé d'être, tu le sois jusques à la fin de tes jours. Mets peine qu'on te puisse louer, ou à tout le moins qu'on te puisse connaître [1].

Chez les stoïciens, l'identité ou la forme éthique renvoie bien au masque de théâtre (la *persona* latine), c'est-à-dire au rôle assumé par l'individu. L'uniformité, garante de l'identité, est celle d'une apparence ou d'un masque servant de marque de reconnaissance. Elle est au service du seul critère de congruence. C'est autrui qui doit donc attester de cette congruence : c'est au spectateur de juger si le sujet tient son rôle.

L'Avis au Lecteur qui ouvre les *Essais* peut être compris à la lumière de cet arrière-plan stoïcien de la première édition. Pourtant, sous prétexte de restaurer sa « forme naïve » en se dépouillant des masques d'emprunt, puis en congédiant le lecteur et en affectant de mépriser sa reconnaissance, Montaigne se prive finalement des deux conditions sur lesquelles reposait, aux yeux de Sénèque, la possibilité de « faire un ».

Difformité, clivage et travail d'intégration

Leibniz indique que l'identité personnelle est nécessairement portée par une « âme intelligente, connaissant ce qu'elle est, et pouvant dire ce moi qui dit beaucoup ». On peut comprendre la formule à la lumière de l'idéal stoïcien de maîtrise qui consiste à *sauver la face* en assumant avec constance et fermeté le rôle que la providence assigne à l'individu. Le pari est ici que le moule ou le patron parviendra à contenir ce moi en le renforçant suffisamment pour faire face aux aléas de la fortune. L'identité, le personnage ou le masque sert ainsi de moule externe, analogue à l'exosquelette de certains animaux. La sagesse devient une sorte d'armure ou de carapace. Elle appartient au registre des *défenses de caractère*. Comme les patients le disent souvent : « ça, c'est moi qui l'ai voulu », « j'en suis responsable ». Où ce n'est manifestement pas le moi lui-même qui parle, mais une « âme intelligente », une « raison » qui travaille à effacer toute trace d'altérité et à mettre ainsi hors champ la part de l'objet dans l'organisation du narcissisme. L'idéal d'autonomie impose

1. Sénèque, *Lettres à Lucilius*, CXX ; trad. Chalvet, f. 333v.

donc au sujet de *nier* l'objet au dedans. Pour cela, il faut composer un personnage au dehors, une image de soi reconnaissable pour autrui : c'est la fonction du maître ou du parrhésiaste qui doit juger de la manière dont le sujet joue son rôle et parvient à imprimer aux apparences le sceau de la vérité. Comme le dit Sénèque : « Mets peine qu'on te puisse louer, ou à tout le moins qu'on te puisse connaître [ou : te reconnaître] ». Le souci de vérité est ainsi au service d'une éthique qui fait de la honte la gardienne de la dignité humaine et de l'intégrité du sujet.

J'ai tenté précédemment d'explorer les effets de ce dispositif éthique en évoquant le face à face du bouffon et du grincheux, et lui opposer à la fois l'eutrapélie d'Aristote et la « douce persuasion » de Plutarque. Au modèle du moule extérieur porté par l'idéal de « continence », ces auteurs opposent la liberté de mouvement, l'agilité ou l'aisance comme marque de souplesse psychique, autant de qualités qui renvoient à la problématique narcissique de l'intégration subjective. L'accent est alors mis sur l'organisation interne d'un moi qu'il ne s'agit plus seulement de connaître.

On fait souvent état, depuis P. Villey, de l'inspiration *sceptique* de la seconde édition des *Essais*, pour la distinguer du stoïcisme qui domine le premier état du texte [1]. A juste titre. Je voudrais ici proposer de comprendre ce scepticisme à la lumière de ces enjeux éthiques et de la tension entre les problématiques identitaires et narcissiques qui ont trait à la confrontation entre le « moi » et l'« âme intelligente » dont parle Leibniz. Le doute porte sur la valeur de la reconnaissance garantie par cette « âme intelligente » (l'auteur), et sur la teneur de vérité des énoncés qu'elle est susceptible de produire. Ainsi entendu, le scepticisme naît du sentiment d'étrangeté que procure la découverte des désordres domestiques de l'âme, et des guerres intestines qui s'y livrent.

a) *Le critère de congruence à l'épreuve du doute*

Le *doute* porte d'abord sur les instruments de connaissance et les catégories morales sur lesquelles repose le jugement. Le problème est ici celui du critère de congruence. Ce qui change avec la seconde édition des *Essais*, c'est principalement le statut de cette référence à la vertu et

1. Voir P. Villey, *Les sources et l'évolution des* Essais *de Montaigne*, Paris, 1908. Parmi les nombreuses études sur le scepticisme de Montaigne, voir S. Giocanti, *Penser l'irrésolution. Montaigne, La Mothe Le Vayer, Pascal. Trois itinéraires sceptiques*, Paris, H. Champion, 2001 ; ainsi que F. Brahami, *Le travail du sceptique. Montaigne, Bayle, Hume*, Paris, P.U.F., 2001.

à l'idéal d'uniformité et de maîtrise. Elle persiste, mais la permanence et l'identité de la forme éthique cessent d'être définies par la seule référence à la figure du sage. Les ajouts de 1588 modifient notamment le sens de l'évocation des biographes. L'uniformité n'est plus pensée par rapport à la vertu et à l'idéal de constance : elle peut être appréhendée à partir des « plus communs traits » qui peuvent émerger de la vie ordinaire d'un individu : « Il y a quelque apparence de faire jugement d'un homme par les plus communs traits de sa vie ». L'inconstance humaine constitue encore un obstacle, mais il est maintenant rapporté à la généralité abstraite des catégories morales par lesquelles les biographes tentent d'appréhender la forme éthique dans sa particularité : « mais vu la naturelle instabilité de nos mœurs et opinions, il m'a semblé que les bons auteurs ont tort de s'opiniâtrer à former de nous une constante et solide contexture. Ils choisissent un air universel, et suivant cette image, vont rangeant et interprétant toutes les actions d'un personnage, et s'ils ne les peuvent assez tordre, les vont renvoyant à la dissimulation »[1]. Le défaut d'uniformité n'est plus seulement rapporté à la seule imperfection humaine; il est également rapporté aux instruments de connaissance, voire à la méthode employée. Le jugement, dans son activité de classification, se confronte à la diversité et à l'inconstance des apparences. L'inflexion est typique des ajouts de la seconde édition.

La critique de l'abstraction du langage devant la variété et la subtilité des choses rejaillit sur l'idéal d'uniformité morale qui commande la pratique stoïcienne. Le défaut de congruence des vies déréglées, d'abord mis en avant pour justifier, à la manière de Sénèque, l'idéal de sagesse et de continence, cesse de faire obstacle à la vérité, mais devient une qualité réelle et première de toutes choses, et du sujet lui-même : « Nous sommes tous de lopins, et d'une contexture si informe et diverse, que chaque pièce, chaque moment, fait son jeu. Et se trouve autant de différence de nous à nous-mêmes, que de nous à autrui ». Ou encore : « L'homme en tout et partout n'est que rapiècement et bigarrure »[2].

1. Montaigne, *Essais*, II, 1, 332B. Même idée dans l'essai « De l'expérience » : « la relation et la conformité ne se trouvent point en telles âmes que les nôtres, basses et communes. La sagesse est un bâtiment solide et entier dont chaque pièce tient son rang et porte sa marque. [...] Je laisse aux artistes, et ne sais s'ils viennent à bout en chose si mêlée, si menue et fortuite, de ranger en bandes cette infinie diversité de visages, et arrêter notre inconstance et la mettre par ordre. Non seulement je trouve malaisé d'attacher nos actions les unes aux autres, mais chacune à par soi, je trouve malaisé de la désigner proprement par quelque qualité principale, tant elles sont doubles et bigarrées à divers lustres » (III, 13, 1076-177B).

2. Montaigne, *Essais*, II, 1, 337A et II, 20, 675B.

La vérité n'est plus alors à rechercher dans une forme commune qui permettrait de rassembler et d'unifier la diversité des apparences : elle est faite de la coexistence de ces contraires qui font obstacle au jugement et à la connaissance :

> [B] Non seulement le vent des accidents me remue selon son inclination, mais en outre je me remue et trouble moi-même par l'instabilité de ma posture; et qui y regarde primement [attentivement], ne se trouve guère deux fois en même état. Je donne à mon âme tantôt un visage, tantôt un autre, selon le côté où je me couche. Si je parle diversement de moi, c'est que je me regarde diversement. Toutes les contrariétés s'y trouvent selon quelque tour et en quelque façon. Honteux, insolent; [C] chaste, luxurieux; [B] bavard, taciturne; laborieux, délicat; ingénieux, hébété; chagrin, débonnaire; menteur, véritable [...], tout cela, je le vois en moi aucunement [d'une certaine façon], selon que je me vire; et quiconque s'étudie bien attentivement trouve en soi, voire et en son jugement-même, cette volubilité et discordance (II, 1, 335).

Le projet de mettre à nu une « forme naïve » ou originelle et d'en proposer une image ou un portrait, cède devant cette diversité de qualités contraires. Ce qui est en crise, c'est la possibilité même de « dire ce moi », et d'en tirer une « apparence de soi accompagnée de vérité » : « Je n'ai rien à dire de moi entièrement, simplement et solidement, sans confusion et sans mélange, ni en un mot ».

b) *Scepticisme, contradiction et clivage*

Le scepticisme porte sur la solution stoïcienne qui attribue à la vertu seule la capacité de donner forme et cohérence à la vie individuelle : Montaigne lui oppose la diversité composite d'un moi dont l'unité échappe au regard. Ce qui succombe au doute, ce n'est donc pas l'idée d'un fondement métaphysique de la personne; ce sont d'abord les prétentions de la raison et du jugement au fondement de la définition stoïcienne de la vertu morale. La quête identitaire qui motivait le travail d'écriture, n'en est pas abandonnée pour autant. Elle est au contraire relancée.

Le scepticisme peut être appréhendé ici, du point de vue clinique, comme un effet du dispositif d'écriture qui fait apparaître comme irréductible la diversité et la difformité de l'âme. Il peut être compris comme la conséquence directe du paradoxe que j'ai tâché de mettre en évidence en prenant appui sur l'Avis au lecteur. Le double mouvement d'inclusion et d'expulsion du lecteur, entendu comme une forme de *négation* particulière, relative à l'objet, fait directement obstacle à la technique stoïcienne qui repose au contraire sur le mélange de « contention et [d']artifice » au moyen de laquelle seulement le sujet pouvait présenter au regard extérieur la forme, l'unité et la constance d'un seul personnage. C'est cette fonction du moule qui est remise en question ici, à la faveur d'une *négation qui permet la levée partielle des défenses de caractère* sur lesquelles reposait la pratique stoïcienne.

Les ajouts des éditions ultérieures permettent d'illustrer la manière dont cette levée partielle permet à Montaigne de mettre à jour un fonctionnement clivé ou dissocié que la pratique éthique de contention visait à masquer, sans le résoudre. Ainsi, dans l'essai « De l'inconstance de nos action », Montaigne avait d'abord rapporté à la vertu morale et à la raison, la constance et l'uniformité qui définit la force d'âme du sage :

> A qui aurait prescrit et établi certaines lois et certaine police en sa tête, nous verrions tout partout en sa vie reluire une équalité de mœurs, un ordre et une relation infaillible des unes choses aux autres (II, 1, 333A).

Dans l'exemplaire de Bordeaux, Montaigne commente après-coup le précepte en mettant en évidence la « difformité » ou contradiction qu'il contribue à entretenir : « Empédocle remarquait cette difformité aux Agrigentains, qu'ils s'abandonnaient aux délices comme s'ils avaient lendemain à mourir, et bâtissaient comme si jamais ils ne devaient mourir »[1]. La remarque, empruntée à Diogène Laërce[2], pourrait encore être rapportée aux très nombreux paradoxes et contradictions des stoïciens, ici relativement à la question du temps[3]. L'intérêt ne tient pas tellement à la forme logique de la contradiction, qu'à la manière dont elle permet d'interpréter la pratique éthique du stoïcisme du point de vue du clivage qu'elle vient à la fois de contenir et de masquer : à la manière des citoyens d'Agrigente dont le comportement relève clairement de deux registres dissociés, à la fois simultanés et contradictoires, l'idéal d'ataraxie ou d'impassibilité repose sur la juxtaposition de deux manières manifestement contradictoires de maîtriser l'angoisse de mort[4]. Le scepticisme porte peut-être moins sur les prétentions, réputées illusoires,

1. Montaigne, *Essais*, 334C.

2. Diogène Laërce, *Vies*, VIII, 63.

3. Voir en particulier les traités de Plutarque consacrés à la critique du système stoïcien, et notamment : « Que les stoïques disent des choses plus étranges que les poètes », « Les contredicts des philosophes stoïques » et « Des communes conceptions contre les stoïques ». La polémique relève des propositions paradoxales assumées par les stoïciens eux-mêmes.

4. Sur la manière dont les stoïciens eux-mêmes traitent la question, voir notamment V. Goldschmidt, *Le système stoïcien et l'idée du temps*, Paris, Vrin, 1979.

de la raison et de la volonté, que sur le constat des limites et de la fragilité des défenses de caractère sollicitées par l'éthique stoïcienne.

On pourrait commenter en ce sens les allusions de Montaigne aux différentes doctrines de l'âme qui ne sont pas interrogées pour leur vérité ou leur fausseté, mais examinées d'abord du point de vue des enjeux psychiques qu'elles permettent de figurer et de penser. C'est de cette manière, semble-t-il, que Montaigne évoque la thèse platonicienne selon laquelle l'âme de l'homme est constituée d'une pluralité de « vivants » : « Cette variation et contradiction qui se voit en nous, si souple, a fait qu'aucuns nous songent deux âmes, d'autres deux puissances qui nous accompagnent et agitent chacune à sa mode, vers le bien l'une, l'autre vers le mal, une si brusque diversité ne se pouvant bien assortir à un sujet simple »[1]. C'était, comme on l'a vu, l'argument invoqué par Plutarque contre la conception stoïcienne de la vertu morale.

Dans un passage assez parlant, il présente ainsi les limites de la discipline morale qui échoue à transformer la nature, et se contente de la masquer : « Les inclinations naturelles s'aident et fortifient par institution ; mais elles ne se changent guère et surmontent. [...] On n'extirpe pas ces qualités originelles, on les couvre, on les cache »[2]. Montaigne illustre l'idée par une citation de Lucain (IV, 237) :

> Ainsi donc lorsque, déshabituées de leurs forêts, les bêtes sauvages se sont adoucies dans leur captivité, qu'elles ont quitté leur mine menaçante et appris à subir l'empire de l'homme ; si une goutte de sang vient à toucher leurs lèvres, ardentes leur rage et leur férocité se réveillent ; au goût du sang leur gosier se gonfle, elle bouillonnent, et c'est à peine si, dans leur rage, elle se retiennent de déchirer leur maître épouvanté.

La citation doit évidemment être entendue à la lumière des massacres qui ont eu lieu lors des guerres de religion. La violence de la réaction provoquée par le *goût du sang* laisse penser que la férocité ainsi ressuscitée n'a précisément pas été refoulée par la domestication, mais seulement tenue à l'écart : le retour à l'identique de la « forme naïve », sous forme d'une reviviscence, témoigne bien de l'échec du processus de refoulement qui repose sur l'élaboration et le déplacement des mouvements pulsionnels.

Pour illustrer l'idée, Montaigne fait état d'expériences de choc et d'effroi qui ont pareillement réactualisé, sous forme hallucinatoire, des traces mnésiques anciennes, associées ici à l'apprentissage du langage :

1. Montaigne, *Essais*, II, 1, 335C.
2. *Ibid.*, III, 2, 810B.

« Le langage latin m'est comme naturel, je l'entends mieux que le français, mais il y a quarante ans que je ne m'en suis point servi à parler ni à écrire : si est-ce que à des extrêmes et soudaines émotions où je suis tombé deux ou trois fois en ma vie, et l'une, voyant mon père tout sain se renverser sur moi, pâmé, j'ai toujours élancé du fond des entrailles les premières paroles latines »[1].

c) *Cimenté de qualités maladives : nourrir le mal*

La remise en question de l'analogie du moulage ouvre la voie à une autre manière de concevoir l'identité, non plus comme formée du dehors, mais à partir de l'idée d'une organisation interne. La forme éthique cesse alors d'être pensée comme la marque exclusive de la vertu. Son identité ne dépend pas de la seule maîtrise des passions et de la soumission de la puissance affective à la raison, mais d'une organisation interne qui repose sur une dynamique passionnelle :

> Notre bâtiment, et public et privé, est plein d'imperfections. Mais il n'y a d'inutilité en nature : non pas l'inutilité même ; rien n'est ingéré en cet univers, qui n'y tienne place opportune. Notre être est cimenté de qualités maladives : l'ambition, la jalousie, l'envie, la vengeance, la superstition, le désespoir [...], voire et la cruauté, vice si dénaturé [...]. Desquelles qualités, qui ôterait les semences en l'homme, détruirait les fondamentales conditions de notre vie (III, 1, 790-791B).

Le vice moral traditionnellement considéré comme une « maladie de l'âme », qui vient altérer l'esprit et le désorganiser, devient principe de cohésion et d'intégration, et même « condition de notre vie » : « notre être est cimenté de qualités maladives ».

La belle formule est à entendre à partir de la notion de tempérance : elle fait de l'identité un alliage ou un mélange de qualités contraires qui, examinées isolément, doivent être considérées comme des vices ou des passions, c'est-à-dire des maladies de l'âme. L'idée de tempérance repose ainsi non sur la contention ou la répression de ces « qualités maladives », c'est-à-dire sur leur assujettissement sans reste, mais au contraire sur la « douce persuasion » et l'intégration des mouvements affectifs. La stratégie, comme on l'a vu à propos de Plutarque et d'Aristote, vise la réduction du clivage, et non plus son enfouissement.

De manière assez convenue, cette alternative est illustrée dans les *Essais* par les différentes stratégies visant à faire face à l'expérience de la maladie et de la douleur. Montaigne fait régulièrement état de

1. Montaigne, *Essais*, III, 2, 810B.

préoccupations hypocondriaques qui font écho au malaise identitaire à l'origine de son travail d'écriture. C'est l'occasion de dénoncer les limites d'une médecine violente dont les remèdes sont à mettre en parallèle avec les préceptes moraux du stoïcisme. A l'idéal de maîtrise fondé sur la contention, il oppose une stratégie différente, fondée sur l'observation de la « constitution des maladies » :

> Les maladies ont leur vie et leurs bornes [...]. La constitution des maladies est formée au patron de la constitution des animaux. Elles ont leur fortune limitée dès leur naissance, et leurs jours ; qui essaie de les abroger impérieusement par force, au travers de leur course, il les allonge et multiplie, et les harcèle au lieu de les apaiser. [...] J'ai laissé envieillir et mourir en moi de mort naturelle des rhumes, défluxions goutteuses, relaxation [relâchement de ventre], battement de cœur, migraines et autres accidents que j'ai perdus quand je m'étais à demi formé à les nourrir. On les conjure mieux par courtoisie que par braverie (III, 13, 1088-1089B).

Montaigne fait le même constat à propos du deuil : « on y procède mal quand on s'oppose à cette passion, car l'opposition les pique et engage plus avant à la tristesse : on exaspère le mal par la jalousie du débat. [...] Au contraire donc, il faut aider d'arriver [d'emblée], *et favoriser la plainte*, et témoigner quelque approbation et excuse », afin de pouvoir, par la suite, faire usage de la « diversion » [1].

Le précepte vaut encore pour les relations domestiques : « Ceux qui ont à négocier avec les femmes têtues, peuvent avoir essayé [fait l'expérience] à quelle rage on les jette quand on oppose à leur agitation le silence et la froideur, et qu'on dédaigne de nourrir leur courroux [...]. Elles-mêmes ne se courroucent qu'afin qu'on se contre-courrouce, à l'imitation des lois de l'amour » [2]. Que ce soit sous la forme de la « douce persuasion », de la diatribe contrôlée ou de la remontrance ludique, la stratégie reste analogue : elle se propose la réduction du clivage permettant de relancer le travail d'intégration et de subjectivation. Contrairement à la stratégie du moulage, il ne s'agit pas d'étouffer toute sédition domestique, mais de permettre au contraire l'expression de la conflictualité nécessaire à la vie civile et domestique, aussi bien qu'à la vie psychique. Et d'éviter ainsi qu'une querelle de voisinage ne se transforme en guerre de religion.

1. *Ibid.*, III, 4, 830-831B.
2. *Ibid.*, II, 31, 717-718B.

d) *La folie de Ctésiphon : clivage et projection*

A l'intégrité ou à la fermeté d'âme propre au sage stoïcien, à l'idéal de maîtrise et de répression des affects, Montaigne oppose la nécessité d'un travail d'intégration et d'appropriation ou d'accoutumance, qui consiste à accompagner le mal, quelquefois même à le « nourrir », mais d'abord, à le *souffrir*, c'est-à-dire à le tolérer comme une partie constitutive de la vie :

> Il faut apprendre à souffrir [tolérer] ce qu'on ne peut éviter. Notre vie est composée, comme l'harmonie du monde, de choses contraires, aussi de divers tons, doux et âpres, mols et graves. Le musicien qui n'en aimerait que les uns, que voudrait-il dire ? Il faut qu'il s'en sache servir en commun et les mêler. Et nous aussi, les biens et les maux qui sont consubstantiels à notre vie. Notre être ne peut [subsister] sans ce mélange, et est l'une bande non moins nécessaire que l'autre. D'essayer à regimber contre la nécessité naturelle, c'est représenter la folie de Ctésiphon qui entreprenait de faire [lutter] à coups de pied avec sa mule (III, 13, 1089-1090B).

L'allusion Ctésiphon pourrait n'être ici qu'une illustration comique et ridicule de la folie de ceux qui prétendent vaincre leur nature, aussi bien que celle des autres. Elle éclaire le propos d'une manière intéressante si on se reporte au passage de Plutarque d'où elle est tirée[1]. L'exemple s'inscrit dans un développement sur les effets d'un genre particulier de colère. La violence du colérique n'est « ni généreuse ni magnanime » :

> Car tous ses actes, ses mouvements et ses contenances arguent et montrent une grande faiblesse et bassesse, non seulement par ce que nous voyons que les petits enfants, quand ils sont courroucés, déchirent tout et s'aigrissent à l'encontre des femmes, et veulent qu'on batte et châtie les chiens, les chevaux et les mulets, comme Ctésiphon l'escrimeur [ou le lutteur] voulait faire à coup de pieds et regi[m]ber à l'encontre de sa mule, mais aussi ès meurtres et homicides que font faire les tyrans, en l'amertume et atrocité desquels on aperçoit leur pusillanimité et faiblesse, *et en ce qu'ils font souffrir aux autres ce qu'ils souffrent eux-mêmes*.

L'observation psychologique relative aux enfants et aux tyrans insiste sur la signification paradoxale, à la fois identificatoire et projective, des actes de colère et de violence. Pareillement chez Montaigne, l'intolérance à la contrariété constitutive de l'existence humaine relève d'un clivage qui permet de rejeter ou de projeter au dehors une partie du moi pour la traiter comme un élément persécuteur, étranger au sujet. C'était bien le sens que Montaigne critiquait la violence d'une médecine qui commence

1. Plutarque, « Comment il faut réfréner la colère », 457A ; Amyot, 58F.

par objectiver le mal, par l'abstraire et le présenter comme un corps étranger : en proposant de « braver » la maladie, cette médecine fait alliance, comme Descartes dans la Première Méditation, avec les défenses hypocondriaques ou paranoïdes du malade. La dimension délirante de cette médecine est assez bien figurée par la « folie de Ctésiphon » battant sa mule. Au contraire, conjurer le mal « par courtoisie plutôt que par braverie », « apprendre à souffrir [tolérer] ce qu'on ne peut éviter », revient à en appréhender la « nécessité naturelle », mais surtout à regarder le mal comme un élément « consubstantiel à notre vie ». Montaigne décrit ainsi, à l'opposé du mouvement projectif mis en évidence par Plutarque, un travail d'intégration et de réappropriation, ou encore d'incorporation et d'introjection.

Chapitre VII

ACÉDIE, SONGES VAINS ET PENSÉES SANS SÉPULTURE

> Dans les beaux soirs d'été, à l'heure où les rues tièdes sont vides, quand les servantes jouent au volant sur le seuil des portes, il ouvrait la fenêtre et s'accoudait. [...] En face, au-delà des toits, le grand ciel pur s'étendait, avec le soleil rouge se couchant. Qu'il devait faire bon là-bas ! Et il ouvrait les narines pour aspirer les bonnes odeurs de la campagne, qui ne venaient pas jusqu'à lui.
> Il maigrit, sa taille s'allongea, et sa figure prit une sorte d'expression dolente qui la rendit presque intéressante. Naturellement, par nonchalance, il en vint à se délier de toutes les résolutions qu'il s'était faites. Une fois, il manqua la visite, le lendemain son cours et, savourant la paresse, peu à peu, n'y retourna plus (G. Flaubert, *Madame Bovary*, I, 1).

Ce chapitre traite encore d'écriture, de clivage et de la question identitaire qui sert de point de départ à l'entreprise de Montaigne. Il propose encore de revenir sur le mal des bouffons, mais pour l'appréhender du point de vue d'un fonctionnement dissocié qui fait obstacle à la capacité de penser et que je propose ici de rapporter au riche tableau clinique de l'*acédie* que l'on trouve dans la littérature relative à la discipline monastique. L'acédie, *mélange de honte et d'incurie*, y est définie comme « dégoût (ou lassitude) relative au bien intérieur », c'est-à-dire comme un désinvestissement du lien narcissique à l'objet : elle renvoie à la nébuleuse des états dépressifs et des conduites d'effacement, de disparition ou d'invisibilité qui témoignent de la « fatigue d'être soi ». Je propose de me fonder sur cette définition pour mettre en avant les enjeux narcissiques de la problématique identitaire au cœur du projet d'écriture de Montaigne.

Il est peut-être intéressant d'observer ici que cette fatigue ou ce dégoût qu'est l'acédie, a *toujours* été regardée comme un problème *nouveau*, un mal contemporain, une marque du temps présent. De fait, sous des formes chaque fois différentes, à l'origine de comportements très variés, il s'agit bien d'un véritable *mal du siècle*, c'est-à-dire d'une souffrance identitaire liée à l'existence en société, ou encore d'un miroir des impasses rencontrées par le travail de socialisation. Comme j'ai voulu le suggérer à propos des chiens et des bouffons, sa première forme serait la *médisance*, justement définie par Nicolas Pasquier comme *une contre-résistance à la hantise du monde, le fléau des gens de bien*.

RÊVE ET TRAVAIL NARCISSIQUE D'EFFACEMENT

Je voudrais mettre en rapport la plainte qui commande le projet d'écriture de Montaigne, avec l'acédie qui confronte le sujet à des *pensées sans sépulture*. Pour cela, je proposerai d'abord de prolonger un peu les considérations précédentes relatives au rêve et au travail du narcissisme.

1) « Savoir être à soi » et se rendre capable de « jouir loyalement de son être » sont les fondements de la vie médiocre ou commune que défend Montaigne. Je souhaiterais ici aborder cette problématique du rapport à soi du point de vue de l'activité de pensée entendue non comme la faculté de produire des pensées, mais comme la capacité de *faire face aux pensées* [1]. J'emprunte ce point de vue à W. Bion qui propose de définir l'activité de pensée comme un « travail imposé au psychisme sous la pression des pensées ». Il met ainsi en avant la nécessité d'un travail de symbolisation et d'élaboration d'un matériau qui se présente d'abord comme une somme d'excitations à traiter psychiquement. Cette mise en forme permet à l'excitation d'être transformée en une expérience émotionnelle susceptible d'être vécue par le sujet. Faute de cette transformation, l'excitation fait retour sous la forme d'hallucinoses, de troubles psychosomatiques, de bavardage et d'actions vides de sens qui relèvent d'un fonctionnement dissocié et menacent le sujet de désorganisation. Sans parler de la constellation des conduites addictives qui visent à la maîtrise de cette angoisse diffuse.

1. W. Bion, « A Theory of Thinking » (1962), « Une théorie de l'activité de pensée », trad. fr. dans W. Bion, *Réflexion faite*, Paris, P.U.F., 1985, p. 125-135. Cette théorie de la pensée reprend à sa manière l'idée freudienne d'une « exigence de travail psychique » imposée par la pression des besoins corporels.

2) On trouverait chez D. Winnicott une observation analogue avec la distinction qu'il propose entre le rêve et le fantasme. A la différence du rêve, écrit-il, « qui va de pair avec la relation d'objet dans le monde réel, tout comme la vie dans le monde réel s'accorde avec le monde du rêve », autrement dit qui constitue une création susceptible de communiquer avec la vie, le fantasme constitue comme « un phénomène isolé qui ne participe ni du rêve, ni de la vie » [1]. La conséquence de cette distinction est que, « si une grande partie des rêves et des sentiments propres à la vie peuvent être soumis au refoulement, il en va différemment de la fantasmatisation marquée, elle, d'inaccessibilité ». Et « cette inaccessibilité est liée à la dissociation plutôt qu'au refoulement » [2]. Alors que le refoulement doit être pensé à partir d'une personnalité totale, la dissociation a lieu entre des parties maintenues séparées de la personnalité. Chez la patiente présentée par Winnicott dans son chapitre, la dissociation a eu lieu en raison du passage prématuré « d'un état de grande satisfaction à la désillusion, à la détresse » qui a conduit la patiente à s'adapter « tant bien que mal » à une situation nouvelle, mais à ne s'adapter « que sur la base de la complaisance » [3]. Cette forme d'adaptation, coupée de la vie émotionnelle ou affective, reste fondée sur une vigilance essentiellement intellectuelle qui permet certes d'assumer toutes sortes de rôles sociaux, mais au prix d'un sentiment de futilité et de désespoir profond. Elle trouve sa contrepartie, écrit Winnicott, dans la fuite dans l'imaginaire, entendue non comme un retour à cet état de non-intégration (ou de dépendance) qui caractérise le rêve, mais comme une expérience d'omnipotence qui « suppose qu'on désespère de pouvoir dépendre de quelqu'un » [4]. Par opposition au rêve, miroir de l'âme et gardien du sommeil, le fantasme renverrait plutôt à une anxiété reposant sur l'incapacité à se relâcher et à trouver véritablement le repos. Le sujet connaît alors, pour ainsi dire, le sort de l'âme des défunts abandonnés sans sépulture : il est réduit à l'état d'un esprit errant et fantomatique [5].

Ailleurs, D. Winnicott évoque encore ce type de patients : « Ils ont le sentiment que quelque chose ne va pas, qu'il y a une dissociation dans leur personnalité. Ils désirent qu'on les aide à trouver leur unité, ou encore à atteindre un état d'intégration spatio-temporelle où il existe vraiment un soi englobant tout, au lieu d'éléments dissociés et compartimentés

1. D. Winnicott, *Jeu et réalité*, *op. cit.*, chap. II : « Rêver, fantasmer, vivre. Une histoire de cas illustrant une dissociation primaire », p. 65-66.

2. *Ibid.*, p. 66.

3. *Ibid.*, p. 68-69.

4. *Ibid.*, p. 71, note 1.

5. C'est l'étymologie du terme d'acédie que je rappellerai plus loin.

ou comme dispersés et gisant épars »[1]. Cette dissociation est encore très différente de la désintégration, mais elle témoigne d'une intégration manquée. La restauration du soi passe alors par une expérience de non-intégration, autrefois refusée, seule capable de permettre aux parties dissociées de communiquer à nouveau : il faut commencer par accepter un fonctionnement décousu pour se débarrasser des moules ou masques d'emprunt qui avaient permis, jusqu'ici, l'adaptation complaisante à l'environnement[2]. Un fonctionnement qui définit, chez Descartes, le rêve ou encore « les rêveries que nous avons souvent étant éveillés, lorsque notre pensée erre, nonchalamment, sans s'appliquer à rien de soi-même » (*Passions*, art. 21). Encore faut-il pouvoir passer par cet état de dépendance qui permet le repos : surmonter l'angoisse qui accompagne l'expérience de régression et aménager un environnement capable de procurer la sécurité et le calme nécessaires. En d'autres termes, le travail du rêve repose sur la qualité du sommeil.

3) On touche ici un point important de la théorie psychanalytique du rêve qui m'a servi jusqu'ici de fil directeur. En insistant sur la dimension solipsiste du rêve, on risque d'oublier que sa fonction de réalisation du désir doit être entendue du point de vue de sa définition (première selon Freud) comme « gardien du sommeil ». Le réinvestissement hallucinatoire des traces mnésiques de l'expérience vigile permet de neutraliser ces restes qui risquent de perturber le sommeil : « le rêve nous annonce que quelque chose s'est passé qui voulait perturber le sommeil, et il nous permet de discerner la façon dont cette perturbation a pu être écartée défensivement. Finalement, celui qui dort a rêvé et peut poursuivre son sommeil »[3]. L'expérience onirique qui permet d'écarter ou de refouler ces perturbations, correspond ainsi à un premier travail de traduction, de symbolisation et d'interprétation. La fonction défensive du rêve suit ainsi la même voie que

1. D. Winnicott, *Jeu et réalité*, *op. cit.*, chap. V, « La créativité et ses origines », p. 131.

2. Le modèle de cette forme de régression est l'expérience d'endormissement : « Nous ne sommes pas habitué à attacher beaucoup de pensées au fait que l'homme, chaque nuit, dépose les enveloppes dont il a revêtu sa peau, et aussi, éventuellement, les pièces complémentaires de ses organes corporels, dans la mesure où il a réussi à en couvrir les manques par un substitut tel que les lunettes, faux cheveux, fausses dents, etc. Il est permis d'ajouter qu'en allant dormir, il procède à un déshabillage tout à fait analogue de son psychique, renonce à la plupart de ses acquisitions psychiques, et ainsi, des deux côtés, instaure un extraordinaire rapprochement avec la situation qui fut le départ du développement de sa vie » (Freud, « Complément métapsychologique à la doctrine du rêve » [1915], OC, XIII, p. 247; GW, X, 412).

3. *Ibid.*, OC, XIII, p. 249; GW, X, 414.

le travail du narcissisme qui revient à *effacer l'altérité perturbatrice des restes mnésiques* de l'expérience vigile aussi bien que des perceptions actuelles, non pour les expulser, mais au contraire pour les incorporer et les inclure dans la sphère d'omnipotence du moi. C'est ce processus qui permet de rapprocher l'illusion sur laquelle repose la constitution de l'aire transitionnelle de celle qui organise le monde du rêve et suppose une suspension du jugement d'existence [1].

C'est à la lumière de ces processus que j'ai proposé de comprendre la manière apparemment paradoxale par laquelle Montaigne congédie son lecteur : il procède comme quelqu'un qui mettrait fin à une conversation en annonçant qu'il décide de dormir. J'ai proposé d'y voir une forme de négation, relative à l'objet, analogue à la négation au service de l'admission intellectuelle du refoulé. Le dispositif psychanalytique tire pareillement parti de cette neutralisation ou de cette suspension du jugement d'existence en proposant au patient, par l'association libre, de rêver les expériences auxquelles il a été confronté. J'ai encore suggéré que cette forme de négation un peu particulière pouvait servir de modèle pour une conception non solipsiste de la réflexivité. C'est à la lumière de ces questions que j'ai proposé de commenter les songes des *Olympica*, mais surtout le *cogito* de Descartes : à condition seulement d'accepter les mensonges du rêve, ou finalement de décider qu'il dort, en suspendant le doute et en mettant fin au sentiment d'intrusion, de persécution ou d'influence, le sujet peut se saisir lui-même non plus seulement comme le dépositaire passif de pensées qu'on lui fait du dehors, mais comme le responsable, sinon de ces pensées elles-mêmes, du moins de la croyance ou du crédit qu'il leur accorde. Le *cogito*, comme la conception de la subjectivité et de l'identité qu'il inaugure, serait d'abord fondé sur le paradoxe de cette illusion narcissique qui préside à l'expérience onirique.

On remarquera enfin que cette forme de négation, au service du travail narcissique d'inclusion et de métabolisation, procède en sens inverse de la négation au principe de l'admission intellectuelle du refoulé. Tandis la négation dont parle Freud revient finalement à rassurer le dormeur qui peut se dire : *ce n'est qu'un rêve*, la négation relative à l'objet constitue une défense narcissique un peu paradoxale parfaitement illustrée par Descartes et son projet de se tromper soi-même : le dormeur, confronté aux

1. Je montrerai ailleurs que cette fonction du rêve, « gardien du sommeil », n'a pas échappé à Aristote et qu'elle est même centrale chez Platon qui définit la sensation par son impact traumatique (comme *seismos*, secousse, *Philèbe*, 33d). La secousse ou le séisme sensoriel appelle un travail de mise en forme et de retranscription.

pensées du rêve, peut cette fois *décider qu'il rêve*[1]. A la disqualification ou à la récusation de l'expérience onirique, répond ainsi une forme de réinvestissement de l'activité de pensée.

4) On peut comprendre à la lumière de ces considérations la distinction entre le rêve et le fantasme sur laquelle s'appuie Winnicott. Le rêve dont on se souvient suffirait d'ailleurs à témoigner de l'échec de sa fonction de « gardien du sommeil ». L'étrangeté des chimères de la nuit met en scène ces restes qui ont résisté au travail narcissique d'effacement et de métabolisation. De ce point de vue, l'élaboration secondaire qui vient traiter ces restes pour les transformer en « expérience vécue compréhensible », peut être regardée comme une *solution de compromis*, aussi bien que les autres tentatives d'interprétation dont les rêves font l'objet. C'est ainsi que l'on peut comprendre les songes des *Olympica* et la série des élaborations dont ils ont fait l'objet, jusqu'aux *Méditations métaphysiques*. J'ai cherché à défendre l'idée que le dispositif réflexif du cogito est précisément fondé sur ces aspérités du rêve et sur l'échec du travail du narcissisme d'abrasion des différences.

C'est du point de vue de ce travail de transformation et d'élaboration secondaire que l'on doit évidemment comprendre le « fantasme » dont parle Winnicott. Il confronte le sujet à des restes qui font obstacle au sommeil, mais perturbent également l'état de veille. Ce sont ces pensées qui parasitent la vie consciente, résistent à l'interprétation aussi bien qu'à la remémoration, et empêchent l'esprit de « se rasseoir en soi ». Je voudrais montrer ici que le dispositif d'écriture des *Essais* vise à la réappropriation de ces « vaines cogitations », à la restauration de la réflexivité et de la capacité de rêver. Il a pour fonction de réinvestir la vie psychique ou mentale, afin, selon l'expression de Montaigne, de « ranger [la] fantaisie à rêver même par quelque ordre et projet ». Ces « vaines cogitations » seraient encore à mettre en rapport avec les pensées récurrentes de la fin de la Première Méditation, qui appellent la fiction du malin génie.

La « mise en rôle » des pensées

La connaissance de soi n'est pas ce qui pousse Montaigne à écrire. Les *Essais*, on l'a vu, sont une tentative pour faire face à l'agitation d'esprit qui suit la décision quitter les affaires publiques :

1. On peut comprendre ainsi le *doute* qui accompagne souvent les expériences traumatiques, comme une tentative de neutralisation du jugement d'existence dont l'échec donne lieu aux rêves traumatiques et répétitifs : l'écran du rêve sert alors également de défense contre la honte.

> Dernièrement que je me retirai chez moi, délibéré autant que je pourrai, de me mêler d'autre chose que de passer en repos et à part ce peu qui me reste de vie : il me semblait ne pouvoir faire plus grande faveur à mon esprit, que de le laisser en pleine oisiveté, s'entretenir soi-même, et s'arrêter et se rasseoir en soi : ce que j'espérais qu'il pût meshui [désormais] faire plus aisément, devenu avec le temps plus pesant et plus mûr. Mais je trouve,
>
> *variam semper dant otia mentem*[1],
>
> Au rebours, faisant cheval échappé, il [l'esprit] se donne cent fois plus d'affaires à soi-même, qu'il n'en prenait pour autrui ; et m'enfante tant de chimères et monstres fantasques les uns sur les autres, sans ordre et sans propos, que pour en contempler à mon aise l'ineptie et l'étrangeté, j'ai commencé de les mettre en rôle [en tenir le registre], espérant avec le temps lui en faire honte à lui-même (« De l'oisiveté », I, 8, 33A).

L'oisiveté ou le loisir n'a pas conduit au relâchement ou à l'apaisement escompté ; il a provoqué, au contraire, une agitation intérieure que Montaigne décrit comme un emballement de l'esprit et une prolifération de « vaines pensées ». En s'affranchissant de l'aliénation propre à la vie sociale, Montaigne échoue à trouver le repos. Les pensées qui apparaissent sous la forme de « chimères » et de « monstres fantasques », sont frappées d'étrangeté ; ce sont des *pensées sans consistance*, qui s'évanouissent aussitôt qu'elles apparaissent ; elles sont également envahissantes et persécutrices : elles viennent perturber la tranquillité de l'âme, font obstacle au repos désiré et vont jusqu'à menacer le sentiment de continuité psychique. Ces pensées mettent finalement Montaigne dans un état comparable, sinon pire, à celui qu'il avait cherché à fuir d'abord, en décidant de s'affranchir des servitudes de la vie active. Ces pensées sont « sans ordre et sans propos » ; elles surgissent et disparaissent sans entrer en relation avec la vie et la réalité du sujet. Ce ne sont pas des pensées obsédantes, répétitives, mais plutôt des pensées fugaces et inconsistantes, que Montaigne compare aux « songes vains » qui « s'enfuient à tire d'aile sur le sillage du sommeil » (Eschyle) : qui ne laissent au réveil que des impressions confuses et échappent au souvenir faute d'un travail d'appropriation suffisant (élaboration secondaire).

Observation : L'élaboration secondaire correspond, dans la psychologie pré-cartésienne, aux fonctions traditionnellement attribuées à la mémoire. C'est le sens de cette analogie, proposée par Avicenne, entre le souvenir relatif aux états de veille, l'interprétation (*significatio*) des songes et l'exégèse (*interpretatio*) propre à la prophétie : « Car l'interprétation et

1. « L'oisiveté dissipe toujours l'esprit en tout sens » (Lucain, IV, 704).

l'exégèse ont ici <la même fonction> que celle du souvenir <à l'état de veille> (*significatio enim et interpretatio est hic quod illic recordari*) »[1], – où le *souvenir* est défini comme un jugement qui accompagne la représentation (hallucinatoire) des choses absentes. Il peut ainsi comprendre l'interprétation du rêve qui accompagne souvent le rêve, comme une activité propre à la mémoire, mais aussi, réciproquement, définir le souvenir comme l'interprétation d'un songe : « Il arrive souvent que l'homme voie en songe l'interprétation du songe, et c'est cela véritablement *se souvenir* (*Saepe autem videt homo interpretationem sui somnii in somnio suo, et est illud vere recordatio*) »[2]. Que l'on soit endormi ou éveillé, ne change rien, en soi, à l'activité de pensée : la méditation est une modalité spécifique du sommeil qui consiste (selon Aristote) à détourner la pensée des sens externes ou à « s'en absenter » (*absentari a sensibus*)[3].

On retrouve ailleurs dans les *Essais* une même mention de ce sentiment douloureux de vanité et d'insignifiance, avec une comparaison explicite aux songes vains, informes et évanescents :

> Mais mon âme me déplaît, de ce qu'elle produit ordinairement ses plus profondes rêveries, plus folles, et qui me plaisent le mieux, à l'improuvu, et lors que je les cherche moins : lesquelles s'évanouissent soudain, *n'ayant sur le champ où les attacher* : à cheval, à la table, au lit, mais plus à cheval, où sont mes plus larges entretiens. J'ai le parler un peu délicatement jaloux d'attention et de silence, si je parle de force : qui m'interrompt, m'arrête. En voyage, la nécessité même des chemins coupe les propos ; outre ce, que je voyage plus souvent sans compagnie propre à ces entretiens de suite, par où je prends tout loisir de m'entretenir moi-même. Il m'en advient comme de mes songes : en songeant, je les recommande à ma mémoire (car je songe volontiers que je songe), mais le lendemain, je me représente bien leur couleur, comme elle était, ou gaie, ou triste, ou étrange, mais quels ils étaient au reste, plus j'ahane [m'efforce] à le trouver, plus je l'enfonce en l'oubliance. Aussi des discours fortuites [*sic*] qui me tombent en fantasie, *il ne m'en reste en mémoire qu'une vaine image*, autant seulement qu'il m'en faut pour me faire ronger et dépiter après leur quête, inutilement (III, 5, 876-877B).

Le symptôme renvoie sans doute à ce que l'on appellerait un trouble de la mémoire ou de l'attention. La mention des songes vains qui témoignent, à un certain degré, d'une incapacité de rêver, invite cependant à aller plus

1. Avicenne, *Liber de anima*, IV, 2, éd. S. Van Riet, Louvain-Leiden, Brill, 1968, p. 23.
2. *Ibid.*, p. 25.
3. *Ibid.*, p. 19.

loin et à réfléchir sur le statut que l'on peut donner à cette défaillance de la « mémoire ».

Ces pensées, fantaisies, cogitations, rêveries empêchent le repos et la tranquillité : elles sont d'autant plus envahissantes qu'elles ne rencontrent aucune faculté qui saurait y faire face : comme les songes vains, elles échappent à la mémoire. C'est dans cette conjoncture que Montaigne entreprend l'écriture des *Essais*. L'écriture vise à « mettre en rôle » ces vaines pensées, c'est-à-dire à les fixer et à les enregistrer. On a bien affaire à une tentative de maîtrise et d'élaboration, au sens où les pensées, ainsi fixées et enregistrées, sont mise à disposition pour le regard rétrospectif (« pour en contempler à mon aise l'ineptie et l'étrangeté ») : le procédé vise à mettre au dehors et à distance les vaines pensées, en vue d'abord de les expulser, mais également de les tenir disponibles pour une réappropriation ultérieure. Dans ce second temps de la remémoration, l'esprit aura ainsi moyen de se contempler lui-même dans ses productions les plus « ineptes et étranges », de se faire « honte » à lui-même. Et cette honte suppose ici tout autant la distance critique que la possibilité de se réapproprier ces « chimères » et de les regarder comme siennes. Au-delà de la honte, il y a l'humour et la condescendance à l'égard de soi-même, qui permet de transformer l'activité réflexive en plaisir. C'est à ce troisième moment que l'on peut rattacher la belle formule selon laquelle la vie heureuse se reconnaît à la capacité de « jouir loyalement de son être »[1], à l'opposé de cette « ladrerie spirituelle qui a quelque air de santé » et qui consiste à s'accommoder du mal en l'ignorant volontairement[2]. Ces trois moments (mise à distance, honte et humour) sont présents dans les *Essais* ; ils s'entremêlent, mais souvent se superposent au fil des rédactions et relectures successives du livre.

Dans l'essai « De l'exercitation », Montaigne revient sur le projet d'écriture dans des termes très proches :

> C'est une épineuse entreprise, et plus qu'il ne semble, de suivre une allure si vagabonde que celle de notre esprit ; de pénétrer les profondeurs opaques de ses replis internes ; de choisir et arrêter tant de menus airs de ses agitations. Et est un amusement nouveau et extraordinaire qui nous retire des occupations

1. Montaigne, *Essais*, III, 13, 1115B.

2. « Les âmes qui, par stupidité, ne voient les choses qu'à demi, jouissent de cet heur [de ce bénéfice] que les nuisibles les blessent moins : c'est une ladrerie spirituelle qui a quelque air de santé, et telle santé que la philosophie ne méprise pas du tout. Mais pourtant ce n'est pas raison de la nommer sagesse, ce que nous faisons souvent. [...] Pour mesurer la constance, il faut nécessairement savoir la souffrance » (III, 10, 1014). Où l'on doit entendre « ladrerie » au double sens d'indigence et d'avarice.

> communes du monde, oui, et des plus recommandées. Il y a plusieurs années que je n'ai que moi pour visée de mes pensées, que je ne contrerôle [ne consigne] et n'étudie que moi ; et, si j'étudie autre chose, c'est pour soudain le coucher sur moi, ou en moi, pour mieux dire (II, 6, 378C).

On trouve ici décrit, de manière tout à fait claire, le processus de négation et d'effacement des traces de l'objet qui rend possible le travail onirique d'organisation du narcissisme. Il vise à l'appropriation de l'activité de pensée : il s'agit de transformer en rêve des *fantômes* qui relevaient jusque là d'un fonctionnement dissocié. De même que le français classique appelle *spectres* les représentations ou reviviscences hallucinatoires, de même on peut ici appeler *fantômes* ces productions de la fantaisie ou de l'imagination, pour autant qu'on a bien affaire ici à des réminiscences en attente de sépulture, faute du travail de liaison et d'intégration qui revient à la mémoire.

La « mise en rôle » est présentée ici comme une tentative de stabilisation du flux ou de l'agitation des vaines cogitations. C'est la fonction première de l'enregistrement ou de l'inscription qui vise d'abord à faire face aux pensées. L'écriture supplée ainsi au travail de l'appareil psychique, au travail de la mémoire que les traités de l'époque désignent couramment comme une « écriture intérieure ».

Montaigne poursuit :

> Je peins principalement mes cogitations, sujet informe qui ne peut tomber en production ouvragère. A toute peine le puis-je coucher en ce corps aéré de la voix [...]. Les effets diraient plus de la Fortune que de moi. Ils témoignent leur rôle, non pas le mien, si ce n'est conjecturalement et incertainement : échantillons d'une montre particulière [1]. Je m'étale entier : c'est un *skeletos* où, d'une vue, les veines, les muscles, les tendons paraissent, chaque pièce en son siège. L'effet de la toux en produisait une partie ; l'effet de la pâleur ou battement de cœur une autre, et douteusement (II, 6, 379C).

Le projet est décomposé en plusieurs étapes. La « mise en rôle » suppose une série d'expressions et de matérialisations, qui sont autant d'inscriptions successives : le corps aérien de la parole, première mise en mots, constitue une première modalité d'enregistrement qui vient déjà donner forme à la réalité fantomatique des pensées ; l'écriture viendra

1. La « montre » est l'échantillon par lequel le marchand donne à juger de sa marchandise. L'image est ici commerciale aussi bien qu'anatomique. Elle contraste avec le portrait de l'Avis au lecteur et pourrait être rapprochée de la manière dont la Première Méditation réduit le corps propre à un assemblage de parties élémentaires ou de « choses générales ».

ensuite fixer et mettre les mots prononcés à la disposition du regard[1]. L'image anatomique renvoie d'abord au caractère synoptique que permet le livre ou le registre : la spatialité du livre permet d'embrasser d'un seul coup d'œil, dans l'instant, la continuité temporelle des paroles proférées qui avaient préalablement organisé la matière informe des pensées.

Ce modèle est clairement solidaire de la topique des facultés de l'âme de l'époque de Montaigne qui repose sur l'idée d'une pluralité de « registres » psychiques : ces inscriptions successives dotées chacune d'un principe interne de cohérence, l'inscription des « formes sensibles » dans l'imagination, puis des « intentions » dans la mémoire. Cette *mémoire* joue un rôle particulier : sa fonction ne se limite pas à permettre le souvenir; elle est d'abord un principe d'ordre et d'organisation du « sens interne », puisque c'est à elle que revient la tâche d'organiser et de disposer « chaque pièce en son siège ». La capacité de penser ou de traiter les vaines cogitations est à rapporter à cette mémoire à laquelle revient (pour le dire autrement) le travail préconscient de liaison et d'élaboration secondaire. Si l'écriture peut être érigée par Montaigne en procédé thérapeutique, c'est au sens où elle constitue une activité qui externalise le travail psychique de la pensée, et transfère au dehors un processus de symbolisation demeuré en souffrance[2]. Ecrire, c'est pour Montaigne suppléer à ce défaut de mémoire dont il se plaint constamment.

Il s'agit de permettre au travail d'organisation du narcissisme de faire face à l'excitation diffuse et inorganisée dont témoignent les pensées décousues. Le dispositif d'écriture représente ainsi le double mouvement du rêve qui repose d'abord sur l'endormissement, le retrait et le désinvestissement de la réalité extérieure, afin de permettre, dans un second temps, la projection hallucinatoire qui vient spatialiser ou figurer un matériau psychique qui pourra être alors transformé : attaqué, critiqué et détruit, mais aussi remodelé, restauré et réapproprié. Ce dont témoigne suffisamment les ajouts qui ont augmenté les *Essais* au rythme des relectures successives. L'aspérité du *medium* est la condition nécessaire

1. La remarque de Montaigne doit être entendue à la lettre, de manière concrète, puisqu'une bonne partie des *Essais* a vraisemblablement été composée dans cet ordre : d'abord oralement, dictée à un secrétaire, jusqu'aux révisions manuscrites de l'exemplaire de Bordeaux.

2. L'idée commune qui fait de la pensée et du travail de la mémoire une « écriture intérieure » est elle-même liée aux coordonnées culturelles des pratiques rhétoriques et des techniques de « méditation ». Sur ce point, *cf.* M. Carruthers, *Machina memorialis. Méditation, rhétorique et fabrication des images au Moyen Âge* (1998), trad. fr., Paris, Gallimard, 2002 et *Le livre de la mémoire. La mémoire dans la culture médiévale* (1990), trad. fr., Paris, Macula, 2002. A l'époque de Montaigne, la question est au cœur de la riche production théorique et philosophique autour des « arts de la mémoire » et du statut de l'imagination.

de la réflexivité [1] : elle assume alors la même fonction que l'étrangeté des rêves.

LES « VAINES PENSÉES »

Ce qui caractérise les vaines cogitations, c'est leur étrangeté. Les passages de l'essai « De l'exercitation » que l'on vient de citer, sont tirés d'un développement où Montaigne revient sur une expérience traumatique et évoque une série d'exemples attestant d'une activité psychiques qui a lieu sans la participation consciente du sujet. Il mentionne d'abord l'expérience commune des mouvements involontaires : « (A) Ceux qui tombent élancent ainsi les bras au devant de leur chute, par une naturelle impulsion qui fait que nos membres se prêtent des offices (B) et ont des agitations à part de notre discours ». Il fait encore état des mouvements des cadavres et s'interroge ensuite sur le statut de ces manifestations : « Or ces passions qui ne nous touchent que par l'écorce, ne se peuvent dire nôtres. Pour les faire nôtre, il faut que l'homme y soit engagé tout entier ; et les douleurs que le pied ou la main sentent pendant que nous dormons, ne sont pas à nous » [2]. Aux yeux de Montaigne et de la psychophysiologie de son temps, les mouvements réputés involontaires supposent un travail psychique : ils sont l'effet d'une *intentio* qui, pour le dire rapidement, interprète la perception et organise la réponse motrice. Dans les traités médiévaux, chez Avicenne notamment, le mouvement réputé involontaire de la main et du bras lors d'une la chute, sert à témoigner que la réaction motrice suppose bien un acte psychique (un jugement) qui accompagne et organise la réponse du corps à la situation de danger.

Montaigne poursuit et raconte que, lors de son accident, bien qu'il ait perdu connaissance, il a pu faire face aux circonstances, répondre aux questions de ses serviteurs et commander que l'on donne un cheval à sa femme. Mais il n'en a conservé aucun souvenir :

> Il semble que cette considération dût partir d'une âme éveillée ; si est-ce que je n'y étais aucunement : c'étaient *des pensements vains, en nue*, qui étaient émus par les sens des yeux et des oreilles ; ils ne venaient pas de

1. Sur cet aspect, voir R. Roussillon, « Une métapsychologie de la médiation et du médium malléable », dans A. Brun, B. Chouvier et R. Roussillon, *Manuel des médiations thérapeutiques*, Paris, Dunod, 2013, p. 41-69. Il insiste sur quelques qualités essentiel du médium qui, pour seconder le travail de subjectivation, doit pouvoir être tout à la fois extérieur mais saisissable, indestructible mais transformable, animable et sensible, mais prévisible et disponible.

2. Montaigne, *Essais*, II, 6, 376.

> chez moi. Je ne saurais pourtant ni d'où je venais ni où j'allais, ni ne pouvais peser et considérer ce qu'on me demandait : ce sont des légers effets que les sens produisent d'eux-mêmes, comme d'un usage ; ce que l'âme y prêtait, c'était *en songe, touchée bien légèrement, et comme léchée seulement et arrosée par la molle impression des sens* (376A).

L'expérience décrite est celle d'un état « somnambulique » qui n'a rien en soi d'exceptionnel, surtout dans une situation traumatique comme celle qu'évoque Montaigne. Ce qui est intéressant, c'est que cette expérience de dissociation qui met en avant une vie psychique *sui generis* échappant à la conscience vigile, soit mobilisée pour rendre compte des vaines cogitations. Les mouvements involontaires, les songes informes aussi bien que les paroles prononcées en état de choc procèdent pareillement de ces « pensements vains, en nue, qui étaient émus par les sens des yeux et des oreilles ». Ces pensées « en nue » (flottantes) sont sans attache ni lieu assignable selon Montaigne ; c'est pourquoi elles « ne touchent l'âme que bien légèrement » et échappent à la mémoire [1]. Les vaines cogitations sont du même genre : ce sont des pensées en attente d'un travail psychique d'appropriation que Montaigne délègue au livre et transfère ainsi sur le dispositif d'écriture [2].

1. Comme les statues de Dédale (*Ménon*, 97d ; *Euthyphron*, 11c-d) qui s'envolent si on ne les attache pas les unes aux autres, ces pensées demandent donc à être liées pour être réintégrées à la vie psychique, sans quoi elles mènent une existence libre. Chez Montaigne, ces pensées dissociées sont produites par les sens et leurs instruments organiques (« le pied ou la main », « les yeux et les oreilles »).

2. Ce travail passe par une appropriation du corps et des mouvements corporels (d'où l'évocation de la toux et de la pâleur qui fait suite à l'image anatomique du *skeletos*). En témoigneraient encore les nombreux passages consacrés à la douleur physique. On relèvera seulement la mention ici de douleurs senties par les membres, mais qui pourtant « ne sont pas à nous », tant que le sujet n'y est pas « engagé tout entier ». C'est en référence à ces états qui lui sont familiers que Montaigne s'amuse des philosophes qui « cherchent la quadrature du cercle juchés sur leurs femmes » et s'exclame : « Je hais qu'on nous ordonne d'avoir l'esprit aux nues pendant que nous avons le corps à table ! » Et plus bas, on trouve cette définition de l'« être à soi » : « Quand je danse, je danse ; quand je dors, je dors ; voire et quand je me promène solitairement en un beau verger, si mes pensées se sont entretenues des occurrences étrangères quelque partie du temps, quelque autre partie je les ramène à la promenade, au verger, à la douceur de cette solitude et à moi ». « Etre à soi », au temps et au lieu présent, suppose que l'on replie sur soi la matière étrangère, comme Montaigne l'écrit dans un passage cité plus haut. Cette modalité de l'être à soi est inséparable du plaisir qui seconde la satisfaction des besoins vitaux : « Nature a maternellement observé cela, que les actions qu'elle nous a enjointes pour notre besoin nous fussent aussi voluptueuses, et nous y convie non seulement par la raison, mais aussi par l'appétit ; c'est injustice de corrompre ses règles » (III, 13, p. 1107-1108).

Se peindre soi-même

Lorsqu'on interprète les *Essais* directement à partir du projet de connaissance de soi, on met parfois de côté cet aspect essentiel de l'intention de Montaigne. L'objet premier des *Essais* n'est pas le « moi », de quelque manière qu'on le définisse, mais ces cogitations vaines qui mettent en échec la capacité d'appropriation et de synthèse du sujet (la capacité de penser les pensées). Ce n'est que secondairement, au moyen du travail de la mémoire, que cette matière informe et versatile pourra être rapportée au moi. Ce travail d'intégration est d'abord un travail de figuration et d'auto-figuration. En prenant pour objet ces chimères et ces vaines cogitations, Montaigne est lui-même la « matière » de son livre. Il ne cesse de le rappeler, même si c'est souvent pour souligner le caractère fragmentaire, décousu et discordant d'un sujet qui ne se laisse appréhender que « pièce à pièce ». Il se ressaisit par là de la formule convenue à l'époque de la Renaissance, selon laquelle toute activité de figuration est en elle-même auto-figuratrice : *ogni dipintore dipinge se*, « tout peintre se peint ». D'une formule où la dimension réflexive est subordonnée au travail d'organisation de la mémoire : *se peindre*, ce n'est pas tant reproduire l'image d'une réalité préexistante, que forger une « apparence de soi accompagnée de vérité », destinée à servir de modèle, de moule ou de patron.

Dans un passage souvent cité, Montaigne présente ainsi le résultat de son entreprise d'écriture :

> Et quand personne ne me lira, ai-je perdu mon temps de m'être entretenu tant d'heures oisives à pensements si utiles et agréables ? Moulant sur moi cette figure, il m'a fallu si souvent dresser et composer pour m'extraire, que le patron s'en est fermi et aucunement formé soi-même. Me peignant pour autrui, je me suis peint en moi de couleurs plus nettes que n'étaient les miennes premières. Je n'ai pas plus fait mon livre que mon livre m'a fait, livre consubstantiel à son auteur (« Du démentir », II, 18, 665C).

Et il ajoute un peu plus loin :

> Combien de fois m'a cette besogne diverti de cogitations ennuyeuses ! et doivent être comptées pour ennuyeuses toutes les frivoles. [...] Aux fins de ranger ma fantaisie à rêver même par quelque ordre et projet, et la garder de se perdre et extravaguer au vent, il n'est que de donner corps et mettre en registre tant de menues pensées qui se présentent à elle. J'écoute à mes rêveries parce que j'ai à les enrôler (« Du démentir », II, 18, 665C).

Les images de moule, de forme, de patron renvoient toutes à la nécessité de contenir d'abord, puis d'organiser les fantaisies, rêveries et les vaines cogitations, sources d'ennui, c'est-à-dire de souffrance et de déplaisir. L'entreprise d'écriture vise ici encore à faire face aux vaines cogitations qui interdisent au sujet de se rassembler ou se « rassoir en soi ». Il s'agit de venir à bout du sentiment de dispersion, d'éparpillement et de discontinuité intérieure, en restaurant, écrit Montaigne, la capacité de *rêver avec ordre*. Il s'agit, en d'autres termes, de restaurer la capacité d'entrer en contact avec soi-même.

Cette capacité de « rêver même par quelque ordre et projet » relève de l'activité préconsciente d'élaboration secondaire. La littérature médicale et philosophique (ainsi que l'onirocritique) de l'époque de la Renaissance insiste sur cette question de la cohérence qui permet de distinguer les rêves dotés de signification des songes vains. On peut citer un passage de Cardan qui propose de hiérarchiser les rêves en fonction de leurs causes et attribue à l'ordre et à la cohérence des rêves un sens déterminant :

> Aussi les songes provoqués par la nourriture sont-ils moins continus, moins cohérents, moins ordonnés, mais plus troublés, plus confus et plus changeants (*minus continua et minus cohaerentia ac ordinata, magis vero turbulenta et confusa ac varia*) que ceux qui proviennent des humeurs [...]. Quant à ceux qui s'accompagnent de peu de trouble, assez clairs, mais comme composites, puisque faits de la conjonction de plusieurs souvenirs, pour ces raisons, ils affectent surtout le sommeil, mais guère la veille [1]. Ils sont généralement constitués de choses vues, entendues ou imaginées la journée précédente, peu de jours ou même longtemps auparavant. Et ils reproduisent alors comme la structure d'une chose plus complète (*Et tunc seriem quasi rei totius referunt*). Ceux qui, calmes (*lenia*) et dépourvus de la moindre agitation, sont ordonnés (*ordinata*) et accompagnés d'un infime mouvement des esprits, sont mus par des causes supérieures : pourtant ils affectent

1. On remarquera ici que les rêves ne sont pas nécessairement définis par l'état de sommeil : il y a également des rêves de la veille. Les songes ne sont donc pas causés par le sommeil. Réciproquement, la notion même de sommeil paraît parfois équivoque et peut désigner des états de conscience assez variés, comme par exemple la méditation ou l'extase. L'idée est traditionnelle, mais le péripatétisme arabe en a fait un point essentiel de sa psychologie. Ainsi la définition générique, inspirée d'Aristote, que l'on trouve chez Averroès : le sommeil est *introitus sensus communis in interius corporis* (« retour du sens commun vers l'intérieur du corps »). Ficin commente en ce sens la formule de Diogène Laerce (I, 10, 100) : « *Epiménide de Crête dormit, dit-on, pendant cinquante ans* : ce qui veut dire, je pense qu'il vécut dégagé des impressions sensibles (*a sensibus vixisse semotum*) » (*Théol. plat.*, XIII, II ; éd. trad. fr. R. Marcel, Paris, Les Belles Lettres, 1964, p. 201). On peut encore rappeler qu'Aristote compare le sommeil à l'*épilepsie* : « en effet le sommeil est semblable à l'épilepsie et il est même, d'une certaine manière, une épilepsie » (*De somno*, 457a8-9).

davantage l'âme, à tel point qu'au réveil, elle demeure sous l'emprise d'un étonnement particulier (*ut experrecta admiratione quadam detineatur*) [1].

La série des causes ne correspond pas exactement à la hiérarchie des facultés de l'âme, mais la qualité de l'image onirique (clarté, cohérence, ordre, unité) est directement articulée ici aux conditions du sujet psychophysiologique, du réceptacle des mouvements corporels (et célestes dans le cas des songes prophétiques) sur lequel vient s'inscrire l'image. Plus loin, il écrit encore : « Averroès a dénombré deux signes spécifiques [des songes vrais], dont le premier caractérise le sommeil, l'autre la veille. Pendant le sommeil, c'est lorsque nous avons l'impression de voir réellement (*vere*), d'entendre réellement, efficacement, parfaitement, distinctement (*efficacer, perfecte distincteque*) ; et pendant la veille, c'est lorsque l'âme reste comme stupéfaite (*quasi admirata*) : cela révèle la force et la stabilité de la cause qui provoque le songe » [2]. La clarté et la distinction [3], mais aussi l'étonnement ou la stupéfaction, sont ici les garants de la vérité des songes, qu'ils aient lieu durant la veille ou le sommeil. Montaigne ne fait sans doute pas grand cas de la dimension divinatoire des rêves. Il mobilise néanmoins cette théorie médicale du rêve pour réfléchir les différentes modalités du rapport à soi, non plus du point de vue de la véracité, mais du point de vue subjectif de la capacité de penser qu'ils supposent.

Le passage montre encore comment la peinture de soi, d'abord faite « pour autrui », a pu être l'objet d'une réappropriation : en peignant les vaines pensées au moyen de « couleurs plus nettes » qu'elles ne l'étaient d'abord, en leur donnant corps et forme au dehors, afin de les rendre d'abord perceptibles, audibles et visibles. Autrement dit, l'écriture apporte « clarté et distinction » aux vaines fantaisies. Montaigne transfère bien sur l'écriture et le livre un travail d'élaboration psychique et de pensée normalement attribué à la mémoire.

1. G. Cardano, *Somnium Synesiorum libri quattuor* (1562), I, 3 ; éd. et trad. fr. J.-Y. Boriot, Florence, Olschki, 2008, p. 30-31. Ici la « nourriture » peut renvoyer aussi bien à la boisson. La théorie médicale est ancienne. Voir le *De somniis* (461a14-29), où Aristote rapporte la netteté du rêve à la qualité de la faculté imaginative ou représentative qui, comme la surface de l'eau, peut être plus ou moins agitée et plus ou moins réfléchissante. Les rêves des fiévreux, des ivrognes ou des mélancoliques sont agités, incohérents et parfois terrifiants ; ceux des personnes apaisées et bien-portantes sont plus agréables et cohérents.

2. *Ibidem*, I, 5, p. 42-45.

3. Le critère intrinsèque de vérité de Descartes, celui des « idées claires et distinctes », a évidemment une origine esthétique et onirocritique (associée notamment à la notion rhétorique d'*enargeia*).

MONTAIGNE « SONGE-CREUX »

Ces textes sont bien connus et très souvent commentés, tant du point de vue esthétique et littéraire, relativement à l'art d'écrire, que du point de vue de l'histoire des idées et de la conception de l'homme et du sujet qui s'y donne à lire. En suivant le fil de la visée thérapeutique des *Essais*, on peut insister sur la manière dont Montaigne fait état assez précisément de sa souffrance psychique, et de ses tentatives pour y faire face. Montaigne se plaint constamment d'un malaise diffus, impossible à contenir ou à lier, qui frappe d'irréalité aussi bien le rapport au monde que la relation à soi : le sujet fuit dans la rêverie, dans des activités décousues, en pure perte et sans lien véritable avec la vie.

Cet état qui appartient à la constellation des souffrances narcissiques identitaires, l'historien peut aussi tenter de le réfléchir au moyen des catégories culturelles qui sont celle de l'époque de Montaigne, au plus près des formulations des *Essais*. Certains commentateurs ont tenté de le rapporter à la « mélancolie » de la physiologie de l'époque de la Renaissance, où la catégorie a un sens extrêmement large et englobant qui regarde la série des désordres du corps et de l'esprit associés à la bile noire. Montaigne lui-même y invite, quoique d'une manière assez ambiguë : « C'est une humeur mélancolique, et une humeur par conséquent très ennemie de ma complexion naturelle, produite par le chagrin de la solitude, en laquelle il y a quelques années que je m'étais jeté, qui m'a mis premièrement en tête cette rêverie de me mêler d'écrire »[1]. Le diagnostic doit être interprété à la lettre. Il indique que l'humeur mélancolique n'est ici que le symptôme secondaire d'un mal qui a lui-même précédé et motivé la retraite de Montaigne. Autrement dit, l'excès de bile noire n'a pas pour cause la complexion mélancolique (facteur constitutionnel), mais doit être attribué aux circonstances, au régime de vie et à l'environnement. Le témoignage de Montaigne vient clairement remettre en question l'étiologie somatique à laquelle son lecteur aurait pu songer : le trouble de la pensée (comme on peut l'appeler) a précédé la retraite dans la demeure familiale; il est lui-même à l'origine de la recherche de « calme et tranquillité ».

Montaigne le confirme ailleurs en rapportant sa propension à la rêverie, non pas à un effet de la mélancolie, mais à un trait de caractère particulier apparu dès sa jeunesse :

1. Montaigne, *Essais*, II, 8, 385.

> [A] Je suis de moi-même *non mélancolique, mais songe-creux*. Il n'est rien de quoi je me sois dès toujours plus entretenu que des imaginations de la mort : voire en la saison la plus licencieuse de mon âge,
>
> [B] *Jucundum cum œtas florida ver ageret* [1],
>
> [A] parmi les dames et les jeux, tel me pensait empêché à digérer à par moi quelque jalousie, ou l'incertitude de quelque espérance, cependant je m'entretenais de je ne sais qui, surpris les jours précédents d'une fièvre chaude et de sa fin, au partir d'une fête pareille, et la tête pleine d'oisiveté, d'amour et de bon temps, comme moi, et qu'autant m'en pendait à l'oreille
>
> [B] *Jam fuerit, nec post unquam revocare licebit* [2] (I, 20, 87).

Montaigne fait état d'une brève séquence associative : le spectacle des plaisirs éveille le souvenir de la fin brutale d'un homme surpris par la fièvre après une fête, et initie la rêverie sur la mort. La scène est, si l'on veut, typique et trouverait de nombreuses illustrations, relatives au thème du *memento mori*, c'est-à-dire à l'injonction à se « souvenir de la mort ». On a bien là un exemple de vaine cogitation qui n'a plus qu'un rapport mince et lointain avec la réalité actuelle de la situation. La pensée de la mort, en laquelle s'absente l'esprit, détourne Montaigne des plaisirs du moment, mais surtout lui interdit d'« être à soi ».

Dans ce passage, on remarquera que la pensée de mort est plutôt présentée comme une diversion, voire un « divertissement », qui détourne l'esprit du temps présent. Mais elle ne ramène pas pour autant l'esprit à des préoccupations plus authentiques, comme on pourrait s'y attendre. Tout au contraire. C'est que la mort, ici comme bien souvent dans les *Essais*, n'a pas le sens d'un retour sur soi, mais, au contraire, signifie l'absence à soi : l'esprit s'évade dans la rêverie et perd contact avec la réalité autant qu'avec lui-même [3]. Après avoir expliqué que la fréquente pensée de la mort a fini par en annuler la gravité, Montaigne conclut en

1. « Quand mon âge dans sa fleur jouissait de son printemps » (Catulle, LXVIII, 16).

2. « Bientôt le présent sera passé, et jamais nous ne pourrons nous le rappeler » (Lucrèce, III, 915).

3. La manière dont Montaigne disqualifie ainsi la pensée de la mort est sans doute proche des positions épicuriennes. Les imaginations ainsi décrites sont clairement à mettre au nombre des cogitations vaines ou frivole qui éloignent l'esprit du moment présent, de la vie, du plaisir et finalement de lui-même. A la différence cependant d'Epicure et de Lucrèce qui insistent sur les terreurs associées à la mort, Montaigne montre comment ses fréquentes rêveries l'ont apprivoisé à l'idée, s'épargnant ainsi la « frayeur et frénésie » qu'elle engendre habituellement. On rapprochera ces pages de l'essai « De l'exercitation », lui aussi très influencé par l'épicurisme, dans lequel Montaigne traite de « l'apprentissage de la mort ». C'est dans ce contexte qu'il évoque encore les vaines pensées et l'expérience traumatique de son accident.

associant la mort au vagabondage d'esprit : « A chaque minute, il me semble que je m'échappe »[1].

Si le symptôme actuel, mélancolique, est peut-être un effet de la solitude, il est cependant mis en relation ici avec un trouble plus ancien et sans doute plus profond, à l'origine de la retraite de Montaigne qui s'est donné pour but de s'affranchir des servitudes de la vie civile, pour « s'entretenir soi-même et s'arrêter et se rasseoir en soi ».

L'ACÉDIE OU LE SPLEEN DES CLOÎTRES : HONTE ET INCURIE

Plutôt qu'à la mélancolie, le tableau que propose Montaigne peut être rapproché de l'acédie, dans sa double dimension anxieuse et dépressive, telle qu'on en trouve le tableau dans les écrits spirituels du christianisme[2]. A la différence de la mélancolie qui relève plutôt de la médecine et de la physiologie des humeurs, l'acédie est une passion ou un vice dont l'étude revient à la philosophie morale. Elle est généralement définie comme un genre de tristesse et d'abattement, comme un *taedium animi* (dégoût, lassitude, découragement de l'esprit). Pourtant, si cette dimension dépressive est fondamentale, le riche tableau clinique de l'acédie ne s'y réduit nullement. A côté de la tristesse, on trouve précisément ce « vagabondage d'esprit » dont Montaigne se plaint. Montaigne n'a sans doute pas eu une connaissance directe de cette littérature spirituelle et monastique, manifestement très éloignée de ses intérêts, à laquelle est rattachée l'acédie médiévale.

L'acédie (*akêdeia*) désigne étymologiquement la privation de soins, c'est-à-dire la négligence et l'incurie ; elle renvoie d'abord à une incurie relative aux rites religieux, et principalement aux devoirs relatifs aux

1. Montaigne, *Essais*, I, 10, 88A. La page commençait par une méditation assez traditionnelle dans l'esprit sur le sens éthique et politique à donner à la « préméditation » de la mort, et notamment à son lien à la liberté : « Il est incertain où la mort nous attende, attendons-là partout. La préméditation de la mort est préméditation de la liberté. Qui a appris à mourir, il a désappris à servir. Le savoir mourir nous affranchit de toute sujétion et contrainte » (p. 87).

2. Sur l'acédie d'un point de vue historique, voir notamment A. Guillomont, *Un philosophe au désert : Evagre le Pontique*, Paris, Vrin, 2004 ; G. Bung, *Vases d'argile. La pratique de la prière personnelle suivant la tradition des saints Pères*, Begrolles, 1998 ; N. Nabert, *Les armes, la nourriture, le silence : essai sur la spiritualité cartusienne*, Paris, Beauchesne, 2001 ; N. Nabert (éd.), *Tristesse, acédie et médecine des âmes dans la tradition monastique*, Paris, Beauchesne, 2005.

morts[1]. On en trouve la trace dans la traduction grecque de la Septante, au Psaume 118, 28 : « Mon âme s'est endormie à cause de l'acédie » (dans la Vulgate : *dormitavit anima mea prae taedio*). Le sens du terme est considérablement élargi dans la littérature spirituelle des IIe et IIIe siècles, dans laquelle l'acédie désigne un vice relatif à la vie solitaire des moines ermites ou anachorètes. On le trouve d'abord chez Evagre le Pontique, puis dans le monde latin chez Cassien. L'acédie est définie comme la tristesse, le découragement ou l'accablement qui vient distraire ou détourner l'ermite ou le moine de la vie contemplative. C'est la définition consacrée de l'acédie comme « torpeur spirituelle née de la lassitude relative au bien intérieur » (*taedium animi quod de fastidio interni boni nascitur*) que l'on trouve tardivement chez Hugues de Saint-Victor[2], puis chez Albert le Grand et Thomas d'Aquin[3]. Cette idée d'une lassitude (ou du dégoût) liée à un bien intérieur est en soi intéressante. On en trouve naturellement la trace dans la littérature de la Renaissance.

L'acédie est parfois associée aux troubles « anxio-dépressifs » de la psychiatrie moderne. L'intérêt de la notion tient au fait que l'approche clinique des traités de spiritualité ne se limite pas à fournir seulement une symptomatologie de cette angoisse diffuse : la définition peut être comprise du point de vue de la logique des processus psychiques. C'est sous cet aspect que je propose ici d'en dire un mot. On peut regarder l'acédie, comme la mélancolie, comme une souffrance relative au deuil : à la différence toutefois de la mélancolie, l'acédie n'est pas associée à la perte de l'objet, mais à son *désinvestissement*[4]. C'est le sens que l'on peut donner à la définition apparemment étrange qui en fait un « dégoût relatif à un bien intérieur ».

La notion d'acédie permettrait ainsi d'éclairer les enjeux narcissiques associés à l'instabilité des bouffons évoqués précédemment, mais aussi à l'impossibilité de « se rasseoir en soi » dont fait état Montaigne. C'est du

1. La *kêdeia* désignant le rite funéraire, l'*akêdeia* signifie l'abandon sans sépulture ; cf. *Iliade* XXIV, 554 ; *Odyssée* XX, 130. Dans l'antiquité, l'abandon sans sépulture désigne communément l'oubli : les choses du passé, faute d'être recueillies dans la mémoire, se trouvent livrées à l'érosion du temps et à l'effacement. L'acédie renvoie ainsi à un échec de la fonction d'organisation et de conservation de la mémoire.

2. Hugues de Saint-Victor, PL175, 778B, mais aussi 1001A.

3. Thomas d'Aquin, *S. Theol.* IIa IIae, q. 35.

4. Comme le remarque Roland Barthes dans un cour au Collège de France (*Comment vivre ensemble*, cours du 19 janvier 1977) : « la tristesse de ne plus aimer peut être plus cruelle et plus lourde que la tristesse de ne plus être aimé. Et c'est à cela, je pense, que renverrait l'acédie ». On aurait évidemment à s'interroger sur la signification défensive d'un tel désinvestissement.

point de vue de cette lassitude, de ce dégoût ou de cette « fatigue d'être soi » que l'on pourrait encore entendre la logique paradoxale de l'auto-exclusion, pour autant qu'elle apparaît irréductible aux seuls processus mélancoliques. Elle inviterait également à porter le doute sur certaines théories de l'aliénation qui, par le biais d'une injonction paradoxale à l'autonomie, font la promotion d'un désinvestissement ascétique prétendument émancipateur et prônent une subjectivité libre, mais *sans objet*[1].

Du point de vue moral, l'enjeu du débat sur l'acédie est d'abord de lever la contradiction : l'objet de la tristesse acédiaque n'est pas Dieu en lui-même, mais « Dieu en nous », en participation ou en similitude, relativement à ses exigences à notre égard comme aux bienfaits qu'il est susceptible de nous procurer. Pour le dire autrement, ce qui caractérise l'acédie, c'est l'incapacité dans laquelle le sujet se trouve de prendre soin d'un « bon objet interne », auquel est attribué la double fonction d'idéal et de soutien. Le spleen des moines est donc un *mélange de honte et d'incurie*.

La littérature spirituelle et monastique, inspirée d'Evagre et de Cassien, est sensiblement différente en ce qu'elle aborde la dimension psychologique de l'acédie d'un point de vue plus clinique, relativement au mode de vie monacal. Surtout, cette littérature insiste encore sur un aspect important, progressivement abandonné par les traités moraux et théologiques : l'acédie est sans doute un genre de tristesse, mais une tristesse qui se manifeste principalement par des symptômes anxieux : l'acédie est alors définie comme « dégoût ou anxiété de cœur (*taedium sive anxietas cordis*) »[2]. C'est à cet dernière dimension que l'on peut rapporter les « vaines cogitations » de Montaigne.

L'acédie est un mal lié à la vie du solitaire et de l'ermite, consacrée à la prière et à la méditation. C'est chez les Pères du désert qu'elle est d'abord identifiée. Evagre assimile le « démon de l'acédie »[3] au « démon de midi » des Psaumes[4] : « D'abord il fait que le soleil paraît lent à se mouvoir, ou immobile, et que le jour semble avoir cinquante heures ». Cet ennui détourne le moine de sa prière ou de sa méditation : « Ensuite il le force à avoir les yeux continuellement fixés sur les fenêtres, à bondir hors de sa cellule, à observer le soleil [...], et à regarder de-ci delà si quelqu'un

1. Voir F. Fischbach, *Sans objet. Capitalisme, subjectivité, aliénation*, Paris, Vrin, 2009.
2. Cassien, *Instit.* X, 1.
3. Evagre, *Traité pratique*, 12.
4. Psaume 91 [90], 6.

des frères… ». L'anxiété, liée à cette attente sans objet qu'est l'ennui, est à l'origine d'un vagabondage d'esprit qui détourne d'abord en pensée le moine de la méditation spirituelle, et le conduit à trouver ailleurs une diversion, hors de lui-même et hors de sa cellule : « [le démon de l'acédie] l'amène à désirer d'autres lieux […], il ajoute que plaire au Seigneur n'est pas une affaire de lieu : partout, en effet, la divinité peut être adorée. Il joint à cela le souvenir de ses proches et de son existence d'autrefois, il lui représente combien est longue la durée de la vie, mettant devant les yeux les fatigues de l'ascèse ». Le démon de l'acédie « engendre des pensées qui conseillent à l'âme de s'évader, ou qui la contraignent à fuir au loin »[1]. Le même démon qui détourne le moine de ses lectures et de sa méditation peut le contraindre à la somnolence et même au sommeil[2], mais aussi à sortir de sa cellule et à vagabonder. Ou quelquefois : à tout quitter pour prendre la mer, comme le Marius de Pagnol.

Cassien, dans ses *Conférences* et surtout au livre X de ses *Institutions*, transmet cette analyse d'Evagre au monde latin et insiste pareillement sur les deux principaux effets de l'acédie : 1) l'anxiété qui le fait tenir en horreur le lieux où il se trouve, le dégoûte de sa cellule, éveille le mépris pour les autres moines, l'idée qu'ailleurs les frères sont plus spirituels, le désir de sortir de sa cellule pour rendre visite aux malades ou aux autres ermites, bref le conduit à s'embarrasser des affaires du mondes, cherchant le moindre prétexte pour vagabonder; 2) l'acédie conduit également à l'inertie et à la somnolence qui détourne le religieux de la prière. Ainsi, quand le vice d'acédie est entré dans l'âme du moine, « soit il le laisse demeurer dans sa cellule comme un lâche et un paresseux sans qu'il fasse aucun progrès spirituel, ou il l'en chasse pour le rendre vagabond et errant et le réduire dans une instabilité continuelle » (*aut tamquam inertem et deditícium sibi patietur absque ullo profectu spiritus in cellula commorari, aut excussum exinde instabilem de cetero reddet ac vagum*)[3]. Ces deux sens sont étroitement liés par Cassien. Ils procèdent d'un même sommeil spirituel, exprimé par le Psaume 118 (119, 28) : *Dormitavit anima mea prae taedio* (« Mon âme s'est assoupie d'ennui »), où l'ennui et le dégoût sont interprétés comme acédie[4].

Alcuin résume assez bien la série de ces symptômes : « De l'acédie naissent la somnolence, la paresse relative aux bonnes œuvres, l'instabi-

1. Evagre, *Sur les pensées*, 12.
2. *Ibid.*, 33.
3. Cassien, *Instit.* X, 6 ; trad. fr. de Saligny, Paris, 1657)
4. Cassien, *Instit.* X, 4.

lité quant au lieu, le vagabondage, l'affairement, le dégoût pénible, les murmures du cœur et les vains propos » (*De acedia nascitur somnolentia, pigritia operis boni, instabilitas loci, pervagatio de loco in loco, trepiditas, laborandi taedium, cordis murmuratio et inaniloquia*) [1]. On lit encore la même chose chez Bernard de Clairvaux : « Il y a deux genres d'acédie. Le premier pousse le moine à la paresse relative aux œuvres divines et au sommeil. Le second le contraint à vagabonder de-ci delà et à fuir les frères avec lesquels il vit (*Acedia genera due sunt. Unum quod ad opus Dei pigritare monachum ac dormitare compellit. Aliud quod vagari huc illucque facit, ac fugere cortatur de fratrum cum quibus vivit, societate*) » [2]. Dans les deux cas cependant, on a affaire aux effets d'une même « torpeur spirituelle ».

Observation : Le vagabondage ou l'itinérance est aussi un trait de la spiritualité médiévale, souvent associé au soupçon d'hérésie. Saint Benoît, dans sa première règle, condamne les « moines vagabonds ou gyrovagues » qui, « durant leur vie entière, se font hospitaliser dans divers lieux, sont toujours errants et jamais stables, et restent asservis à leurs propres passions et aux attraits de la gourmandise ». Dans la règle primitive du Carmel, on trouve mention de ces moines « qui errent dans l'inquiétude et l'oisiveté » et « vivent de façon désordonnée, oisifs, ne s'occupant que de choses frivoles » [3]. Ces moines en déshérence sont à rapprocher des « fous » de la fiction littéraire de la *Nef* de Brandt : ils sont sans attache et dérivent portés par l'eau des fleuves. Dans un tout autre contexte, on a pu parler d'une « pulsion d'itinérance » ou « nomadisme » (*Wandertrieb*), pour rendre compte de comportements variés de fuite et de marginalisation sociale (vagabondage, désertion, migration, exode… etc). On est ici à la croisée de la souffrance sociale et de la précarité psychique.

VOLUBILITÉ DE CŒUR ET VAINES COGITATIONS

L'acédie est d'abord liée à la discipline monastique, au mode de vie contemplatif et à la fin qu'elle se propose. Elle est, si l'on veut, la contrepartie ou le prix à payer pour le régime imposé au moine. Si l'on peut parler d'acédie à propos de Montaigne, ce n'est naturellement pas en rapport avec la vie religieuse, mais seulement par rapport à la vie solitaire, et bien plus encore aux « chimères » et « vaines cogitations »,

1. Alcuin, PL101, 1410D-1411A.
2. Bernard de Clairvaux, *De ordine vitae*, PL184, 579B.
3. F. de Sainte Marie (éd.), *Les plus vieux textes du mont Carmel*, Paris, 1945, p. 94.

dont on a vu qu'elles sont nettement antérieures à la retraite. Si les traités spirituels et pratiques définissent l'acédie comme un vice spécifique, on comprend aisément qu'elle soit un mal redoutable pour le moine. Et tout particulièrement dans sa forme anxieuse qui se manifeste par le « vagabondage d'esprit » (voire l'itinérance dans le cas de ces moines « gyrovagues » couramment dénoncés). Sur ce point, la littérature monastique est très riche et paraît proche des passages des *Essais* relatifs aux vaines pensées. Ce thème de l'instabilité du cœur et du vagabondage d'esprit est une manifestation essentielle de l'acédie que l'on réduit trop souvent à sa seule dimension dépressive.

La discipline (intérieure aussi bien qu'extérieure) vise la fixation ou la concentration de l'esprit, auxquelles font obstacle les vaines pensées qui l'éloignent de lui-même. Cassien est très explicite : « Ainsi, la volubilité et la divagation du cœur (*volubilitas ac pervagatio cordis*) peuvent-elles être retenues fixées entre les murs de la cellule comme en un port très sûr. Cette ancre rend l'esprit attentif à la seule méditation spirituelle et à la garde des pensées et, loin de le laisser s'abandonner à n'importe quelle suggestion, le protège au contraire contre toute pensée superflue et inutile (*ab omni superflua otiosaque cogitatione custodiat*) »[1]. La discipline doit ainsi faire face à un double vagabondage : aux errances du moine « gyrovague » qui quitte sa cellule pour visiter d'autres lieux, mais aussi aux divagations du cœur qui le distraient de sa méditation spirituelle. Le danger, ce sont ici les vaines pensées et les mouvements du cœur qu'il s'agit de contenir et de fixer. Cassien ne précise pas la teneur de ces pensées oiseuses. Ce ne sont pas nécessairement des fantaisies réputées impures, puisqu'elles peuvent être moralement dignes d'éloge; mais il suffit qu'elles détournent le moine de sa méditation spirituelle et du bien intérieur. En ce sens, comme chez Montaigne, l'acédie ne regarde pas tant ici le contenu même des pensées, que leur maîtrise, et la capacité d'en contenir le cours.

On en trouve une bonne illustration dans des pages de Bernard de Clairvaux qui ne sont pas sans évoquer les *Essais*. Ainsi ce tableau de la retraite spirituelle contrariée par l'assaut des pensées :

> Aussi la séduction multiple des cupidités terrestres et le flot des vanités remplissent mon cœur au point que je pense et que je roule dans mon esprit précisément ce que je cherche à éviter. Mon pouvoir ne s'étend pas sur mon cœur et sur mes pensées qui, fondant à l'improviste sur mon intelligence et sur mon âme, les confondent et les entraînent bien loin du but que je

1. Cassien, *Instit.* II, 14.

m'étais proposé. Les préoccupations séculières me rappellent, les mondaines m'attirent en bas, les voluptueuses m'envahissent, les séductrice m'enlacent : et au temps même où je me dispose à élever mon âme vers vous, *envahi par de vaines pensées* (*inanibus cogitationibus infectus*), je suis entièrement renversé à terre. Chaque jour je veux éloigner de mon cœur le tumulte de ces idées bruyantes, et je ne puis y parvenir, mais ce que j'ai vu, entendu, dit et fait me revient en mémoire, et cause en mon esprit un grand bruit et un grand dérangement. Je pense à ce à quoi il faut penser, je repasse ce que j'ai pensé, et je ne cesse de ruminer les mêmes idées ; je ne puis rester sans réfléchir, mais *les pensées entrent et sortent*, les unes introduisent et chassent les autres (*Cogitanda cogito, cogitata recogito, et eadem iterum atque iterum replicare non cesso : et cum diu multumque quidquid potero cogitavero, sine cogitationibus esse non possum, sed intrant et exeunt, atque aliae alias introducunt et excludunt*). Je souffre malgré moi cette révolution ; quelquefois cependant je consens, quand, sans utilité et sans discrétion, je reviens et laisse errer mon esprit à travers ce que j'ai vu ou fait. Ainsi mon esprit, *toujours mobile, jamais stable, sans cesse vagabond, et comme enivré*, est attirée sur plusieurs objets différents (*Ita mens mea semper mobilis, et nunquam stabilis, semper vaga, et velut ebria, per diversa distrahitur*). Je pèche gravement, lorsque j'abandonne mon cœur ; parce que c'est une perte considérable que celle que cause la négligence. Je souffre violence lorsque mon cœur s'éloigne de moi [1].

Ce que décrit ici Bernard de Clairvaux, ce ne sont pas des pensées impies ou pécheresses, mais des restes de la vie active qui viennent perturber la solitude et le recueillement de la vie contemplative : un peu comme les restes de nos préoccupations diurnes perturbent le sommeil et le rêve. Au lieu de trouver le repos et la tranquillité nécessaires à la méditation, le moine est envahi de pensées sur lesquelles il n'a aucun pouvoir. Il a beau demeurer physiquement dans sa cellule, ses pensées, elles, entrent et sortent sans cesse, prolifèrent sans ordre, jusqu'à produire une sorte d'étourdissement comparable à l'ivresse. Ce mouvement incessant est à la fois aliénant et source de souffrance.

Dans un autre passage, Bernard évoque ainsi sa tentative de faire face au tumulte des pensées. La réflexion est encore mise en échec par la mobilité de l'esprit ou du cœur qui se dérobe sans cesse à la « connaissance de soi » :

Seul j'entre dans la solitude de mon cœur, et m'entretiendrai un peu avec lui, prenant de lui des informations sur lui et sur ce qui le concerne. Ce

1. Bernard de Clairvaux, *Tract. de interori domo seu de conscientia aedificanda*, cap. 16 ; PL 184, 520D-521B.

> cœur est un cœur pervers, *vain et vagabond, plus mobile que toute mobilité*; d'une chose il passe à l'autre, cherchant le repos où il ne se trouve point (*Cor meum, cor pravum, cor vanum et vagum, omni volubilitate volubilis : de uno in aliud vago incessu transit, quaerens requiem ubi non est*). J'ai voulu me fixer dans les choses qui se voient et je n'ai pu y rencontrer de véritable calme. Revenant ensuite à moi, je ne puis me fixer en mon cœur : parce que mon esprit est fort léger, grandement inconstant, errant; *vagabond, partout il varie, partout il est mobile comme les flots* (*Deinde rediens ad me, consistere in me ipso non possum : quoniam mens mea valde levis, multumque instabilis, vaga et profuga, ubique se variat, undique fluctuat*); parce qu'il veut et ne veut pas dans sa paresse; il change d'idées, il prend sans cesse des résolutions différentes, *semblable à la feuille que le vent agite et emporte dans ses tourbillons*. De là résulte que mes *pensées vaines et importunes* (*cogitationes meae vanae et importunae*) me tirent et m'entraînent tantôt au forum, tantôt aux discussions de ceux qui plaident, tantôt aux repas copieux, tantôt aux délices immondes [1].

On retrouve chez Pierre Chrysologue la même représentation d'un « bateau ivre », ballotté par les vagues, associée à la démarche titubante de l'ivrogne :

> Il ne reste point ferme dans ses desseins celui qui laisse aller son esprit à des pensées impies : tantôt il est porté vers le ciel, tantôt rejeté vers la terre; il est ballotté par les mers dont les flots le soulèvent pour le projeter dans l'abîme; son esprit l'agite sans cesse comme un homme en état d'ivresse (*nec stat in consilio, impiis cogitationibus qui vagatur. Iste modo fertur ad coelum, modo refertur ad terras, jactatur per maria, levatur fluctibus, mergitur in profundo : cumque sua semper mente volutetur ut ebrius*) (Sermon 44, PL 52, 326C).

Montaigne utilise une même image pour décrire les mouvements de son esprit : « c'est un mouvement d'ivrogne titubant, vertigineux, informe, ou des joncs que l'air manie casuellement selon soi ». Dans le texte cité plus haut, Bernard insiste sur la mobilité des pensées qui se dérobent à toute appréhension. L'image des flots insaisissables est classique et trouverait de nombreux échos chez Montaigne qui cite cette considération bien connue de Plutarque : « si d'aventure vous fichez votre pensée à vouloir prendre son être, ce ne sera ni plus ni moins que qui voudrait empoigner l'eau : car tant plus pressera et serrera ce qui de sa nature coule partout, tant plus il perdra ce qu'il voulait tenir et empoigner » [2].

1. Bernard de Clairvaux, *Tract. de interori domo seu de conscientia aedificanda*, cap. 29, PL184, 538D.
2. Montaigne, *Essais*, III, 9, 964C; II, 12, 601B.

Dans son *Traité des pensées*, Evagre insistait sur la vitesse des mouvements de l'intellect qui, à la manière des métamorphoses de Protée, se dérobe à la capacité de maîtrise. On retrouve l'image chez Bernard de Clairvaux :

> Je compterais plus facilement les atomes qu'il y a dans le monde, que les mouvements de mon cœur. La rapidité qui emporte les animaux et les oiseaux ne peut être comparée à celle de mes mouvements agités. Mes désirs n'ont pas de mesure. Je pense et je veux tantôt ceci, tantôt cela, et je ne puis avoir ni l'un ni l'autre. Tant que mon corps est dans le calme, j'erre par la pensée en divers lieux. A aucune heure, à aucun moment, on ne me trouve en repos; mais en un instant, en un clin d'œil voyageant à travers des espaces considérables, je mets au monde de nouvelles créatures, et les détruis ensuite avec la même facilité; ou bien je les multiplie d'une façon et puis d'une autre. Je désire une chose ou une autre, je veux être tel ou tel, comme si Dieu n'avait su ou pu me donner cette chose ou me faire tel ou tel[1].

Cette instabilité de l'esprit qui interdit le repos, introduit une division intérieure, source de désaccord perpétuel :

> *Vain, vagabond et instable*, ce cœur, quand il suit ses inspirations, et n'est pas dirigé par l'influence divine, ne peut rester en lui-même mais, plus mobile que toute mobilité, il est distrait en mille pensées diverses et il court sans relâche de l'une à l'autre. Et, cherchant le repos en cette variété, il ne le trouve pas seulement, il reste malheureux dans sa fatigante recherche, et ne goûte aucun calme : il ne s'accorde pas avec lui-même, il est divisé d'avec lui; il s'abandonne soi-même, il change de volonté, il varie ses résolutions, il édifie de nouveaux plans, il en forme de différents, il refait ceux qu'il a renversés, et ne cesse de les agencer tantôt d'une façon, tantôt d'une autre, parce qu'il veut et ne veut pas, et ne persévère jamais dans le même état. Comme un moulin, dans son mouvement rapide, ne refuse rien et broie tout ce qu'on lui présente, et, *s'il n'a rien à écraser, se consume lui-même* : ainsi, mon cœur est toujours en mouvement, il ne s'arrête jamais; mais que je dorme ou que je veille, il songe et réfléchit à tout ce qui se rencontre. Et de même que le sable ronge la meule, que la poix la souille et la paille l'occupe : de même une pensée amère trouble mon cœur, une pensée immonde le salit et une pensée vaine le fatigue et l'inquiète[2].

Ces quelques extraits peuvent être rapprochés des développements de Montaigne qui illustrent l'idée selon laquelle « quiconque s'étudie

1. Bernard de Clairvaux, *Tract. de interiori bono*, cap. 34; PL184, 542D-543A.
2. Bernard de Clairvaux, *Meditationes de cognitione humanae conditione*; PL184, 499A-C.

bien attentivement trouve en soi, voire et en son jugement même, *cette volubilité et discordance* »[1]. Et il est bien possible que cette volubilité ne soit pas une qualité propre de l'âme dont l'étude de soi permettrait de prendre conscience, mais un effet du mouvement réflexif lui-même : faute d'objet ou d'aspérités sur lesquelles se poser, glissant ainsi sur ce miroir de l'âme que constitue le « bien intérieur », les pensées seraient ainsi contraintes de voltiger alentour, à la manière de ces mouches dont parle Plutarque :

> Comme les mouches ne se peuvent tenir contre les endroits des miroirs qui sont bien lissés, ains [mais] glissent, et au contraire elles s'attachent bien à ceux qui sont raboteux et scabreux, et où il y a des gravures, aussi les hommes glissant dessus les aventures gaies, joyeuses et prospères, s'attachent à la remémoration des adverses et malplaisantes (« De la tranquillité de l'âme », 473E ; 73H).

La comparaison renvoie évidemment à la fable de Narcisse, malheureux, selon Ovide, « de n'être pas différent de lui-même », autrement dit de n'avoir jamais rencontré de ces miroirs un peu « raboteux et scabreux ». Pour Plutarque, les hommes sont ainsi conduits à se fixer sur des souvenirs malheureux : à la manière d'insectes pris au piège, « se laissant couler en la remémoration de leurs malheurs passés, jamais plus ils n'en veulent sortir ni respirer ». On verra plus loin les vertus que l'on peut encore attribuer à la plainte et aux larmes.

S'il n'est pas expressément question d'acédie dans ces passages, on en retrouve néanmoins les symptômes tels que Cassien et Evagre les ont décrits, à condition de ne pas identifier le mal au seul abattement ou dégoût, mais d'en élargir la compréhension en direction de ses manifestations anxieuses. La volubilité et la discorde dont Montaigne se plaint paraît bien correspondre à ce « spleen des cloîtres » et au tableau du vagabondage d'esprit. Le lien entre les *Essais* et cette littérature spirituelle est très certainement indirect. Il passerait sans nul doute par les nombreux textes de la Renaissance autour de l'*otium*. Il va de soi que l'acédie anxieuse chez Montaigne est en un sens coupée de ces racines spirituelles : elle n'est plus cette agitation qui détourne de l'*opus dei* ou de la méditation spirituelle ; elle fait seulement obstacle au repos et à la tranquillité d'esprit recherchés par Montaigne.

1. Montaigne, *Essais*, II, 1, 335B.

Les remèdes de l'acédie

Si l'on s'intéresse aux remèdes contre l'acédie, on constate d'abord les différences considérables entre la solution de Montaigne et celle que préconisent les Pères. A y regarder de plus près, on peut être sensible cependant aux homologies qui permettent de les mettre en parallèle.

1) Parmi ces remèdes, le premier est de demeurer dans la cellule, sans céder à la tentation de l'errance ou du vagabondage. On lit ainsi chez les Pères du désert cette recommandation : « Un frère interroge un vieillard, disant : "Mes pensées divaguent et j'en suis affligé". Le vieillard lui répond : "Toi, demeure dans ta cellule. De même que lorsqu'une ânesse est attachée, son ânon court de-ci, delà, mais où qu'il aille, il retourne toujours vers sa mère, de même les pensées de celui qui, à cause de Dieu, persiste dans sa cellule, même si elles divaguent un peu, pourtant elles retournent toujours à lui" »[1]. On a rencontré la même comparaison à propos de la « douce persuasion » chez Plutarque. Il faut donc laisser aller les pensées, sans s'en affliger. C'est une règle d'abstinence et d'inhibition motrice (« demeure dans ta cellule »), qui vise d'abord à circonscrire la volubilité au domaine de la représentation. C'est en second lieu une règle qui vise à déculpabiliser le moine et restaurer sa confiance relativement à ses ressources spirituelles. C'est enfin une règle qui propose de considérer les pensées, dans leur libre jeu, du point de vue de leurs potentialités réflexives : les « vaines cogitations », même si elles paraissent étrangères à la méditation ou à la contemplation divine, feront retour vers leur « mère ». Autrement dit, le conseil qui requalifie l'expérience de « non-intégration » (D. Winnicott), repose sur la confiance dans les pouvoirs de synthèse du moi. Il s'appuie sur le pouvoir organisateur du cadre et de sa réglementation (la discipline).

2) Le second remède est la prière, la lecture et la veille : « Quand l'esprit vagabonde, la lecture, la veille et la prière le fixent »[2]. La même idée se retrouve sous une autre forme chez Bernard de Clairvaux qui recommande le « souvenir de la passion du Christ » (*memoria passionis Christi*), c'est-à-dire la représentation intérieure, dans leur succession ordonnée, de chaque détail du récit de la crucifixion (la trahison de Juda, la flagellation, la couronne d'épine, les clous, la lance) : « place devant les yeux de ton esprit la manière dont le Christ a été crucifié pour toi (*pone ante oculos mentis quomodo Christus in croce cucifixus est pro te*) »[3]. La mémoire et la prière

1. Anonyme 198, « Sources Chrétiennes », 387, p. 370.
2. Evagre, *Prat.* 15.
3. Bernard de Clairvaux, *De ordine vitae* ; PL184, 530D.

ont ici une valeur morale d'édification, mais elles visent surtout à organiser et canaliser l'anxiété diffuse en proposant à l'affect un *objet* susceptible de le lier et de le contenir, donnant ainsi corps et forme aux vaines pensées. Et cet objet (la passion du Christ) est ici également (du point de vue de la doctrine de la foi) le médiateur qui doit permettre de réinvestir le « bien intérieur » (« Dieu en nous ») laissé à l'abandon.

3) Le troisième remède est une activité physique suffisante pour permettre d'évacuer l'anxiété : le travail aux champs notamment, essentiel dans l'organisation de la vie monacale, qui occupe les mains et permet à l'esprit de se concentrer. Cette technique d'isolation rejoint le précédent, puisque la lecture et la méditation préconisées doivent se faire à mi-voix et la prière, au moyen d'un chapelet. Cette *manducation* fixe la pensée, comme le travail répétitif contient et organise, par sa rythmicité, le flux des représentations.

4) Le quatrième remède est l'introspection ou l'examen des pensées. C'est le sens de cette remarque tirée de Pierre Damien[1] : « Reconnais les pensées, et prends garde non seulement à celles qui viennent à l'esprit, mais aussi d'où elles viennent (*Discerne cogitationes, et non solum quae ad mentem veniant, sed etiam unde veniant, vigilenter attende*) ». Il s'agit non seulement d'en appréhender la nature, le genre ou l'espèce, mais d'en ressaisir l'origine et la succession. L'examen de l'associativité est ainsi mis au service de la maîtrise des pensées. On trouve la même remarque chez Evagre : « Si, du fait de sa très grande rapidité de mouvement, notre intellect lie les pensées les unes aux autres, il ne faut pas pour autant croire qu'elles se forment toutes en même temps »[2]. Ainsi la pensée de l'or ne saurait être contemporaine de celle d'un objet cause de tristesse. En d'autres termes, les « démons » (pensées) que le moine aura à affronter, se succèdent en vertu du sujet ou du patient qui ne reçoit que des représentations successives, mais aussi en vertu des affinités et des inimitiés qui existent entre les pensées : « Si un moine veut connaître par expérience les cruels démons et se familiariser avec leur art, qu'il observe les pensées, qu'il remarque leurs tensions, leurs relâches, leurs entrelacements, leurs moments ; quels démons font ceci ou cela ; quel démon fait suite à tel autre démon, et lequel ne suit pas tel autre »[3]. Dans le même ordre d'idée, on peut relever le caractère projectif de la théorie « démoniaque » des pensée, chez Evagre notamment : la projection sert ici une défense contre l'envahissement des

1. Pierre Damien, *Opusc.* XV, cap. 23 ; PL145, 354A.
2. Evagre, *Des pensées*, 24.
3. Evagre, *Prat.* 50 ; *cf.* aussi *Des pensées*, 34.

vaines cogitations qui détournent le moine de lui-même, et contre la culpabilité qui en découle ; elle a pour fonction d'expulser hors du moi la source des idées et des représentations [1]. On est finalement assez proche de l'interrogation de Montaigne sur l'étrangeté des pensées qui ne paraissent pas venir « de chez moi », et des songes vains qui ne se rattachent à rien, mais sont les produits d'une activité dissociée de l'esprit.

5) Le cinquième et principal remède, selon Evagre, ce sont les larmes : « Lorsque nous nous heurtons au démon de l'acédie, alors, avec des larmes, divisons notre âme en deux parties : une qui console, l'autre qui est consolée, et, semant en nous de bons espoirs, prononçons avec saint David cette incantation : "Pourquoi es-tu triste, ô mon âme, et pourquoi te troubles-tu ? Espère en Dieu, car je le louerai, lui le salut de ma face et mon Dieu" (Ps. 41, 6) » [2]. La même chose se retrouve encore chez Bernard de Clairvaux par exemple : « Afflige-toi donc, et mets-toi en ta propre présence, afin de voir ta turpitude et de considérer ta folie. C'est donc ainsi que, dans ses misères, le cœur revient à lui-même, et comparait devant lui-même » (*Afflige itaque te, et statue te contra faciem tuam, ut aspicias turpitudinem tuam, et recogites stultitiam tuam*) [3]. Ce remède rejoint le précédent : les larmes n'ont pas pour but d'affliger l'âme et d'aggraver le mal, mais de la diviser et de l'amener à faire retour sur elle-même, afin de la rendre spectatrice de sa propre affliction. Les larmes permettent d'organiser la souffrance, en vue de son appropriation subjective ; elles ont une dimension réflexive sur laquelle insiste le Psaume 41 qui rassemble en un mouvement unique les larmes, la compassion et la consolation. Si l'on identifie l'acédie à la seule tristesse, on comprend mal le bénéfice des larmes. L'acédie n'est cependant pas encore un affect à proprement parler, mais plutôt un dégoût ou une lassitude diffuse. C'est en ce sens que les larmes peuvent être mobilisées comme un moyen de réappropriation. Le remède se fonde sur la dimension réflexive de l'affect et de la plainte censée ici *ranimer* ce bien intérieur laissé à l'abandon.

1. Cette « projection » doit être entendue comme un trait culturel assez commun qui permet d'exprimer l'étrangeté des pensées par rapport au moi conscient (leur *dystonie*). Cf. G. Devereux : « L'idée que les hallucinations, les obsessions ou les impulsions vives faisant irruption dans la sphère du conscient, sont étrangères au moi, était déjà connue d'Homère. Ceci démontre que les produits mêmes du psychisme peuvent être éprouvés par le moi comme ayant une origine étrangère » (*De l'angoisse à la méthode*, trad. fr., Paris, Flammarion, 1980, p. 71).

2. Evagre, *Prat.* 27.

3. Bernard de Clairvaux, *De ordine vitae* ; PL184, 518B.

Tous ces remèdes visent à fixer l'esprit et à le rendre capable de faire face aux vaines cogitations. Ils ont pour finalité la maîtrise d'une anxiété diffuse et sans objet, et non pas directement celle des représentations. Chacun à sa manière, ils reposent finalement sur les ressources des processus auto- ou méta-représentatifs. Ils ont évidemment trait à la *vocation* monastique, à la renonciation au monde et à la retraite qui vise, par la prière et la contemplation, à cultiver et entretenir la présence de Dieu en soi, échappant aux sollicitations du monde, source d'une aliénation dont le reniement de Pierre fournit le prototype ou le modèle. La prière chrétienne, appréhendée du point de vue des processus de subjectivation ne se limite pas aux seuls éléments de la discipline et du contrôle imposés par le mode de vie ascétique, au masque ou au moule sur lequel modeler l'esprit; elle figure aussi le processus d'organisation du narcissisme : la restauration de l'objet intérieur repose sur la méditation (analogue à l'absence et au sommeil) et un travail imaginatif (analogue au rêve) qui a pour thème l'évangile, la vie, la mort et la résurrection d'un objet médiateur, le Christ, symbole de la condition de l'âme prise dans la tourmente du monde. L'acédie peut alors être comprise à la lumière de l'échec de cette tentative de restauration : la torpeur ou l'engourdissement, comme une forme dégradée de sommeil, et les vaines cogitation, comme l'expression d'une incapacité à rêver.

Dans le cas de Montaigne, le contexte social et culturel est évidemment tout à fait différent. L'*otium cum litteris*, le loisir occupé à la fréquentation des auteurs anciens, se substitue à la prière et à la médiation de l'Evangile : sa fonction de restauration peut cependant être regardée comme analogue. Il en irait de même de la crise à laquelle se heurte l'entreprise et qui relève d'une forme de réaction thérapeutique négative assez comparable, qui témoigne assez de l'état de détresse de Montaigne. Pascal ne s'y était pas trompé lorsqu'il dénonçait le « sot projet de se peindre » au centre des *Essais*.

Les remèdes préconisés par la tradition monastique sont très différents de ceux que mobilise Montaigne, d'abord parce qu'ils s'adressent à des religieux dont le mode de vie très spécifique repose sur la méditation et la prière. On pourrait cependant reprendre chacun de ces préceptes pour montrer comment ils trouvent leur écho ou leur traduction dans les *Essais*.

Le premier des moyens mobilisés par Montaigne, c'est l'enregistrement des pensées, la « mise en rôle ». Le but est d'apprendre à vivre pleinement les vaines pensées, et d'y associer son âme, comme aux plaisirs, « non pas pour s'y engager, mais pour s'y agréer, non pas pour s'y perdre, mais pour s'y trouver »[1]. On trouve encore chez Montaigne l'idée d'un bon usage des larmes qui permettent de restaurer le rapport à soi en réinvestissant le bien intérieur : la honte qui conduit le sujet à « épier son ombre », comme le Richard III de Shakespeare, est aussitôt associée au plaisir né de la restauration du rapport à soi, à la manière dont les larmes appellent la consolation, dédoublant l'âme, non pour la séparer d'elle-même, mais pour en reconquérir l'unité, en lui donnant une forme capable de contenir la puissance centrifuge et aliénante des vaines cogitations.

Acédie, incurie et auto-exclusion

Il y aurait encore bien d'autres choses à dire sur cette idée d'un livre « consubstantiel à son auteur ». J'ai seulement évoqué les « chimères » et rêveries fantastiques en rapprochant le vagabondage d'esprit des textes monastiques qui brossent un tableau clinique très vivant de l'acédie. J'ai tenté d'appréhender par là le « mal » dont Montaigne se plaint et qu'il caractérise de manière tout à fait spécifique : « Je suis de moi-même non mélancolique, mais songe-creux ». Ce qui permettrait de situer assez rigoureusement l'auteur des *Essais* quelque part entre saint Antoine et Emma Bovary.

Plutôt que de m'attacher à identifier dans l'acédie les symptômes convenus de nos états anxio-dépressifs, j'ai préféré m'en tenir à la définition clinique de cette souffrance liée à la lassitude ou au dégoût « relatif au bien intérieur » qui caractérise une forme de deuil ou de désinvestissement de l'objet, assez différent du processus mélancolique.

J'ai voulu présenter aussi l'acédie du point de vue des circonstances psychosociales dans lesquelles elle apparaît : comme un phénomène historiquement et socialement déterminé par un mode de vie spécifique, lié à l'émergence de la spiritualité et à la pratique du monachisme érémitique, et comme un mal suffisamment important pour compter parmi les facteurs qui ont conduit à l'institution des communautés cénobitiques (monastères) dont la discipline visait à faire face aux effets psychiques de l'isolement et de la solitude, aussi bien qu'au soupçon d'hérésie associé à l'itinérance. Ces conditions psychosociales de l'acédie, aussi bien que les réponses d'ordre pratique qu'on a tenté de leur apporter, apportent un éclairage

1. Montaigne, *Essais*, III, 13, 1112C. L'appel à la « maîtrise » stoïcienne des représentations est toujours pondérée par la référence au plaisir et à la passivité. Activité et passivité sont les deux moments à partir desquels se structure ou s'organise la « relation à soi » : la réflexion ne divise pas le sujet, mais unit, en repliant l'un sur l'autre, le sentant et le senti, selon un processus d'identification de soi à soi. Le thème est classique depuis Aristote qui mentionne, aussi bien au sujet de l'amitié que des rêves, cette *synaesthesis* (par laquelle on se sent sentir).

précieux sur les processus psychiques en jeu dans cette forme particulière de tristesse et de dégoût de soi. La *vocation* monastique, comme le chamanisme, peut être appréhendée comme un exemple de ces « modèles d'inconduite » dont parle G. Devereux, c'est-à-dire comme l'expression d'un idéal socialement négativiste qui répond à la désorganisation des repères culturels des premiers siècles du christianisme. Cette conjoncture particulière impose évidemment la prudence face à la tentation que l'on pourrait avoir d'extrapoler et de transposer trop vite le tableau clinique que livrent les textes anciens, à des situations historiquement et culturellement trop différentes.

On peut cependant prendre les choses sous un angle un peu différent, et appréhender ces circonstances psychosociales du point de vue des processus psychiques et du fonctionnement mental qu'elles permettent de figurer au dehors, d'externaliser et de symboliser. La pratique psychanalytique repose sur une complexification de l'opposition entre la méthode explicative et la démarche compréhensive. Pour interroger l'expérience émotionnelle du sujet confronté à son monde et aux événements de son histoire, elle commence par traiter ces éléments comme les matériaux d'un rêve, non pour les priver de toute réalité, mais au contraire pour s'interroger sur la manière dont le sujet parvient à faire face à une réalité qu'il est appelé à organiser et à métaboliser pour lui donner la forme d'une expérience compréhensible. C'est l'idée que *le rêve, « gardien du sommeil », n'est pas seulement l'effet du retrait narcissique du sujet, mais qu'il est aussi bien la marque de son échec* : il serait plutôt une réponse aux perturbations et à la pression qu'exercent des pensées dont l'étrangeté menace le sommeil. Les rêves sont peuplés de choses et de personnages qui, de l'aveu du rêveur, « n'ont rien à y faire ». Pour *comprendre* et s'approprier cette matière psychique, le rêve commence par les *expliquer* et les projeter, les diffracter au dehors et les figurer dans l'espace de la représentation. La subjectivation et la réflexivité reposent sur cet entrelacs du perceptif et de l'hallucinatoire. Pareillement, traiter d'un matériel clinique, c'est l'interroger du point de vue de l'expérience possible qu'il implique, et l'appréhender à la lumière de ce travail du rêve, c'est-à-dire pour autant précisément qu'il « ne va pas de soi » et résiste au narcissisme et à sa méthode compréhensive. *Ce qui ne se comprend pas, il faut tâcher de l'expliquer.*

Ainsi entendue, cette fonction du rêve n'est pas très différente du rôle que l'on assignait jusqu'à l'époque moderne à la mémoire : celui d'organiser et de disposer la matière psychique recueillie par les sens, déposée et inscrite dans l'imagination et la *phantasia*, c'est-à-dire les traces mnésiques de la rencontre avec l'objet. Il s'agit bien, comme l'écrit

Giordano Bruno, de « faire bonne colonie de notre esprit et de notre pensée (*fare buona colonia del nostro animo e pensiero*) » [1]. L'expression dit assez la dimension projective de cette activité d'organisation, mais elle invite également à prendre en considération les difficultés et les tensions bien connues auxquelles s'expose cette stratégie d'annexion. Chez Montaigne, le projet d'écriture est lié à cette fonction de la mémoire : il s'agit de tenir le registre (*contrerôle*) des pensées, de « [s']étaler entier », afin de faire paraître, comme sur une planche anatomique, « d'une vue, les veines, les muscles, les tendons », « chaque pièce en son siège ». Et cette fonction est encore rapportée à la capacité de rêver, pour autant que c'est à la mémoire que revient le rôle de « ranger [la] fantaisie à rêver même par quelque ordre et projet » [2].

L'acédie marque l'échec de cette fonction d'organisation et d'appropriation. Elle est ce trouble de la pensée, mélange de honte et d'incurie, qui témoigne d'une défaillance du travail du narcissisme. C'est en ce sens que l'on peut interpréter les remarques de D. Winnicott citée au commencement de ce chapitre. La pseudo-adaptation du sujet, coupée de la vie émotionnelle, se traduit par un fonctionnement dissocié qui échoue à réaliser le travail d'intégration : à la différence du rêve « qui va de pair avec la relation d'objet dans le monde réel, tout comme la vie dans le monde réel s'accorde avec le monde du rêve », le fantasme est « un phénomène isolé qui ne participe ni du rêve, ni de la vie » [3]. L'incapacité de se « rasseoir en soi », de « jouir loyalement de son être » (ou encore, dans le langage de la tradition monastique : de tirer plaisir et joie de la présence en nous de Dieu) témoignerait que le sujet désespère de pouvoir dépendre de quelqu'un.

Dans son essai sur la mélancolie, Freud montre comment la perte impose un travail de deuil qui doit passer normalement par le désinvestissement progressif de l'objet d'amour. La mélancolie marque l'échec de ce désinvestissement : « les auto-reproches sont des reproches contre un objet d'amour, basculés de celui-ci sur le moi propre ». Ce basculement s'explique par l'identification du moi avec l'objet abandonné : « L'ombre de l'objet tomba ainsi sur le moi qui put alors être jugé par une instance particulière comme un objet, comme l'objet délaissé. De cette façon, la perte d'objet s'était transformé en une perte de moi, le conflit entre le moi et la personne aimée en une scission entre la critique du moi et le

1. Giordano Bruno, *Spaccio de la bestia trionfante, L'expulsion de la bête triomphante* (I, 2), éd. G. Acquilecchia, trad. fr. J. Balsamo, Paris, Les Belles Lettres, 1999, p. 123.

2. Montaigne, *Essais*, II, 6, 379C ; II, 18, 665C.

3. D. Winnicott, *Jeu et réalité*, *op. cit.*, chap. II : « Rêver, fantasmer, vivre. Une histoire de cas illustrant une dissociation primaire », p. 65-66.

moi modifié par identification »[1]. Cette forme d'identification confond l'objet avec le moi : l'objet qui avait été traité comme une partie du moi et incorporé à l'économie narcissique du sujet, ne peut plus être désinvesti et rejeté sans qu'une partie du moi ne succombe également à l'examen critique. Ici, « l'ombre de l'objet » renvoie au processus d'assimilation ou de métabolisation propre au narcissisme qui efface les traces de la rencontre historique avec l'objet pour « l'incorporer à son organisation »[2]. Dans la suite de l'article, Freud propose de rapporter l'insomnie mélancolique à l'incapacité dans laquelle se trouve le sujet de traiter ces traces : « L'insomnie de la mélancolie atteste bien de la rigidité de cet état, l'impossibilité d'exécuter la rentrée générale des investissements requise pour le sommeil »[3].

On peut comprendre l'acédie à la lumière du processus mélancolique. Elle ne correspond plus à l'impossibilité pour le moi de désinvestir l'objet narcissique, mais témoignerait plutôt des effets de ce désinvestissement lui-même. L'objet n'est plus ni aimé ni haï, mais le moi n'en est pas restauré pour autant : la perte d'investissement vient ici compromettre la capacité d'aimer du sujet. Autrement dit, l'ombre de l'objet continue de peser sur le moi, mais elle n'est pas non plus traitée par la haine. Elle envahit le moi, jusqu'à le chasser ou l'expulser pour ainsi dire hors de lui-même, lui interdisant, comme dit Montaigne, de « se rasseoir en soi ». On peut ainsi rapprocher cette « lassitude relative au bien intérieur », comme la riche clinique qui en illustre les effets, de la clinique de l'*auto-exclusion* que l'on rencontre dans la grande précarité. La haine et la culpabilité mélancolique cèdent la place à ce mélange de *honte* et d'*incurie* justement relevé par les directeurs spirituels des premiers siècles du christianisme.

L'incurie propre à l'acédie invite ainsi à réfléchir aux destins possibles de l'ombre d'un objet désinvesti, réduit à l'état de déchet, de débris ou de relique. On a vu comment les remèdes visaient à relancer le travail de la *memoria* et à réinvestir les traces du « bien intérieur », au moyen des larmes, de la prière ou de la méditation de la passion du Christ. Il s'agit de mobiliser les ressources projectives, non pas à des fins d'évacuation, mais dans le but de *ranimer* les « éléments dissociés » du soi, « dispersés et gisants épars » (Winnicott). L'écriture de Montaigne procède d'une même logique : l'enregistrement des vaines pensées n'a pas pour fin leur

1. S. Freud, « Deuil et mélancolie », OC, XIII, p. 269 ; GW, X, 434 ; OC, XIII, p. 270 ; GW, X, 435.
2. S. Freud, *Inhibition, symptôme, angoisse* (1925), OC, XVII, p. 216 ; GW, XIV, 125-126.
3. S. Freud, « Deuil et mélancolie », OC, XIII, p. 274 ; GW, X, 43.

seule conservation et leur accumulation, mais leur réappropriation et leur réinvestissement par le sujet.

Cette double fonction de conservation et d'appropriation de la mémoire est évidemment au cœur de l'écriture de Montaigne. Le projet de tenir le registre des vaines pensées, d'augmenter, sans rien retrancher, le livre au fil des éditions successives, suffirait à rapporter l'entreprise à une forme de compulsion accumulatrice (« syndrome de Diogène ») que l'on rencontre dans la clinique psychosociale : les *Essais* sont expressément présentés comme un entassement sans unité des débris et des fragments d'une culture humaniste en crise, dont la « contexture informe » est à l'image du sujet acédiaque. La vocation de l'écrivain, comme l'incurie accumulatrice, peuvent aussi être regardée comme une tentative de faire face à ce dégoût ou cette lassitude relative au bien intérieur en mobilisant les ressources projectives de la psyché : une solution qui vise à contenir ou limiter l'hémorragie du moi, avant d'en restaurer les investissements.

CONCLUSION

> — Quel est votre nom, mon ami ?
> Et lui qui ne savait son nom, *devine* et dit qu'il avait nom Perceval le Gallois, et ne sait s'il dit vrai ou non (*Le conte du Graal ou le roman de Perceval*, v. 3510-3514).

Je n'ai pas cherché à comprendre l'œuvre par l'homme. Il paraît évidemment difficile de douter que les morceaux autobiographiques nous renseignent, d'une manière ou d'une autre, sur celui qui les a écrits. Je suis parti de l'idée que le précepte delphique : *Connais-toi toi-même*, pouvait être regardée comme une *injonction paradoxale*, c'est-à-dire comme l'une de ces formules qui procèdent de « l'effort pour rendre l'autre fou ». On pourrait interpréter l'invention par Socrate du modèle de « vie philosophique » comme une *réponse* possible à cette injonction. Je me suis principalement intéressé à un autre moment historique, celui qui voit émerger ce qu'il est convenu d'appeler la « conception moderne de la subjectivité ». Pour cela, je me suis limité à quelques textes de la tradition littéraire et philosophique des XVIe et XVIIe siècle, tirés, pour l'essentiel, des œuvres de Montaigne et de Descartes. Il ne s'agissait pas de proposer une synthèse sur les notions de personne ou de *soi* à l'âge classique, ni même d'examiner ce que les auteurs abordés en ont pensé, ou encore ce qu'ils auraient pu en penser s'ils avaient eu à s'expliquer là-dessus. Cette approche a son intérêt, mais elle peut laisser sur sa faim quiconque voudrait soumettre ces concepts à l'épreuve des faits, c'est-à-dire appréhender, sous l'angle de la pratique et des effets, le bel agencement théorique ainsi exhumé. Mûrie par une insatisfaction de ce genre, mon intention a été d'aborder plutôt la question *d'un point de vue clinique*, à partir d'expériences singulières, mais typiques, de désorganisation identitaire, et d'interroger par là quelques enjeux de l'activité de pensée et d'écriture, du travail de symbolisation et de socialisation permettant de transformer en œuvre de culture, communicable et partageable, le potentiel traumatique de telles expériences. Pour cela, je me suis appuyé sur l'approche économique propre à la psychanalyse, en portant mon attention moins sur l'intentionnalité inconsciente, que sur les conditions permettant à cette intentionnalité d'émerger et de s'organiser, autrement dit de donner forme à des processus en eux-mêmes inconscients et inconnaissables, d'abord appréhendés par l'impact qu'ils ont sur la vie psychique.

1) J'ai fait le pari que le philosophe ou l'historien pourrait tirer parti de cette approche, pour peu qu'il accepte de renoncer, au moins pour un temps, à prendre pour objet des constructions ou des systèmes conceptuels, pour interroger ces effets de cohérence sous un autre jour, comme le produit ou le résultat d'un travail d'élaboration qui, comme dans le cas du rêve, permet de transformer ces « fantômes sans forme » ou ces « songes vains » qui « s'enfuient à tire d'aile sur le sillage du sommeil » (Eschyle), en « visions pures, claires, et bienheureuses » qui peuplent le « ciel serein des divinités homériques ». Montaigne aussi bien que Descartes invitent d'ailleurs à une telle démarche, puisque leurs écrits interrogent expressément l'activité de pensée du point de vue de ce travail de mise en forme ou d'élaboration secondaire que les Anciens confiaient à la *mémoire*.

Au nom de cette approche, j'ai proposé d'appréhender les textes philosophiques, non pas selon l'ordre des « raisons », mais du point de vue de l'expérience possible ou vraisemblable qu'ils mettaient en scène, de la relation qu'entretient ainsi sujet méditant avec ses propres objets de pensée, mais également de son transfert sur l'activité de pensée et d'écriture elle-même. A cet égard, il m'est vite apparu que Montaigne et Descartes indiquaient, chacun à sa manière, comment la question identitaire (*Qui suis-je?*) étaient indissociable d'enjeux narcissiques; et que, sous l'interrogation relative aux instruments de connaissance et aux limites du savoir (*Que sais-je?*), se profilait celle des frontières du sujet, le spectre de la tromperie et de l'influence, et son cortège d'étrangetés, mettant le sujet sous l'emprise de cette ombre énigmatique qui rend méconnaissables et menaçantes ces « possessions du moi » dans lesquelles le sujet était appelé à se reconnaître. J'ai voulu par là interroger la *réflexivité* du point de vue de ces *restes* qui résistent à l'appropriation, de ces pensées ou chimères dont le retour menace le sentiment de continuité et d'intégrité du sujet. Parce qu'ils résistent à la méthode compréhensive du narcissisme, ces restes doivent être expliquées et objectivés, c'est-à-dire mobiliser les ressources projectives de l'appareil psychique. Descartes et Montaigne interrogent, chacun à leur manière, la situation ambiguë du moi confronté aux revendications de ces pensées qui risquent de mettre en échec son travail de synthèse ou de liaison. J'ai voulu montrer comment le cogito pouvait aussi être conçu comme le résultat d'une telle confrontation, et comme l'effet d'une stratégie paradoxale par laquelle, pour faire face à l'emprise de ses propres pensées, le sujet n'a d'autre recours que *d'employer tous ses soins à se tromper lui-même*.

2) Cet horizon problématique appelait ainsi une *clinique de la théorie* [1] proposant d'appréhender l'activité de pensée du point de vue des processus mis en scène dans les textes, autrement dit du théâtre de la représentation et des ressources projectives et figuratives du sujet, capable de forger des fictions ou encore de se tromper soi-même, feignant qu'il rêve pendant qu'il est endormi. C'est ainsi que j'ai rappelé la définition que Leibniz avance de l'identité personnelle, comme « apparence de soi accompagnée de vérité ». Une formule qui peut assurément s'entendre à la lumière de la conception architectonique sur laquelle repose la notion de « phénomènes bien fondés », mais qui peut aussi être comprise, comme y invite Leibniz lui-même, à la suite d'auteurs comme Platon et Plutarque, du point de vue de la définition de la pensée comme *dialogue de l'âme avec elle-même* : ce qui fait l'identité, c'est une « âme intelligente [...] qui dit ce moi qui dit beaucoup ». A la lumière, autrement dit, d'une situation qui trouverait de très nombreuses illustrations, aussi bien dans le monde social que sur la scène psychique.

Cette clinique de la théorie pourrait s'autoriser de l'idée de Freud selon laquelle « une large part de la conception mythologique du monde, conception qui s'étend jusqu'aux religions les plus modernes, n'est rien d'autre qu'une *psychologie projetée dans le monde extérieur* » et qu'il serait possible de « se risquer à résoudre de cette manière les mythes du paradis et de la chute par le péché, de Dieu, du bien et du mal, de l'immortalité, etc., à transposer la *métaphysique en métapsychologie* » [2]. Elle s'en écarte cependant dans la mesure où elle ne vise pas à réduire ou résoudre les thèses philosophiques en rapportant leur signification à une théorie de l'appareil psychique, mais plutôt à relancer l'activité théorisante (y compris métapsychologique), en la rapportant à l'expérience qui les portent. L'hypothèse sur laquelle se fonde cette clinique propose ainsi de réfléchir l'activité de pensée à la lumière du nécessaire travail

1. Voir R. Roussillon, qui renvoie à une suggestion de J.-L. Donnet : « Pour une clinique de la théorie », *Psychothérapies*, 27, 2007/1, p. 3-9.

2. S. Freud, *Psychopathologie de la vie quotidienne*, OC, V, p. 354-355 ; GW, 287-288.

de métabolisation du narcissisme fondé sur l'effacement des traces historiques de l'expérience.

J'ai cherché à souligner l'ambiguïté de l'activité de pensée ainsi entendue, et de son effort d'abstraction qui revient à *transformer en signes* les traces de l'expérience vécue et de son potentiel traumatique[1]. La négation sur laquelle repose cette capacité d'abstraction peut assurément être regardée comme un appauvrissement, un principe d'oubli, de refoulement ou de clivage, mais elle peut aussi être appréhendée du point de vue des processus de figuration et de symbolisation au moyen desquels le sujet peut s'enrichir de nouveaux objets de pensée. Cette ambiguïté est au cœur de la notion de projection dont la fonction d'évacuation est finalement indissociable des capacités expressives qui organisent la réflexivité. Avec Montaigne et surtout Descartes, j'ai proposé de montrer comme le travail de pensée s'appuie expressément sur ce voisinage entre le processus délirant et la capacité d'élaboration et de symbolisation. Ce voisinage, déroutant à première vue, n'a bien évidemment pas de quoi surprendre, pour autant que le délire qui s'organise au moyen de débris d'objets culturels et sociaux (ou de notions caduques comme celle d'un « Dieu trompeur »), mobilise bien les ressources projectives de la psyché afin de faire face à des formes de désorganisation qui peuvent aller jusqu'à l'auto-exclusion : ainsi ces insensés, bien connus de la clinique psychosociale, qui « assurent constamment qu'ils sont des rois, lorsqu'ils sont très pauvres, qu'ils sont vêtus d'or et de pourpre, lorsqu'ils sont tout nus ».

La clinique de la théorie prend pour objet non pas un contenu inconscient et refoulé qui affleurerait sous la surface du discours rationnel de la philosophie, à la manière d'un symptôme, mais plutôt cette *pensée par images* qui habite les abstractions conceptuelles, les porte et permet au sujet de les investir comme siennes. Le présupposé d'une telle approche est qu'il n'y a pas de pensée possible sans un accompagnement de ce genre qui mobilise des ressources projectives grâce auxquelles on peut, comme l'écrit Bruno, « faire bonne colonie de notre esprit et de notre pensée » (*fare buona colonia del nostro animo e pensiero*) : à condition de pouvoir figurer et de représenter des processus en soi insaisissables, et de les transformer en une « expérience vécue compréhensible ».

1. J'emprunte librement l'expression à Proust. Voir T. Dagron : « Proust et le "livre intérieur de signes inconnus". Mémoire, sublimation et refoulement », *Revue française de psychanalyse*, 81, 2017/3, p. 121-132.

J'ai voulu montrer comment cette pensée par images, dont le rêve serait le modèle, était au cœur du cogito et de son dispositif réflexif qui s'appuie sur la mise en scène de la fiction du malin génie. Il m'est apparu que si la volonté avait sa part dans le doute méthodique, c'était d'abord sous la forme de ce recours à la fiction et à travers cette décision sans doute paradoxale de *se tromper soi-même*, par laquelle le sujet, suspendant la question du jugement d'existence, peut *décider qu'il rêve*, et contempler son esprit errer à sa guise. C'est le sens que l'on peut encore donner à cette recommandation technique que l'on trouve dans la Seconde Méditation : « Mais je vois bien ce que c'est, mon esprit se plaît à s'égarer (*gaudet aberrare mens mea*), et ne se peut encore contenir dans les justes bornes de la vérité. Relâchons-lui donc encore un peu la bride, afin que venant ci-après à la retirer doucement et à propos, nous le puissions plus facilement régler et conduire »[1]. Un procédé qui passe par la « douce persuasion » et que l'on trouve au cœur de la démarche de Montaigne. Mais sur lequel s'appuie également, à sa manière, la règle fondamentale de la pratique psychanalytique.

Cette définition de l'activité de pensée n'est pas neuve. Elle pourrait bien s'enraciner dans une conception que l'on trouve notamment chez Aristote et ses commentateurs médiévaux qui mettent au premier plan la dimension projective de l'imagination dont le modèle est bien évidemment le processus du rêve : « notre intellection – c'est-à-dire les opérations de notre intellect – ou bien est imagination (*phantasia*), ou bien n'a pas lieu sans imagination (*intelligere nostrum (id est operationes nostri intellectus) aut est phantasia aut non sine phantasia*) » ; ou encore : « nous n'intelligeons pas, sinon par réflexion sur les images (*non intelligimus, nisi phantasmata speculemur*) ». Des formules ainsi commentées par Giordano Bruno : « c'est pourquoi les philosophes sont d'une certaine manière des peintres et des poètes, les poètes, des peintres et des philosophes, et les peintres, des poètes et des philosophes. [...] Car nul n'est philosophe s'il ne feint ni ne peint (*non est enim philosophus, nisi qui fingit et pingit*) »[2]. Bien que Descartes inaugure certainement une représentation nouvelle et révolutionnaire de la subjectivité, il rencontre et met en pratique dans ses *Méditations* cette conception ancienne qui rapporte la pensée à l'activité de figuration des peintres aussi bien qu'au pouvoir d'affabulation des poètes.

1. Descartes, Seconde Méditation, AT, VII, 29, 28-30, 2.

2. Giordano Bruno, *Explicatio triginta sigillorum, Opera latine conscripta*, Naples, 1879-1891, II, 2, p. 33.

En proposant de suivre le défilé de ces images qui accompagnent la pensée, qui la portent et lui donnent vie, j'ai cherché à appréhender la dimension économique et pulsionnelle de l'activité intellectuelle.

3) L'exploration de ces enjeux relatifs au transfert sur les pensées et l'activité de pensée, supposait de revenir sur l'illusion solipsiste au fondement de la notion de « narcissisme primaire ». C'est ce que j'ai tenté de faire en défendant l'idée selon laquelle, au regard de l'activité d'élaboration secondaire, le rêve doit être considéré comme un phénomène social, et qu'il met en jeu des processus qui ont trait au travail de socialisation. Son activité de métabolisation et d'intégration doit naturellement être appréhendée du point de vue d'une exigence de travail psychique et de la nécessité de lier l'énergie en provenance du ça, mais elle regarde également l'impact des expériences de socialisation à l'origine de la formation de cette instance également anonyme et énigmatique qu'est le surmoi, défini par Freud comme un précipité d'identifications. Je suis parti du constat que « la psychologie individuelle est aussi, d'emblée, simultanément, psychologie sociale ». De cette idée, défendue par Freud dans *Psychologie des masses et analyse du moi*, que « l'opposition entre actes psychiques sociaux et narcissiques » ne suffit cependant pas à « séparer [la psychologie individuelle] d'une psychologie sociale ou psychologie des masses »[1]. Autrement dit de l'idée selon laquelle le narcissisme lui-même doit *également* être « apprécié comme phénomène social »[2].

Sous cet aspect, j'ai insisté sur cette fonction de la pensée qui consiste à transformer en signes les traces de l'expérience vécue, à leur donner une forme non seulement compréhensible, mais également partageable et communicable. Ce travail que l'on appréhende souvent en évoquant

1. S. Freud, *Psychologie des masses et analyse du moi*, OC, XVI, p. 5; GW, XIII, 74.

2. Il s'agissait notamment de prendre acte d'un reproche souvent fait à la psychanalyse : son approche centrée sur la réalité interne et la souffrance psychique interdirait de prendre en compte l'origine sociale de cette souffrance. Cette ignorance aurait pour conséquence de renforcer l'isolement du sujet et finalement la précarité et la vulnérabilité de l'individu, confronté à une situation objective en elle-même désorganisante. J'ai cherché (chapitre VII) à montrer cependant l'intérêt de la démarche consistant à traiter de cette réalité comme un rêve, non pour en disqualifier l'impact effectif, mais au contraire pour l'organiser et le transformer en une « expérience vécue compréhensible ». On peut entendre ainsi la fonction à première vue étrange, que Freud (dans les *Études sur l'hystérie*) attribue au traitement analytique : celle de transformer la « misère hystérique » en « malheur commun » (*gemeines Unglück*). Elle témoigne évidemment des limites de la pratique psychanalytique (à la différence de pratiques promettant une complète « réalisation de soi », c'est-à-dire le *bonheur*), mais aussi de sa visée possible : rendre communicable et partageable ce malheur associé au destin et à la réalité, le mettre en commun et le rendre mobilisable dans la pratique.

l'idée d'un transfert sur l'appareil de langage, j'ai proposé de l'entendre de manière plus générale du point de vue de l'investissement des ressources expressives et du médium au service l'activité de figuration, à partir de l'idée d'un *transfert sur les objets culturels et sociaux*, c'est-à-dire aussi bien sur le monde de la culture que sur cette réalité sociale dans laquelle vit et évolue le sujet. C'est ainsi que je me suis appuyé sur Cervantès qui, dans son « Licencié de verre », propose d'associer le délire hypocondriaque de son personnage à la médisance bouffonne qui le conduit à brocarder le monde social comme un repère de brigands, mais également à la merveilleuse agilité d'esprit dont il fait preuve. J'ai considéré que Cervantès invitait à mettre en relation trois formes solidaires de désordre narcissique : une hypocondrie relative au corps propre, une hypocondrie relative au corps social, et une troisième forme d'hypocondrie, relative aux processus de pensée. Autrement dit, trois manifestations d'un même sentiment d'étrangeté dont font état aussi bien Montaigne que Descartes.

Au fil des chapitres qui composent cet travail, j'ai voulu suggérer la fécondité d'une telle approche non seulement pour la lecture des textes philosophiques, mais également pour la pratique analytique, nécessairement aux prises (à des degrés divers) avec ces souffrances narcissiques et identitaires qui ont trait à la capacité de « mettre en relation ce qui est objectivement perçu et ce qui est subjectivement conçu ». L'enjeu est ici de rendre audible et interprétable ce transfert sur les objets culturels et sociaux : aussi bien sur les contenus de représentation que sur l'activité de pensée elle-même.

4) Lorsqu'il confronte la conception moderne du sujet et de la subjectivité aux conditions sociales dont elle émerge, Marx met en avant le paradoxe suivant :

> Plus on remonte dans le cours de l'histoire, plus l'individu, et par suite l'individu producteur lui aussi, apparaît dans un état de dépendance, membre d'un ensemble plus grand : cet état se manifeste d'abord de façon tout à fait naturelle dans la famille, et dans la famille élargie à la tribu ; puis dans les différentes formes de communauté issues de l'opposition et de la fusion des tribus. Ce n'est qu'au XVIIIe siècle, dans la “société civile bourgeoise”, que les différentes formes d'interdépendance sociale se présentent à l'individu comme un simple moyen de réaliser ses buts particuliers, comme une nécessité extérieure. Mais l'époque qui engendre ce point de vue, celui de l'individu singulier singularisé, est précisément celui où les rapports sociaux

(et de ce point de vue, universels) ont atteint le plus grand développement qu'ils aient connu [1].

On pourrait sans doute faire remonter un peu plus loin l'époque de ces robinsonnades. J'ai pourtant tenté de montrer comment Descartes, Montaigne et Cervantès s'étonnaient encore des effets de cette « contre-résistance à la hantise du monde », et de l'étrangeté du travail d'effacement à l'origine de cette illusion narcissique propre au sujet moderne. Comment Descartes lui-même, avec humour, adossait expressément la découverte de soi à la puissance affabulatrice de l'imagination et à l'art de se tromper soi-même.

1. Marx, *Manuscrit de 1857-1858* (« Grundrisse »), trad. fr. J.-P. Lefebvre *et al.*, Paris, Éditions sociales, 1980, t. 1, p. 18.

BIBLIOGRAPHIE

Liste des abréviations

Amyot : Plutarque, *Œuvres morales et meslées*, trad. Amyot, Paris, 1572.
AT : Descartes R., *Œuvres*, éd. Ch. Adam et P. Tannery, 13 vol., Paris, Vrin-CNRS, 1964-1974, rééd. 1996.
GW : Freud S, *Gesammelte Werke*, 19 vol., Frankfurt am Main, Fischer, 1940-1987.
OC : Freud S., *Œuvres complètes. Psychanalyse*, J. Laplanche (dir.), 20 vol., Paris, P.U.F., 1991-2015.
PL : *Patrologia latina*, éd. J. P. Migne, Paris, 221 vol., 1844-1865.
Les *Essais* de Montaigne sont cités d'après l'édition de P. Villey : M. de Montaigne, *Les essais*, éd. P. Villey, Paris, P.U.F., (1924), 1965. Le numéro de page est suivi (le cas échéant) de l'indication de l'édition (A : 1580-1582 ; B : 1588 ; C : exemplaire de Bordeaux).
Les *Œuvres morales* de Plutarque sont cités dans la traduction d'Amyot, dont la référence est précédée de celle de l'édition grecque d'Henri Etienne, usuelle.

Sources littéraires et doctrinales

Je n'indique pas ici de manière exhaustive toutes les sources utilisées. Pour les classiques grecs et latins, je donne les textes dans les références habituelles et je reprends, le plus souvent, les éditions et les traductions des CUF (Classiques des Universités de France, Paris, Les Belles Lettres). Pour des raisons liées à la nature du travail présenté ici, j'ai parfois cité certaines traductions en circulation aux XVIe et XVIIe siècles. Pareillement, je mentionne à l'occasion les versions latines des textes d'Aristote et d'autres auteurs grecs, usuelles à l'époque de Montaigne et de Descartes.

Grans et merveilleux Faitz du seigneur Nemo, par A. de Montaiglon, in *Recueil de poésies françaises des XVe et XVIe siècles, morales, facétieuses et historiques*, t. XI, Paris, 1876, p. 313-342.

ARISTOTE, *Aristotelis opera cum Averrois commentariis*, Venise, 1562.
– *Métaphysique*, trad. Tricot, Paris, Vrin, 1981.
– *Ethiques d'Aristote*, trad. Ph. Le Plessis, Paris, 1553.
– *Ethique à Nicomaque*, trad. Tricot, Paris, Vrin, 1983.
– *Ethique à Nicomaque*, trad. R. Boéüs, Paris, Garnier-Flammarion, 2004.
– *Rhétorique*, trad. P. Chiron, Paris, Garnier-Flammarion, 2007.
AULU-GELLE, *Nuits attiques*, trad. Verteuil, Paris, 1776.
AVERROÈS (Ibn Rushd), *Aristotelis opera cum Averrois commentariis*, Venise, 1562.
BAILLET A., *Vie de Monsieur Descartes*, Paris, 1691.
BOSSUET J.-B., « Esquisse d'un sermon sur la médisance », in *Œuvres complètes*, VII, Paris, 1870.
– *Maximes et réflexions sur la comédie*, Paris, 1694.
BRUNO G., *Opera Latine Conscripta*, Naples, 1879-1891 (8 vol. en 3 tomes).
– *L'expulsion de la bête triomphante*, éd. G. Acquilecchia, trad. J. Balsamo, Paris, Les Belles Lettres, 1999.
– *Opere magiche*, éd. S. Bassi, E. Scapparone, N. Tirinnanzi, Adelphi, Milan 2000.
– *De la magie*, trad. fr. D. Sonnier et B. Donné, Paris, Allia, 2000.
– *Des liens*, trad. fr. D. Sonnier et B. Donné, Paris, Allia, 2001.
CARDAN J., *Somnium Synesiorum libri quattuor* (1562) ; éd. trad. J.-Y. Boriot, Florence, Olschki, 2008.
CERVANTÈS M. de, *Novelas ejemplares*, éd. H. Sieber, Cathedra, Madrid, 1980, 2009 ; *Nouvelles exemplaires*, trad. J. Cassou, Paris, Gallimard, 1949 (Folio, 1981).
CHRYSOSTOME J., *Homélies ou sermons de Jean Chrysostome sur les Epîtres de saint Paul aux Ephésiens et aux Galates*, Paris, 1690.
CICÉRON, M. T., *Les questions Tusculanes de Marc Tulle Ciceron*, trad. E. Dolet, s. l., 1544.
DANDREY P. (dir.), *Anthologie de l'humeur noire : écrits sur la mélancolie d'Hippocrate à l'Encyclopédie*, Paris, Gallimard, 2005.
DESCARTES R., *Œuvres*, éd. Ch. Adam et P. Tannery, 13 vol., Paris, Vrin/CNRS, 1964-1974, rééd. en poche, 1996.
DIDEROT D., *Le neveu de Rameau*, Paris, Garnier-Flammarion, 1983.
DIOGÈNE LAËRCE, *Vies et doctrines des philosophes illustres*, trad. coordonnée par M.-O. Goulet-Cazé, Paris, Livre de poche, 1999.
DU LAURENS A., *Discours des maladies mélancoliques et du moyen de les guérir*, Paris, 1597.
– *Discours de la conservation de la vue, des maladies mélancoliques, des catarrhes et de la vieillesse*, Paris, 1598.
ERASME D., *Eloge de la folie. Adages. Colloques*, textes choisis et traduits par C. Blum, A. Godin, J.-C. Margolin, et D. Ménager, Paris, Laffont, 1992.
– *Les adages*, éd et trad. J.-C. Saladin (dir.), 5 vol., Paris, Les Belles Lettres, 2013.
FICHTE J. G., *La destination de l'homme*, trad. J.-C. Goddard, Garnier-Flammarion, Paris 1995.

Ficin M., *Marcilii Ficini Opera*, 2 vol., Bâle, 1576.
– *Théologie platonicienne*, éd. trad. R. Marcel, Paris, Les Belles Lettres, 1964.
– *Commentarium in Convivium Platonis. De amore. Commentaire sur le Banquet de Platon*, éd. trad. P. Laurens, Paris, Les Belles Lettres, 2002.
François de Sales, *Introduction à la vie dévote*, in *Œuvres complètes*, t. 1, Paris 1870.
Galien, *Des lieux affectés*, trad. Ch. Daremberg, Paris, 1854-1856.
Hegel G. W., *Encyclopédie des sciences philosophiques. La philosophie de l'esprit*, trad. B. Bourgeois, Paris, Vrin, 1988.
– *Cours d'esthétique*, trad. J.-P. Lefebvre et V. von Schenk, Paris Aubier, 1996.
Joubert L., *Traité du ris, contenant son essence, sa cause et ses merveilleux effets*, Paris, 1579.
La Boétie E. *Discours de la servitude volontaire*, éd. A. Tournon, Paris, Vrin, 2014.
Leibniz G., *Philosophischen Schriften*, éd. C. I. Gerhardt, Berlin, 1875-1890.
– *Textes inédits d'après les manuscrits de la bibliothèque de Hanovre*, éd. G. Grua, Paris, P.U.F., 1948.
Léon Hébreu (Juda Abravanel), *Dialogues d'amour*, trad. Pontus de Tyard (1551), éd. S. Ansaldi et T. Dagron, introduction et notes explicatives T. Dagron, Paris, Vrin, 2006.
Montaigne M. de, *Essais*, éd. P. Villey, Paris, P.U.F., (1924), 1965.
Pasquier N., *Lettres de Nicolas Pasquier*, Paris, 1623.
Pic de la Mirandole G., *Œuvres philosophiques*, trad. O. Boulnois et G. Tognon, Paris, 1993.
Plotin, *Plotini Opera omnia*, Bâle, 1580 (trad. M. Ficin).
Plutarque, *Œuvres morales et meslées*, trad. Amyot, Paris, 1572.
– *Vies des hommes illustres*, trad. Amyot, Paris, 1594.
– *Vie des hommes illustres*, trad. A. Dacier, Paris, 1734.
Sainte-Marie F. de (éd.), *Les plus vieux textes du mont Carmel*, Paris, 1945.
Sénèque, *Œuvres*, trad. du Chalvet, Paris, 1618.

Ouvrages postérieurs à 1850

Je ne mentionne ici, pour l'essentiel, que les ouvrages cités. Dans cette bibliographie, comme dans les notes, j'ai intentionnellement limité au minimum les références aux études consacrées aux auteurs classiques.

Arasse D., *Le peintre dans le tableau. Essais d'iconographie analytique*, Paris, Flammarion, 1997, 2006
Baconsky Th., *Le rire des Pères. Essai sur le rire dans la patristique grecque*, Paris, Desclée de Brouwer, 1996.
Bakhtine M., *Marxisme et théorie du langage. Essai d'application de la méthode sociologique en linguistique* (1929), trad. Paris, Minuit, 1977.
– *Problèmes de la poétique de Dostoïevski* (1929), trad. Paris, L'âge d'homme, 1970.

– *Esthétique et théorie du roman*, Paris, Gallimard, 1978.

BARANGER M., « Le travail mental de l'analyste : de l'écoute à l'interprétation », *Revue française de psychanalyse*, 1993, 1, p. 225-238.

BARANGER M. et W., *Problemas del campo psyconalítico*, Buenos Aires, 1969 ; trad. (partielle), *La situazione psicoanalitica come campo bipersonale*, R. Cortina Editore, Milan, 1990 ; trad. (partielle), *The Work of confluence. Listening in the Psychoanalytic Field*, Karnac, Londres, 2009.

– « La situation analytique comme champs dynamique » (1961), trad. *Revue française de psychanalyse*, 1985, 6, p. 1543-1571.

BARANGER M. et W. MOM, « Processus et non processus dans le travail analytique » (1983), trad. *Revue française de psychanalyse*, 1996, 4, p. 1223-1242.

BATESON G., *Naven*, 1936, 2 e éd. Stanford UP, 1958.

– *Vers une écologie de l'esprit* (1972), trad. Paris, Seuil, 1977-1980 (2 vol.).

BAYLE G., *Clivage. Moi et défenses*, Paris, P.U.F., 2012.

BENJAMIN W., *Origine du drame baroque allemand* (1928), trad. Paris, Flammarion, 1985.

BLEGER J., *Symbiose et ambiguïté* (1967), trad. Paris, P.U.F., 1981.

BION W., *Recherches sur les petits groupes* (1961), trad. Paris, P.U.F., 1965.

– *Réflexion faite*, Paris, P.U.F., 1985.

– *L'attention et l'interprétation* (1970), trad. Paris, Payot, 1974.

– *Cogitations* (1992), trad. Paris, In Press, 2005.

BLUMENBERG, H., *Paradigmen zur Metaphorologie*, Suhrkamp, Francfort, 1960 (*Paradigmes pour une métaphorologie*, trad. Paris, Vrin, 2006).

BODEI R., *Destini personali. L'étà della colonizzazione delle coscienze*, Feltrinelli, Milan, 2002.

BOLTANSKI L., *La souffrance à distance. Morale humanitaire, médias et politique*, Editions Métailié, 1993, 2007.

– *Enigmes et complots. Une enquête sur les enquêtes*, Paris, Gallimard, 2012.

BOURDIEU P., *Le sens pratique*, Paris, Minuit, 1980.

– *Méditations pascaliennes*, Paris, Seuil, 1997, 2003.

BOUSQUET J., *Le médisant par bonté* [1945], Paris, Gallimard, L'imaginaire, 1980.

BRAHAMI F., *Le travail du sceptique. Montaigne, Bayle, Hume*, Paris, P.U.F., 2001.

BRUN A., B. CHOUVIER, R. ROUSSILLON, *Manuel des médiations thérapeutiques*, Paris, Dunod, 2013.

– *Formes primaires de la symbolisation*, Paris, Dunod, 2014.

BUNG G., *Vases d'argile. La pratique de la prière personnelle suivant la tradition des saints Pères*, Begrolles, 1998.

CAMPOREALE S., « Valla, retorica e linguaggio », in *Lorenzo Valla e l'umanesimo italiano*. Atti del convegno internazionale di studi umanistici (Parma, 18-19 ottobre 1984), éd. O. Besomi et M. Regoliosi, Padoue, 1986, p. 217-239.

CARRAUD V., *L'invention du moi*, Paris, P.U.F., 2010.

CARRUTHERS M., *Le livre de la mémoire. La mémoire dans la culture médiévale* (1990), trad. fr. Macula, 2002.

– *Machina memorialis. Méditation, rhétorique et fabrication des images au Moyen Âge (400-1200)* (1998), trad. Paris, Gallimard, 2002.

CASSIRER, E., *La philosophie des formes symboliques*, trad. fr., Paris, Minuit, 1972.

CASTEL R., *La montée des incertitudes. Travail, protections, statut de l'individu*, Paris, Seuil, 2009.

CASTELLI-GATTINARA, E., « Quelques considérations sur le Niemand et… Personne », in *Folie et déraison à la Renaissance*, Bruxelles, 1976, p. 109-114.

CAVAILLÉ J.-P., *Descartes. La fable du monde*, Paris, Vrin, 1991.

COTARD J., *Études sur les maladies cérébrales et mentales*, Paris, 1891.

DAGRON T., « Enjeux du délire d'influence selon Viktor Tausk : hypocondrie et processus mélancolique », *Psychanalyse et psychose*, 14, 2014, p. 151-173.

– « Proust et le “livre intérieur de signes inconnus”. Mémoire, sublimation et refoulement », *Revue française de psychanalyse*, 81, 2017/3, p. 121-132.

DAGRON T. et M. MAZEL, « Des *Olympica* à la Première Méditation : expérience onirique et délire chez Descartes », *Études philosophiques*, 4, 2018, p. 477-493.

DAGRON G., « L'homme sans honneur ou le saint scandaleux », *Annales. Economies, sociétés, civilisations*, 1990, 45, 4, p. 929-939.

– *L'hippodrome à Constantinople. Jeux, peuples et politique*, Paris, Gallimard, 2011.

DOEZALOVA L., « Absolute Alterity in the Cult of Saints : Saint Nobody », in A. Marinkovic et T. Vedris (éd.), *Identity and Alterity in Hagiography and the Cult of Saints*, Hagiogratheca, Zagreb, 2010, p. 89-101.

DESCLOS M.-L. (éd.), *Le rire des Grecs. Anthropologie du rire en Grèce ancienne*, Grenoble, Million, 2000.

DEVEREUX G., *Therapeutic Education. Its Theoretical Bases and Practice*, New York, 1956.

– « La renonciation à l'identité : défense contre l'anéantissement », *Revue française de psychanalyse*, 1967, I, p. 101-140.

– *Ethnopsychanalyse complémentariste*, Paris, Flammarion, 1972.

– *Essais d'ethnopsychiatrie générale*, Paris, Gallimard, 1973.

– *De l'angoisse à la méthode dans les sciences du comportement* (1967), trad. Paris, Flammarion, (« Champs-Flammarion », 2012).

– *Tragédie et poésie grecque. Études psychanalytiques*, Paris, Flammarion, 1975.

– *Les rêves dans la tragédie grecque*, trad. Paris, Les Belles Lettres, 2006.

DODDS E. R., *Les Grecs et l'irrationnel* (1959), trad. Paris, Montaigne, 1965.

DUGAS L., « Un cas de dépersonnalisation », *Revue de la France et de l'étranger*, 1898, p. 500-507.

DUGAS L. et F. MOUTIER, *La dépersonnalisation*, Paris, Alcan, 1911.

EHRENBERG A., *La fatigue d'être soi. Dépression et société*, Paris, Odile Jacob, 1998.

EY H., *Études psychiatriques*, Paris, Desclée de Brouwer, t. 1, 1948 ; t. 2, 1950 ; t. 3, 1954 ; éd. CREHEY, Perpignan, 2007.

FAIRBAIRN W. R. D., *Psychoanalytic Studies of the Personnality* (1952), New York, Routledge, 1990.

FEDERN P., *La psychologie du moi et les psychoses* (1952), trad. Paris, P.U.F., 1979.

FERENCZI S., *Psychanalyse. Œuvres complètes*, Paris, Payot, 4 vol., 1968-1982.

– *Journal clinique (janvier-octobre 1932)*, Paris, Payot, 1985.

FERRAND A., *Pulsion et lien d'emprise*, Paris, Dunod, 2001.

– « Honte et emprise », *Revue française de psychanalyse*, 67, 2004/5, p. 1781-1787.

FISCHBACH F., *Sans objet. Capitalisme, subjectivité, aliénation*, Paris, Vrin, 2009.

FOUCAULT M., *Folie et déraison. Histoire de la folie à l'âge classique*, Paris, Plon, 1961.

– *Le souci de soi*, Paris, Gallimard, 1984.

– *L'herméneutique du sujet*, cours de 1982, Paris, Seuil, 2001.

– *Dits et écrits*, Paris, Gallimard, 1994 (4 vol.).

FRONTISI-DUCROUX F., *Du masque au visage. Aspects de l'identité en Grèce ancienne*, Paris, Flammarion, 1995.

– *Dans l'œil du miroir*, Paris, Odile Jacob, 1997.

FURTOS J. et Ch. LAVAL (éd.), *La santé mentale en acte. De la clinique au politique*, Ramonville Saint-Ange, 1995.

FURTOS J. (éd.), *Les cliniques de la précarité. Contexte social, psychopathologie et dispositifs*, Paris, Masson, 2008.

GIOCANTI S., *Penser l'irrésolution. Montaigne, La Mothe Le Vayer, Pascal. Trois itinéraires sceptiques*, Paris, H. Champion, 2001.

GOFFMAN E., *Asiles. Études sur la condition sociale des malades mentaux et autres reclus*, Paris, Minuit, 1968.

– *La mise en scène de la vie quotidienne*, 2 vol. trad. Paris, Minuit, 1973.

– *Les rites d'interaction*, trad., Paris, Minuit, 1974.

– *Stigmates. Les usages sociaux du handicap*, trad. Paris, Minuit, 1975.

– *Les cadres de l'expérience* (1974), trad. Paris, Minuit, 1991.

GOLDSCHMIDT V., *Le système stoïcien et l'idée du temps*, Paris, Vrin, 1979.

GRINBERG L., *The Goals of Psychoanalysis. Identification, Identity and Supervision*, New York, Karnac, 1990.

GRINBERG L. et R., *Psicoánalisis de la migración y del exilio*, Madrid, Alianza, 1984 ; trad. *Psychoanalytic Perspectives on Migration and Exile*, Yale University Press, New Haven et Londres, 1989.

GUILLOMONT A., *Un philosophe au désert : Evagre le Pontique*, Paris, Vrin, 2004.

HALBWACHS M., *Les cadres sociaux de la mémoire*, Paris, F. Alcan, 1925.

– « La représentation de l'âme chez les Grecs. Le double corporel et le double spirituel », *Revue de métaphysique et de morale*, 1930, p. 493-535.

HONNETH A., *La lutte pour la reconnaissance* (1992), trad. Paris, Cerf, (2000), 2010.

– *La société du mépris. Vers une nouvelle Théorie critique* (2006), trad. Paris, La Découverte, 2006.

HOROWITZ J. et S. MENACHE, *L'humour en chaire. Le rire dans l'Eglise médiévale*, Genève, Labor et fides 1994.

HUSSERL E., *La crise des sciences européennes et la phénoménologie transcendantale*, trad. Paris, Gallimard, 1976.

JOUANNO C., « Thersite, une figure de la démesure ? », *Kentron*. Revue pluridisciplinaire du monde antique, 1, 2005, p. 181-223.

KAMBOUCHNER D., *Les Méditations métaphysiques de Descartes. Introduction générale. Première Méditation*, Paris, P.U.F., 2005.

– *L'homme des passions. Commentaire sur Descartes*, Paris, Albin Michel, 1995 (2vol.).

– *Descartes et la philosophie morale*, Paris, Hermann, 2008.

– *Descartes n'a pas dit [...]*, Paris, Les Belles Lettres, 2015.

KESTEMBERG E., *La psychose froide*, Paris, P.U.F., 2001.

KLEIN M., *Contributions to Psycho-analysis, 1921-1945*, Londres, Hogarth Press, 1968 ; trad. *Essais de psychanalyse*, Paris, Payot, 1968, 2005

– *Envie et gratitude et autres essais*, Paris, P.U.F., 1968.

KLEIN M., P. HEIMANN, S. ISAACS, J. RIVIERE, *Développements de la psychanalyse* (1952), trad. Paris, P.U.F., 1966.

KRAEPELIN E., *Psychiatrie. Lehrbuch*, 8 e éd., Leipzig, 1909.

LE GOFF J., *Un autre Moyen Âge*, Paris, Gallimard, 1999.

MARION J.-L., *La pensée passive de Descartes*, Paris, P.U.F., 2013.

MARX K., *Manuscrit de 1857-1858* (« Grundrisse »), trad. J.-P. Lefebvre *et al.*, Paris, Editions sociales, 1980.

MAUSS M., *Sociologie et anthropologie*, Paris, P.U.F., 1950.

MEAD G. H., *L'esprit, le soi et la société* (1934), trad. Paris, P.U.F., 1963.

MERLEAU-PONTY M., *La phénoménologie de la perception*, Paris, Gallimard, 1945.

MEYERSON, I., *Les fonctions psychologiques et les œuvres*, Paris, Vrin, 1948 ; Albin Michel, 1995.

MOREAU (DE TOURS) P., *Fous et bouffon. Étude physiologique, psychologique et historique*, Paris, 1885.

NABERT N., *Les armes, la nourriture, le silence : essai sur la spiritualité cartusienne*, Paris, Beauchesne, 2001.

NABERT N. (éd.) *Tristesse, acédie et médecine des âmes dans la tradition monastique*, Paris, Beauchesne, 2005.

NAGY G., *Le meilleur des Achéens. La fabrique du héros dans la poésie grecque archaïque* (1978), trad. Paris, Seuil, 1994.

NOVA I., « L'éloge de Thersite : la fortune d'une tradition classique dans la prose de Libanios », *Atlantide*, 2, 2014.

PASOLINI P. P., *Empirismo eretico. Lingua, letteratura, cinema : les riflessioni e le intuizioni del critico e dell'artista*, Milan, Ganziani, 1972.

PICHON-RIVIÈRE E., *Théorie du lien* suivi de *Le processus créatif*, trad. Erès, Ramonville-saint Ange, 2004.

Pigeaud J., *La maladie de l'âme. Étude sur la relation de l'âme et du corps dans la tradition médico-philosophique antique*, Paris, Les Belles Lettres, 1981.

Racamier J.-C., *Le génie des origines. Psychanalyse et psychoses*, Paris, Payot, 1992.

Racker H., *Études sur la technique psychanalytique. Transfert et contre-transfert*, Meyzieu, Cesura, 1997.

Ricœur P., *Soi-même comme un autre*, Paris, Seuil, 1990.

Rosenfeld D., *The Psychotic Aspects of the Personality*, Londres, Karnac, 1992.

Roussillon R., *Paradoxes et situations limites de la psychanalyse*, Paris, P.U.F., 1991.

– *Logiques et archéologiques du cadre psychanalytique*, Paris, P.U.F., 1995.

– *Agonie, clivage et symbolisation*, Paris, P.U.F., 1999.

– « Pour une clinique de la théorie », *Psychothérapies*, 27, 2007-1, p. 3-9.

– « Narcissisme et complexification », *Revue française de psychanalyse*, 2014-1, p. 68-82.

Screech M., *Montaigne et la mélancolie*, trad. Paris, P.U.F., 1992.

Séglas J., *Le délire des négations*, Paris, 1897.

Starobinski J., *J.-J. Rousseau. La transparence et l'obstacle*, Paris, Gallimard, 1971 (1 e éd. 1957).

– *Montaigne en mouvement*, Paris, Gallimard, 1982.

Taine H., *De l'intelligence*, Paris, 1876.

Tausk V., *Œuvres psychanalytiques*, Paris, Payot, 1975.

Vernant J.-P., *Mythe et pensée chez les Grecs. Études de psychologie historique*, Paris, Maspero, 1965 ; Paris, La Découverte, 1996.

– *Mythe et tragédie en Grèce ancienne*, 2 vol., Paris, Maspero, 1972-1986.

– *Religions, histoires, raisons*, Paris, Maspero, 1979.

– *L'individu, la mort, l'amour. Soi-même et l'autre en Grèce ancienne*, Paris, Gallimard, 1989.

Villey P., *Les sources et l'évolution des* Essais *de Montaigne*, Paris, 1908.

Wilmanns K., *Zur Psychopathologie des Landstreichers*, Leipzig, 1906.

Winnicott D., *De la pédiatrie à la psychanalyse*, Paris, Payot, 1969.

– *Processus de maturation chez l'enfant. Développement affectif et environnement*, Paris, Payot, 1970.

– *Playing and Reality*, Londres, Routledge, 1971 ; *Jeu et réalité. L'espace potentiel*, trad. Paris, Gallimard, 1975.

– *Human nature*, Londres, Free Association Press, 1988 ; trad. *La nature humaine*, Paris, Gallimard, 1990.

INDEX DES NOMS

TABLE DES MATIÈRES

ACHEVÉ D'IMPRIMER
EN MARS 2019
SUR LES PRESSES
DE
L'IMPRIMERIE F. PAILLART
À ABBEVILLE

DÉPÔT LÉGAL : 1er TRIMESTRE 2019
N°. IMP. 16206